FOOTBALL

IN PORTUGAL

1894 to 2024

INTRODUCTION

Unlike many parts of the world, football arrived in Portugal during the very early years of the game, not a surprise given the country's long alliance with the United Kingdom dating back centuries. The game was introduced around 1875 in a number of cities across the country – notably Funchal, Lisbon, Porto and Coimbra – mostly by Portuguese students who returned from their studies in England, although visiting British merchants also played their role.

The Portuguese people immediately took to football and many local clubs were established by enthusiasts across the country. Initially, matches took place between immediate neighbours, but it was not long before citywide competitions were established and these inevitably expanded to cover the surrounding areas.

The major cities soon had thriving and very competitive regional leagues but it was not until 1913 that the Portuguese Football Federation was established to oversee all aspects of the game across the country.

A desire to establish which club could be considered the best in Portugal soon led to the creation of a national knock-out cup competition, the "Campeonato de Portugal" in 1922, with the subsequent bragging rights going mostly to the biggest clubs from Lisbon and Porto.

In 1938, a new national league competition – the Primeira Liga – was established to decide which club should be named champions of Portugal and the Campeonato was duly renamed the "Taça de Portugal", a title under which it continues to be played to this day.

Before the creation of the Primeira Liga, the largest league competition was the Lisbon League (Campeonato de Lisboa) which had been established in 1906. This league continued to operate alongside the Primeira Liga until 1947 and this book includes final tables and results for the competition.

Unusually, the Primeira Liga remained the only national league in Portugal for some time as the 2nd tier division (initially named the Segunda Divisão de Honra) was not formed until 1990. Prior to 1990, promotion into and relegation out of the Primeria Liga took place, but the existing 2nd division was a regionalised competition. Other than the results of the promotion/relegation play-offs which were held in some years, this regional competition is not covered in this book. However, final tables are included for the national 2nd Division from 1990 to 2024.

In addition to the results of all League matches and Final League tables, a list of the top goalscorers and results of the latter stages of the national Cup competition are included in this book. The full names of clubs are used whenever possible with name changes, mergers etc. shown as and when they occur. The club names are listed in the following format: Club Name (Home Town/City/Village).

British Library Cataloguing in Publication Data

A catalogue record for this book is available from the British Library

ISBN 978-1-86223-492-5

Copyright © 2025, SOCCER BOOKS LIMITED   (01472 696226)
72 St. Peter's Avenue, Cleethorpes, DN35 8HU, United Kingdom

Printed in the UK by 4edge

Taça D. Carlos 1894

Final   (Campo Alegre, Porto – 2nd March 1894)

FC LISBONENSE (LISBOA)   1-0   FC do Porto (Porto)

Scorer not known

Lisbonense: G.F. Pinto Basto, M. Keating, R. Locke, C.D. Rankin, C. de Barley, A.P. Raposo, F. Palmer, C. Villar, J. Pittuck, A. Villar, J. Thomson.

Porto: MacGeock, F. Guimarans, A. Nugent, A. Dagge, MacMillan, Albert Kendall, F.H. Ponsonly, A. Ramos, MacKenzie, R. Ray, Alfred Kendall.

This trophy was sponsored by King Carlos I but only played on the above occasion.

FC Lisbonense became the basis of Clube Internacional de Futebol (Lisboa).

Taça de Portugal 1912

Final   (Campo da Palhavã, Lisboa – 28th June 1912)

SPORT LISBOA E BENFICA (LISBOA)   3-0   SC Império (Lisboa)

Scorers not known

Sporting Clube de Portugal (Lisboa) and Clube Internacional de Futebol (Lisboa) were due to meet in the other semi-final but this was never played.

Taça de Portugal 1913

Final

SPORT LISBOA E BENFICA (LISBOA)   w/o   Clube Internacional de Futebol (Lisboa)

The trophy was awarded to Benfica as Internacional did not show for the final.

Semi-finals

Sport Lisboa e Benfica (Lisboa)   2-1   SC Império (Lisboa)
Sporting Clube de Portugal (Lisboa)   2-3   Clube Internacional de Futebol (Lisboa)

Taça de Portugal 1918

Taça de Portugal 2018	Benfica	Império Lisboa	SC de Portugal
Sport Lisboa e Benfica (Lisboa)		2-1	5-2
Império Lisboa Clube (Lisboa)	3-3		2-0
Sporting Clube de Portugal (Lisboa)	n/p	n/p	

Final

		Pd	Wn	Dw	Ls	GF	GA	Pts
1.	SPORT LISBOA (LISBOA)	2	2	-	-	7	3	4
2.	Império Lisboa Clube (Lisboa)	2	1	-	1	3	2	2
3.	Sporting Clube de Portugal (Lisboa)	2	-	-	2	2	7	-
		6	3	-	3	12	12	6

Império 3-3 Benfica was not included in the above table.

Note: Império Lisboa Clube was formed in 1917 by the merger of SC Império and Lisboa FC.

Jogos Olímpicos Nacionais 1910-1913

19th June 1910

SPORT LISBOA E BENFICA (LISBOA)　　　　2-1　　　　　　　　　　SU Belenenses (Lisboa)

18th June 1911 – Winner unknown

19th May 1912

SPORT LISBOA E BENFICA (LISBOA)　　　　5-1　　　　Clube Internacional de Futebol (Lisboa)

June 1913

SPORT LISBOA E BENFICA (LISBOA)　　　　w/o　　　　Sporting Clube de Portugal (Lisboa)
　　　　　　Sporting Clube de Portugal (Lisboa) did not appear so forfeited the game.

This competition was run under the auspices of "Liga Sportiva de Trabalhos Eclécticos e Sociedade Promotora da Educação Física Nacional".

1906-1907

Lisboa League 1906-1907	Carcavelos	GS Lisboa	Lisbon Cricket	Clube Internacional
Carcavelos FC (Carcavelos)	■	3-1	3-0	6-0
Grupo Sport Lisboa (Lisboa)	2-1	■	+:-	1-0
Lisbon Cricket (Lisboa)	-:+	-:+	■	+:-
Clube Internacional de Futebol (Lisboa)	1-4	0-1	3-2	■

Lisboa League

		Pd	Wn	Dw	Ls	GF	GA	Pt
1.	CARCAVELOS FC (CARCAVELOS)	6	5	-	1	17	4	10
2.	Grupo Sport Lisboa (Lisboa)	6	5	-	1	5	4	10
3.	Lisbon Cricket (Lisboa)	6	1	-	5	2	6	2
4.	Clube Internacional de Futebol (Lisboa)	6	1	-	5	4	14	2
		16	8	-	8	28	28	16

Lisboa League	Pd	Wn	Dw	Ls	GF	GA	Pts
1. CARCAVELOS FC (CARCAVELOS)	10	10	-	-	61	6	20
2. Sporting Clube de Portugal (Lisboa)	10	7	-	3	11	15	14
3. Grupo Sport Lisboa (Lisboa)	10	5	-	5	13	16	10
4. Lisbon Cricket (Lisboa)	10	4	1	5	13	16	9
5. Clube Internacional de Futebol (Lisboa)	10	2	-	8	11	30	4
6. Cruz Negra (Lisboa)	10	1	1	8	5	31	3
	60	29	2	29	114	114	60

Note: Grupo Sport Lisboa (Lisboa) merged with Sport Lisboa (Lisboa) on 13th September 1908 to form Sport Lisboa e Benfica (Lisboa).

1908-1909

Lisboa League 1908-1909	Carcavelos	Benfica	Clube Internacional	SC de Portugal	União Belenenses	Ajudense
Carcavelos FC (Carcavelos)	■	1-1	3-0	+:-	5-0	16-0
Sport Lisboa e Benfica (Lisboa)	0-4	■	2-0	2-0	5-0	5-0
Clube Internacional de Futebol (Lisboa)	1-1	6-2	■	1-2	3-0	8-0
Sporting Clube de Portugal (Lisboa)	0-3	1-2	-:+	■	-:+	6-0
União Belenenses (Lisboa)	-:+	0-4	0-1	0-1	■	3-0
Ajudense (Lisboa)	0-16	0-4	-:+	+:-	-:+	■

Lisboa League	Pd	Wn	Dw	Ls	GF	GA	Pts
1. CARCAVELOS FC (CARCAVELOS)	10	8	2	-	49	2	18
2. Sport Lisboa e Benfica (Lisboa)	10	7	1	2	27	12	15
3. Clube Internacional de Futebol (Lisboa)	10	6	1	3	20	10	13
4. Sporting Clube de Portugal (Lisboa)	10	3	-	7	10	8	6
5. União Belenenses (Lisboa)	10	3	-	7	3	19	6
6. Ajudense (Lisboa)	10	1	-	9	-	58	2
	60	28	4	28	109	109	60

1909-1910

Lisboa League 1909-1910	Benfica	Carcavelos	Clube Internacional	União Belenenses	SC de Portugal	Gilman
Sport Lisboa e Benfica (Lisboa)	■	0-2	2-0	3-0	2-0	1-0
Carcavelos FC (Carcavelos)	0-1	■	2-1	3-2	6-0	8-0
Clube Internacional de Futebol (Lisboa)	1-0	-:-	■	4-0	1-1	3-0
União Belenenses (Lisboa)	1-4	0-4	+:-	■	2-2	3-1
Sporting Clube de Portugal (Lisboa)	0-4	1-2	0-1	-:+	■	3-0
Gilman (Lisboa)	0-7	+:-	1-3	-:+	0-3	■

Lisboa League	Pd	Wn	Dw	Ls	GF	GA	Pts
1. SPORT LISBOA E BENFICA (LISBOA)	10	8	-	2	24	4	16
2. Carcavelos FC (Carcavelos)	10	7	-	3	27	5	14
3. Clube Internacional de Futebol (Lisboa)	10	5	1	4	14	6	11
4. União Belenenses (Lisboa)	10	4	1	5	8	21	7
5. Sporting Clube de Portugal (Lisboa)	10	2	2	6	10	18	6
6. Gilman (Lisboa)	10	1	-	9	2	31	2
	60	27	4	29	85	85	56

Internacional vs Carcavelos was awarded as a loss to both clubs.

1910-1911

Lisboa League 1910-1911	Clube Internacional	Benfica	SC de Portugal	SC Campo	SC Império	Lisboa FC	União Belenenses
Clube Internacional de Futebol (Lisboa)	■	0-0	1-0	2-0	2-0	12-3	3-1
Sport Lisboa e Benfica (Lisboa)	1-1	■	5-1	3-0	2-0	5-0	2-3
Sporting Clube de Portugal (Lisboa)	0-2	-:+	■	2-2	4-1	+:-	1-0
SC Campo Ourique	0-11	-:+	0-4	■	0-0	6-0	+:-
SC Império (Lisboa)	0-3	1-6	4-4	+:-	■	-:+	0-0
Lisboa FC (Lisboa)	0-6	0-15	0-14	1-2	1-7	■	0-6
União Belenenses (Lisboa)	-:+	0-2	-:+	-:+	0-0	-:+	■

Lisboa League	Pd	Wn	Dw	Ls	GF	GA	Pts	
1. CLUBE INTERNACIONAL DE FUTEBOL (LISBOA)	12	10	2	-	43	5	22	
2. Sport Lisboa e Benfica (Lisboa)	12	9	2	1	41	6	20	
3. Sporting Clube de Portugal (Lisboa)	12	6	2	4	30	15	14	
4. SC Campo Ourique	12	4	2	6	10	23	10	
5. SC Império (Lisboa)	12	2	4	6	13	22	8	
6. Lisboa FC (Lisboa)	12	2	-	10	5	73	4	
7. União Belenenses (Lisboa)	12	2	2	8	10	8	-	-6
	84	35	14	35	152	152	78	(-6)

União Belenenses had all 6 of their points deducted.

1911-1912

Lisboa League 1911-1912	Benfica	Club Internacional	SC de Portugal	SC Império
Sport Lisboa e Benfica (Lisboa)	■	4-0	2-1	2-0
Clube Internacional de Futebol (Lisboa)	1-3	■	2-1	0-1
Sporting Clube de Portugal (Lisboa)	0-4	1-2	■	5-2
SC Império (Lisboa)	2-6	0-4	0-1	■

Lisboa League	Pd	Wn	Dw	Ls	GF	GA	Pts
1. SPORT LISBOA E BENFICA (LISBOA)	6	6	-	-	21	4	12
2. Clube Internacional de Futebol (Lisboa)	6	3	-	3	9	10	6
3. Sporting Clube de Portugal (Lisboa)	6	2	-	4	9	12	4
4. SC Império (Lisboa)	6	1	-	5	5	18	2
	24	12	-	12	44	44	24

1912-1913

Lisboa League 1912-1913	Benfica	SC de Portugal	SC Império	Clube Internacional	Lisboa FC
Sport Lisboa e Benfica (Lisboa)	■	0-0	5-2	2-0	4-0
Sporting Clube de Portugal (Lisboa)	1-3	■	3-0	4-2	3-1
SC Império (Lisboa)	0-3	1-5	■	2-1	1-1
Clube Internacional de Futebol (Lisboa)	-:+	-:+	1-3	■	7-0
Lisboa FC (Lisboa)	1-5	3-1	0-1	1-2	■

Lisboa League	Pd	Wn	Dw	Ls	GF	GA	Pts
1. SPORT LISBOA E BENFICA (LISBOA)	8	7	1	-	22	4	15
2. Sporting Clube de Portugal (Lisboa)	8	5	1	2	17	10	11
3. SC Império (Lisboa)	8	3	1	4	10	19	7
4. Clube Internacional de Futebol (Lisboa)	8	2	-	6	13	12	4
5. Lisboa FC (Lisboa)	8	1	1	6	7	24	3
	40	18	4	18	69	69	40

1913-1914

Lisboa League 1913-1914	Benfica	Clube Internacional	SC de Portugal	Cruz Quebrada	Lisboa FC	SC Império
Sport Lisboa e Benfica (Lisboa)	■	2-2	4-0	9-0	4-1	3-0
Clube Internacional de Futebol (Lisboa)	1-2	■	3-0	2-1	4-3	3-0
Sporting Clube de Portugal (Lisboa)	0-3	1-5	■	2-2	2-1	2-0
Cruz Quebrada (Lisboa)	0-6	1-3	-:+	■	2-0	+:-
Lisboa FC (Lisboa)	0-3	2-3	0-1	3-0	■	1-2
SC Império (Lisboa)	0-5	0-2	0-3	2-0	-:+	■

Lisboa League	Pd	Wn	Dw	Ls	GF	GA	Pts
1. SPORT LISBOA E BENFICA (LISBOA)	10	9	1	-	41	4	19
2. Clube Internacional de Futebol (Lisboa)	10	8	1	1	28	12	17
3. Sporting Clube de Portugal (Lisboa)	10	5	1	4	11	18	11
4. Cruz Quebrada (Lisboa)	10	2	1	7	6	27	5
5. Lisboa FC (Lisboa)	10	2	-	8	11	21	4
6. SC Império (Lisboa)	10	2	-	8	4	19	4
	60	28	4	28	101	101	60

Lisboa League 1914-1915	SC de Portugal	Benfica	SC Império	Lisboa FC	Cruz Quebrada	Clube Internacional
Sporting Clube de Portugal (Lisboa)	■	0-3	3-0	4-1	3-1	2-1
Sport Lisboa e Benfica (Lisboa)	1-3	■	10-1	6-0	1-2	5-0
SC Império (Lisboa)	0-8	1-6	■	2-5	2-1	6-2
Lisboa FC (Lisboa)	1-5	0-10	1-1	■	1-4	0-2
Cruz Quebrada	0-5	1-4	0-2	1-3	■	3-0
Clube Internacional de Futebol (Lisboa)	0-4	0-4	-:+	0-9	+:-	■

	Lisboa League	Pd	Wn	Dw	Ls	GF	GA	Pts
1.	SPORTING CLUBE DE PORTUGAL (LISBOA)	10	9	-	1	37	8	18
2.	Sport Lisboa e Benfica (Lisboa)	10	8	-	2	50	8	16
3.	SC Império (Lisboa)	10	4	1	5	15	36	9
4.	Lisboa FC (Lisboa)	10	3	1	6	21	35	7
5.	Cruz Quebrada (Lisboa)	10	3	-	7	13	21	6
6.	Clube Internacional de Futebol (Lisboa)	10	2	-	8	5	33	4
		60	29	2	29	141	141	60

Lisboa League 1915-1916	Benfica	Lisboa FC	SC de Portugal	SC Império	Clube Internacional
Sport Lisboa e Benfica (Lisboa)	■	3-0	1-1	4-2	5-1
Lisboa FC (Lisboa)	0-3	■	0-5	0-4	1-0
Sporting Clube de Portugal (Lisboa)	-:+	-:+	■	6-0	7-0
SC Império (Lisboa)	-:+	-:+	-:-	■	2-1
Clube Internacional de Futebol (Lisboa)	-:+	-:+	-:-	-:-	■

	Lisboa League	Pd	Wn	Dw	Ls	GF	GA	Pts
1.	SPORT LISBOA E BENFICA (LISBOA)	8	7	1	-	16	4	15
2.	Lisboa FC (Lisboa)	8	4	-	4	1	15	8
3.	Sporting Clube de Portugal (Lisboa)	8	3	1	4	19	1	7
4.	SC Império (Lisboa)	8	2	-	6	8	11	4
5.	Clube Internacional de Futebol (Lisboa)	8	-	-	8	2	15	-
		40	16	2	22	46	46	34

Império vs SC Portugal, Internacional vs Império and Internacional vs SC Portugal were all awarded as loss to both teams.

1916-1917

Lisboa League 1916-1917	Benfica	SC de Portugal	SC Império	Lisboa FC	Clube Internacional
Sport Lisboa e Benfica (Lisboa)		1-0	4-1	5-0	+:-
Sporting Clube de Portugal (Lisboa)	0-0		9-0	3-1	+:-
SC Império (Lisboa)	0-8	1-5		3-0	+:-
Lisboa FC (Lisboa)	0-8	1-4	1-4		6-0
Clube Internacional de Futebol (Lisboa)	-:+	-:+	-:+	-:+	

	Lisboa League	Pd	Wn	Dw	Ls	GF	GA	Pts
1.	SPORT LISBOA E BENFICA (LISBOA)	8	7	1	-	26	1	15
2.	Sporting Clube de Portugal (Lisboa)	8	6	1	1	21	4	13
3.	SC Império (Lisboa)	8	4	-	4	9	27	8
4.	Lisboa FC (Lisboa)	8	2	-	6	9	27	4
5.	Clube Internacional de Futebol (Lisboa)	8	-	-	8	-	6	-
		40	19	2	19	65	65	40

Clube Internacional de Futebol withdrew from the league after only 1 match had been played. The remaining matches were awarded to their opponents.

SC Império (Lisboa) merged with Lisboa FC (Lisboa) to form Império Lisboa Clube (Lisboa).

1917-1918

Lisboa League 1917-1918	Benfica	SC de Portugal	SC Império
Sport Lisboa e Benfica (Lisboa)		2-1	2-0
Sporting Clube de Portugal (Lisboa)	3-1		5-0
Império Lisboa Clube (Lisboa)	1-2	0-0	

	Lisboa League	Pd	Wn	Dw	Ls	GF	GA	Pts
1.	SPORT LISBOA E BENFICA (LISBOA)	4	3	-	1	7	5	6
2.	Sporting Clube de Portugal (Lisboa)	4	2	1	1	9	3	5
3.	Império Lisboa Clube (Lisboa)	4	-	1	3	1	9	1
		12	5	2	5	17	17	12

1918-1919

Lisboa League 1918-1919	SC de Portugal	Benfica	Vitória FC	Clube Internacional	SC Império
Sporting Clube de Portugal (Lisboa)	■	3-1	2-0	4-2	1-0
Sport Lisboa e Benfica (Lisboa)	3-1	■	4-0	3-1	3-0
Vitória FC (Setúbal)	2-1	1-0	■	3-0	2-0
Clube Internacional de Futebol (Lisboa)	0-3	1-5	1-2	■	2-0
Império Lisboa Clube (Lisboa)	0-2	0-6	2-1	-:+	■

	Lisboa League	Pd	Wn	Dw	Ls	GF	GA	Pts
1.	SPORTING CLUBE DE PORTUGAL (LISBOA)	10	8	-	2	20	9	16
2.	Sport Lisboa e Benfica (Lisboa)	10	6	-	4	26	10	12
3.	Vitória FC (Setúbal)	8	5	-	3	11	10	10
4.	Clube Internacional de Futebol (Lisboa)	8	2	-	6	7	20	4
5.	Império Lisboa Clube (Lisboa)	8	1	-	7	2	17	2
		44	22	-	22	66	66	44

Play-off

Sporting Clube de Portugal (Lisboa)	1-0, 2-1	Sport Lisboa e Benfica (Lisboa)

1919-1920

	Final Table (Lisboa League)	Pd	Wn	Dw	Ls	GF	GA	Pts
1.	SPORT LISBOA E BENFICA	9	6	2	1	26	8	14
2.	CF Os Belenenses (Lisboa)	9	5	2	2	23	12	12
3.	Sporting Clube de Portugal (Lisboa)	7	3	1	3	9	9	7
4.	Vitória FC (Setúbal)	7	2	1	4	8	11	5
5.	Império Lisboa Clube (Lisboa)	4	1	-	3	4	8	2
6.	Clube Internacional de Futebol (Lisboa)	4	-	-	4	3	26	-
		40	17	6	17	73	73	40

Played in 2 groups of 3 clubs each then 1 group of 4 teams, followed by a play-off between the top 2 of the semi-final group.

Play-off

Sport Lisboa e Benfica (Lisboa)	2-0, 2-1	CF Os Belenenses (Lisboa)

Semi-finals

Lisboa League – Semi-finals 1919-1920	Belenenses	Benfica	SC de Portugal	Vitória FC
CF Os Belenenses (Lisboa)	■	1-1	1-0	4-1
Sport Lisboa e Benfica (Lisboa)	---	■	1-0	1-0
Sporting Clube de Portugal (Lisboa)	---	---	■	1-0
Vitória FC (Setúbal)	---	---	---	■

Semi-finals (Lisboa League)

		Pd	Wn	Dw	Ls	GF	GA	Pts
1.	CF Os Belenenses (Lisboa)	3	2	1	-	6	2	5
2.	Sport Lisboa e Benfica (Lisboa)	3	2	1	-	3	1	5
3.	Sporting Clube de Portugal (Lisboa)	3	1	-	2	1	2	2
4.	Vitória FC (Setúbal)	3	-	-	3	1	6	-
		12	5	2	5	11	11	12

Lisboa League – Série "A" 1919-1920	Belenenses	Benfica	Clube Internacional
CF Os Belenenses (Lisboa)	■	2-1	8-0
Sport Lisboa e Benfica (Lisboa)	3-3	■	12-1
Clube Internacional de Futebol (Lisboa)	2-3	0-3	■

Série "A" (Lisboa League)

		Pd	Wn	Dw	Ls	GF	GA	Pts
1.	CF Os Belenenses (Lisboa)	4	3	1	-	16	6	7
2.	Sport Lisboa e Benfica (Lisboa)	4	2	1	1	19	6	5
3.	Clube Internacional de Futebol (Lisboa)	4	-	-	4	3	26	-
		12	5	2	5	38	38	12

Lisboa League – Série "B" 1919-1920	SC de Portugal	Vitória FC	SC Império
Sporting Clube de Portugal (Lisboa)	■	2-2	4-2
Vitória FC (Setúbal)	2-1	■	3-1
Império Lisboa Clube (Lisboa)	0-1	1-0	■

Série "B" (Lisboa League)

		Pd	Wn	Dw	Ls	GF	GA	Pts
1.	Sporting Clube de Portugal (Lisboa)	4	2	1	1	8	6	5
2.	Vitória FC (Setúbal)	4	2	1	1	7	5	5
3.	Império Lisboa Clube (Lisboa)	4	1	-	3	4	8	2
		12	5	2	5	19	19	12

Final Table (Lisboa League)	Pd	Wn	Dw	Ls	GF	GA	Pts
1. CASA PIA AC (LISBOA)	11	7	4	-	28	10	18
2. Sporting Clube de Portugal (Lisboa)	12	6	4	2	25	16	16
3. CF Os Belenenses (Lisboa)	10	3	4	3	12	9	10
4. Sport Lisboa e Benfica (Lisboa)	10	4	2	4	16	14	10
5. Carcavelinhos FC (Carcavelos)	7	3	1	3	12	16	7
6. Vitória FC (Setúbal)	6	1	3	2	7	8	5
7. Clube Internacional de Futebol (Lisboa)	6	-	2	4	2	15	2
8. Império Lisboa Clube (Lisboa)	6	-	-	6	3	17	-
	68	24	20	24	105	105	68

Played in 2 groups of 3 clubs each then 1 group of 4 teams, followed by a play-off between the top 2 of the semi-final group.

Play-off

Casa Pia AC (Lisboa)	4-1, 1-1	Sporting Clube de Portugal (Lisboa)

2nd place

Sporting Clube de Portugal (Lisboa)	1-0	CF Os Belenenses (Lisboa)

Semi-finals

Lisboa League – Semi-finals 1920-1921	Casa Pia	Belenenses	SC de Portugal	Benfica
Casa Pia AC (Lisboa)	■	0-0	5-2	2-0
CF Os Belenenses (Lisboa)	---	■	0-2	2-0
Sporting Clube de Portugal (Lisboa)	---	---	■	1-1
Sport Lisboa e Benfica (Lisboa)	---	---	---	■

Semi-finals (Lisboa League)	Pd	Wn	Dw	Ls	GF	GA	Pts
1. Casa Pia AC (Lisboa)	3	2	1	-	7	2	5
2. CF Os Belenenses (Lisboa)	3	1	1	1	2	2	3
3. Sporting Clube de Portugal (Lisboa)	3	1	1	1	5	6	3
4. Sport Lisboa e Benfica (Lisboa)	3	-	1	2	1	5	1
	12	4	4	4	15	15	12

2nd Place Play-off

Sport Lisboa e Benfica (Lisboa)	1-0	Carcavelinhos FC (Carcavelos)

Lisboa League – Série 1 1920-1921	SC de Portugal	Benfica	Carcavelinhos	SC Império
Sporting Clube de Portugal (Lisboa)		3-1	6-0	3-1
Sport Lisboa e Benfica (Lisboa)	1-1		2-0	7-2
Carcavelinhos FC (Carcavelos)	1-1	3-2		3-1
Império Lisboa Clube (Lisboa)	1-3	0-1	1-2	

Série 1 (Lisboa League)

		Pd	Wn	Dw	Ls	GF	GA	Pts
1.	Sporting Clube de Portugal (Lisboa)	6	4	2	-	17	5	10
2.	Sport Lisboa e Benfica (Lisboa)	6	3	1	2	14	9	7
3.	Carcavelinhos FC (Carcavelos)	6	3	1	2	9	13	7
4.	Império Lisboa Clube (Lisboa)	6	-	-	6	6	19	-
		24	10	4	10	46	46	24

Lisboa League – Série 2 1920-1921	Casa Pia	Belenenses	Vitória FC	Clube Internacional
Casa Pia AC (Lisboa)		3-1	1-0	4-0
CF Os Belenenses (Lisboa)	2-2		4-1	3-0
Vitória FC (Setúbal)	2-2	0-0		3-0
Clube Internacional de Futebol (Lisboa)	1-4	0-0	1-1	

Série 2 (Lisboa League)

		Pd	Wn	Dw	Ls	GF	GA	Pts
1.	Casa Pia AC (Lisboa)	6	4	2	-	16	6	10
2.	CF Os Belenenses (Lisboa)	6	2	3	1	10	6	7
3.	Vitória FC (Setúbal)	6	1	3	2	7	8	5
4.	Clube Internacional de Futebol (Lisboa)	6	-	2	4	2	15	2
		24	7	10	7	35	35	24

1921-1922

Lisboa League 1921-1922	SC de Portugal	Benfica	Clube Internacional	SC Império
Sporting Clube de Portugal (Lisboa)		1-0	3-0	6-0
Sport Lisboa e Benfica (Lisboa)	1-0		3-2	5-1
Clube Internacional de Futebol (Lisboa)	1-2	4-1		6-3
Império Lisboa Clube (Lisboa)	0-3	2-1	4-2	

Lisboa League		Pd	Wn	Dw	Ls	GF	GA	Pts
1.	SPORTING CLUBE DE PORTUGAL (LISBOA)	6	5	-	1	15	2	10
2.	Sport Lisboa e Benfica (Lisboa)	6	3	-	3	11	10	6
3.	Clube Internacional de Futebol (Lisboa)	6	2	-	4	15	16	4
4.	Império Lisboa Clube (Lisboa)	6	2	-	4	10	23	4
		24	12	-	12	51	51	24

Campeonato de Portugal Final – 1st leg   (Campo da Constituição, Porto – 4th June 1922)

FC DO PORTO (PORTO) 2-1 Sporting Clube de Portugal (Lisboa)

Bastos 25, 86 *Ramos 9*

Porto: Lino Moreira, Artur Augusto, Júlio Cardoso, José Bastos, Alexandre Cal, Floreano Pereira, Velez Carneiro, José Mota, João Brito (c), Balbino Silva, João Nunes.

Sporting: Amadeu Cruz, Joaquim Ferreira, José Leandro, Jorge Vieira, Henrique Portela, José Filipe, Emílio Ramos, Alfredo Torres Pereira, Francisco Stromp (c), Francisco Marques, João Francisco Maia.

Campeonato de Portugal Final – 2nd leg (Estádio do Campo Grande, Lisbon – 11th June 1922)

SPORTING CLUBE DE PORTUGAL (LISBOA) 2-0 FC DO PORTO (PORTO)

Portela, Pereira

Sporting: Amadeu Cruz, Joaquim Ferreira (c), José Leandro, Jorge Vieira, Henrique Portela, José Filipe, Emílio Ramos, Alfredo Torres Pereira, Francisco Stromp, Jaime Gonçalves, João Francisco Maia.

Porto: Lino Moreira, Artur Augusto, Júlio Cardoso, José Bastos, Alexandre Cal, Floreano Pereira, Velez Carneiro, José Mota, João Brito (c), Balbino Silva, João Nunes.

Campeonato de Portugal Final – Deciding Match (Campo do Bessa, Porto – 18th June 1922)

FC DO PORTO (PORTO) 3-1 (aet) Sporting Clube de Portugal (Lisboa)

Balbino 51, Nunes 100, Brito 102 *Ramos 70*

Porto: Lino Moreira, Artur Augusto, Júlio Cardoso, José Bastos, Alexandre Cal, Floreano Pereira, Velez Carneiro, José Mota, João Brito (c), Balbino Silva, João Nunes.

Sporting: Amadeu Cruz, Joaquim Ferreira, José Leandro, Jorge Vieira, Henrique Portela, Filipe dos Santos, Emílio Ramos, Alfredo Torres Pereira, Francisco Stromp (c), Francisco Marques, João Francisco Maia

The regional champions of the Algarve and Madeira Football Associations were unable to participate so just 2 clubs competed for the trophy.

1922-1923

Lisboa League 1922-1923	SC de Portugal	Benfica	Clube Internacional	SC Império
Sporting Clube de Portugal (Lisboa)		1-0	3-0	6-0
Sport Lisboa e Benfica (Lisboa)	1-0		3-2	5-1
Clube Internacional de Futebol (Lisboa)	1-2	4-1		6-3
Império Lisboa Clube (Lisboa)	0-3	2-1	4-2	

Lisboa League   Pd   Wn   Dw   Ls   GF   GA   Pts

		Pd	Wn	Dw	Ls	GF	GA	Pts
1.	SPORTING CLUBE DE PORTUGAL (LISBOA)	8	6	2	-	20	6	14
2.	Sport Lisboa e Benfica (Lisboa)	8	4	2	2	18	13	10
3.	CF Os Belenenses (Lisboa)	8	4	1	3	14	12	9
4.	Império Lisboa Clube (Lisboa)	8	2	1	5	11	16	5
5.	Clube Internacional de Futebol (Lisboa)	8	-	2	6	4	20	2
		40	16	8	16	67	67	40

Campeonato de Portugal Final   (Santo Stadium, Faro – 24th July 1923 – Attendance: 4,000)

SPORTING CLUBE DE PORTUGAL (LISBOA)   3-0   Associação Académica de Coimbra (Coimbra)

Stromp 12, Ferreira 18 pen, 53 pen

Sporting: Cipriano Santos, Jorge Vieira, José Leandro, Joaquim Ferreira, Filipe dos Santos, Henrique Portela, Francisco Stromp (c), Alfredo Torres Pereira, Jaime Gonçalves, João Francisco Maia, Carlos Fernandes.

Académica: João Ferreira, Ribeiro da Costa, Francisco Prudêncio, Teófilo Esquível (c), Joaquim Miguel, António Galante, Gil Vicente, José Neto, Armando Batalha, Guedes Pinto, Augusto Pais.

Semi-finals

Associação Académica de Coimbra (Coimbra)	2-1	CS Marítimo (Funchal)
Sporting Clube de Portugal (Lisboa)	3-0	FC do Porto (Porto)

Quarter-finals

Associação Académica de Coimbra (Coimbra)	3-2	Lusitano FC (Vila Real de Santo António)

Qualifying Round

Associação Académica de Coimbra (Coimbra)	2-1	SC de Braga (Braga)

1923-1924

Lisboa League 1923-1924	Casa Pia	SC de Portugal	Benfica	Belenenses	SC Império
Casa Pia AC (Lisboa)		1-2	1-1	4-1	3-2
Sporting Clube de Portugal (Lisboa)	3-1		2-3	2-2	2-1
Sport Lisboa e Benfica (Lisboa)	0-1	0-3		1-1	3-0
CF Os Belenenses (Lisboa)	1-6	2-1	2-2		1-0
Império Lisboa Clube (Lisboa)	1-1	1-0	0-3	2-5	

	Lisboa League	Pd	Wn	Dw	Ls	GF	GA	Pts
1.	CASA PIA AC (LISBOA)	8	4	2	2	18	11	10
2.	Sporting Clube de Portugal (Lisboa)	8	4	1	3	15	11	9
3.	Sport Lisboa e Benfica (Lisboa)	8	3	3	2	13	10	9
4.	CF Os Belenenses (Lisboa)	8	3	3	2	15	18	9
5.	Império Lisboa Clube (Lisboa)	8	1	1	6	7	18	3
		40	15	10	15	68	68	40

Campeonato de Portugal Final

(Estádio do Campo Grande, Lisbon – 8th June 1924 – Attendance: 10,000)

SC OLHANENSE (OLHÃO)   4-2   FC do Porto (Porto)

Delfino Graça 3, Tamanqueiro 40 pen, Joaquim Gralho 67, José Belo 85   Norman Hall 15, Tavares Bastos 17 pen

Olhanense: Catita, Américo Martins, Tamanqueiro, Falcate, Fausto Peres, José Belo, Joaquim Gralho, Francisco Montenegro, Júlio Costa (c), Cassiano, Delfino Graça.

Porto: Borges Avelar, Álvaro Coelho, Alexandre Cal, José Bastos, Coelho da Costa, Artur Freire, Velez Carneiro, Floreano Pereira (c), João Nunes, Augusto Simplício, Norman Hall.

Semi-finals

SC Olhanense (Olhão)   5-1   CS Marítimo (Funchal)

SC Olhanense (Olhão)   6-0   SC de Tomar (Tomar)
FC do Porto (Porto)   3-1   SC Vianense (Viana do Castelo)

Quarter-finals

SC Olhanense (Olhão)   1-0   Vitória FC (Setúbal)
FC do Porto (Porto)   3-2   Associação Académica de Coimbra (Coimbra)
SC de Tomar (Tomar)   9-0   Portalegre (Portalegre)
SC Vianense (Viana do Castelo)   2-0   SC de Braga (Braga)
CS Marítimo (Funchal) received a bye to the next round.

1924-1925

Lisboa League 1924-1925	SC de Portugal	Belenenses	Benfica	Casa Pia	Vitória FC
Sporting Clube de Portugal (Lisboa)		2-3	2-2	1-1	4-3
CF Os Belenenses (Lisboa)	0-1		2-1	0-0	3-0
Sport Lisboa e Benfica (Lisboa)	1-1	3-0		0-1	6-0
Casa Pia AC (Lisboa)	1-4	1-1	0-2		3-1
Vitória FC (Setúbal)	0-3	1-2	0-3	2-3	

	Lisboa League	Pd	Wn	Dw	Ls	GF	GA	Pts
1.	SPORTING CLUBE DE PORTUGAL (LISBOA)	8	5	2	1	19	11	12
2.	CF Os Belenenses (Lisboa)	8	4	2	2	11	9	10
3.	Sport Lisboa e Benfica (Lisboa)	8	4	1	3	18	7	9
4.	Casa Pia AC (Lisboa)	8	3	3	2	10	11	9
5.	Vitória FC (Setúbal)	8	-	-	8	7	27	-
		40	16	8	16	65	65	40

Campeonato de Portugal Final   (Campo de Monserrate, Viana do Castelo – 28th June 1925)

FC DO PORTO (PORTO)   2-1   Sporting Clube de Portugal (Lisboa)

Hall 20, da Costa 53 (pen.)   *Gonçalves 50*

Porto: Miguel Siska, Pedro Temudo, Júlio Cardoso, Velez Carneiro, Floreano Pereira, Artur Freire, Humberto Bragança, Coelho da Costa, Norman Hall (c), Flávio Laranjeira, João Nunes.

Sporting: Cipriano Santos, Jorge Vieira (c), Martinho Oliveira, Joaquim Ferreira, José Leandro, Henrique Portela, Filipe dos Santos, Emílio Ramos, Jaime Gonçalves, João Francisco, Alfredo Torres Pereira.

Semi-finals

FC do Porto (Porto)	4-1	SC de Espinho (Espinho)
Sporting Clube de Portugal (Lisboa)	1-0	SC Olhanense (Olhão)

Quarter-finals

SC Olhanense (Olhão)	4-2	CS Marítimo (Funchal)
FC do Porto (Porto)	4-1	SC Vianense (Viana do Castelo)

SC de Espinho (Espinho) and Sporting Clube de Portugal (Lisboa) both received a bye to the next round.

Qualifying Round

SC de Espinho (Espinho)	2-1	Associação Académica de Coimbra (Coimbra)
SC Olhanense (Olhão)	11-2	Alentejo FC (Portalegre)
SC Vianense (Viana do Castelo)	2-1	SC de Braga (Braga)

CS Marítimo (Funchal), FC do Porto (Porto) and Sporting Clube de Portugal (Lisboa) all received byes to the next round.

1925-1926

Lisboa League 1925-1926	Belenenses	SC de Portugal	Carcavelinhos	Vitória FC	Benfica	Casa Pia	União FC de Lisboa	SC Império
CF Os Belenenses (Lisboa)		1-0	1-3	2-5	1-1	2-1	7-2	3-0
Sporting Clube de Portugal (Lisboa)	0-0		5-2	2-0	2-2	2-2	5-0	2-1
Carcavelinhos FC (Carcavelos)	2-3	2-2		4-4	2-2	1-2	3-3	4-2
Vitória FC (Setubal)	0-1	3-2	3-4		2-2	0-1	3-2	3-2
Sport Lisboa e Benfica (Lisboa)	4-5	2-0	2-6	0-1		1-3	9-2	7-1
Casa Pia AC (Lisboa)	1-4	0-3	1-6	0-1	2-3		1-0	2-1
União FC de Lisboa (Lisboa)	4-1	1-2	2-5	1-6	0-1	1-0		5-2
Império Lisboa Clube (Lisboa)	1-4	1-3	5-11	0-3	0-4	1-2	0-2	

	Lisboa	Pd	Wn	Dw	Ls	GF	GA	Pts
1.	CF OS BELENENSES (LISBOA)	14	9	2	3	35	24	20
2.	Sporting Clube de Portugal (Lisboa)	14	7	4	3	30	17	18
3.	Carcavelinhos FC (Carcavelos)	14	7	4	3	55	37	18
4.	Vitória FC (Setubal)	14	8	2	4	34	23	18
5.	Sport Lisboa e Benfica (Lisboa)	14	6	4	4	40	27	16
6.	Casa Pia AC (Lisboa)	14	6	1	7	18	26	13
7.	União FC de Lisboa (Lisboa)	14	4	1	9	25	45	9
8.	Império Lisboa Clube (Lisboa)	14	-	-	14	17	55	-
		112	47	18	47	254	254	112

Campeonato de Portugal Final   (Campo do Ameal, Porto – 6th June 1926)

CS MARÍTIMO (FUNCHAL)   2-0   CF Os Belenenses (Lisboa)

Fernandes 55, Ramos 60

The match was abandoned after 60 minutes after Belenenses players walked off the field of play.

Marítimo: Ângelo Ortega Fernandes, António Sousa, José Correia, Domingos Vasconcelos (c), António Teixeira, José Ramos, Manuel Ramos, Francisco Lopes, José de Sousa, António Alves, José Fernandes.

Belenenses: Francisco Assis, Eduardo Azevedo, Júlio Marques, Augusto Silva (c), César de Matos, José Almeida, Rodolfo Faroleiro, Silva Marques, Alfredo Ramos, Pepe, Fernando António.

Semi-finals

| CF Os Belenenses (Lisboa) | 2-1 | SC Olhanense (Olhão) |
| CS Marítimo (Funchal) | 7-1 | FC do Porto (Porto) |

Quarter-finals

CF Os Belenenses (Lisboa)   4-1   SC de Espinho (Espinho)
SC Olhanense (Olhão)   5-0   Luso SC (Beja)
FC do Porto (Porto)   3-0   SC de Braga (Braga)
CS Marítimo (Funchal) received a bye to the next round.

Qualifying Round

CF Os Belenenses (Lisboa)   7-2   SGS Os Leões (Santarém)
SC de Braga (Braga)   1-0   SC Vianense (Viana do Castelo)
SC de Espinho (Espinho)   4-3   CF União de Coimbra (Coimbra)
Luso SC (Beja)   2-0   SC Estrela (Portalegre)
FC de Porto (Porto)   10-0   SC Vila Real (Vila Real)
CS Marítimo (Funchal) and SC Olhanense (Olhão) both received a bye to the next round.

1926-1927

Lisboa League 1926-1927	Vitória FC	Belenenses	Carcavelinhos	SC de Portugal	Benfica	União FC de Lisboa	Casa Pia	SC Império
Vitória FC (Setúbal)	■	3-3	4-0	3-1	2-0	4-0	3-1	2-0
CF Os Belenenses (Lisboa)	3-1	■	2-1	2-2	3-1	3-3	2-1	1-0
Carcavelinhos FC (Carcavelos)	2-2	4-3	■	1-2	1-1	2-2	3-1	0-0
Sporting Clube de Portugal (Lisboa)	1-1	1-3	1-2	■	1-2	4-0	3-2	2-1
Sport Lisboa e Benfica (Lisboa)	1-2	2-1	1-2	1-3	■	3-1	4-1	1-1
União FC de Lisboa (Lisboa)	0-3	2-3	2-3	2-2	5-2	■	0-1	4-1
Casa Pia AC (Lisboa)	0-1	1-1	3-3	0-2	2-2	1-2	■	4-1
Império Lisboa Clube (Lisboa)	1-3	1-2	0-1	1-1	0-2	3-1	1-3	■

Lisboa League	Pd	Wn	Dw	Ls	GF	GA	Pts
1. VITÓRIA FC (SETÚBAL)	14	10	3	1	34	13	23
2. CF Os Belenenses (Lisboa)	14	8	4	2	32	23	20
3. Carcavelinhos FC (Carcavelos)	14	6	5	3	25	24	17
4. Sporting Clube de Portugal (Lisboa)	14	6	4	4	26	21	16
5. Sport Lisboa e Benfica (Lisboa)	14	5	3	6	23	25	13
6. União FC de Lisboa (Lisboa)	14	3	3	8	24	35	9
7. Casa Pia AC (Lisboa)	14	2	4	8	18	28	8
8. Império Lisboa Clube (Lisboa)	14	1	4	9	11	24	6
	112	41	30	41	193	193	112

Campeonato de Portugal Final   (Estádio do Lumiar, Lisbon – 12th June 1927)

CF OS BELENENSES (LISBOA)　　　　　　3-0　　　　　　　　　Vitória FC (Setúbal)

Silva 63, Marques 86, 89

Belenenses: Francisco Assis, Júlio Marques, Eduardo Azevedo, Augusto Silva (c), César de Matos, Joaquim d'Almeida, José Luís, Alfredo Ramos, Silva Marques, Fernando António, Pepe.

Vitória de Setúbal: Artur Camolas, Francisco Silva, Anibal José, Matias Carlos, Augusto José, Isidoro Rufino (c), Francisco Nazaré, João Santos, Octávio Cambalacho, Armando Martins, Eduardo Augusto.

Semi-finals

CF Os Belenenses (Lisboa)	2-0	Sport Lisboa e Benfica (Lisboa)
Vitória FC (Setúbal)	1-0	FC Barreirense (Barreiro)

Quarter-finals

FC Barreirense (Barreiro)	3-1	SC Império (Lisboa)
CF Os Belenenses (Lisboa)	8-1	CS Marítimo (Funchal)
Sport Lisboa e Benfica (Lisboa)	5-0	Carcavelinhos FC (Carcavelos)
Vitória FC (Setúbal)	1-0	Sporting Clube de Portugal (Lisboa)

Round 2

FC Barreirense (Barreiro)	2-0	Boavista FC (Porto)
CF Os Belenenses (Lisboa)	3-2	FC do Porto (Porto)
Sport Lisboa e Benfica (Lisboa)	4-3	SC de Braga (Braga)
Carcavelinhos FC (Carcavelos)	3-1	Casa Pia AC (Lisboa)
SC Império (Lisboa)	7-0	SC Progresso
Sporting Clube de Portugal (Lisboa)	9-1	Associação Académica de Coimbra (Coimbra)

CS Marítimo (Funchal) and Vitória FC (Setúbal) both received a bye to the next round.

Round 1

Associação Académica de Coimbra (Coimbra)	3-1	SC de Espinho (Espinho)
FC Barreirense (Barreiro)	9-4	SC Olhanense (Olhão)
CF Os Belenenses (Lisboa)	9-1	SGS Os Leões (Santarém)
Boavista FC (Porto)	3-0	Galitos FC
SC de Braga (Braga)	3-0	Leixões SC (Matosinhos)
Casa Pia AC (Lisboa)	5-0	CF União de Coimbra (Coimbra)
SC Império (Lisboa)	4-0	Luso SC (Beja)
FC do Porto (Porto)	11-0	Estrela (Braga)
Sporting Clube de Portugal (Lisboa)	7-1	SC Estrela (Portalegre)
SC Progresso	1-0	SC Vianense (Viana do Castelo)
SC e Salgueiros (Porto)	4-0	SC Vila Real (Vila Real)
Vitória FC (Setúbal)	12-0	Despertar SC (Beja)

Sport Lisboa e Benfica (Lisboa), Carcavelinhos FC (Carcavelos) and CS Marítimo (Funchal) all received a bye to the next round.

Note: SC e Salgueiros (Porto) did not participate in Round 2

Lisboa League 1927-1928	SC de Portugal	Benfica	Belenenses	União FC de Lisboa	Carcavelinhos	Casa Pia	SC Império	Bom-Sucesso
Sporting Clube de Football (Lisboa)	■	3-0	4-1	2-0	3-1	2-0	5-2	+:-
Sport Lisboa e Benfica (Lisboa)	1-0	■	2-2	4-0	3-2	2-0	4-1	4-0
CF Os Belenenses (Lisboa)	3-3	1-1	■	5-0	4-2	4-0	4-1	1-0
União FC de Lisboa (Lisboa)	1-0	2-3	1-2	■	3-1	1-0	11-2	3-0
Carcavelinhos FC (Carcavelos)	1-2	1-1	2-2	3-2	■	0-0	5-1	5-1
Casa Pia AC (Lisboa)	0-3	1-4	0-4	2-5	1-3	■	3-1	7-2
Império Lisboa Clube (Lisboa)	0-2	0-8	0-6	2-4	1-3	2-0	■	+:-
FC do Bom-Sucesso (Aveiro)	1-3	1-3	0-3	0-3	0-2	0-1	2-1	■

	Lisboa League	Pd	Wn	Dw	Ls	GF	GA	Pts
1.	SPORTING CLUBE DE PORTUGAL (LISBOA)	14	11	1	2	33	12	23
2.	Sport Lisboa e Benfica (Lisboa)	14	10	3	1	40	14	23
3.	CF Os Belenenses (Lisboa)	14	9	4	1	42	16	22
4.	União FC de Lisboa (Lisboa)	14	8	-	6	36	26	16
5.	Carcavelinhos FC (Carcavelos)	14	6	3	5	31	24	15
6.	Casa Pia AC (Lisboa)	14	3	1	10	15	33	7
7.	Império Lisboa Clube (Lisboa)	14	2	-	12	16	61	4
8.	FC do Bom-Sucesso (Aveiro)	14	1	-	13	12	39	2
		112	50	12	50	225	225	112

Império Lisboa Clube (Lisboa) changed their name to CD Palhavã (Lisboa) for the next season.

Campeonato de Portugal Final   (Campo da Palhavã, Lisboa – 30th June 1928)

CARCAVELINHOS FC (CARCAVELOS)   3-1   Sporting Clube de Portugal (Lisboa)

Domingues 20, 53, Rodrigues 75   *Mendes 52*

Carcavelinhos: Gabriel Santos, Abreu, Carlos Alves, Carlos Domingues, Daniel Vicente, Artur Pereira, Armando Silva, Manuel Rodrigues, Carlos Canuto (c), Manuel Abrantes, José Domingues.

Sporting: Cipriano Santos, Jorge Vieira (c), António Penafiel, Martinho Oliveira, João Jurado, Francisco Serra e Moura, Manuel Matias, José Manuel Martins, Agostinho Cervantes, João Francisco Maia, António Abrantes Mendes.

Semi-finals

Carcavelinhos FC (Carcavelos)	3-1	Sport Lisboa e Benfica (Lisboa)
Sporting Clube de Portugal (Lisboa)	3-1	Vitória FC (Setúbal)

Quarter-finals

Sport Lisboa e Benfica (Lisboa)	4-3	CF União (Funchal)
Carcavelinhos FC (Carcavelos)	8-1	SC e Salgueiros (Porto)
Sporting Clube de Portugal (Lisboa)	5-0	FC Barreirense (Barreiro)
Vitória FC (Setúbal)	4-1	CF Os Belenenses (Lisboa)

Round 2

FC Barreirense (Barreiro)	2-0	Casa Pia AC (Lisboa)
CF Os Belenenses (Lisboa)	8-1	Leça FC (Leça da Palmeira)
Sport Lisboa e Benfica (Lisboa)	6-1	AD Fafe (Fafe)
Carcavelinhos FC (Carcavelos)	3-0	SC Beira Mar (Aveiro)
Sporting Clube de Portugal (Lisboa)	4-1	SC Império (Lisboa)
SC e Salgueiros (Porto)	2-1	FC do Porto (Porto)
Vitória FC (Setúbal)	4-2	Boavista FC (Porto)

CF União (Funchal) received a bye to the next round.

Round 1

FC Barreirense (Barreiro)	3-0	União FC de Lisboa (Lisboa)
SC Beira Mar (Aveiro)	3-2	SC Progresso
CF Os Belenenses (Lisboa)	7-1	Luso SC (Beja)
Boavista FC (Porto)	8-0	Lusitano FC de Vildemoinhos (Viseu)
Casa Pia AC (Lisboa)	2-1	UF Comércio Indústria
AD Fafe (Fafe)	2-1	Associação Académica de Coimbra (Coimbra)
Leça FC (Leça da Palmeira)	2-1	SC de Braga (Braga)
FC do Porto (Porto)	13-1	SC Vila Real (Vila Real)
Sporting Clube de Portugal (Lisboa)	18-0	CD Torres Novas (Torres Novas)
SC e Salgueiros (Porto)	2-1	SC Vianense (Viana do Castelo)
Vitória FC (Setúbal)	6-1	Lusitano FC (Vila Real de Santo António)

Sport Lisboa e Benfica (Lisboa), Carcavelinhos FC (Carcavelos) and SC Império (Lisboa) all received a bye to the next round.

1928-1929

Lisboa League 1928-1929	Belenenses	Benfica	Carcavelinhos	União FC de Lisboa	SC de Portugal	Casa Pia	Bom-Sucesso	Palhavã
CF Os Belenenses (Lisboa)	■	6-3	2-0	3-4	1-0	8-0	7-2	4-0
Sport Lisboa e Benfica (Lisboa)	2-2	■	2-2	1-1	3-1	4-0	4-0	8-0
Carcavelinhos FC (Carcavelos)	1-3	0-0	■	3-2	0-0	2-1	5-0	4-0
União FC de Lisboa (Lisboa)	2-3	1-2	3-2	■	3-2	1-1	7-1	2-1
Sporting Clube de Portugal (Lisboa)	1-3	3-3	2-1	2-1	■	1-1	0-2	3-1
Casa Pia AC (Lisboa)	2-1	3-4	1-4	1-1	3-3	■	1-1	4-1
FC do Bom-Sucesso (Aveiro)	0-8	1-4	3-4	4-4	0-5	5-1	■	3-2
CD Palhavã (Lisboa)	2-3	0-5	2-5	0-2	0-3	1-0	1-0	■

	Lisboa League	Pd	Wn	Dw	Ls	GF	GA	Pts
1.	CF OS BELENENSES (LISBOA)	14	11	1	2	54	19	37
2.	Sport Lisboa e Benfica (Lisboa)	14	8	5	1	45	20	35
3.	Carcavelinhos FC (Carcavelos)	14	7	3	4	33	21	31
4.	União FC de Lisboa (Lisboa)	14	6	4	4	34	26	30
5.	Sporting Clube de Portugal (Lisboa)	14	5	4	5	26	22	28
6.	Casa Pia AC (Lisboa)	14	2	5	7	19	37	23
7.	FC do Bom-Sucesso (Aveiro)	14	3	2	9	22	53	22
8.	CD Palhavã (Lisboa)	14	2	-	12	11	46	18
		112	44	24	44	244	244	224

Win = 3 points, Draw = 2 points, Loss = 1 point

Campeonato de Portugal Final   (Campo da Palhavã, Lisboa – 16th June 1929)

CF OS BELENENSES (LISBOA)   2-1   União FC de Lisboa (Lisboa)

José Luís 15, 73   *Luís Silva 68*

Belenenses: João Tomás, Júlio Morais, João Belo, Carlos Rodrigues, Augusto Silva, Joaquim dAlmeida, Rodolfo Faroleiro, José Luís, Alfredo Ramos, Silva Marques, Pepe.

União Lisboa: Carlos Silva, Manuel da Silva I, Constante Santos, José da Silva, Jaime Rodrigues, Liberto dos Santos, Manuel Martinho, Valentim Machado, Armando Silva, Manuel Ramos, Luís Silva.

Semi-finals

| União FC de Lisboa (Lisboa) | 2-1 | Sporting Clube de Portugal (Lisboa) |
| CF Os Belenenses (Lisboa) | 1-1, 2-0 | Vitória FC (Setubal) |

Quarter-finals

CF Os Belenenses (Lisboa)	3-1	Carcavelinhos FC (Carcavelos)
Sporting Clube de Portugal (Lisboa)	1-1, 1-0	Lusitano FC (Vila Real de Santo António)
União FC de Lisboa (Lisboa)	9-0	Leça FC (Leça da Palmeira)
Vitória FC (Setúbal)	3-0	CS Marítimo (Funchal)

Round 2

CF Os Belenenses (Lisboa)	3-2	Sport Lisboa e Benfica (Lisboa)
Carcavelinhos FC (Carcavelos)	2-1	SC e Salgueiros (Porto)
Leça FC (Leça da Palmeira)	3-2	CF União de Coimbra (Coimbra)
Lusitano FC (Vila Real de Santo António)	5-0	Casa Pia AC (Lisboa)
Sporting Clube de Portugal (Lisboa)	3-2	FC do Porto (Porto)
União FC de Lisboa (Lisboa)	4-2	SC de Espinho (Espinho)
Vitória FC (Setúbal)	3-1	Boavista FC (Porto)

CS Marítimo (Funchal) received a bye to the next round.

Round 1

Sport Lisboa e Benfica (Lisboa)	6-1	SGS Os Leões (Santarém)
Boavista FC (Porto)	3-0	SC Vila Real (Vila Real)
Carcavelinhos FC (Carcavelos)	3-2	Luso FC (Barreiro)
Casa Pia AC (Lisboa)	5-0	SC Estrela (Portalegre)
SC de Espinho (Espinho)	4-2	CD Palhavã (Lisboa)
Leça FC (Leça da Palmeira)	3-0	Triunfo
Lusitano FC (Vila Real de Santo António)	2-1	FC Barreirense (Barreiro)
FC do Porto (Porto)	13-0	SC de Braga (Braga)
Sporting Clube de Portugal (Lisboa)	6-3	SC Coimbrões (Coimbra)
SC e Salgueiros (Porto)	5-2	Lusitano FC de Vildemoinhos (Viseu)
União FC de Lisboa (Lisboa)	3-0	SC Beira Mar (Aveiro)
Vitória FC (Setúbal)	3-0	Lusitano GC (Évora)

CF Os Belenenses (Lisboa), CS Marítimo (Funchal) and CF União de Coimbra (Coimbra) all received a bye to the next round.

Lisboa League 1929-1930	Belenenses	Benfica	SC de Portugal	Casa Pia	União FC de Lisboa	Carcavelinhos	Chelas	Bom-Sucesso
CF Os Belenenses (Lisboa)	■	1-3	4-2	6-1	7-1	4-2	5-1	12-1
Sport Lisboa e Benfica (Lisboa)	2-1	■	2-3	6-0	1-0	2-1	7-1	3-1
Sporting Clube de Portugal (Lisboa)	0-1	3-1	■	2-1	1-1	3-0	2-0	2-0
Casa Pia AC (Lisboa)	1-9	1-1	2-1	■	2-0	4-2	3-1	2-0
União FC de Lisboa (Lisboa)	2-4	0-6	0-2	1-2	■	0-1	6-3	4-2
Carcavelinhos FC (Carcavelos)	1-6	0-1	0-6	3-2	1-2	■	3-5	4-1
Chelas FC (Lisboa)	1-6	2-1	1-8	0-2	0-3	0-2	■	1-1
FC do Bom-Sucesso (Aveiro)	0-11	1-4	0-2	1-4	1-2	1-1	1-1	■

Lisboa League

		Pd	Wn	Dw	Ls	GF	GA	Pts
1.	CF OS BELENENSES (LISBOA)	14	12	-	2	77	18	38
2.	Sport Lisboa e Benfica (Lisboa)	14	10	1	3	40	15	35
3.	Sporting Clube de Portugal (Lisboa)	14	10	1	3	37	13	35
4.	Casa Pia AC (Lisboa)	14	8	1	5	27	33	31
5.	União FC de Lisboa (Lisboa)	14	5	1	8	22	33	25
6.	Carcavelinhos FC (Carcavelos)	14	4	1	9	21	37	23
7.	Chelas FC (Lisboa)	14	2	2	10	17	50	20
8.	FC do Bom-Sucesso (Aveiro)	14	-	3	11	11	53	17
		112	51	10	51	252	252	224

Win = 3 points, Draw = 2 points, Loss = 1 point

Campeonato de Portugal Final   (Campo Grande, Lisboa – 1st June 1930)

SPORT LISBOA E BENFICA (LISBOA)	3-1	FC Barreirense (Barreiro)
Dinis 22, de Oliveira 97, Gonçalves 110	*(aet)*	*Correia 05*

Benfica: Artur Dyson, Manuel de Oliveira, Aníbal José, António Pinho, Jorge Teixeira, Vítor Hugo, João de Oliveira, Mário de Carvalho, António Gonçalves, Jorge Tavares, Augusto Dinis.

Barreirense: Francisco Câmara, Luís Falcão, José da Fonseca, José João, Carvalhinho, Álvaro Pina, Raúl Jorge, Bento de Almeida, João Pireza, José Correia, Pedro Pireza.

Semi-finals

FC Barreirense (Barreiro)	1-1, 3-2	CF Os Belenenses (Lisboa)
Sport Lisboa e Benfica (Lisboa)	1-0, 1-1	União FC de Lisboa (Lisboa)

Quarter-finals

FC Barreirense (Barreiro)	5-2, 5-0	SC de Espinho (Espinho)
CF Os Belenenses (Lisboa)	0-0, 2-1	CS Marítimo (Funchal)
Sport Lisboa e Benfica (Lisboa)	4-2, 0-2, 7-0	Carcavelinhos FC (Carcavelos)
União FC de Lisboa (Lisboa)	1-1, 2-2, 2-1	Vitória FC (Setúbal)

Round 2

FC Barreirense (Barreiro)	3-1, 7-2	Boavista FC (Porto)
CF Os Belenenses (Lisboa)	2-2, 3-3, 2-1	FC do Porto (Porto)
Sport Lisboa e Benfica (Lisboa)	2-0, 2-2	Casa Pia AC (Lisboa)
Carcavelinhos FC (Carcavelos)	1-3, 1-0, 1-0	Lusitano FC (Vila Real de Santo António)
SC de Espinho (Espinho)	2-1, 0-1, 3-1	Leça FC (Leça da Palmeira)
União FC de Lisboa (Lisboa)	5-3, 4-1	SC e Salgueiros (Porto)
Vitória FC (Setúbal)	2-1, 1-2, 4-3	Sporting Clube de Portugal (Lisboa)

CS Marítimo (Funchal) received a bye to the next round.

Round 1

FC Barreirense (Barreiro)	3-0	CF União de Coimbra (Coimbra)
CF Os Belenenses (Lisboa)	6-0	SC Olhanense (Olhão)
Sport Lisboa e Benfica (Lisboa)	8-1	SG União Operário
Boavista FC (Porto)	2-2, 2-1	SC Vila Real (Vila Real)
Carcavelinhos FC (Carcavelos)	3-0	SC Escolar Bombarralense (Bombarral)
Casa Pia AC (Lisboa)	7-2	AD Sanjoanense (São João da Madeira)
SC de Espinho (Espinho)	3-1	SC Coimbrões (Coimbra)
Leça FC (Leça da Palmeira)	10-0	Comercial
Lusitano FC (Vila Real de Santo António)	4-0	Lusitano GC (Évora)
FC do Porto (Porto)	8-1	Lusitano FC de Vildemoinhos (Viseu)
Sporting Clube de Portugal (Lisboa)	7-1	Associação Académica de Coimbra (Coimbra)
SC e Salgueiros (Porto)	3-1	SC Vianense (Viana do Castelo)
União FC de Lisboa (Lisboa)	5-2	SC Estrela (Portalegre)
Vitória FC (Setúbal)	4-0	Marvilense FC (Lisboa)

CS Marítimo (Funchal) received a bye to the next round.

1930-1931

Lisboa League 1930-1931	SC de Portugal	Belenenses	União FC de Lisboa	Casa Pia	Benfica	Carcavelinhos	Chelas	Bom-Sucesso
Sporting Clube de Portugal (Lisboa)		0-1	4-1	2-1	1-0	5-0	1-0	2-0
CF Os Belenenses (Lisboa)	2-2		1-2	1-0	4-1	6-1	6-1	6-0
União FC de Lisboa (Lisboa)	2-3	1-2		1-1	2-0	2-1	1-2	7-0
Casa Pia AC (Lisboa)	0-7	2-2	2-1		2-4	1-1	1-1	4-1
Sport Lisboa e Benfica (Lisboa)	1-2	2-4	1-1	1-1		1-1	0-1	10-0
Carcavelinhos FC (Carcavelos0	0-2	0-4	1-2	2-3	2-2		4-0	6-1
Chelas FC (Lisboa)	0-4	1-4	1-2	0-1	0-6	0-0		2-1
FC do Bom-Sucesso (Aveiro)	0-5	0-4	0-6	1-5	1-6	0-4	2-2	

Lisboa League	Pd	Wn	Dw	Ls	GF	GA	Pts
1. SPORTING CLUBE DE PORTUGAL (LISBOA)	14	12	1	1	40	8	39
2. CF Os Belenenses (Lisboa)	14	11	2	1	47	13	38
3. União FC de Lisboa (Lisboa)	14	7	2	5	31	19	30
4. Casa Pia AC (Lisboa)	14	5	5	4	24	25	29
5. Sport Lisboa e Benfica (Lisboa)	14	4	4	6	35	22	26
6. Carcavelinhos FC (Carcavelos)	14	3	4	7	23	29	24
7. Chelas FC (Lisboa)	14	3	3	8	11	33	23
8. FC do Bom-Sucesso (Aveiro)	14	-	1	13	7	69	15
	112	45	22	45	218	218	224

Win = 3 points, Draw = 2 points, Loss = 1 point

Campeonato de Portugal Final   (Campo do Arnado, Coimbra – 28th June 1931)

SPORT LISBOA E BENFICA (LISBOA)   3-0   FC do Porto (Porto)

Silva 37, 65, Augusto Dinis 44

Benfica: Artur Dyson, Ralph Bailão, Luís Costa, João Correia, Aníbal José, Pedro Ferreira, João de Oliveira, Manuel de Oliveira, Vítor Silva, Emiliano Sampaio, Augusto Dinis.

Porto: Mihaly Siska, Avelino Martins, Pedro Temudo, Valdemar Mota, Euclides Anaura, Acácio Mesquita, Filipe dos Santos, Raúl Castro, Álvaro, Norman Hall, Lopes Carneiro.

Semi-finals

Sport Lisboa e Benfica (Lisboa)	3-0, 2-1	Vitória FC (Setúbal)
FC do Porto (Porto)	2-1, 3-2	CS Marítimo (Funchal)

Quarter-finals

Sport Lisboa e Benfica (Lisboa)	7-0, 4-2	Lusitano GC (Évora)
CS Marítimo (Funchal)	1-0, 6-2	SG União Operário
FC do Porto (Porto)	4-4, 3-0	Boavista FC (Porto)
Vitória FC (Setúbal)	2-2, 7-1	Lusitano FC (Vila real de Santo António)

Round 2

Sport Lisboa e Benfica (Lisboa)	5-1, 0-2, 2-0	SC Olhanense (Olhão)
Boavista FC (Porto)	4-1, 2-3, 7-0	AC Marinhense (Marinha Grande)
Lusitano GC (Évora)	3-2, 1-1	SC e Salgueiros (Porto)
Lusitano FC (Vila Real de S. António)	4-0, 0-1, 6-1	SC de Espinho (Espinho)
FC do Porto (Porto)	2-1, 4-2	Casa Pia AC (Lisboa)
SG União Operário	2-2, 5-2	Leça FC (Leça da Palmeira)
Vitória FC (Setúbal)	8-1, 3-1	SC Conimbricense (Coimbra)

CS Marítimo (Funchal) received a bye to the next round.

Round 1

Sport Lisboa e Benfica (Lisboa)	8-3	SC Estrela (Portalegre)
Boavista FC (Porto)	2-0	AD Sanjoanense (São João da Madeira)
Casa Pia AC (Lisboa)	3-2	SC Progresso
Leça FC (Leça da Palmeira)	3-3, 3-1	SC Vila Real (Vila Real)
FC do Porto (Porto)	7-0	SC Vianense (Viano do Castelo)
SC e Salgueiros (Porto)	13-0	SC de Braga (Braga)
Vitória FC (Setúbal)	6-1	União (Beja)

Boavista FC (Porto), SC Conimbricense (Coimbra), SC de Espinho (Espinho), Lusitano FC (Vila real de Santo António), Lusitano GC (Évora), CS Marítimo (Funchal), AC Marinhense (Marinha Grande), SC Olhanense (Olhão) and SG União Operário all received a bye to the next round.

1931-1932

Final Table (Lisboa League)	Pd	Wn	Dw	Ls	GF	GA	Pts
1. CF OS BELENENSES (LISBOA)	14	10	1	3	50	15	35
2. Sporting Clube de Portugal (Lisboa)	14	9	2	3	43	15	34
3. Sport Lisboa e Benfica (Lisboa)	13	7	2	4	32	17	29
4. FC Barreirense (Barreiro)	13	7	1	5	34	24	28
5. Carcavelinhos FC (Carcavelos)	13	6	-	7	21	32	25
6. União FC de Lisboa (Lisboa)	13	5	1	7	21	31	24
7. Luso FC (Barreiro)	8	3	1	4	11	26	15
8. Casa Pia AC (Lisboa)	8	2	-	6	10	19	12
9. Chelas FC (Lisboa)	8	1	1	6	10	26	11
10. GD Fósforos (Lisboa)	8	1	1	6	6	33	11
	112	51	10	51	238	238	224

Played in 2 groups of 5 teams each then 1 group of 6 teams followed by a play-off between the top 2 of the Semi-finals group.

Play-off

CF Os Belenenses (Lisboa)   w/o   Sporting Clube de Portugal (Lisboa)

Semi-finals

Lisboa League – Semi-finals 1931-1932	SC de Portugal	Belenenses	Benfica	Barreirense	União FC de Lisboa	Carcavelinhos
Sporting Clube de Portugal (Lisboa)		2-2	1-0	1-0	8-0	6-3
CF Os Belenenses (Lisboa)	---		4-0	4-3	3-0	4-1
Sport Lisboa e Benfica (Lisboa)	---	---		2-1	3-2	2-0
FC Barreirense (Barreiro)	---	---	---		7-1	3-0
União FC de Lisboa (Lisboa)	---	---	---	---		1-2
Carcavelinhos FC (Carcavelos)	---	---	---	---	---	

Semi-finals (Lisboa League)	Pd	Wn	Dw	Ls	GF	GA	Pts
1. Sporting Clube de Portugal (Lisboa)	5	4	1	-	18	5	14
2. CF Os Belenenses (Lisboa)	5	4	1	-	17	6	14
3. Sport Lisboa e Benfica (Lisboa)	5	3	-	2	7	8	11
4. FC Barreirense (Barreiro)	5	2	-	3	14	8	9
5. União FC de Lisboa (Lisboa)	5	1	-	4	6	16	7
6. Carcavelinhos FC (Carcavelos)	5	-	-	5	4	23	5
	30	14	2	14	66	66	60

Lisboa League – Série "A" 1931-1932	SC de Portugal	Benfica	União FC de Lisboa	Luso FC	Chelas
Sporting Clube de Portugal (Lisboa)	■	2-1	4-0	10-2	2-0
Sport Lisboa e Benfica (Lisboa)	2-1	■	1-2	7-1	6-0
União FC de Lisboa (Lisboa)	0-2	1-1	■	3-0	5-2
Luso FC (Barreiro)	3-2	1-1	1-2	■	1-0
Chelas FC (Lisboa)	2-2	1-6	4-2	1-2	■

Série "A" (Lisboa League)

		Pd	Wn	Dw	Ls	GF	GA	Pts
1.	Sporting Clube de Portugal (Lisboa)	8	5	1	2	25	10	19
2.	Sport Lisboa e Benfica (Lisboa)	8	4	2	2	25	9	18
3.	União FC de Lisboa (Lisboa)	8	4	1	3	15	15	17
4.	Luso FC (Barreiro)	8	3	1	4	11	26	15
5.	Chelas FC (Lisboa)	8	1	1	6	10	26	11
		40	17	6	17	86	86	80

Lisboa League – Série "B" 1931-1932	Carcavelinhos	Barreirense	Belenenses	Casa Pia	Fós
Carcavelinhos FC (Carcavelos)	■	3-1	3-0	3-2	2-0
FC Barreirense (Barreiro)	3-1	■	2-1	3-0	6-2
CF Os Belenenses (Lisboa)	1-3	5-0	■	4-0	9-0
Casa Pia AC (Lisboa)	2-0	2-3	1-4	■	2-0
GD Fósforos (Lisboa)	0-2	2-2	0-9	2-1	■

Série "B" (Lisboa League)

		Pd	Wn	Dw	Ls	GF	GA	Pts
1.	Carcavelinhos FC (Carcavelos)	8	6	-	2	17	9	20
2.	FC Barreirense (Barreiro)	8	5	1	2	20	16	19
3.	CF Os Belenenses (Lisboa)	8	5	-	3	33	9	18
4.	Casa Pia AC (Lisboa)	8	2	-	6	10	19	12
5.	GD Fósforos (Lisboa)	8	1	1	6	6	33	11
		40	19	2	19	86	86	80

Win = 3 points, Draw = 2 points, Loss = 1 point

Campeonato de Portugal Final   (Campo do Arnado, Coimbra – 3rd July 1932)

FC DO PORTO (PORTO)   4-4   CF Os Belenenses (Lisboa)

Pinga 18, 25, Valdemar Mota 61, Francisco Castro 55   *August Silva 63, 78, 88, Heitor Nogueira 76*

Porto: Mihaly Siska, Avelino Martins, Pedro Temudo, Álvaro Pereira, Sequeira, Valdemar Mota, Pinga, Francisco Castro, Lopes Carneiro, Acácio Mesquita, Sousa

Belenenses: José Simões, João Belo, César de Matos, Joaquim dAlmeida, Augusto Silva, Heitor Nogueira, Bernardo Soares, José Luís, Alfredo Ramos (the names of the other two players are not recorded).

Campeonato de Portugal Final Replay (Campo do Arnado, Coimbra – 17th July 1932)

CF Os Belenenses (Lisboa)   1-2   FC DO PORTO (PORTO)

Bernardo Soares 38   *Pinga 11 pen, Acácio Mesquita 62*

Belenenses: José Simões, João Belo, Augusto Silva, César de Matos, Joaquim dAlmeida, Heitor Nogueira, Alfredo Ramos, José Luis, Bernardo Soares, Rodolfo Faroleiro, (1 player unknown).

Porto: Mihaly Siska, Pedro Temudo, Avelino Martins, Francisco Castro, Sequeira, Acácio Mesquita, Pinga, Álvaro, Valdemar Mota, Carlos Mesquita, Lopes Carneiro.

Semi-finals

FC Barreirense (Barreiro)	1-0, 3-3	CF Os Belenenses (Lisboa)
FC do Porto (Porto)	2-1, 3-0	Sport Lisboa e Benfica (Lisboa)

Quarter-finals

FC Barreirense (Barreiro)	2-0, 2-3	SC Olhanense (Olhão)
CF Os Belenenses (Lisboa)	4-0, 1-2	União FC de Lisboa (Lisboa)
Sport Lisboa e Benfica (Lisboa)	2-2, 1-0	Luso FC (Barreiro)
FC do Porto (Porto)	3-2, 0-0	CS Marítimo (Funchal)

Round 2

FC Barreirense (Barreiro)	3-3, 5-2	Associação Académica de Coimbra (Coimbra)
CF Os Belenenses (Lisboa)	6-0, 9-0	Sporting Clube de Portugal (Lisboa)
Sport Lisboa e Benfica (Lisboa)	4-1, 3-2	SC de Espinho (Espinho)
Luso FC (Barreiro)	2-2, 5-2	Boavista FC (Porto)
SC Olhanense (Olhão)	2-1, 2-1	Casa Pia AC (Lisboa)
FC do Porto (Porto)	2-0, 4-1	SC e Salgueiros (Porto)
União FC de Lisboa (Lisboa)	0-2, 3-0	Vitória FC (Setúbal)

CS Marítimo (Funchal) received a bye to the next round.

Round 1

Associação Académica de Coimbra (Coimbra)	2-0	Leça FC (Leça da Palmeira)
FC Barreirense (Barreiro)	3-2	AC Marinhense (Marinha Grande)
CF Os Belenenses (Lisboa)	4-2	SG União Operário
Sport Lisboa e Benfica (Lisboa)	2-1	SC Estrela (Portalegre)
Boavista FC (Porto)	2-0	SC Vianense (Viano do Castelo)
Casa Pia AC (Lisboa)	1-0	Juventude SC (Évora)
SC de Espinho (Espinho)	4-1	Académico FC (Porto)
Luso FC (Barreiro)	6-2	Lusitano FC (Vila Real de Santo António)
SC Olhanense (Olhão)	1-0	Carcavelinhos FC (Carcavelos)
FC do Porto (Porto)	18-0	Ginásio Liz
SC de Portugal (Porto)	7-1	Lusitano GC (Évora)
SC e Salgueiros (Porto)	12-1	SC Vila Real (Vila Real)
União FC de Lisboa (Lisboa)	6-0	SC Conimbricense (Coimbra)
Vitória FC (Setúbal)	6-3	Portimonense SC (Portimão)

CS Marítimo (Funchal) received a bye to the next round.

Lisboa League 1932-1933	Barreirense	Belenenses	Benfica	Carcavelinhos	Casa Pia	Chelas	Luso	SC Portugal	Sacavenense	União
Barreirense (Barreiro)	■	4-3	3-1	2-0	8-0	1-2	1-1	5-1	7-1	6-0
Belenenses (Lisboa)	4-1	■	2-2	5-1	4-0	4-1	4-2	2-0	7-0	0-0
Benfica (Lisboa)	3-0	3-2	■	4-2	0-0	3-1	4-0	3-1	6-1	4-0
Carcavelinhos FC (Carcavelos)	3-2	1-1	0-1	■	4-0	3-0	2-1	2-1	8-0	2-1
Casa Pia AC (Lisboa)	2-1	1-2	1-4	3-1	■	1-1	4-0	1-1	1-1	1-0
Chelas FC (Lisboa)	---	---	---	---	---	■	---	---	2-0	---
Luso FC (Barreiro)	1-1	2-2	4-2	2-5	1-0	1-1	■	1-3	1-3	3-2
Sporting Clube de Portugal (Lisboa)	4-3	1-1	3-1	4-2	0-0	7-1	7-0	■	5-1	3-0
Sacavenense (Sacavém)	---	---	---	---	---	---	---	---	■	---
União FC de Lisboa	1-2	0-3	1-1	2-0	1-2	2-1	2-0	1-3	4-1	■

	Lisboa League	Pd	Wn	Dw	Ls	GF	GA	Pts
1.	SPORT LISBOA E BENFICA (LISBOA)	17	11	3	3	44	22	42
2.	CF Os Belenenses (Lisboa)	17	9	5	3	47	21	40
3.	Sporting Clube de Portugal (Lisboa)	16	9	3	4	44	24	37
4.	FC Barreirense (Barreiro)	16	8	2	6	46	27	34
5.	Carcavelinhos FC (Carcavelos)	16	8	1	7	36	29	33
6.	Casa Pia AC (Lisboa)	16	5	5	6	17	29	31
7.	União FC de Lisboa (Lisboa)	16	4	2	10	17	31	26
8.	Luso FC (Barreiro)	16	3	4	9	20	43	26
9.	Chelas FC (Lisboa)	9	2	2	5	10	22	15
10.	SG Sacavenense (Sacavém)	9	1	1	7	8	41	12
		148	60	28	60	289	289	296

Win = 3 points, Draw = 2 points, Loss = 1 point

Play-off

Sport Lisboa e Benfica (Lisboa)	2-1	CF Os Belenenses (Lisboa)

Campeonato de Portugal Final   (Estádio do Lumiar, Lisboa – 2nd July 1933)

CF OS BELENENSES (LISBOA)	3-1	Sporting Clube de Portugal (Lisboa)
Faroleiro 52, 75, José Luís 87		*Abrantes Mendes 33*

Belenenses: Jerónimo Morais, João Belo, José Simões, Joaquim dAlmeida, Rodrigues Alves, César de Matos, Heitor Nogueira, Alfredo Ramos, Rodolfo Faroleiro, Bernardo Soares, José Luis.

Sporting: Artur Dyson, João Jurado, Joaquim Serrano, António Faustino, Varela, Rui Araújo, Alfredo Valadas, João Correia, Abrantes Mendes, Adolfo Mourão, António Gralho.

Semi-finals

CF Os Belenenses (Lisboa)	4-1, 3-3	Vitória FC (Setúbal)
Sporting Clube de Portugal (Lisboa)	1-1, 0-0, 3-1	FC do Porto (Porto)

Quarter-finals

FC Barreirense (Barreiro)	2-1, 1-2, 1-4	CF Os Belenenses (Lisboa)
FC do Porto (Porto)	8-0, 2-4	Sport Lisboa e Benfica (Lisboa)
Sporting Clube de Portugal (Lisboa)	3-1, 0-1	CS Marítimo (Funchal)
SC e Salgueiros (Porto)	2-1, 2-4	Vitória FC (Setúbal)

Round 2

Associação Académica de Coimbra (Coimbra)	3-1, 1-3, 1-2	Vitória FC (Setúbal)
FC Barreirense (Barreiro)	4-1, 1-0	Boavista FC (Porto)
Sport Lisboa e Benfica (Lisboa)	2-0, 2-0	UF Comércio Indústria
Carcavelinhos FC (Carcavelos)	3-2, 1-5	CF Os Belenenses (Lisboa)
SC de Espinho (Espinho)	1-3, 0-6	SC e Salgueiros (Porto)
FC do Porto (Porto)	9-1, 2-4	União FC de Lisboa (Lisboa)
Sporting Clube de Portugal (Lisboa)	6-0, 1-1	Luso FC (Barreiro)

CS Marítimo (Funchal) received a bye to the next round.

Round 1

Associação Académica de Coimbra (Coimbra)	1-0	AD Sanjoanense (São João da Madeira)
FC Barreirense (Barreiro)	6-0	SC Estrela (Portalegre)
CF Os Belenenses (Lisboa)	1-0	Lusitano GC (Évora)
Sport Lisboa e Benfica (Lisboa)	6-0	AC Marinhense (Marinha Grande)
Boavista FC (Setúbal)	3-0	SC de Braga (Braga)
UF Comércio Indústria	3-0	Casa Pia AC (Lisboa)
SC de Espinho (Espinho)	4-0	CF União de Coimbra (Coimbra)
Luso FC (Barreiro)	3-2	Leixões SC (Matosinhos)
FC do Porto (Porto)	8-0	SC Vianense (Viana do Castelo)
Sporting Clube de Portugal (Lisboa)	2-1	SG União Operário
SC e Salgueiros (Porto)	9-1	SC Vila Real (Vila Real)
União FC de Lisboa (Lisboa)	1-0	Lusitano FC de Vildemoinhos (Viseu)

Carcavelinhos FC (Carcavelos), CS Marítimo (Funchal), and Vitória FC (Setúbal) all received a bye to the next round.

1933-1934

Lisboa League 1933-1934	Barreirense	Belenenses	Benfica	Bom-Sucesso	Carcavelinhos	Casa Pia	Chelas	Luso	SC Portugal	União
Barreirense (Barreiro)	■	0-2	2-2	+:-	2-1	3-1	+:-	+:-	1-2	+:-
Belenenses (Lisboa)	---	■	1-2	8-0	4-0	3-0	3-1	+:-	0-2	2-1
Benfica (Lisboa)	---	---	■	6-0	1-2	1-0	3-1	-:+	2-2	1-2
Bom-Sucesso (Aveiro)	---	---	---	■	0-16	-:+	2-4	+:-	0-5	0-9
Carcavelinhos FC	---	---	---	---	■	6-0	6-0	+:-	3-2	3-0
Casa Pia AC (Lisboa)	---	---	---	---	--	■	0-0	2-3	0-3	0-2
Chelas FC (Lisboa)	---	---	---	---	---	---	■	+:-	0-5	1-7
Luso FC (Barreiro)	---	---	---	---	---	---	---	■	-:+	-:+
Sporting Clube de Portugal (Lisboa)	---	---	---	---	---	---	---	---	■	4-0
União FC de Lisboa	---	---	---	---	---	---	---	---	---	■

Lisboa League

		Pd	Wn	Dw	Ls	GF	GA	Pts	
1.	SPORTING CLUBE DE PORTUGAL (LISBOA)	9	7	1	1	25	6	24	
2.	Carcavelinhos FC (Carcavelos)	9	7	-	2	37	9	23	
3.	CF Os Belenenses (Lisboa)	9	7	-	2	23	6	23	
4.	FC Barreirense (Barreiro)	9	6	1	2	8	8	22	
5.	Sport Lisboa e Benfica (Lisboa)	9	5	2	2	18	10	21	
6.	União FC de Lisboa)	9	5	-	4	21	11	19	
7.	Chelas FC (Lisboa)	9	2	1	6	7	26	14	
8.	Casa Pia AC (Lisboa)	9	1	1	7	3	21	12	
9.	FC do Bom-Sucesso (Aveiro)	9	1	-	8	2	48	11	
10.	Luso FC (Barreiro)	9	1	-	8	3	2	3	-8
		90	42	6	42	147	147	172	(-8)

Win = 3 points, Draw = 2 points, Loss = 1 point

Campeonato de Portugal Final   (Estadio do Lumiar, Lisboa)

SPORTING CLUBE DE PORTUGAL (LISBOA)   4-3   FC Barreirense (Barreiro)

Soeiro 38, 40, 68, 90   *Nunes, Pireza 73, Jurado 75 o.g.*

Sporting: Jordão Jóia, João Jurado, Joaquim Serrano, António Faustino, Rui Araújo, Vasco Nunes, Manuel Soeiro, João Correia, Agostinho Cervantes, Adolfo Mourão, Reynolds

Barreirense: Câmara, Leonel, da Fonseca, Carvalho, Baptista, Vieira, Jorge, Pireza, Correia, Pireza, Nunes.

Semi-finals

FC Barreirense (Barreiro)	2-1, 1-0	Vitória FC (Setúbal)
Sporting Clube de Portugal (Lisboa)	3-2, 0-0	Sport Lisboa e Benfica (Lisboa)

Quarter-finals

CF Os Belenenses (Lisboa)	1-1, 1-3	Sporting Clube de Portugal (Lisboa)
Carcavelinhos FC (Carcavelos)	3-4, 1-5	Sport Lisboa e Benfica (Lisboa)
UF Comércio Indústria	0-3, 1-5	Vitória FC (Setúbal)
CD Nacional (Funchal)	3-2, 1-2, 2-4	FC Barreirense (Barreiro)

Round 2

Associação Académica de Coimbra (Coimbra)	0-2, o/w	Sport Lisboa e Benfica (Lisboa)
FC Barreirense (Barreiro)	3-1, 2-1	Luso FC (Barreiro)
CF Os Belenenses (Lisboa)	10-1, 4-0	SC Vila Real (Vila Real)
Carcavelinhos FC (Carcavelos)	2-1, 0-0	União FC de Lisboa (Lisboa)
UF Comércio Indústria	5-2, 2-4	SC Beira Mar (Aveiro)
SC de Espinho (Espinho)	2-7, 0-11	Sporting Clube de Portugal (Lisboa)
Vitória FC (Setúbal)	5-0, 4-0	SC Vianense (Viana do Castelo)

CD Nacional (Funchal) received a bye to the next round.

Round 1

Associação Académica de Coimbra (Coimbra)	3-1	AD Fafe (Fafe)
FC Barreirense (Barreiro)	3-2	Leixões (Matosinhos)
CF Os Belenenses (Lisboa)	3-0	Lusitano FC (Vila Real de Santo António)
Sport Lisboa e Benfica (Lisboa)	3-0	Lusitano GC (Évora)
Carcavelinhos FC (Carcavelos)	2-1	Seixal FC (Seixal)
UF Comércio Indústria	4-2	Chelas (Lisboa)
SC de Espinho (Espinho)	4-0	Lusitano FC de Vildemoinhos (Viseu)
Luso FC (Barreiro)	8-1	SC Estrela (Portalegre)
Sporting Clube de Portugal (Lisboa)	3-1	AC Marinhense (Marinho Grande)
União FC de Lisboa (Lisboa)	3-1	CF União de Coimbra (Coimbra)
SC Vila Real (Vila Real)	2-1	Boavista FC (Porto)
Vitória FC (Setúbal)	10-0	SGS Os Leões (Santarém)

SC Beira Mar (Aveiro), CD Nacional (Funchal), and SC Vianense (Viana do Castelo) all received a bye to the next round.

1934-1935

1st Division 1934-1935	Académica C.	Académico P.	Belenenses	Benfica	Porto	SC Portugal	União	Vitória
Académica de Coimbra (Coimbra)	■	2-1	0-5	2-2	2-4	0-6	1-3	0-1
Académico FC (Porto)	3-2	■	3-2	1-4	0-3	2-3	3-3	3-6
Belenenses (Lisboa)	4-0	7-0	■	2-1	1-1	1-1	7-3	3-0
Benfica (Lisboa)	4-1	7-2	5-3	■	3-0	1-1	2-1	3-1
FC do Porto (Porto)	7-1	7-0	1-0	2-1	■	4-2	7-4	3-2
Sporting Clube de Portugal (Lisboa)	5-1	3-0	1-3	3-1	2-2	■	5-0	1-1
União FC de Lisboa	1-0	5-2	2-6	2-2	0-2	4-5	■	1-3
Vitória FC (Setúbal)	3-2	0-0	2-1	2-5	1-0	0-1	4-1	■

	1st Division	Pd	Wn	Dw	Ls	GF	GA	Pts	
1.	FC DO PORTO (PORTO)	14	10	2	2	43	19	22	
2.	Sporting Clube de Portugal (Lisboa)	14	8	4	2	39	20	20	
3.	Sport Lisboa e Benfica (Lisboa)	14	8	3	3	41	23	19	
4.	CF Os Belenenses (Lisboa)	14	8	2	4	45	20	18	
5.	Vitória FC (Setúbal)	14	7	2	5	26	24	16	
6.	União FC de Lisboa (Lisboa)	14	3	2	9	30	49	8	R
7.	Académico FC (Porto)	14	2	2	10	20	54	6	R
8.	Associação Académica de Coimbra (Coimbra)	14	1	1	12	14	49	3	
		112	47	18	47	258	258	112	

Win = 2 points, Draw = 1 point

Top goalscorers

1)	Manuel Soeiro	(SC de Portugal – Lisboa)	14
2)	Alfredo Valadas	(SL e Benfica – Lisboa)	13
3)	Carlos Nunes da Silva	(FC do Porto – Porto)	12
	Artur de Sousa "Pinga"	(FC do Porto– Porto)	12

2nd Division Play-offs

Final

Carcavelinhos FC (Carcavelos)	1-1, 2-1	Boavista FC (Porto)

(Both clubs were elected to the 1st Division)

Semi-finals

Boavista FC (Porto)	1-0	SC e Salgueiros (Porto)
Carcavelinhos FC (Carcavelos)	3-2	FC Barreirense (Barreiro)

Quarter-finals

Boavista FC (Porto)	3-3, 3-1	Leixões SC (Matosinhos)
Casa Pia FC (Lisboa)	1-1, 0-3	FC Barreirense (Barreiro)
SC Coimbrões (Coimbra)	1-1, v1-3	SC e Salgueiros (Porto)
SC Olhanense (Olhão)	4-1, 0-5	Carcavelinhos FC (Carcavelos)

Lisboa League 1934-1935	SC de Portugal	Benfica	Belenenses	União FC de Lisboa	Carcavelinhos	Casa Pia
Sporting Club de Portugal (Lisboa)	■	2-1	2-2	2-0	8-0	3-1
Sport Lisboa e Benfica (Lisboa)	3-2	■	2-1	4-0	5-1	3-1
CF Os Belenenses (Lisboa)	1-1	3-2	■	0-0	6-1	4-1
União FC de Lisboa (Lisboa)	0-3	1-0	0-0	■	6-2	2-0
Carcavelinhos FC (Carcavelos)	2-1	0-2	0-4	2-3	■	3-2
Casa Pia FC (Lisboa)	0-3	0-2	0-3	0-0	1-2	■

	Lisboa League	Pd	Wn	Dw	Ls	GF	GA	Pts
1.	SPORTING CLUB DE PORTUGAL (LISBOA)	12	8	2	2	32	13	30
2.	Sport Lisboa e Benfica (Lisboa)	12	8	-	4	27	13	28
3.	CF Os Belenenses (Lisboa)	12	5	4	3	26	14	26
4.	União FC de Lisboa (Lisboa)	10	4	3	3	11	13	21
5.	Carcavelinhos FC (Carcavelos)	10	3	-	7	13	37	16
6.	Casa Pia FC (Lisboa)	10	-	1	9	6	25	11
		66	28	10	28	115	115	132

Win = 3 points, Draw = 2 points, Loss = 1 point

Play-offs

Sporting Clube de Portugal (Lisboa)	2-1	Sport Lisboa e Benfica (Lisboa)
Sport Lisboa e Benfica (Lisboa)	2-0	CF Os Belenenses (Lisboa)
CF Os Belenenses (Lisboa)	2-3	Sporting Clube de Portugal

Campeonato de Portugal Final   (Estádio do Lumiar, Lisboa – 30th June 1935)

SPORT LISBOA E BENFICA (LISBOA)   2-1   Sporting Clube de Portugal (Lisboa)

Lucas 45, Valadas 55   *Soeiro 41*

Benfica: Augusto Amaro, Gustavo Teixeira, Francisco Gatinho, Gaspar Pinto, Francisco Albino, António Lucas, Rogério de Sousa, Alberto Cardoso, Alfredo Valadas, Luís Xavier, Carlos Torres.

Sporting: Artur Dyson, João Jurado, Joaquim Serrano, Rui de Araújo, António Faustino, Francisco Lopes, Ferdinando Oliveira, Vasco Nunes,Manuel Soeiro, João Correia, Adolfo Mourão.

Semi-finals

Sport Lisboa e Benfica (Lisboa)	4-2, 3-3	Carcavelinhos FC (Carcavelos)
Sporting Clube de Portugal (Lisboa)	4-0, 0-0	FC do Porto (Porto)

Quarter-finals

Sport Lisboa e Benfica (Lisboa)	1-0, 2-1	CF Os Belenenses (Lisboa)
FC do Porto (Porto)	4-1, 0-1	Vitória FC (Setúbal)
Sporting Clube de Portugal (Lisboa)	7-2, 9-3	CD Nacional (Funchal)
União FC de Lisboa (Lisboa)	3-2, 0-1, 0-1	Carcavelinhos FC (Carcavelos)

Round 1

CF Os Belenenses (Lisboa)	4-0, 1-0	FC Barreirense (Barreiro)
Sport Lisboa e Benfica (Lisboa)	8-3, 6-2	Boavista FC (Porto)
Carcavelinhos FC (Carcavelos)	3-2, 2-2	Académico FC (Porto)
Leixões SC (Matosinhos)	2-1, 1-4	Sporting Clube de Portugal (Lisboa)
SC Olhanense (Olhão)	4-4, 2-9	FC do Porto (Porto)
SC e Salgueiros (Porto)	1-2, 0-5	Vitória FC (Setúbal)
União FC de Lisboa (Lisboa)	4-2, 2-1	Associação Académica de Coimbra (Coimbra)

CD Nacional (Funchal) received a bye to the next round.

1935-1936

1st Division 1935-1936	Académica	Belenenses	Benfica	Boavista	Carcavelinhos	Porto	SC Portugal	Vitória
Académica de Coimbra (Coimbra)	■	1-2	2-6	0-2	3-0	2-4	1-6	0-2
Belenenses (Lisboa)	8-0	■	3-1	3-0	2-0	2-1	1-2	1-2
Benfica (Lisboa)	3-1	0-0	■	8-2	2-1	5-1	3-1	5-3
Boavista FC (Porto)	4-1	1-1	2-2	■	4-0	0-4	2-2	4-1
Carcavelinhos FC	1-1	1-1	0-0	2-1	■	0-1	1-2	1-4
FC do Porto (Porto)	5-1	9-1	2-2	3-0	4-0	■	10-1	3-0
Sporting Clube de Portugal (Lisboa)	3-0	4-1	2-4	9-1	1-1	3-2	■	3-1
Vitória FC (Setúbal)	5-0	0-2	3-3	3-1	4-0	1-1	3-2	■

1st Division

		Pd	Wn	Dw	Ls	GF	GA	Pts	
1.	SPORT LISBOA E BENFICA (LISBOA)	14	8	5	1	44	23	21	
2.	FC do Porto (Porto)	14	9	2	3	50	18	20	
3.	Sporting Clube de Portugal (Lisboa)	14	8	2	4	41	31	18	
4.	FC Os Belenenses (Lisboa)	14	7	3	4	28	22	17	
5.	Vitória FC (Setúbal)	14	7	2	5	32	26	16	
6.	Boavista FC (Porto)	14	4	3	7	24	39	11	R
7.	Carcavelinhos FC (Carcavelos)	14	1	4	9	8	30	6	
8.	Associação Académica de Coimbra (Coimbra)	14	1	1	12	13	51	3	
		112	45	22	45	240	240	112	

Win = 2 points, Draw = 1 point

Top goalscorers

1)	Artur de Sousa "Pinga"	(FC do Porto – Porto)	21
2)	Alfredo Valadas	(SL e Benfica – Lisboa)	12
3)	Carlos Nunes da Silva	(FC do Porto – Porto)	10

2nd Division Play-offs

Final

SC Olhanense (Olhão)	2-1	SC e Salgueiros (Porto)

Semi-finals

SC Olhanense (Olhão)	2-1	União FC de Lisboa (Lisboa)
SC e Salgueiros (Porto)	3-2	SC de Braga (Braga)

Quarter-finals

Leça FC (Leça da Palmeira)	1-2, 1-5	SC de Braga (Braga)
SC Olhanense (Olhão)	5-1, 1-0	FC Barreirense (Barreiro)
SC e Salgueiros (Porto)	6-1, 1-3	Leixões SC (Porto)
União FC de Lisboa (Lisboa)	4-0, 4-1	Casa Pia AC (Lisboa)

Leixões SC (Matosinhos) were elected to the 1st Division.

Lisboa League 1935-1936	SC de Portugal	Benfica	Os Belenenses	Carcavelinhos	Barreirense	União FC de Lisboa
Sporting Clube de Portugal (Lisboa)		1-2	2-1	4-2	5-0	6-0
Sport Lisboa e Benfica (Lisboa)	14-0		2-1	3-1	8-1	10-1
CF Os Belenenses (Lisboa)	0-1	3-2		1-0	1-1	6-1
Carcavelinhos FC (Carcavelos)	0-4	0-1	1-0		3-1	3-0
FC Barreirense (Barreiro)	1-6	1-2	3-3	1-0		2-0
União FC de Lisboa (Lisboa)	1-7	3-1	0-3	1-2	0-1	

Lisboa League	Pd	Wn	Dw	Ls	GF	GA	Pts
1. SPORTING CLUBE DE PORTUGAL (LISBOA)	11	9	-	2	40	12	29
2. Sport Lisboa e Benfica (Lisboa)	11	8	-	3	34	16	27
3. CF Os Belenenses (Lisboa)	10	4	2	4	19	13	20
4. Carcavelinhos FC (Carcavelos)	10	4	-	6	12	16	18
5. FC Barreirense (Barreiro)	10	3	2	5	12	26	18
6. União FC de Lisboa (Lisboa)	10	1	-	9	7	41	12
	62	29	4	29	124	124	124

Win = 3 points, Draw = 2 points, Loss = 1 point

Play-offs

Sporting Clube de Portugal (Lisboa)	4-1	Sport Lisboa e Benfica (Lisboa)

4th/5th Place Play-off

Carcavelinhos FC (Carcavelos)	1-0	FC Barreirense (Barreiro)

Campeonato de Portugal Final   (Estádio do Lumiar, Lisboa)

SPORTING CLUBE DE PORTUGAL (LISBOA)   3-1   CF Os Belenenses (Lisboa)

Faustino 12, Pireza 75, 86   *Rafael 30*

Sporting: Azevedo, João Jurado, Vianinha, Rui de Araújo, António Faustino, Adolfo Mourão, Pedro Pireza, Abrantes Mendes, João Correia, Francisco Lopes, Manuel Soeiro

Belenenses: José Reis, João Belo, José Simões, Varela Marques, Rodrigues Alves, Jaime Viegas, Elias Lourenço, Mariano Amaro, Bernardo Soares, Perfeito Rodrigues, Rafael Correia

Semi-finals

Sport Lisboa e Benfica (Lisboa)	2-2, 1-2	CF Os Belenenses (Lisboa)
Sporting Clube de Portugal (Lisboa)	4-2, 5-2	CS Marítimo (Funchal)

Quarter-finals

CF Os Belenenses (Lisboa)	1-1, 0-0, 1-0	FC do Porto (Porto)
CS Marítimo (Funchal)	6-3, 3-1	Boavista FC (Porto)
Sporting Clube de Portugal (Lisboa)	1-0, 2-1	Carcavelinhos FC (Carcavelos)
Vitória FC (Setúbal)	1-0, 1-3	Sport Lisboa e Benfica (Lisboa)

Round 1

Associação Académica de Coimbra (Coimbra)	3-1, 2-4, 0-1	Vitória FC (Setúbal)
CF Os Belenenses (Lisboa)	7-0, 0-1	Leixões SC (Matosinhos)
Sport Lisboa e Benfica (Lisboa)	6-0, 1-1	União FC de Lisboa (Lisboa)
SC de Braga (Braga)	2-4, 0-11	FC do Porto (Porto)
Carcavelinhos FC (Carcavelos)	5-0, 3-1	Casa Pia AC (Lisboa)
SC Olhanense (Olhão)	3-0, 0-3, 2-3	Boavista FC (Porto)
SC e Salgueiros (Porto)	1-2, 0-4	Sporting Clube de Portugal (Lisboa)

CS Marítimo (Funchal) received a bye to the next round.

1936-1937

1st Division 1936-1937	Académica	Belenenses	Benfica	Carcavelinhos	Leixões	Porto	SC Portugal	Vitória
Académica de Coimbra (Coimbra)		3-5	1-3	1-2	4-2	2-1	1-2	2-0
Belenenses (Lisboa)	2-3		1-0	3-0	9-0	3-0	1-1	5-0
Benfica (Lisboa)	2-1	2-0		5-1	10-2	6-0	5-1	8-1
Carcavelinhos FC (Carcavelos)	1-0	1-2	1-3		4-0	0-0	1-2	1-0
Leixões SC (Matosinhos)	0-3	3-5	0-6	4-1		0-5	2-7	5-1
FC do Porto (Porto)	2-0	1-2	2-1	4-2	6-1		2-2	7-0
Sporting Clube de Portugal (Lisboa)	7-2	2-3	1-4	8-0	4-0	9-1		5-1
Vitória FC (Setúbal)	1-1	1-5	1-2	3-1	4-0	3-0	2-3	

	1st Division	Pd	Wn	Dw	Ls	GF	GA	Pts	
1.	SPORT LISBOA E BENFICA (LISBOA)	14	12	-	2	57	13	24	
2.	CF Os Belenenses (Lisboa)	14	11	1	2	46	17	23	
3.	Sporting Clube de Portugal (Lisboa)	14	9	2	3	54	25	20	
4.	FC do Porto (Porto)	14	6	2	6	31	31	14	
5.	Associação Académica de Coimbra (Coimbra)	14	5	1	8	24	30	11	
6.	Carcavelinhos FC (Carcavelos)	14	4	1	9	16	35	9	
7.	Vitória FC (Setúbal)	14	3	1	10	18	45	7	R
8.	Leixões SC (Matosinhos)	14	2	-	12	19	69	4	R
		112	52	8	52	265	265	112	

Win = 2 points, Draw = 1 point

Top goalscorers

1)	Manuel Soeiro	(SC de Portugal – Lisboa)	24
2)	Rogério de Sousa	(SL e Benfica – Lisboa)	19
3)	Guilherme Espírito Santo	(SL e Benfica – Lisboa)	16

2nd Division Play-offs

Final

Boavista FC (Porto)	5-1	União FC de Lisboa (Lisboa)

Semi-finals

Boavista FC (Porto)	9-0	AC Marinhense (Marinha Grande)
União FC de Lisboa (Lisboa)	2-1	SC Olhanense (Olhão)

Quarter-finals

FC Barreirense (Barreiro)	3-4, 3-3	União FC de Lisboa
Boavista FC (Porto)	5-2, 2-3	Académico FC (Porto)
SC Olhanense (Olhão)	4-3, 2-2	Luso SC (Beja)
AD Ovarense (Ovar)	3-6, 1-3	SC Marinhense (Marinha Grande)

Round 1

GD Portalegrense (Portalegre)   2-5, 0-7   União FC de Lisboa (Lisboa)
SC Vila Real (Vila Real)   0-7, 3-7   Boavista FC (Porto)

Académico FC (Porto) and FC Barreirense (Barreiro) were elected to 1st Division.

Lisboa League 1936-1937	SC de Portugal	Benfica	Carcavelinhos	Os Belenenses	Barreirense	Casa Pia
Sporting Clube de Portugal (Lisboa)	■	5-0	2-2	1-0	5-0	5-0
Sport Lisboa e Benfica (Lisboa)	1-1	■	6-0	3-1	1-1	0-0
Carcavelinhos FC (Carcavelos)	2-1	2-1	■	1-1	2-0	4-1
CF Os Belenenses (Lisboa)	2-1	3-4	3-2	■	3-0	5-0
FC Barreirense (Barreiro)	0-3	1-3	2-1	3-2	■	2-1
Casa Pia AC (Lisboa)	2-7	0-7	1-3	1-2	1-3	■

	Lisboa League	Pd	Wn	Dw	Ls	GF	GA	Pts
1.	SPORTING CLUBE DE PORTUGAL (LISBOA)	10	6	2	2	31	9	24
2.	Sport Lisboa e Benfica (Lisboa)	10	5	3	2	26	14	23
3.	Carcavelinhos FC (Carcavelos)	10	5	2	3	19	18	22
4.	CF Os Belenenses (Lisboa)	10	5	1	4	22	16	21
5.	FC Barreirense (Barreiro)	10	4	1	5	12	22	19
6.	Casa Pia AC (Lisboa)	10	-	1	9	7	38	11
		60	25	10	25	117	117	120

Win = 3 points, Draw = 2 points, Loss = 1 point

Campeonato de Portugal Final   (Campo do Arnado, Coimbra – 4th July 1937)

FC DO PORTO (PORTO)   3-2   Sporting Clube de Portugal (Lisboa)
Lopes Carneiro 8, Carlos Nunes 60 , Vianinha 76 pen   *Heitor Nogueira 32, Pedro Pireza 80*

Porto: Soares dos Reis, Ernesto Santos, Vianinha, Carlos Pereira, Poças, Francisco Reboredo, Francisco Ferreira, Pinga, António Santos, Carlos Nunes, Lopes Carneiro.

Sporting: Azevedo, João Jurado, Mário Galvão, Rui de Araújo, Aníbal Paciência, Manuel Marques, Heitor Nogueira, Adolfo Mourão, João Cruz, Pedro Pireza, Manuel Soeiro.

Semi-finals

CF Os Belenenses (Lisboa)   1-0, 0-4   FC do Porto (Porto)
Sport Lisboa e Benfica (Lisboa)   3-2, 2-4   Sporting Clube de Portugal (Lisboa)

Quarter-finals

Boavista FC (Setúbal)   2-5, 1-6   FC do Porto (Porto)
CS Marítimo (Funchal)   2-3, 0-3   Sport Lisboa e Benfica (Lisboa)
Sporting Clube de Portugal (Lisboa)   3-0, 3-1   Carcavelinhos FC (Carcavelos)
Vitória FC (Setúbal)   2-1, 0-10   CF Os Belenenses (Lisboa)

Round 1

Associação Académica de Coimbra (Coimbra)	4-1, 1-2, 0-2	Boavista FC (Porto)
Académico FC (Porto)	1-0, 1-4	Vitória FC (Setúbal)
CF Os Belenenses (Lisboa)	7-1, 4-2	União FC de Lisboa (Lisboa)
Sport Lisboa e Benfica (Lisboa)	1-0, 1-0	FC Barreirense (Barreiro)
AC Marinhense (Marinha Grande)	4-2, 1-6	Carcavelinhos FC (Carcavelos)
FC do Porto (Porto)	5-1, 5-0	Leixões SC (Matosinhos)
Sporting Clube de Portugal (Lisboa)	7-2, 6-2	SC Olhanense (Olhão)

CS Marítimo (Funchal) received a bye to the next round.

1937-1938

1st Division 1937-1938	Académica	Académico	Barreirense	Belenenses	Benfica	Carcavelinhos	Porto	SC Portugal
Académica de Coimbra (Coimbra)		5-0	1-0	2-3	1-2	1-0	1-4	0-4
Académico FC (Porto)	1-5		4-1	3-2	0-4	0-4	1-4	3-6
Barreirense (Barreiro	1-3	1-1		2-1	1-2	1-2	1-4	2-2
Belenenses (Lisboa)	5-0	1-0	2-3		2-1	4-0	0-1	5-6
Benfica (Lisboa)	3-1	3-0	0-0	2-1		3-2	3-1	3-2
Carcavelinhos FC (Carcavelos)	2-1	2-0	2-2	1-0	1-4		0-1	1-3
FC do Porto (Porto)	5-1	7-2	3-1	5-2	2-2	3-1		2-1
Sporting Clube de Portugal (Lisboa)	7-1	6-0	7-2	2-1	2-2	13-0	6-1	

	1st Division	Pd	Wn	Dw	Ls	GF	GA	Pts	
1.	SPORT LISBOA E BENFICA (LISBOA)	14	10	3	1	34	16	23	
2.	FC do Porto (Porto)	14	11	1	2	43	22	23	
3.	Sporting Clube de Portugal (Lisboa)	14	10	2	2	67	23	22	
4.	Carcavelinhos FC (Carcavelos)	14	5	1	8	18	36	11	R
5.	CF Os Belenenses (Lisboa)	14	5	-	9	29	28	10	
6.	Associação Académica de Coimbra (Coimbra)	14	5	-	9	23	37	10	
7.	FC Barreirense (Barreiro)	14	2	4	8	18	34	8	
8.	Académico FC (Porto)	14	2	1	11	15	51	5	
		112	50	12	50	247	247	112	

Win = 2 points, Draw = 1 point

Top goalscorers

1)	Fernando Peyroteo	(SC de Portugal – Lisboa)	34
2)	Ángelo	(FC do Porto – Porto)	15
3)	Rogério de Sousa	(SL e Benfica – Lisboa)	12

2nd Division Play-offs

Final

Leixões SC (Matosinhos)	2-1	União FC de Lisboa (Lisboa)

Semi-finals

Leixões SC (Matosinhos)	4-1	AC Marinhense (Marinha Grande)
União FC de Lisboa (Lisboa)	2-1	Vitória FC (Setúbal)

Quarter-finals

Leixões SC (Matosinhos)	5-0, 7-4	Boavista FC (Porto)
SC Olhanense (Olhão)	0-1, 1-2	Vitória FC (Setúbal)
AD Sanjoanense (São João da Madeira)	2-3, 1-1	AC Marinhense (Marinha Grande)
União FC de Lisboa (Lisboa)	6-2, 1-2	Marvilense FC (Lisboa)

Round 1

SC da Covilhã (Covilhã)	1-0, 0-9	União FC de Lisboa (Lisboa)
Leixões SC (Matosinhos)	5-0, 4-2	SC Vila Real (Vila Real)

Casa Pia AC (Lisboa) were elected to the 1st Division.

Lisboa League 1937-1938	SC de Portugal	Benfica	Os Belenenses	Carcavelinhos	União FC de Lisboa	Casa Pia
Sporting Clube de Portugal (Lisboa)	■	1-0	3-0	5-1	3-2	10-0
Sport Lisboa e Benfica (Lisboa)	2-2	■	3-2	2-1	8-0	13-1
CF Os Belenenses (Lisboa)	4-5	2-5	■	2-0	7-1	8-3
Carcavelinhos FC (Carcavelos)	0-5	0-0	0-5	■	4-0	4-2
União FC de Lisboa (Lisboa)	2-3	4-5	1-2	4-0	■	3-2
Casa Pia AC (Lisboa)	0-7	1-4	1-3	1-4	2-2	■

	Lisboa League	Pd	Wn	Dw	Ls	GF	GA	Pts
1.	SPORTING CLUBE DE PORTUGAL (LISBOA)	10	9	1	-	44	11	29
2.	Sport Lisboa e Benfica (Lisboa)	10	7	2	1	42	14	26
3.	CF Os Belenenses (Lisboa)	10	5	1	4	34	22	21
4.	Carcavelinhos FC (Carcavelos)	10	3	1	6	14	26	17
5.	União FC de Lisboa (Lisboa)	10	2	2	6	19	35	16
6.	Casa Pia AC (Lisboa)	10	-	1	9	13	58	11
		60	26	8	26	166	166	120

Win = 3 points, Draw = 2 points, Loss = 1 point

Campeonato de Portugal Final   (Estádio do Lumiar, Lisboa)

SPORTING CLUBE DE PORTUGAL (LISBOA)   3-1   Sport Lisboa e Benfica (Lisboa)

Adolfo Mourão 12, Manuel Soeiro 15, 54   *Alfredo Valadas 70 pen*

Sporting: Azevedo, João Jurado, Joaquim Serrano, Rui de Araújo, Aníbal Paciência, Manuel Marques, Fernando Peyroteo, Adolfo Mourão, João Cruz, Pedro Pireza, Manuel Soeiro.

Benfica: Augusto Amaro, Gaspar Pinto, António Vieira, João Correia, Gustavo Teixeira, Francisco Albino, Feliciano Barbosa, Domingos Lopes, Espírito Santo, Luís Xavier, Alfredo Valadas.

Semi-finals

Associação Académica de Coimbra (Coimbra)	2-1, 1-4	Sport Lisboa e Benfica (Lisboa)
CS Marítimo (Funchal)	1-4, 0-6	Sporting Clube de Portugal (Lisboa)

Quarter-finals

Associação Académica de Coimbra (Coimbra)	4-2, 1-3, 2-1	Carcavelinhos FC (Carcavelos)
CF Os Belenenses (Lisboa)	4-2, 0-3	Sporting Clube de Portugal (Lisboa)
CS Marítimo (Funchal)	1-1, 2-2, 3-0	FC Barreirense (Barreiro)
FC do Porto (Porto)	4-2, 0-7	Sport Lisboa e Benfica (Lisboa)

Round 1

Associação Académica de Coimbra (Coimbra)	5-2, 1-2	Boavista FC (Porto)
Académico FC (Porto)	3-2, 1-4	Carcavelinhos FC (Carcavelos)
FC Barreirense (Barreiro)	6-2, 3-3	Marvilense FC (Lisboa)
CF Os Belenenses (Lisboa)	2-0, 4-2	Vitória FC (Setúbal)
Sport Lisboa e Benfica (Lisboa)	3-0, 1-1	União FC de Lisboa (Lisboa)
Leixões SC (Matosinhos)	1-6, 1-8	FC do Porto (Porto)
Sporting Clube de Portugal (Lisboa)	13-0, 4-3	AC Marinhense (Marinha Grande)

CS Marítimo (Funchal) received a bye to the next round.

This was the final season of the "Campeonato de Portugal" which was replaced by the "Taça de Portugal" from the next season. Also from next season the national champions were recognised as the winners of the "Portuguese National League" competition

1938-1939

1st Division 1938-1939	Académica	Académico	Barreirense	Belenenses	Benfica	Casa Pia	Porto	SC Portugal
Académica de Coimbra (Coimbra)	■	5-4	3-1	0-0	3-3	4-0	1-2	2-2
Académico FC (Porto)	6-2	■	3-2	3-1	3-4	1-0	1-12	2-5
Barreirense (Barreiro)	3-2	6-0	■	0-2	1-1	3-1	0-0	0-3
Belenenses (Lisboa)	8-1	7-2	1-2	■	2-3	7-1	1-3	0-2
Sport Lisboa e Benfica (Lisboa)	4-0	5-2	1-0	3-4	■	10-1	4-1	1-4
Casa Pia AC (Lisboa)	0-2	1-3	2-1	2-3	0-1	■	1-2	2-4
FC do Porto (Porto)	3-1	4-0	6-1	5-2	3-3	10-0	■	2-1
Sporting Clube de Portugal (Lisboa)	3-1	7-0	2-1	2-0	0-1	5-1	4-4	■

	1st Division	Pd	Wn	Dw	Ls	GF	GA	Pts	
1.	FC DO PORTO (PORTO)	14	10	3	1	57	20	23	
2.	Sporting Clube de Portugal (Lisboa)	14	10	2	2	44	17	22	
3.	Sport Lisboa e Benfica (Lisboa)	14	9	3	2	44	24	21	
4.	CF Os Belenenses (Lisboa)	14	6	1	7	38	29	13	
5.	Associação Académica de Coimbra (Coimbra)	14	4	3	7	27	39	11	
6.	FC Barreirense (Barreiro)	14	4	2	8	21	27	10	
7.	Académico FC (Porto)	14	5	-	9	30	61	10	
8.	Casa Pia AC (Lisboa)	14	1	-	13	12	56	2	R
		112	49	14	49	273	273	112	

Win = 2 points, Draw = 1 point

Top goalscorers

1) José Monteiro "Costuras" (FC do Porto – Porto)   18
2) Carlos Nunes da Silva   (FC do Porto – Porto)   15
3) Fernando Peyroteo   (SC de Portugal – Lisboa) 14

2nd Division Play-offs

Final

Carcavelinhos FC (Carcavelos)   1-0   SC da Covilhã (Covilhã)

Semi-finals

Carcavelinhos FC (Carcavelos)   3-0   Luso SC (Beja)
SC da Covilhã (Covilhã)   2-0   SC Vila Real (Vila Real)

Quarter-finals

Carcavelinhos FC (Carcavelos)   3-2   SC Farense (Faro)
SC da Covilhã (Covilhã)   2-0   Vitória SC (Guimarães)
Luso SC (Beja)   2-0   Juventude SC (Évora)
SC Vila Real (Vila Real)   4-2   AD Ovarense (Ovar)

Round 1

Carcavelinhos FC (Carcavelos)   1-0   União FC de Lisboa (Lisboa)
SC da Covilhã (Covilhã)   0-0, 2-1   SC e Salgueiros (Porto)
Juventude SC (Évora)   1-0   Associação Académica de Santarém (Santarém)
AD Ovarense (Ovar)   10-0   GUF Viseu (Viseu)

Carcavelinhos FC (Carcavelos), Leixões SC (Matosinhos) and Vitória FC (Setúbal) were elected to the 1st Division.

Lisboa League 1938-1939	SC de Portugal	Belenenses	Benfica	Casa Pia	Carcavelinhos	União FC de Lisboa
Sporting Clube de Portugal (Lisboa)		2-2	2-1	10-0	7-1	3-0
CF Os Belenenses (Lisboa)	3-2		4-0	3-2	3-3	0-0
Sport Lisboa e Benfica (Lisboa)	3-2	1-1		5-2	6-0	3-1
Casa Pia AC (Lisboa)	0-8	3-2	3-2		2-2	3-1
Carcavelinhos FC (Carcavelos)	2-9	0-1	2-0	4-1		2-1
União FC de Lisboa (Lisboa)	1-8	2-5	1-2	0-1	2-1	

	Lisboa League	Pd	Wn	Dw	Ls	GF	GA	Pts
1.	SPORTING CLUBE DE PORTUGAL (LISBOA)	10	7	1	2	53	13	25
2.	CF Os Belenenses (Lisboa)	10	5	4	1	24	15	24
3.	Sport Lisboa e Benfica (Lisboa)	10	5	1	4	23	18	21
4.	Casa Pia AC (Lisboa)	10	4	1	5	17	37	19
5.	Carcavelinhos FC (Carcavelos)	10	3	2	5	17	32	18
6.	União FC de Lisboa (Lisboa)	10	1	1	8	9	28	13
		60	25	10	25	143	143	120

Win = 3 points, Draw = 2 points, Loss = 1 point

Taça de Portugal Final   (Campo das Salésias, Lisboa – 25th June 1939)

ASS. ACADÉMICA DE COIMBRA (COIMBRA)   4-3   Sport Lisboa e Benfica (Lisboa)

Bernando Pimenta 36 Alberto Gomes 46, Arnaldo Carneiro 52, 53   Rogério de Sousa 9, 47, Alexandre Brito 73

Académica: Tíberio Antunes, José Maria Antunes, César Machado, Carlos Portugal, Faustino Duarte, Octaviano Oliveira, Manuel da Costa, Alberto Gomes, Arnaldo Carneiro, António Conceição "Nini",Bernardo Pimenta.

Benfica: António Martins, João Correia, Gustavo Teixeira, Gaspar Pinto, Francisco Albino, Francisco Ferreira, Feliciano Barbosa, Rogério Sousa, Espírito Santo, Alexandre Brito, Alfredo Valadas.

Semi-finals

| Associação Académica de Coimbra (Coimbra) | 0-2, 5-2 | Sporting Clube de Portugal (Lisboa) |
| Sport Lisboa e Benfica (Lisboa) | 1-6, 6-0 | FC do Porto (Porto) |

Quarter-finals

Associação Académica de Coimbra (Coimbra)	5-3, 2-1	Académico FC (Porto)
Sport Lisboa e Benfica (Lisboa)	9-0, 4-0	CD Nacional (Funchal)
FC do Porto (Porto)	3-1, 4-4	Carcavelinhos FC (Carcavelos)
Sporting Clube de Portugal (Lisboa)	3-1, 1-1	CF Os Belenenses (Lisboa)

Round 1

Associação Académica de Coimbra (Coimbra)	5-1, 3-2	SC da Covilhã (Covilhã)
Académico FC (Porto)	2-3, 5-0	Casa Pia AC (Lisboa)
Carcavelinhos FC (Carcavelos)	2-1, 2-2	FC Barreirense (Barreiro)
CF Os Belenenses (Lisboa)	3-3, 9-0	SC Vila Real (Vila Real)
Sport Lisboa e Benfica (Lisboa)	5-1, 3-0	Luso SC (Beja)
FC do Porto (Porto)	11-1, 2-3	Vitória SC (Guimarães)
Sporting Clube de Portugal (Lisboa)	7-0, 2-1	SC Farense (Faro)

1939-1940

1st Division 1939-1940	Académica	Académico	Barreirense	Belenenses	Benfica	Carcavelinhos	Leixões	Porto	SC Portugal	Vitória
Académica de Coimbra (Coimbra)	■	5-2	5-1	2-2	5-4	2-2	3-1	0-2	2-5	5-0
Académico FC (Porto)	8-2	■	0-1	2-3	1-5	1-3	0-0	0-2	0-1	1-0
Barreirense (Barreiro)	2-0	1-1	■	2-2	0-1	1-0	4-1	2-3	0-0	3-1
Belenenses (Lisboa)	5-0	6-1	6-0	■	2-0	1-0	9-0	0-1	0-0	8-0
Sport Lisboa e Benfica (Lisboa)	4-1	1-0	5-1	4-2	■	3-2	7-2	2-3	1-3	9-1
Carcavelinhos FC (Carcavelos)	0-4	3-2	2-3	1-5	1-3	■	5-2	2-3	2-5	0-0
Leixões SC (Matosinhos)	3-3	1-2	0-1	1-3	3-3	4-1	■	2-5	2-9	1-1
FC do Porto (Porto)	6-0	6-1	5-1	3-2	4-2	6-0	5-1	■	4-2	11-0
Sporting Clube de Portugal (Lisboa)	6-1	11-2	7-3	4-1	3-1	4-0	8-1	4-3	■	12-0
Vitória FC (Setúbal)	1-2	2-0	0-1	0-1	0-3	0-2	1-1	0-4	0-3	■

1st Division	Pd	Wn	Dw	Ls	GF	GA	Pts	
1. FC DO PORTO (PORTO)	18	17	-	1	76	21	34	
2. Sporting Clube de Portugal (Lisboa)	18	15	2	1	87	23	32	
3. CF Os Belenenses (Lisboa)	18	11	3	4	58	21	25	
4. Sport Lisboa e Benfica (Lisboa)	18	11	1	6	58	34	23	
5. FC Barreirense (Barreiro)	18	8	3	7	27	39	19	
6. Associação Académica de Coimbra (Coimbra)	18	7	3	8	42	54	17	
7. Carcavelinhos FC (Carcavelos)	18	4	2	12	26	49	10	R
8. Académico FC (Porto)	18	3	2	13	24	53	8	R
9. Leixões SC (Matosinhos)	18	1	5	12	26	70	7	R
10. Vitória FC (Setúbal)	18	1	3	14	7	67	5	R
	180	78	24	78	431	431	180	

Win = 2 points, Draw = 1 point

Top goalscorers

1)	Slavko Kordnya	(FC do Porto – Porto)	29
	Fernando Peyroteo	(SC de Portugal – Lisboa)	29
3)	Francisco Rodrigues	(SL e Benfica – Lisboa)	21

2nd Division Play-offs

Final

SC Farense (Faro)	3-2	Boavista FC (Porto)

Semi-finals

Boavista FC (Porto)	6-2	AD Sanjoanense (São João da Madeira)
SC Farense (Faro)	4-0	Casa Pia AC (Lisboa)

Quarter-finals

Boavista FC (Porto)	1-0	SC da Covilhã (Covilhã)
Casa Pia AC (Lisboa)	9-1	SC Estrela de Portalegre (Portalegre)
SC Farense (Faro)	1-0	Luso SC (Beja)
AD Sanjoanense (São João da Madeira)	2-2	Vitória SC (Guimarães)

AD Sanjoanense progressed to the next round.

Round 1

Boavista FC (Porto)	4-0	SC Vila Real (Vila Real)
Casa Pia AC (Lisboa)	3-1	GFO Vilafranquense (Vila Franca de Xira)
AD Sanjoanense (São João da Madeira)	3-0	Mortágua FC (Mortágua)

Boavista FC (Porto) and C.U.F. de Lisboa (Lisboa) were both elected to 1st Division.

Lisboa League 1939-1940	Benfica	SC de Portugal	Belenenses	Carcavelinhos	CUF de Lisboa	Casa Pia
Sport Lisboa e Benfica (Lisboa)		5-0	3-2	6-1	4-2	4-0
Sporting Clube de Portugal (Lisboa)	1-1		5-2	9-1	3-1	6-2
CF Os Belenenses (Lisboa)	2-2	0-3		5-1	7-3	6-1
Carcavelinhos FC (Carcavelos)	2-2	3-6	1-2		2-2	4-1
C.U.F. de Lisboa (Lisboa)	1-2	1-2	0-2	1-2		2-0
Casa Pia AC (Lisboa)	2-7	1-9	1-2	2-4	4-2	

	Lisboa League	Pd	Wn	Dw	Ls	GF	GA	Pts
1.	SPORT LISBOA E BENFICA (LISBOA)	10	7	3	-	36	13	27
2.	Sporting Clube de Portugal (Lisboa)	10	8	1	1	44	17	27
3.	CF Os Belenenses (Lisboa)	10	6	1	3	30	20	23
4.	Carcavelinhos FC (Carcavelos)	10	3	2	5	21	36	18
5.	C.U.F. de Lisboa (Lisboa)	10	1	1	8	15	28	13
6.	Casa Pia AC (Lisboa)	10	1	-	9	14	46	12
		60	26	8	26	160	160	120

Win = 3 points, Draw = 2 points, Loss = 1 point

Taça de Portugal Final   (Campo do Lumiar, Lisboa – 7th July 1940)

SPORT LISBOA E BENFICA (LISBOA)   3-1   CF Os Belenenses (Lisboa)

Francisco Rodrigues 15, Alfredo Valadas 34, Espírito Santo 65   *Rafael Correia 78*

Benfica: António Martins, Gaspar Pinto, Francisco Eloi, César Ferreira, Francisco Albino, Francisco Ferreira, Espirito Santo, Alexandre Brito, Francisco Rodrigues, Joaquim Teixeira, Alfredo Valadas.

Belenenses : Salvador Jorge, Francisco Gatinho, Óscar Tárrio, Mariano Amaro, Francisco Gomes, Alberto Jesus, Perfeito Rodrigues, Artur Quaresma, Horácio Tellechea, Alejandro Scopelli, Rafael Correia

Semi-finals

CF Os Belenenses (Lisboa)	1-1, 4-4, 2-0	FC do Porto (Porto)
Sport Lisboa e Benfica (Lisboa)	5-2, 2-1	FC Barreirense (Barreiro)

Quarter-finals

FC Barreirense (Barreiro)	3-2, 5-0	CS Marítimo (Funchal)
CF Os Belenenses (Lisboa)	4-1, 1-3	Sporting Clube de Portugal (Lisboa)
Sport Lisboa e Benfica (Lisboa)	6-1, 2-1	Carcavelinhos FC (Carcavelos)
FC do Porto (Porto)	7-0, 6-0	Boavista FC (Porto)

Round 1

FC Barreirense (Barreiro)	1-0, 3-1	Académico FC (Porto)
CF Os Belenenses (Lisboa)	7-0, 6-0	SC da Covilhã (Covilhã)
Sport Lisboa e Benfica (Lisboa)	9-0, 2-1	Casa Pia AC (Lisboa)
Boavista FC (Porto)	1-5, 5-0	Associação Académica de Coimbra (Coimbra)
Carcavelinhos FC (Carcavelos)	1-5, 5-0	Vitória FC (Setúbal)
FC do Porto (Porto)	12-1, 10-3	Leixões SC (Matosinhos)
Sporting Clube de Portugal (Lisboa)	6-0, 9-0	SC Farense (Faro)

CS Marítimo (Funchal) received a bye to the next round.

1940-1941

1st Division 1940-1941	Académica	Barreirense	Belenenses	Benfica	Boavista	CUF de Lisboa	Porto	SC Portugal
Académica de Coimbra (Coimbra)	■	4-2	3-2	2-2	6-0	2-2	3-3	3-5
Barreirense (Barreiro)	3-2	■	1-5	1-0	1-0	2-4	0-2	0-3
Belenenses (Lisboa)	2-0	5-0	■	5-3	10-0	13-0	2-3	5-1
Sport Lisboa e Benfica (Lisboa)	3-0	4-1	2-1	■	6-1	3-2	3-2	2-4
Boavista FC (Porto)	2-1	0-2	2-3	1-1	■	1-0	3-6	1-5
C.U.F. de Lisboa (Lisboa)	2-3	2-3	2-3	2-6	6-0	■	0-0	3-7
FC do Porto (Porto)	6-2	5-1	2-2	5-2	7-1	3-1	■	2-2
Sporting Clube de Portugal (Lisboa)	7-1	2-0	3-1	1-2	9-0	4-2	5-1	■

1st Division

		Pd	Wn	Dw	Ls	GF	GA	Pts	
1.	SPORTING CLUBE DE PORTUGAL (LISBOA)	14	11	1	2	58	23	23	
2.	FC do Porto (Porto)	14	8	4	2	47	27	20	
3.	CF Os Belenenses (Lisboa)	14	9	1	4	59	22	19	
4.	Sport Lisboa e Benfica (Lisboa)	14	8	2	4	39	28	18	
5.	Associação Académica de Coimbra (Coimbra)	14	4	3	7	32	41	11	
6.	FC Barreirense (Barreiro)	14	5	-	9	17	38	10	
7.	C.U.F. de Lisboa (Lisboa)	14	2	2	10	28	50	6	
8.	Boavista FC (Porto)	14	2	1	11	12	63	5	R
		112	49	14	49	292	292	112	

Win = 2 points, Draw = 1 point

Top goalscorers

1)	Fernando Peyroteo	(SC de Portugal – Lisboa)	29
2)	Slavko Kordnya	(FC do Porto – Porto)	13
3)	Rafael Correia	(CF Os Belenenses – Lisboa)	12

2nd Division Play-offs

Final

SC Olhanense (Olhão)	4-1	Leça FC (Leça da Palmeira)

Semi-finals

Leça FC (Leça da Palmeira)	3-1	Vitória SC (Guimarães)
SC Olhanense (Olhão)	2-1	Seixal FC (Seixal)

Quarter-finals

Leça FC (Leça da Palmeira)	5-3	SC Vila Real (Vila Real)
SC Olhanense (Olhão)	4-0	Juventude SC (Évora)
Seixal FC (Seixal)	4-0	GFO Vilafranquense (Vila Franca de Xira)
Vitória SC (Guimarães)	1-0	SC da Covilhã (Covilhã)

Round 1

SC Olhanense (Olhão)	3-0	São Domingos FC
Vitória SC (Guimarães)	3-2	AD Ovarense (Ovar)

Académico FC (Porto), Carcavelinhos FC (Carcavelos), Leça FC (Leça da Palmeira), SC Olhanense (Olhão), Vitória SC (Guimarães) were all promoted to the 1st Division.

Lisboa League 1940-1941	SC de Portugal	Benfica	Belenenses	CUF de Lisboa	Carcavelinhos	União FC de Lisboa
Sporting Clube de Portugal (Lisboa)		3-1	7-1	4-0	9-0	10-0
Sport Lisboa e Benfica (Lisboa)	3-1		2-1	4-0	4-1	3-2
CF Os Belenenses (Lisboa)	3-1	6-3		6-2	3-2	4-0
C.U.F. de Lisboa (Lisboa)	2-9	2-3	0-5		2-1	3-1
Carcavelinhos FC (Carcavelos)	0-4	1-2	1-0	0-2		4-1
União FC de Lisboa (Lisboa)	1-7	2-4	2-4	1-2	1-2	

	Lisboa League	Pd	Wn	Dw	Ls	GF	GA	Pts
1.	SPORTING CLUBE DE PORTUGAL (LISBOA)	10	8	-	2	55	11	26
2.	Sport Lisboa e Benfica (Lisboa)	10	8	-	2	29	21	26
3.	CF Os Belenenses (Lisboa)	10	7	-	3	35	20	24
4.	C.U.F. de Lisboa (Lisboa)	10	4	-	6	15	34	18
5.	Carcavelinhos FC (Carcavelos)	10	3	-	7	12	28	16
6.	União FC de Lisboa (Lisboa)	10	-	-	10	11	43	10
		60	30	-	30	157	157	120

Taça de Portugal Final (Campo das Salésias, Lisboa – 22nd June 1941)

SPORTING CLUBE DE PORTUGAL (LISBOA)	4-1	CF Os Belenenses (Lisboa)

João Cruz 36, 48, 53, Fernando Peyroteo 79   *Gilberto Vicente 54*

Sporting: João Azevedo, Octávio Barrosa, Álvaro Cardoso, Aníbal Paciência, Gregório Santos, Manuel Marques, Adolfo Mourão, Armando Ferreira, Fernando Peyroteo, Manuel Soeiro, João Cruz.

Belenenses: Salvador Jorge, José Simões, António Feliciano, Mariano Amaro, Francisco Gomes, Varela Marques, Gilberto Vicente, Óscar Tellechea, Horácio Tellechea, Bernardo Soares, Rafael Correia.

Semi-finals

CF Os Belenenses (Lisboa)	0-1, 2-1, 3-2	Sport Lisboa e Benfica (Lisboa)
Sporting Clube de Portugal (Lisboa)	8-1, 3-1	C.U.F. de Lisboa (Lisboa)

Quarter-finals

CF Os Belenenses (Lisboa)	5-1, 2-0	Associação Académica de Coimbra (Coimbra)
Sport Lisboa e Benfica (Lisboa)	3-4, 2-0	FC do Porto (Porto)
C.U.F. de Lisboa (Lisboa)	3-0, 2-0	CF União (Funchal)
Sporting Clube de Portugal (Lisboa)	12-0, 4-2	Vitória SC (Guimarães)

Round 1

Associação Académica de Coimbra (Coimbra)	2-2, 9-2	Leça FC (Leça da Palmeira)
CF Os Belenenses (Lisboa)	7-1, 8-0	Boavista FC (Porto)
Sport Lisboa e Benfica (Lisboa)	5-0, 8-0	SC da Covilhã (Covilhã)
C.U.F. de Lisboa (Lisboa)	7-1, 7-2	Clube Operário Desportivo (Lagoa)
FC do Porto (Porto)	3-1, 5-2	SC Olhanense (Olhão)
Sporting Clube de Portugal (Lisboa)	3-1, 4-1	Seixal FC (Seixal)
Vitória SC (Guimarães)	0-0, 6-1	FC Barreirense (Barreiro)

CF União (Funchal) received a bye to the next round.

1941-1942

1st Division 1941-1942	Académica	Académico	Barreirense	Belenenses	Benfica	Carcavel.	CUF de Lisboa	Leça	Olhanense	Porto	SC Portugal	Vitória
Académica de Coimbra (Coimbra)		6-3	10-1	5-2	3-1	9-1	4-1	6-2	7-1	1-0	1-2	4-3
Académico FC (Porto)	3-2		6-0	0-2	2-4	1-1	3-2	4-0	9-0	2-4	0-3	2-0
Barreirense (Barreiro)	6-2	8-1		1-1	0-1	2-0	3-1	2-0	3-1	3-1	0-4	11-1
Belenenses (Lisboa)	4-0	4-2	0-1		4-0	5-2	1-1	9-0	6-2	7-3	3-1	0-1
Sport Lisboa e Benfica (Lisboa)	4-1	4-1	3-2	2-1		4-0	2-0	5-0	8-1	5-1	4-3	4-2
Carcavelinhos FC (Carcavelos)	1-3	6-0	2-2	2-2	1-4		0-4	3-1	2-3	3-3	0-3	2-1
C.U.F. de Lisboa (Lisboa)	2-3	10-1	2-3	2-2	2-4	2-3		2-1	3-3	4-2	1-3	5-1
Leça FC (Leça da Palm.)	1-2	2-0	2-1	1-1	2-5	0-3	4-1		3-0	2-5	0-3	3-1
SC Olhanense (Olhão)	3-2	5-2	0-2	1-1	2-3	5-1	1-2	5-2		0-2	1-6	6-2
FC do Porto (Porto)	3-2	3-1	6-2	2-3	4-1	12-1	1-1	6-1	9-1		3-0	3-2
Sporting Clube de Portugal (Lisboa)	3-1	11-2	7-1	1-4	1-4	4-1	4-2	14-0	4-1	5-0		9-1
Vitória SC (Guimarães)	4-3	4-3	4-4	2-4	1-2	3-0	0-3	4-2	4-0	1-4	1-2	

1st Division

		Pd	Wn	Dw	Ls	GF	GA	Pts	
1.	SPORT LISBOA E BENFICA (LISBOA)	22	19	-	3	74	34	38	
2.	Sporting Clube de Portugal (Lisboa)	22	17	-	5	93	31	34	
3.	CF Os Belenenses (Lisboa)	22	12	6	4	66	32	30	
4.	FC do Porto (Porto)	22	13	2	7	77	48	28	
5.	Associação Académica de Coimbra (Coimbra)	22	13	-	9	77	51	26	
6.	FC Barreirense (Barreiro)	22	11	3	8	58	55	25	R
7.	C.U.F. de Lisboa (Lisboa)	22	7	4	11	53	49	18	
8.	SC Olhanense (Olhão)	22	6	2	14	42	83	14	
9.	Carcavelinhos FC (Carcavelos)	22	5	4	13	35	73	14	
10.	Académico FC (Porto)	22	6	1	15	48	81	13	R
11.	Vitória SC (Guimarães)	22	6	1	15	43	76	13	
12.	Leça FC (Leça da Palmeira)	22	5	1	16	29	82	11	R
		264	120	24	120	695	695	264	

Win = 2 points, Draw = 1 point

Top goalscorers

1)	Correia Dias	(FC do Porto - Porto)	36
2)	Armando	(Associação Académica de Coimbra)	28
	Fernando Peyroteo	(SC de Portugal – Lisboa)	28

Carcavelinhos FC merged with União FC de Lisboa to form Atlético Clube de Portugal (Lisboa).

2nd Division Play-offs

Final

GD Estoril Praia (Estoril)	4-4, 3-1	Leixões SC (Porto)

Semi-finals

GD Estoril Praia (Estoril)	4-1	Luso SC (Beja)
Leixões SC (Porto)	4-0	SC de Espinho (Espinho)

GD da C.U.F. Barreiro (Barreiro) and Leixões SC (Porto) were both elected to the 1st Division.

Lisboa League 1941-1942	SC de Portugal	Benfica	Belenenses	Carcavelinhos	CUF de Lisboa	Fósforos
Sporting Clube de Portugal (Lisboa)	■	5-0	2-1	3-0	5-1	10-0
Sport Lisboa e Benfica (Lisboa)	2-3	■	2-2	7-0	4-1	10-0
CF Os Belenenses (Lisboa)	2-3	3-4	■	7-0	5-0	7-1
Carcavelinhos FC (Carcavelos)	2-1	1-6	1-7	■	2-1	6-1
C.U.F. de Lisboa (Lisboa)	1-4	0-2	0-1	3-2	■	3-1
GD Fósforos (Lisboa)	1-11	1-2	2-0	1-3	3-8	■

	Lisboa League	Pd	Wn	Dw	Ls	GF	GA	Pts
1.	SPORTING CLUBE DE PORTUGAL (LISBOA)	10	9	-	1	47	10	28
2.	Sport Lisboa e Benfica (Lisboa)	10	7	1	2	39	16	25
3.	CF Os Belenenses (Lisboa)	10	5	1	4	35	15	21
4.	Carcavelinhos FC (Carcavelos)	10	4	-	6	17	37	18
5.	C.U.F. de Lisboa (Lisboa)	10	3	-	7	18	29	16
6.	GD Fósforos (Lisboa)	10	1	-	9	11	60	12
		60	29	2	29	167	167	120

Win = 3 points, Draw = 2 points, Loss = 1 point

Taça de Portugal Final (Campo de Lumiar, Lisboa – 12th July 1942)

CF OS BELENENSES (LISBOA)	2-0	Vitória SC (Guimarães)

Artur Quaresma 40, Gilberto Vicente 46

Belenenses: Salvador Jorge, José Simões, António Feliciano, Mariano Amaro, Francisco Gomes, Serafim Neves, Artur Quaresma, António Eloi, Gilberto Vicente, José Pedro, Franklin Oliveira.

Vitória FC: Machado, Lino, João, Castelo, Zeferino, José Maria, Laureta, Miguel, Alexandre, Ferraz, Arlindo.

Semi-finals

CF Os Belenenses (Lisboa)	5-0	C.U.F. de Lisboa (Lisboa)
Vitória SC (Guimarães)	2-1	Sporting Clube de Portugal (Lisboa)

Quarter-finals

CF Os Belenenses (Lisboa)	1-1, 3-0	SC Olhanense (Olhão)
C.U.F. de Lisboa (Lisboa)	6-0	Leixões SC (Matosinhos)
Sporting Clube de Portugal (Lisboa)	4-0	Sport Lisboa e Benfica (Lisboa)
Vitória SC (Guimarães)	4-1	SC de Espinho (Espinho)

Round 1

CF Os Belenenses (Lisboa)	5-1	FC do Porto (Porto)
Sport Lisboa e Benfica (Lisboa)	2-0	FC Barreirense (Barreiro)
C.U.F. de Lisboa (Lisboa)	3-3, 4-2	Associação Académica de Coimbra (Coimbra)
SC de Espinho (Espinho)	4-2	Carcavelinhos FC (Carcavelos)
Leixões SC (Matosinhos)	3-0	Luso SC (Beja)
SC Olhanense (Olhão)	3-1	Académico FC (Porto)
Sporting Clube de Portugal (Lisboa)	6-2	Leça FC (Leça da Palmeira)
Vitória SC (Guimarães)	7-2	GD Estoril Praia (Estoril)

1942-1943

1st Division 1942-1943	Académica	Belenenses	Benfica	C.U.F. Barreiro	CUF de Lisboa Lies.	Leixões	Olhanense	Porto	SC Portugal	Vitória
Académica de Coimbra (Coimbra)		2-4	3-4	7-2	2-3	8-2	2-6	5-2	2-7	4-0
Belenenses (Lisboa)	2-0		5-2	5-2	2-0	5-0	8-0	4-0	5-0	12-0
Sport Lisboa e Benfica (Lisboa)	6-2	4-2		7-1	5-2	3-0	3-1	12-2	2-1	8-3
C.U.F. de Barreiro (Barreiro)	4-2	0-8	2-3		2-4	6-0	4-5	1-1	3-7	1-3
C.U.F. de Lisboa (Lisboa)	7-4	0-5	2-3	9-3		8-2	2-0	0-0	2-4	14-0
Leixões SC (Porto)	2-2	2-4	2-4	1-6	0-1		0-0	0-4	0-4	2-6
SC Olhanense (Olhão)	5-2	0-4	0-1	5-1	4-3	4-1		3-0	1-3	4-3
FC do Porto (Porto)	1-1	3-1	2-4	3-4	2-6	5-1	3-2		2-2	6-2
Sporting Clube de Portugal (Lisboa)	2-4	2-1	3-2	5-1	4-3	4-3	5-1	5-2		4-1
Vitória SC (Guimarães)	1-2	3-1	5-1	2-3	4-4	7-1	3-3	3-2	2-4	

1st Division

		Pd	Wn	Dw	Ls	GF	GA	Pts	
1.	SPORT LISBOA E BENFICA (LISBOA)	18	15	-	3	74	38	30	
2.	Sporting Clube de Portugal (Lisboa)	18	14	1	3	66	37	29	
3.	CF Os Belenenses (Lisboa)	18	14	-	4	78	20	28	
4.	C.U.F. de Lisboa (Lisboa)	18	9	2	7	70	46	20	
5.	SC Olhanense (Olhão)	18	8	2	8	44	48	18	
6.	Associação Académica de Coimbra (Coimbra)	18	6	2	10	54	60	14	
7.	FC do Porto (Porto)	18	5	4	9	40	56	14	
8.	Vitória SC (Guimarães)	18	6	2	10	48	76	14	
9.	GD da C.U.F. Barreiro (Barreiro)	18	5	1	12	46	77	11	R
10.	Leixões SC (Porto)	18	-	2	16	19	81	2	R
		180	82	16	82	539	539	180	

Win = 2 points, Draw = 1 point

C.U.F. de Lisboa (Lisboa) disbanded at the end of the season and the club was dissolved.

Top goalscorers

1)	Júlio da Silva "Lulinho"	(SC e Benfica – Lisboa)	24
2)	Fernando Peyroteo	(SC de Portugal – Lisboa)	21
	Tanganho	(C.U.F. de Lisboa – Lisboa)	21

2nd Division Play-offs

Final

FC Barreirense (Barreiro)	6-1	AD Sanjoanense (São João da Madeira)

Semi-finals

FC Barreirense (Barreiro)	7-2	Lusitano FC (Vila Real de Santo António)
AD Sanjoanense (São João da Madeira)	4-2	SC de Braga (Braga)

Quarter-finals

FC Barreirense (Barreiro)	3-2	Vitória FC (Setúbal)
SC de Braga (Braga)	2-0	Leça FC (Leça da Palmeira)
Lusitano FC (Vila Real de Santo António)	1-1, 2-1	Luso SC (Beja)
AD Sanjoanense (São João da Madeira)	1-1, 2-1	CF União de Coimbra (Coimbra)

Round 2

FC Barreirense (Barreiro)	4-0	Atlético Clube de Portugal (Lisboa)
SC de Braga (Braga)	2-1	Académico FC (Porto)
Leça FC (Leça da Palmeira)	1-1, 5-1	CD Candal
AD Sanjoanense (São João da Madeira)	3-2	SC da Covilhã (Covilhã)
CF União de Coimbra (Coimbra)	0-0, 1-0	Clube Académico de Futebol (Viseu)
Vitória FC (Setúbal)	1-1, 4-1	U.F.C.I. de Tomar (Tomar)

Atlético Clube de Portugal (Lisboa), SC e Salgueiros (Porto) and Vitória FC (Setúbal) were all elected to the 1st Division.

Lisboa League 1942-1943	SC de Portugal	Benfica	Belenenses	C.U.F. de Lisboa	AC de Portugal	GD Fósforos
Sporting Clube de Portugal (Lisboa)	■	3-2	3-1	2-1	6-0	3-1
Sport Lisboa e Benfica (Lisboa)	4-1	■	3-0	3-3	5-1	8-1
CF Os Belenenses (Lisboa)	3-3	4-1	■	1-0	7-1	6-1
C.U.F. de Lisboa (Lisboa)	2-6	1-2	2-2	■	4-0	7-4
Atlético Clube de Portugal (Lisboa)	1-3	2-5	0-2	3-0	■	1-0
GD Fósforos (Lisboa)	2-5	0-8	1-10	1-7	4-5	■

	Lisboa League	Pd	Wn	Dw	Ls	GF	GA	Pts
1.	SPORTING CLUBE DE PORTUGAL (LISBOA)	10	8	1	1	35	17	27
2.	Sport Lisboa e Benfica (Lisboa)	10	7	1	2	41	16	25
3.	CF Os Belenenses (Lisboa)	10	6	2	2	36	15	24
4.	C.U.F. de Lisboa (Lisboa)	10	3	2	5	27	24	18
5.	Atlético Clube de Portugal (Lisboa)	10	3	-	7	14	36	16
6.	GD Fósforos (Lisboa)	10	-	-	10	15	60	10
		60	27	6	27	168	168	120

Win = 3 points, Draw = 2 points, Loss = 1 point

Taça de Portugal Final   (Campo das Salésias, Lisboa – 20th June 1943)

SPORT LISBOA E BENFICA (LISBOA)   5-1   Vitória FC (Setúbal)

Rogério Pipi 12, Manuel da Costa 23, Julinho 32, 88, Armindo 75 o.g.   *Amador 58*

Benfica: António Martins, Gaspar Pinto, César Ferreira, Joaquim Alcobia, Manuel Jordão, Francisco Ferreira, Manuel da Costa, Francisco Pires, Júlio Correia da Silva "Julinho", Joaquim Teixeira, Rogério Carvalho.

Vitória FC: Indalécio, Montês, Armindo, Joaquim Pacheco, Figueiredo, Rogério Cruz, Passos, Aníbal Rendas, Francisco Júlio, João Nunes, Amador.

Semi-finals

Sport Lisboa e Benfica (Lisboa)	3-2	Sporting Clube de Portugal (Lisboa)
Vitória FC (Setúbal)	7-0	FC do Porto (Porto)

Quarter-finals

Sport Lisboa e Benfica (Lisboa)	5-2	C.U.F. de Lisboa (Lisboa)
FC do Porto (Porto)	2-0	GD da C.U.F. (Barreiro)
Sporting Clube de Portugal (Lisboa)	1-0	CF Os Belenenses (Lisboa)
Vitória FC (Setúbal)	2-0	FC Barreirense (Barreiro)

Round 1

FC Barreirense (Barreiro)	4-2	Leça FC (Leça da Palmeira)
CF Os Belenenses (Lisboa)	5-0	Associação Académica de Coimbra (Coimbra)
Sport Lisboa e Benfica (Lisboa)	7-1	Vitória SC (Guimarães)
GD da C.U.F. (Barreiro)	7-1	Lusitano FC (Vila Real de Santo António)
C.U.F. de Lisboa (Lisboa)	4-0	SC de Braga (Braga)
FC do Porto (Porto)	15-1	AD Sanjoanense (São João da Madeira)
Sporting Clube de Portugal (Lisboa)	4-1	SC Olhanense (Olhão)
Vitória FC (Setúbal)	2-1	Leixões SC (Matosinhos)

1943-1944

1st Division 1943-1944	Académica	Atlético CP	Belenenses	Benfica	Olhanense	Porto	Salgueiros	SC Portugal	Vitória FC	Vitória SC
Académica de Coimbra (Coimbra)	■	1-2	1-3	1-4	1-5	1-3	9-4	3-4	3-2	3-9
Atlético Clube de Portugal (Lisboa)	8-0	■	2-2	3-1	2-2	3-4	4-0	2-2	4-1	3-2
Belenenses (Lisboa)	3-1	1-3	■	1-2	3-2	4-0	5-1	1-1	4-1	1-2
Sport Lisboa e Benfica (Lisboa)	2-1	2-1	1-1	■	5-4	6-3	6-1	5-4	5-1	5-3
SC Olhanense (Olhão)	8-2	2-0	5-0	3-2	■	4-2	5-1	1-2	5-1	8-0
FC do Porto (Porto)	3-2	1-1	1-0	2-2	3-1	■	3-1	1-3	7-3	3-0
SC e Salgueiros (Porto)	3-1	0-3	1-6	1-6	2-5	0-5	■	1-5	2-2	3-5
Sporting Clube de Portugal (Lisboa)	2-0	2-2	6-1	1-0	3-1	2-0	10-0	■	6-0	3-2
Vitória FC (Guimarães)	1-5	1-4	1-2	2-2	2-1	2-2	2-1	0-2	■	3-5
Vitória SC (Setúbal)	2-0	4-4	1-3	1-1	3-3	1-3	2-1	2-3	8-0	■

1st Division	Pd	Wn	Dw	Ls	GF	GA	Pts	
1. SPORTING CLUBE DE PORTUGAL (LISBOA)	18	14	3	1	61	22	31	
2. Sport Lisboa e Benfica (Lisboa)	18	11	4	3	57	34	26	
3. Atlético Clube de Portugal (Lisboa)	18	9	6	3	51	28	24	R
4. FC do Porto (Porto)	18	10	3	5	46	36	23	
5. SC Olhanense (Olhão)	18	10	2	6	65	34	22	
6. CF Os Belenenses (Lisboa)	18	9	3	6	41	32	21	
7. Vitória FC (Setúbal)	18	7	3	8	52	50	17	
8. Vitória SC (Guimarães)	18	2	3	13	26	68	7	
9. Associação Académica de Coimbra (Coimbra)	18	3	-	15	35	68	6	
10. SC e Salgueiros (Porto)	18	1	1	16	23	84	3	
	180	76	28	76	456	456	180	

Win = 2 points, Draw = 1 point

Top goalscorers

1)	Francisco Rodriguez	(Vitória FC – Setúbal)	28
2)	Fernando Peyroteo	(SC de Portugal – Lisboa)	24
3)	António de Araújo	(FC do Porto – Porto)	18

2nd Division Play-offs

Final

GD Estoril Praia (Estoril)	3-2	SC Vila Real (Vila Real)

Semi-finals

GD Estoril Praia (Estoril)	6-0	Luso SC (Beja)
SC Vila Real (Vila Real)	5-0	CF União de Coimbra (Coimbra)

Quarter-finals

GD Estoril Praia (Estoril)	3-2	C.U.F. de Lisboa (Lisboa)
Luso SC (Beja)	5-3	SC Farense (Faro)
CF União de Coimbra (Coimbra)	2-0	AD Sanjoanense (São João da Madeira)
SC Vila Real (Vila Real)	5-3	FC Famalicão (Vila Nova de Famalicão)

Round 2

C.U.F. de Lisboa (Lisboa)	10-2	Caldas SC (Caldas da Rainha)
GD Estoril Praia (Estoril)	2-1	GD da C.U.F. (Barreiro)
FC Famalicão (Vila Nova de Famalicão)	3-2	Leixões SC (Porto)
AD Sanjoanense (São João da Madeira)	2-1	SC da Covilhã (Covilhã)
CF União de Coimbra (Coimbra)	2-0	C. Académica d Futebol (Viseu)
SC Vila Real (Vila Real)	6-0	Académico FC (Porto)

Round 1

SC da Covilhã (Covilhã)	1-0	Lanificios FC
GD da C.U.F. (Barreiro)	5-1	GS Os Fósforos (Lisboa)
GD Estoril Praia (Estoril)	3-0	GFO Vilafranquense (Vila Franca de Xira)
CF União de Coimbra (Coimbra)	4-1	SC de Espinho (Espinho)

GD Estoril Praia (Estoril) were elected to the 1st Division.

Lisboa League 1943-1944	Belenenses	Benfica	SC de Portugal	AC de Portugal	CUF de Lisboa	Fósforos
CF Os Belenenses (Lisboa)	■	4-2	6-1	8-2	5-0	11-2
Sport Lisboa e Benfica (Lisboa)	2-1	■	4-3	6-2	5-3	5-0
Sporting Club de Portugal (Lisboa)	1-3	2-2	■	4-3	6-1	4-2
Atlético Clube de Portugal (Lisboa)	0-3	2-2	0-2	■	3-2	7-1
C.U.F. de Lisboa (Lisboa)	1-5	4-5	3-5	2-2	■	3-1
GD Fósforos (Lisboa)	1-3	0-6	1-1	2-4	5-5	■

	Lisboa League	Pd	Wn	Dw	Ls	GF	GA	Pts
1.	CF OS BELENENSES (LISBOA)	10	9	-	1	48	12	28
2.	Sport Lisboa e Benfica (Lisboa)	10	7	2	1	39	21	26
3.	Sporting Club de Portugal (Lisboa)	10	5	2	3	28	24	22
4.	Atlético Clube de Portugal (Lisboa)	10	3	2	5	25	32	18
5.	C.U.F. de Lisboa (Lisboa)	10	1	1	8	23	41	13
6.	GD Fósforos (Lisboa)	10	1	1	8	15	48	13
		60	26	8	26	178	178	120

Win = 3 points, Draw = 2 points, Loss = 1 point

Taça de Portugal Final   (Campo das Salésias, Lisboa – 28th May 1944)

SPORT LISBOA E BENFICA (LISBOA)   8-0   GD Estoril Praia (Estoril)

Rogério Pipi 13, 56, 69, 75, 86, Julinho 15, 29, Arsénio 35

Benfica: António Martins, César Ferreira, Carvalho, João Silva, Francisco Albino, Francisco Ferreira, Espirito Santo, Arsénio Duarte, Júlio Silva "Julinho", Joaquim Teixeira, Rogério Carvalho.

Estoril: Valongo, Pereira, Francisco Eloi, Júlio Costa, António Nunes, Alberto Jesus, Canal, José Gomes "Bravo", Franjo Petrak, Sbarra, Raul Silva.

Semi-finals

Sport Lisboa e Benfica (Lisboa)	6-1, 1-1	Associação Académica de Coimbra (Coimbra)
GD Estoril Praia (Estoril)	5-0, 4-1	Vitória SC (Guimarães)

Quarter-finals

Associação Académica de Coimbra (Coimbra)	3-1, 1-3, 3-0	Vitória FC (Setúbal)
Sport Lisboa e Benfica (Lisboa)	2-1, 8-2	CF Os Belenenses (Lisboa)
GD Estoril Praia (Estoril)	3-2, 2-1	FC do Porto (Porto)
Vitória SC (Guimarães)	1-1, 7-2	CF União de Coimbra (Coimbra)

Round 1

Associação Académica de Coimbra (Coimbra)	6-2, 7-1	SC e Salgueiros (Porto)
CF Os Belenenses (Lisboa)	2-0, 2-0	Atlético Clube de Portugal (Lisboa)
Sport Lisboa e Benfica (Lisboa)	4-1, 4-1	Luso SC (Beja)
GD Estoril Praia (Estoril)	3-2, 3-1	C.U.F. de Lisboa (Lisboa)
FC do Porto (Porto)	2-0, 3-3	Sporting Clube de Portugal (Lisboa)
CF União de Coimbra (Coimbra)	4-0, 0-3	SC Olhanense (Olhão)
Vitória SC (Guimarães)	4-1, 2-3	SC Vila Real (Vila Real)
Vitória FC (Setúbal)	2-0, 1-1	FC Famalicão (Vila Nova de Famalicão)

1944-1945

1st Division 1944-1945	Académica	Belenenses	Benfica	Estoril	Olhanense	Porto	Salgueiros	SC Portugal	Vitória FC	Vitória SC
Académica de Coimbra (Coimbra)	■	0-3	2-6	2-2	1-0	1-3	5-1	1-2	3-0	1-2
Belenenses (Lisboa)	15-2	■	1-3	2-1	1-0	3-2	14-1	2-4	4-1	3-1
Sport Lisboa e Benfica (Lisboa)	6-1	1-2	■	2-0	2-2	7-2	11-3	4-1	5-0	7-2
Estoril Praia (Estoril)	2-1	1-2	1-1	■	1-2	8-1	4-0	1-2	5-2	3-1
SC Olhanense (Olhão)	8-4	4-3	1-3	0-0	■	2-2	4-1	2-4	3-2	3-3
FC do Porto (Porto)	2-4	2-6	4-3	2-2	5-1	■	9-0	3-1	10-0	3-0
SC e Salgueiros (Porto)	2-1	1-6	0-6	4-7	2-6	1-8	■	1-6	3-2	3-5
Sporting Clube de Portugal (Lisboa)	5-3	2-1	0-2	3-2	2-0	5-4	8-2	■	5-2	3-0
Vitória FC (Guimarães)	4-1	1-1	1-2	2-1	2-1	3-0	4-4	3-3	■	1-2
Vitória SC (Setúbal)	2-0	2-3	3-8	5-3	3-2	1-2	4-1	4-1	4-2	■

	1st Division	Pd	Wn	Dw	Ls	GF	GA	Pts	
1.	SPORT LISBOA E BENFICA (LISBOA)	18	14	2	2	79	26	30	
2.	Sporting Clube de Portugal (Lisboa)	18	13	1	4	57	37	27	
3.	CF Os Belenenses (Lisboa)	18	13	1	4	72	29	27	
4.	FC do Porto (Porto)	18	9	2	7	64	48	20	
5.	Vitória FC (Setúbal)	18	9	1	8	44	49	19	
6.	SC Olhanense (Olhão)	18	6	4	8	41	41	16	
7.	GD Estoril Praia (Estoril)	18	6	4	8	44	34	16	R
8.	Vitória SC (Guimarães)	18	4	3	11	32	57	11	
9.	Associação Académica de Coimbra (Coimbra)	18	4	1	13	33	65	9	
10.	SC e Salgueiros (Porto)	18	2	1	15	30	110	5	R
		180	80	20	80	496	496	180	

Win = 2 points, Draw = 1 point

Top goalscorers

1)	Francisco Rodriguez	(Vitória FC – Setúbal)	21
2)	Fernando Peyroteo	(SC de Portugal – Lisboa)	20
3)	Armando Correia	(CF Os Belenenses – Lisboa)	19

2nd Division Play-offs

Final

Atlético Clube de Portugal (Lisboa)	2-0	C.U.F. de Lisboa (Lisboa)

Semi-finals

Atlético Clube de Portugal (Lisboa)	4-0	Luso SC (Beja)
C.U.F. de Lisboa (Lisboa)	3-2	Boavista FC (Porto)

Quarter-finals

Atlético Clube de Portugal (Lisboa)	4-1	GD da C.U.F. (Barreiro)
Boavista FC (Porto)	5-1	FC Famalicão (Vila Nova de Famalicão)
C.U.F. de Lisboa (Lisboa)	4-2	UD Oliveirense (Oliveira da Azeméis)
Luso SC (Beja)	4-2	Sport Lisboa e Elvas (Elvas)

Round 1

Atlético Clube de Portugal (Lisboa)	6-1	GFO Vilafranquense (Vila Franca de Xira)
Boavista FC (Porto)	7-3	SC Fafe (Fafe)
GD da C.U.F. (Barreiro)	4-3	Onze Unidos FC
C.U.F. de Lisboa (Lisboa)	6-1	Assoc. Naval de 10 de Maio (Figueira da Foz)
Sport Lisboa e Elvas (Elvas)	2-1	SC da Covilhã (Covilhã)
FC Famalicão (Vila Nova de Famalicão)	3-2	Leixões SC (Porto)
Luso SC (Beja)	2-1	SC Farense (Faro)
UD Oliveirense (Oliveira da Azeméis)	5-2	AD Sanjoanense (São João da Madeira)

Atlético Clube de Portugal (Lisboa), Boavista FC (Porto), UD Oliveirense (Oliveira da Azeméis) and Sport Lisboa e Elvas (Elvas) were all promoted to the 1st Division which was extended to 14 clubs for the next season.

Lisboa League 1944-1945	SC de Portugal	Benfica	Belenenses	Estoril Praia	AC de Portugal	CUF de Lisboa
Sporting Clube de Portugal (Lisboa)	■	1-2	4-2	2-2	3-2	4-2
Sport Lisboa e Benfica (Lisboa)	2-3	■	0-1	6-3	5-1	8-1
CF Os Belenenses (Lisboa)	1-3	2-4	■	6-1	1-1	2-1
GD Estoril Praia (Estoril)	2-2	1-3	0-2	■	4-3	4-2
Atlético Clube de Portugal (Lisboa)	2-3	3-2	2-3	1-4	■	5-2
C.U.F. de Lisboa (Lisboa)	1-2	2-9	4-3	4-2	1-1	■

	Lisboa League	Pd	Wn	Dw	Ls	GF	GA	Pts
1.	SPORTING CLUBE DE PORTUGAL (LISBOA)	10	7	2	1	27	18	26
2.	Sport Lisboa e Benfica (Lisboa)	10	7	-	3	41	18	24
3.	CF Os Belenenses (Lisboa)	10	5	1	4	23	20	21
4.	GD Estoril Praia (Estoril)	10	3	2	5	23	31	18
5.	Atlético Clube de Portugal (Lisboa)	10	2	2	6	21	28	16
6.	C.U.F. de Lisboa (Lisboa)	10	2	1	7	20	40	15
		60	26	8	26	155	155	120

Win = 3 points, Draw = 2 points, Loss = 1 point

Taça de Portugal Final   (Campo das Salésias, Lisboa – 1st July 1945)

SPORTING CLUBE DE PORTUGAL (LISBOA)   1-0   SC Olhanense (Olhão)

Jesus Correia 86

Sporting: João Azevedo, Álvaro Cardoso, Manuel Marques, António Lourenço, Octávio Barrosa, João Nogueira, Jesus Correia, Armando Ferreira, Veríssimo Alves, Albano Pereira, João Cruz.

Olhanense: José Abraão, Rodrigues, Nunes, J. Santos, Grazini, Loulé, Móreira, Joaqium Paulo, Fernando Cabrita, Salvador, Francisco Augusto Palmeiro.

Semi-finals

SC Olhanense (Olhão)	1-2, 3-2, 1-0	Sport Lisboa e Benfica (Lisboa)
Sporting Clube de Portugal (Lisboa)	0-2, 3-0	Vitória FC (Setúbal)

Quarter-finals

Sport Lisboa e Benfica (Lisboa)	7-1, 4-5	CF Os Belenenses (Lisboa)
SC Olhanense (Olhão)	5-0, 2-1	Atlético Clube de Portugal (Lisboa)
Sporting Clube de Portugal (Lisboa)	8-1, 4-1	UD Oliveirense (Oliveira da Azeméis)
Vitória FC (Setúbal)	3-0, 1-2	Boavista FC (Porto)

Round 1

Atlético Clube de Portugal (Lisboa)	2-3, 5-1	Sport Lisboa e Elvas (Elvas)
CF Os Belenenses (Lisboa)	1-0, 0-1, 2-1	GD Estoril Praia (Estoril)
Sport Lisboa e Benfica (Lisboa)	2-4, 9-1	SC e Salgueiros (Porto)
Boavista FC (Porto)	2-2, 3-1	Associação Académica de Coimbra (Coimbra)
SC Olhanense (Olhão)	3-2, 4-0	C.U.F. de Lisboa (Lisboa)
UD Oliveirense (Oliveira da Azeméis)	4-0, 2-3	Luso SC (Beja)
Sporting Clube de Portugal (Lisboa)	0-0, 4-1	FC do Porto (Porto)
Vitória FC (Setúbal)	1-0, 7-2	Vitória SC (Guimarães)

1945-1946

1st Division 1945-1946	Académica	Atlético CP	Belenenses	Benfica	Boavista	Elvas	Olhanense	Oliveirense	Porto	SC Portugal	Vitória FC	Vitória SC
Académica de Coimbra (Coimbra)	■	2-3	1-3	3-3	5-2	5-1	1-3	6-1	2-1	5-5	2-0	3-5
Atlético Clube de Portugal (Lisboa)	2-1	■	2-4	1-1	4-1	3-1	2-1	1-1	2-1	1-4	2-2	4-2
Belenenses (Lisboa)	7-0	2-2	■	1-0	6-1	5-2	6-0	10-0	3-2	2-1	5-1	3-2
Sport Lisboa e Benfica (Lisboa)	7-1	5-0	2-0	■	4-2	5-2	2-1	7-2	4-0	7-2	4-1	1-1
Boavista FC (Porto)	5-0	4-3	1-4	2-4	■	0-1	2-7	3-0	3-2	1-0	0-1	5-1
SL e Elvas (Elvas)	4-3	1-2	1-2	0-4	6-3	■	2-1	3-0	3-3	2-6	4-2	5-2
SC Olhanense (Olhão)	4-2	3-0	2-0	1-2	5-0	8-1	■	8-1	3-1	0-4	5-2	2-0
UD Oliveirense (Oliveira da Azeméis)	2-3	1-1	0-1	2-6	2-1	0-1	2-3	■	2-4	1-4	1-0	2-0
FC do Porto (Porto)	8-1	11-0	0-1	0-2	3-1	9-2	3-4	4-1	■	2-3	3-2	2-2
Sporting Clube de Portugal (Lisboa)	6-1	2-1	1-1	4-3	7-1	5-1	1-0	3-0	1-0	■	2-3	2-3
Vitória FC (Guimarães)	2-1	2-1	2-4	2-5	3-1	5-0	2-2	1-0	1-2	1-3	■	3-2
Vitória SC (Setúbal)	2-3	3-1	1-4	1-4	5-0	5-0	3-2	3-1	1-4	0-7	3-1	■

	1st Division	Pd	Wn	Dw	Ls	GF	GA	Pts
1.	CF OS BELENENSES (LISBOA)	22	18	2	2	74	24	38
2.	Sport Lisboa e Benfica (Lisboa)	22	17	3	2	82	29	27
3.	Sporting Clube de Portugal (Lisboa)	22	15	2	5	73	36	32
4.	SC Olhanense (Olhão)	22	13	1	8	65	39	27
5.	Atlético Clube de Portugal (Lisboa)	22	8	5	9	38	55	21
6.	FC do Porto (Porto)	22	9	2	11	65	44	20
7.	Vitória FC (Setúbal)	22	8	2	12	47	59	18
8.	Vitória SC (Guimarães)	22	8	2	12	39	52	18
9.	Sport Lisboa e Elvas (Elvas)	22	8	1	13	43	78	17
10.	Associação Académica de Coimbra (Coimbra)	22	7	2	13	51	76	16
11.	Boavista FC (Porto)	22	6	-	16	39	73	12
12.	UD Oliveirense (Oliveira da Azeméis)	22	3	2	17	22	73	8
		264	120	24	120	638	638	264

Win = 2 points, Draw = 1 point

Top goalscorers

1) Fernando Peyroteo   (SC de Portugal – Lisboa)   37
2) Correia Dias   (FC do Porto – Porto)   25
3) Rogério de Carvalho   (SL e Benfica – Lisboa)   21

2nd Division (Final)

		Pd	Wn	Dw	Ls	GF	GA	Pts
1.	GD Estoril Praia (Estoril)	6	4	1	1	21	10	9
2.	FC Famalicão (Vila Nova de Famalicão)	6	3	1	2	19	17	7
3.	GD da C.U.F. (Barreiro)	6	2	-	4	13	15	4
4.	Portimonense SC (Portimão)	6	2	-	4	13	24	4
		24	11	2	11	66	66	24

Quarter-finals

GD Estoril Praia (Estoril)	3-1	Onze Unidos SC
FC Famalicão (Vila Nova de Famalicão)	3-2	SC e Salgueiros (Porto)
Portimonense SC (Portimão)	4-1	SC Elvense (Elvas)
GD da C.U.F. (Barreiro)	2-0	UD Torriense (Torres Vedras)

GD Estoril Praia (Estoril), FC Famalicão (Vila Nova de Famalicão) and AD Sanjoanense (São João da Madeira) were all elected to 1st Division for the next season.

Lisboa League 1945-1946	Belenenses	SC de Portugal	Atl	Benfica	CUF de Lisboa	Estoril Praia
CF Os Belenenses (Lisboa)	■	4-2	4-2	0-1	6-0	4-0
Sporting Clube de Portugal (Lisboa)	2-2	■	2-3	4-0	3-2	0-5
Atlético Clube de Portugal (Lisboa)	1-3	2-4	■	2-2	3-1	2-1
Sport Lisboa e Benfica (Lisboa)	0-2	1-2	5-2	■	2-2	3-2
C.U.F. de Lisboa (Lisboa)	1-1	1-3	2-4	4-1	■	6-1
GD Estoril Praia (Estoril)	0-3	0-2	3-5	1-2	5-4	■

Lisboa League

		Pd	Wn	Dw	Ls	GF	GA	Pts
1.	CF OS BELENENSES (LISBOA)	10	7	2	1	29	9	26
2.	Sporting Clube de Portugal (Lisboa)	10	6	1	3	24	20	23
3.	Atlético Clube de Portugal (Lisboa)	10	5	1	4	26	27	21
4.	Sport Lisboa e Benfica (Lisboa)	10	4	2	4	17	21	20
5.	C.U.F. de Lisboa (Lisboa)	10	2	2	6	23	29	16
6.	GD Estoril Praia (Estoril)	10	2	-	8	18	31	14
		60	26	8	26	137	137	120

Win = 3 points, Draw = 2 points, Loss = 1 point

GD Fósforos (Lisboa) merged with Chelas FC (Lisboa) and Marvilense FC (Lisboa) on 8th August 1946 to form Clube Oriental de Lisboa (Lisboa).

Taça de Portugal Final (Estádio Nacional, Lisboa – 30th June 1946)

SPORTING CLUBE DE PORTUGAL (LISBOA)   4-2   Atlético Clube de Portugal (Lisboa)

Fernando Peyroteo 15, 30, Sidónio 20, Albano 40   *Rogério Simões 38, Marques 88*

Sporting: João Azevedo, Álvaro Cardoso, Juvenal Silva, Veríssimo Alves, Manuel Marques, Octávio Barrosa, Armando Ferreira, Sidónio Silva, Fernando Peyroteo, António Marques, Albano Pereira.

Atlético: Francisco Correia, Rosário, Francisco Lopes, José Lopes, Baptista, Morais, Micael, Marques, Gregório Santos, Rogério Simões, Manuel Costa.

Semi-finals

| Atlético Clube de Portugal (Lisboa) | 2-1 | FC do Porto (Porto) |
| Sporting Clube de Portugal (Lisboa) | 11-0 | FC Famalicão (Vila Nova de Famalicão) |

Quarter-finals

Atlético Clube de Portugal (Lisboa)	3-2	Sport Lisboa e Benfica (Lisboa)
FC Famalicão (Vila Nova de Famalicão)	4-3	Sport Lisboa e Elvas (Elvas)
FC do Porto (Porto)	3-0	Boavista FC (Lisboa)
Sporting Clube de Portugal (Lisboa)	5-1	Vitória SC (Guimarães)

Round 1

Atlético Clube de Portugal (Lisboa)	2-1	GD Estoril Praia (Estoril)
Sport Lisboa e Benfica (Lisboa)	3-0	CF Os Belenenses (Lisboa)
Boavista FC (Porto)	3-2	CF União de Coimbra (Coimbra)
Sport Lisboa e Elvas (Elvas)	5-1	UD Oliveirense (Oliveira da Azeméis)
FC Famalicão (Vila Nova de Famalicão)	3-2	SC Olhanense (Olhão)
FC do Porto (Porto)	7-1	Vitória FC (Setúbal)
Sporting Clube de Portugal (Lisboa)	6-3	Associação Académica de Coimbra (Coimbra)
Vitória SC (Guimarães)	5-0	Portimonense SC (Portimão)

No competition for the 1946-47 season.

1946-1947

1st Division 1946-1947	Académica	Atlético CP	Belenenses	Benfica	Boavista	Elvas	Estoril	Famalicão	Olhanense	Porto	SC Portugal	Sanjoanense	Vitória FC	Vitória SC
Académica de Coimbra (Coimbra)	■	3-2	2-0	3-3	4-3	4-3	3-5	4-2	2-3	2-1	1-3	5-2	1-1	1-0
Atlético Clube de Portugal (Lisboa)	4-0	■	1-1	3-2	5-0	4-2	3-4	5-1	2-2	1-3	1-6	2-0	2-0	1-0
Belenenses (Lisboa)	5-1	1-1	■	2-1	7-1	2-1	4-0	8-0	5-1	0-2	2-0	7-0	1-1	3-2
Sport Lisboa e Benfica (Lisboa)	4-1	3-0	3-1	■	6-2	3-2	3-1	5-1	4-1	4-0	3-1	13-1	4-1	3-2
Boavista FC (Porto)	7-1	2-1	1-1	1-3	■	4-1	2-2	5-0	1-1	3-3	2-4	6-1	1-2	4-0
SL e Elvas (Elvas)	3-2	2-1	1-0	3-5	8-1	■	3-5	2-1	4-3	3-1	3-5	8-0	2-2	4-3
Estoril Praia (Estoril)	6-1	6-2	0-3	6-3	1-2	9-1	■	3-2	6-1	3-1	2-4	9-0	5-0	8-0
FC Famalicão (Vila Nova de Famalicão)	6-1	2-4	1-5	1-5	2-2	5-3	2-6	■	2-3	2-1	5-9	7-3	3-3	2-1
SC Olhanense (Olhão)	12-0	4-0	3-0	1-6	1-0	4-1	4-2	6-1	■	2-4	3-5	5-0	0-0	1-1
FC do Porto (Porto)	4-2	1-0	0-0	3-2	6-0	3-1	2-1	3-3	10-2	■	2-4	6-0	3-2	5-0
Sporting Clube de Portugal (Lisboa)	9-1	9-2	3-0	6-1	4-1	9-1	5-0	7-3	8-0	3-2	■	4-0	3-1	3-0
AD Sanjoanense (São João da Madeira)	1-1	1-3	2-3	2-4	1-0	3-0	1-3	3-4	1-5	0-3	2-6	■	0-1	1-4
Vitória FC (Guimarães)	2-2	4-3	1-4	2-5	8-0	3-3	1-2	3-1	5-0	1-4	1-2	6-1	■	1-1
Vitória SC (Setúbal)	5-1	2-3	2-1	0-1	1-1	7-0	2-1	0-1	3-1	4-0	1-1	3-0	1-2	■

1st Division	Pd	Wn	Dw	Ls	GF	GA	Pts	
1. SPORTING CLUBE DE PORTUGAL (LISBOA)	26	23	1	2	123	40	47	
2. Sport Lisboa e Benfica (Lisboa)	26	20	1	5	99	47	41	
3. FC do Porto (Porto)	26	15	3	8	73	45	33	
4. CF Os Belenenses (Lisboa)	26	14	5	7	66	31	33	
5. GD Estoril Praia (Estoril)	26	16	1	9	96	55	33	
6. SC Olhanense (Olhão)	26	11	4	11	69	73	26	
7. Atlético Clube de Portugal (Lisboa)	26	11	3	12	56	61	25	
8. Vitória SC (Guimarães)	26	8	8	10	54	54	24	
9. Boavista FC (Porto)	26	7	6	13	52	74	20	
10. Sport Lisboa e Elvas (Elvas)	26	9	2	15	65	89	20	
11. Associação Académica de Coimbra (Coimbra)	26	8	4	14	49	96	20	
12. Vitória FC (Setúbal)	26	8	4	14	45	50	20	
13. FC Famalicão (Vila Nova de Famalicão)	26	7	3	16	60	100	17	R
14. AD Sanjoanense (São João da Madeira)	26	2	1	23	26	118	5	R
	364	159	46	159	933	933	364	

Win = 2 points, Draw = 1 point

Sport Lisboa e Elvas (Elvas) merged with SC Elvas (Elvas) to form "O Elvas" Clube Alentejano de Desportos (Elvas) at the end of the season.

Top goalscorers

1)	Fernando Peyroteo	(SC de Portugal – Lisboa)	43
2)	Teixeira da Silva	(CF Os Belenenses – Lisboa)	24
	Patalino	(SL e Benfica – Lisboa)	24

2nd Division (Final)	Pd	Wn	Dw	Ls	GF	GA	Pts	
1. SC de Braga (Braga)	6	4	-	2	11	3	8	E
2. Lusitano FC (Vila Real de Santo António)	6	4	-	2	10	7	8	E
3. UD Oliveirense (Oliveira da Azeméis)	6	3	-	3	8	12	6	
4. Onze Unidos FC	6	1	-	5	10	17	2	
	24	12	-	12	39	39	24	

Quarter-finals

SC de Braga (Braga)	4-3	SC Vila Real (Vila Real)
Lusitano FC (Vila Real de Santo António)	2-1	SC da Covilhã (Covilhã)
UD Oliveirense (Oliveira da Azeméis)	2-1	Clube Oriental de Lisboa (Lisboa)
Onze Unidos FC	2-1	C.U.F. de Lisboa (Lisboa)

Lisboa League 1946-1947	SC de Portugal	Benfica	Belenenses	AC de Portugal	Clube Oriental	CUF
Sporting Clube de Portugal (Lisboa)	■	3-3	2-2	6-2	5-1	7-0
Sport Lisboa e Benfica (Lisboa)	1-3	■	2-1	6-3	8-1	7-3
CF Os Belenenses (Lisboa)	2-0	2-2	■	0-0	2-1	2-1
Atlético Clube de Portugal (Lisboa)	4-5	3-1	2-1	■	4-2	5-1
Clube Oriental de Lisboa (Lisboa)	2-3	3-6	4-3	1-1	■	4-2
C.U.F. de Lisboa (Lisboa)	2-3	0-5	1-4	3-1	2-1	■

Lisboa League	Pd	Wn	Dw	Ls	GF	GA	Pts
1. SPORTING CLUBE DE PORTUGAL (LISBOA)	10	7	2	1	37	19	26
2. Sport Lisboa e Benfica (Lisboa)	10	6	2	2	41	22	24
3. CF Os Belenenses (Lisboa)	10	4	3	3	19	15	21
4. Atlético Clube de Portugal (Lisboa)	10	4	2	4	25	26	20
5. Clube Oriental de Lisboa (Lisboa)	10	2	1	7	20	36	15
6. C.U.F. de Lisboa (Lisboa)	10	2	-	8	15	39	14
	60	25	10	25	157	157	120

Win = 3 points, Draw = 2 points, Loss = 1 point

The Lisboa League (Campeonato de Lisboa) folded at the end of the season after the large clubs began to focus their efforts on the national competitions.

1947-1948

1st Division 1947-1948	Académica	AC de Portugal	Belenenses	Benfica	Boavista	Braga	Elvas	Estoril	Lusitano	Olhanense	Porto	SC Portugal	Vitória FC	Vitória SC
Académica de Coimbra (Coimbra)		1-2	0-4	2-6	1-0	4-3	2-1	1-5	2-1	3-3	0-1	3-6	2-2	1-4
Atlético Clube de Portugal (Lisboa)	6-0		1-1	2-4	3-1	4-3	5-2	2-2	3-1	10-4	3-5	1-4	2-1	3-0
Belenenses (Lisboa)	7-1	0-0		4-1	7-0	4-0	1-1	2-3	5-0	4-0	3-0	3-2	3-0	7-1
Sport Lisboa e Benfica (Lisboa)	5-0	5-2	2-0		3-1	6-1	1-2	2-3	6-1	2-0	4-1	1-4	3-0	3-0
Boavista FC (Porto)	6-2	5-2	2-3	0-1		4-0	2-0	1-4	2-1	2-0	0-3	2-1	2-2	3-1
SC de Braga (Braga)	2-1	1-3	2-3	1-1	3-3		4-1	5-2	7-1	0-0	0-3	1-3	1-0	3-1
O Elvas CAD (Elvas)	12-1	5-3	2-1	3-6	5-0	3-1		4-1	7-0	3-1	2-4	1-2	3-0	2-1
Estoril Praia (Estoril)	7-0	5-4	5-2	0-2	4-0	6-1	8-2		6-1	3-1	4-1	1-2	6-2	4-2
Lusitano FC (Vila Nova de Santo António)	5-1	1-0	2-1	2-7	2-0	2-1	2-1	1-1		0-0	0-1	1-4	0-1	2-1
SC Olhanense (Olhão)	5-2	1-2	1-1	3-3	5-0	5-2	2-2	1-4	1-1		1-4	1-2	5-0	1-0
FC do Porto (Porto)	7-1	1-1	0-2	0-2	5-1	2-1	4-0	2-2	3-0	7-3		4-1	3-1	5-2
Sporting Clube de Portugal (Lisboa)	6-1	2-1	4-4	1-3	5-0	3-2	2-1	3-1	12-0	3-2	5-2		3-2	8-1
Vitória FC (Guimarães)	3-2	4-2	0-1	2-2	2-1	3-1	7-1	2-1	3-2	3-1	0-3	0-4		3-1
Vitória SC (Setúbal)	4-1	3-2	0-3	0-3	0-2	1-1	2-0	3-3	2-0	3-1	3-2	1-0	1-1	

1st Division	Pd	Wn	Dw	Ls	GF	GA	Pts	
1. SPORTING CLUBE DE PORTUGAL (LISBOA)	26	20	1	5	92	40	41	
2. Sport Lisboa e Benfica (Lisboa)	26	19	3	4	84	35	41	
3. CF Os Belenenses (Lisboa)	26	16	5	5	76	30	37	
4. GD Estoril Praia (Estoril)	26	16	4	6	91	49	36	
5. FC do Porto (Porto)	26	17	2	17	73	42	36	
6. Atlético Clube de Portugal (Lisboa)	26	11	4	11	69	62	26	
7. Vitória SC (Guimarães)	26	10	4	12	44	56	24	
8. "O Elvas" CA de Desportos (Elvas)	26	11	2	13	66	63	24	
9. Boavista FC (Porto)	26	9	2	15	40	65	20	
10. Vitória FC (Setúbal)	26	8	3	15	38	64	19	
11. SC Olhanense (Olhão)	26	5	7	14	48	66	17	
12. Lusitano FC (Vila Nova de Santo António)	26	7	3	16	29	78	17	
13. SC de Braga (Braga)	26	6	4	16	47	69	16	
14. Associação Académica de Coimbra (Coimbra)	26	4	2	20	35	113	10	R
	364	159	46	159	832	832	364	

Win = 2 points, Draw = 1 point

Top goalscorers

1)	António de Araújo	(FC do Porto – Porto)	36
2)	Vital	(AC de Portugal – Lisboa)	27
3)	Mota	(GD Estoril Praia – Estoril)	26

2nd Division (Final)	Pd	Wn	Dw	Ls	GF	GA	Pts	
1. SC da Covilhã (Covilhã)	6	2	4	-	17	7	8	P
2. FC Barreirense (Barreiro)	6	3	2	1	13	7	8	
3. GD da C.U.F (Barreiro)	6	2	1	3	12	11	5	
4. FC Famalicão (Vila Nova de Famalicão)	6	1	1	4	6	23	3	
	24	8	8	8	48	48	24	

Taça de Portugal Final   (Estádio Nacional, Lisboa – 4th July 1948)

SPORTING CLUBE DE PORTUGAL (LISBOA)   3-1   CF Os Belenenses (Lisboa)

Fernando Peyroteo 30, 65, Albano 34 pen   *Teixeira da Silva 52*

Sporting: João Azevedo, Álvaro Cardoso, Juvenal Silva, Carlos Canário, Manuel Marques, Veríssimo Alves, Jesus Correia, Manuel Vasques, Fernando Peyroteo, José Travassos, Albano Pereira.

Belenenses : José Sério, Vasco Oliveira, Serafim Neves, António Figueiredo, António Feliciano, António Castela, Fernando Matos, António Nunes, Teixeira da Silva, Pinto de Almeida, Artur Quaresma.

Semi-finals

CF Os Belenenses (Lisboa)	5-1	FC Barreirense (Barreiro)
Sporting Clube de Portugal (Lisboa)	3-0	Sport Lisboa e Benfica (Lisboa)

Quarter-finals

FC Barreirense (Barreiro)	2-0	CS Marítimo (Funchal)
CF Os Belenenses (Lisboa)	8-1	UD Oliveirense (Oliveira da Azeméis)
Sport Lisboa e Benfica (Lisboa)	2-1	Atlético Clube de Portugal (Lisboa)
Sporting Clube de Portugal (Lisboa)	6-1	Portimonense SC (Portimão)

Round 2

Atlético Clube de Portugal (Lisboa)	3-0	CD Cova da Piedade (Almada)
FC Barreirense (Barreiro)	1-0	FC do Porto (Porto)
CF Os Belenenses (Lisboa)	1-0	GD da C.U.F. (Barreiro)
Sport Lisboa e Benfica (Lisboa)	6-1	"O Elvas" CA de Desportos (Elvas)
UD Oliveirense (Oliveira da Azeméis)	2-1	Associação Académica de Coimbra (Coimbra)
Portimonense SC (Portimão)	3-0	Sc de Braga (Braga)
Sporting Clube de Portugal (Lisboa)	6-2	GD Estoril Praia (Estoril)

CS Marítimo (Funchal) received a bye to the next round.

1948-1949

1st Division 1948-1949	Atlético CP	Belenenses	Benfica	Boavista	Braga	Covilhã	Elvas	Estoril	Lusitano	Olhanense	Porto	SC Portugal	Vitória FC	Vitória SC
Atlético Clube de Portugal (Lisboa)	■	1-7	1-2	1-1	4-3	5-1	3-1	3-3	3-0	1-1	3-2	0-3	1-2	5-1
Belenenses (Lisboa)	4-0	■	0-1	5-0	5-0	6-1	5-2	6-2	3-1	2-1	3-1	1-4	3-0	3-1
Sport Lisboa e Benfica (Lisboa)	3-1	0-2	■	7-0	4-0	6-1	6-0	1-2	2-1	1-0	1-1	3-3	5-0	6-0
Boavista FC (Porto)	3-3	1-1	1-4	■	2-1	2-1	1-2	1-2	6-1	5-1	1-5	0-0	1-1	1-1
SC de Braga (Braga)	2-1	3-1	3-4	4-2	■	2-1	1-1	2-1	3-1	0-1	2-0	1-0	1-1	2-0
C da Covilhã (Covilhã)	1-2	1-2	1-0	4-0	2-0	■	5-0	1-3	3-0	1-1	1-2	5-2	6-2	6-2
SL e Elvas (Elvas)	7-0	1-1	0-1	3-0	4-1	0-1	■	4-2	1-1	2-2	2-0	3-4	3-2	3-3
Estoril Praia (Estoril)	3-1	2-0	1-3	8-1	6-1	2-2	2-2	■	2-2	6-1	5-1	2-4	4-2	5-0
Lusitano FC (Vila Nova de Santo António)	0-1	1-1	1-2	1-0	2-0	2-1	2-1	1-1	■	2-1	1-0	0-2	1-0	0-1
SC Olhanense (Olhão)	4-1	2-3	2-1	10-3	3-2	4-0	4-1	2-7	1-0	■	1-2	3-7	2-0	1-0
FC do Porto (Porto)	3-0	2-0	4-3	3-1	0-1	4-1	3-1	2-1	3-0	2-0	■	1-0	4-2	6-1
Sporting Clube de Portugal (Lisboa)	5-1	5-1	5-1	12-1	4-0	7-2	7-1	5-3	7-1	3-1	1-2	■	3-0	3-1
Vitória FC (Guimarães)	1-1	2-1	3-3	3-1	3-2	1-0	3-0	4-1	5-0	1-0	2-1	1-3	■	5-0
Vitória SC (Setúbal)	5-1	1-2	1-2	5-0	1-2	2-1	1-1	2-0	2-1	2-2	3-1	0-1	3-1	■

1st Division

	1st Division	Pd	Wn	Dw	Ls	GF	GA	Pts	
1.	SPORTING CLUBE DE PORTUGAL (LISBOA)	26	20	2	4	100	35	42	
2.	Sport Lisboa e Benfica (Lisboa)	26	17	3	6	72	34	37	
3.	CF Os Belenenses (Lisboa)	26	16	3	7	68	36	35	
4.	FC do Porto (Porto)	26	16	1	9	55	37	33	
5.	GD Estoril Praia (Estoril)	26	12	5	9	76	54	29	
6.	Vitória SC (Guimarães)	26	11	4	11	47	50	26	
7.	SC Olhanense (Olhão)	26	10	4	12	51	55	24	
8.	SC de Braga (Braga)	26	11	2	13	39	54	24	
9.	"O Elvas" CA de Desportos (Elvas)	26	7	7	15	46	61	21	
10.	Atlético Clube de Portugal (Lisboa)	26	8	5	13	44	68	21	
11.	SC da Covilhã (Covilhã)	26	9	2	15	50	59	20	
12.	Vitória FC (Setúbal)	26	8	4	14	39	61	20	
13.	Lusitano FC (Vila Real de Santo António)	26	7	4	15	23	52	18	
14.	Boavista FC (Porto)	26	4	6	16	35	89	14	R
		364	156	52	156	745	745	364	

Top goalscorers

1)	Fernando Peyroteo	(SC de Portugal – Lisboa)	40
2)	Mota	(GD Estoril Praia – Estoril)	25
3)	Lourenço	(GD Estoril Praia – Estoril)	20

2nd Division (Final)

	2nd Division (Final)	Pd	Wn	Dw	Ls	GF	GA	Pts	
1.	Associação Académica de Coimbra (Coimbra)	1	1	-	-	2	1	2	P
2.	Portimonense SC (Portimão)	1	-	-	1	1	2	-	
--.	FC Famalicão (Vila Nova de Famalicão)	-	-	-	-	-	-	-	
--.	Clube Oriental de Lisboa (Lisboa)	-	-	-	-	-	-	-	
		2	1	-	1	3	3	2	

FC Famalicão and Clube Oriental did not participate in the final group, so only 1 match was played.

Taça de Portugal Final   (Estádio Nacional, Lisboa – 12th June 1949)

SPORT LISBOA E BENFICA (LISBOA)   2-1   Atlético Clube de Portugal (Lisboa)
Corona 78, Rogério Pipi 80   *Martinho 90*

Benfica: Rogério Contreiras, Jacinto Marques, Joaquim Fernandes, Francisco Moreira, Félix Antunes, Francisco Ferreira, Eduardo Corona, Arsénio Duarte, Espírito Santo, Melão, Rogério Carvalho.

Atlético: Francisco Correia, Baptista, Abreu, José Lopes, Armindo Correia, Morais, Carlos Martinho, Armando Carneiro, Ben David, Armindo Silva, Caninhas.

Semi-finals

Atlético Clube de Portugal (Lisboa)	1-0	SC da Covilhã (Covilhã)
Sport Lisboa e Benfica (Lisboa)	5-0	Vitória FC (Setúbal)

Quarter-finals

Atlético Clube de Portugal (Lisboa)	6-2	Lusitano FC (Vila Real de Santo António)
Sport Lisboa e Benfica (Lisboa)	9-3	CS Marítimo (Funchal)
SC da Covilhã (Covilhã)	3-1	SC de Braga (Braga)
Vitória FC (Setúbal)	1-0	FC do Porto (Porto)

Round 2

Atlético Clube de Portugal (Lisboa)	2-1	FC Famalicão (Vila Nova de Famalicão)
Sport Lisboa e Benfica (Lisboa)	13-1	Clube Académico de Futebol (Viseu)
SC de Braga (Braga)	1-0	CF Os Belenenses (Lisboa)
SC da Covilhã (Covilhã)	4-1	GD da C.U.F. (Barreiro)
Lusitano FC (Vila Real de Santo António)	5-1	FC Tirsense (Santo Tirso)
FC do Porto (Porto)	4-1	Vitória SC (Guimarães)
Vitória FC (Setúbal)	8-1	Associação Académica de Coimbra (Coimbra)

CS Marítimo (Funchal) received a bye to the next round.

The Taça de Portugal was not played during the 1949-1950 season

1949-1950

1st Division 1949-50	Académica	Atlético CP	Belenenses	Benfica	Braga	Covilhã	Elvas	Estoril	Lusitano	Olhanense	Porto	SC Portugal	Vitória FC	Vitória SC
Académica de Coimbra (Coimbra)		1-2	3-0	3-4	3-1	4-6	3-1	1-1	2-0	7-1	3-2	1-6	0-0	6-0
Atlético Clube de Portugal (Lisboa)	1-1		1-1	1-1	4-2	4-3	2-2	2-2	6-1	3-0	4-1	3-1	6-0	4-2
Belenenses (Lisboa)	2-0	0-0		1-6	2-1	1-1	2-1	2-0	3-1	0-0	5-3	1-5	1-0	2-1
Sport Lisboa e Benfica (Lisboa)	1-1	4-0	1-1		4-2	7-1	3-1	4-0	4-1	5-1	3-2	2-3	4-0	6-1
SC de Braga (Braga)	3-1	3-0	1-0	2-3		3-1	5-1	2-3	2-0	2-1	6-0	1-1	1-1	3-2
SC da Covilhã (Covilhã)	2-2	2-1	2-1	3-4	3-2		3-0	2-2	3-0	2-1	4-2	2-3	5-2	1-0
SL e Elvas (Elvas)	3-3	1-0	1-0	1-0	4-1	2-2		1-2	6-1	4-3	0-3	3-6	3-2	4-2
Estoril Praia (Estoril)	1-1	2-1	1-2	1-2	1-2	6-1	4-3		10-0	0-1	1-0	0-4	1-1	2-5
Lusitano FC (Vila Nova de Santo António)	2-4	1-2	5-4	2-3	0-1	3-1	2-1	4-1		1-1	3-1	2-0	3-0	2-2
SC Olhanense (Olhão)	3-3	1-1	1-1	1-2	3-1	3-1	6-3	2-2	4-2		6-1	2-4	1-1	2-0
FC do Porto (Porto)	3-1	3-1	2-0	0-1	4-0	5-1	1-0	3-0	8-2	1-1		2-1	3-0	8-0
Sporting Clube de Portugal (Lisboa)	6-0	4-0	0-1	1-2	5-2	8-1	2-1	5-1	3-1	6-0	4-1		5-1	5-1
Vitória FC (Guimarães)	3-0	2-3	3-3	3-5	3-1	2-2	3-1	3-1	4-1	3-1	2-2	1-2		4-2
Vitória SC (Setúbal)	3-2	1-1	1-0	0-5	3-2	2-0	4-0	5-5	4-2	1-2	3-0	3-1	2-1	

1st Division	Pd	Wn	Dw	Ls	GF	GA	Pts	
1. SPORT LISBOA E BENFICA (LISBOA)	26	21	3	2	86	33	45	
2. Sporting Clube de Portugal (Lisboa)	26	19	1	6	91	35	39	
3. Atlético Clube de Portugal (Lisboa)	26	11	8	7	53	42	30	
4. FC Os Belenenses (Lisboa)	26	10	7	9	36	41	27	
5. FC do Porto (Porto)	26	12	2	12	61	52	26	
6. SC da Covilhã (Covilhã)	26	10	5	11	55	70	25	
7. Associação Académica de Coimbra (Coimbra)	26	8	8	10	56	57	24	
8. SC de Braga (Braga)	26	11	2	13	52	53	24	
9. SC Olhanense (Olhão)	26	8	8	10	48	57	24	
10. Vitória FC (Setúbal)	26	10	3	13	50	70	23	
11. Vitória SC (Guimarães)	26	7	7	12	45	59	21	
12. GD Estoril Praia (Estoril)	26	7	7	12	50	59	21	
13. "O Elvas" CA de Desportos (Elvas)	26	8	3	15	48	65	19	R
14. Lusitano FC (Vila Real de Santo António)	26	7	2	17	42	80	16	R
	364	149	66	149	773	773	364	

Top goalscorers

1)	Júlio da Silva "Julinho"	(SL e Benfica – Lisboa)	28
2)	Mário Wilson	(SC de Portugal – Lisboa)	23
3)	André Simonyi	(SC da Covilhã – Covilhã)	22

2nd Division (Final)	Pd	Wn	Dw	Ls	GF	GA	Pts	
1. Boavista FC (Porto)	6	6	-	-	22	7	12	P
2. Clube Oriental de Lisboa (Lisboa)	6	3	1	2	27	13	7	P
3. Clube Académico de Futebol (Viseu)	6	1	1	4	12	22	3	
4. Grupo União Sport Montemor (Montemor-O-Novo)	6	1	-	5	4	23	2	
	24	11	2	11	65	65	24	

1950-1951

1st Division 1950-1951	Académica	Atlético CP	Belenenses	Benfica	Boavista	Braga	Covilhã	Estoril	Olhanense	Oriental	Porto	SC Portugal	Vitória FC	Vitória SC
Académica de Coimbra (Coimbra)	■	1-4	2-0	0-3	3-2	0-0	5-1	4-1	4-1	5-0	1-0	1-3	3-2	1-1
Atlético Clube de Portugal (Lisboa)	6-1	■	2-0	2-2	5-0	3-0	2-0	3-3	3-1	3-0	4-1	2-2	3-2	4-0
Belenenses (Lisboa)	0-0	2-1	■	2-5	4-3	4-0	2-1	4-3	4-0	0-0	3-3	2-3	3-0	2-0
Sport Lisboa e Benfica (Lisboa)	3-2	1-1	1-1	■	7-1	8-2	3-2	2-3	4-0	9-0	0-2	1-3	5-0	6-0
Boavista FC (Porto)	5-0	1-1	2-0	1-1	■	1-2	4-3	2-0	9-0	2-2	2-6	0-1	3-0	3-2
SC de Braga (Braga)	3-1	4-4	1-3	3-1	1-2	■	2-0	3-2	3-1	3-0	1-1	2-3	2-0	3-1
SC da Covilhã (Covilhã)	3-1	5-1	2-0	3-2	6-2	4-0	■	3-0	4-2	0-1	1-2	2-3	6-3	3-2
Estoril Praia (Estoril)	0-1	5-1	0-2	0-7	1-3	2-0	5-0	■	5-0	3-1	2-0	1-2	3-2	3-0
SC Olhanense (Olhão)	3-0	4-1	3-2	2-0	1-0	2-2	4-2	3-2	■	1-2	0-4	0-4	1-1	1-1
Clube Oriental de Lisboa (Lisboa)	3-1	4-2	3-1	2-4	5-1	2-0	1-0	2-0	2-0	■	2-1	0-0	1-1	1-2
FC do Porto (Porto)	1-1	3-0	2-0	5-2	3-0	3-1	1-2	4-2	7-0	3-0	■	3-0	4-1	5-0
Sporting Clube de Portugal (Lisboa)	7-0	4-1	6-2	2-2	7-0	8-0	2-1	5-3	3-0	9-0	2-1	■	2-3	6-0
Vitória FC (Guimarães)	0-2	3-1	3-1	3-1	0-1	1-1	1-5	1-2	6-0	2-2	2-2	0-1	■	1-1
Vitória SC (Setúbal)	1-0	0-2	2-1	1-1	1-0	0-3	2-3	3-2	2-1	4-1	3-0	1-3	1-2	■

1st Division	Pd	Wn	Dw	Ls	GF	GA	Pts	
1. SPORTING CLUBE DE PORTUGAL (LISBOA)	26	21	3	2	91	28	45	
2. FC do Porto (Porto)	26	15	4	7	67	32	34	
3. Sport Lisboa e Benfica (Lisboa)	26	12	6	8	81	43	30	
4. Atlético Clube de Portugal (Lisboa)	26	12	6	8	62	49	30	
5. Clube Oriental de Lisboa (Lisboa)	26	11	5	10	37	57	27	
6. SC da Covilhã (Covilhã)	26	13	-	13	62	53	26	
7. SC de Braga (Braga)	26	10	5	11	42	57	25	
8. Associação Académica de Coimbra (Coimbra)	26	10	4	12	40	53	24	
9. CF Os Belenenses (Lisboa)	26	10	4	12	45	48	24	
10. Boavista FC (Porto)	26	10	3	13	50	62	23	
11. GD Estoril Praia (Estoril)	26	10	1	15	53	58	21	
12. Vitória FC (Setúbal)	26	8	4	14	31	58	20	R
13. Vitória SC (Guimarães)	26	6	6	14	40	57	18	
14. SC Olhanense (Olhão)	26	7	3	16	31	77	17	R
	364	155	54	155	732	732	364	

Top goalscorers

1)	Manuel Vasques	(SC de Portugal – Lisboa)	29
2)	Ben David	(AC de Portugal – Lisboa)	25
3)	José Águas	(SL e Benfica – Lisboa)	24
	Arsénio Duarte	(SL e Benfica – Lisboa)	24

2nd Division (Final)	Pd	Wn	Dw	Ls	GF	GA	Pts	
1. FC Barreirense (Barreiro)	6	4	-	2	13	7	8	P
2. SC e Salgueiros (Porto)	6	3	-	3	13	14	6	P
3. CF União de Coimbra (Coimbra)	6	3	-	3	13	17	6	
4. Lusitano FC (Vila Real de Santo António)	6	2	-	4	15	16	4	
	24	12	-	12	54	54	24	

Taça de Portugal Final   (Estádio Nacional, Lisboa – 10th June 1951)

SPORT LISBOA E BENFICA (LISBOA)   5-1   Associação Académica de Coimbra (Coimbra)

Rogério Pipi 7, 55, 63, 77, Arsénio Duarte 13   *Macedo*

Benfica: José Bastos, Artur Santos, Joaquim Fernandes, Francisco Moreira, Félix Antunes, Francisco Ferreira, Eduardo Corona, Arsénio Duarte, José Águas, Rogério Carvalho, José Rosário.

Académica: Manuel Capela, Joaquim Branco, António Melo, José Miguel, Mário Torres, Pedro Azeredo, Alvaro Duarte, Rui Gil, João Macedo, Leite, António Bentes.

Semi-finals

Associação Académica de Coimbra (Coimbra)	3-3, 3-0	CF Os Belenenses (Lisboa)
Sport Lisboa e Benfica (Lisboa)	5-3, 1-0	Atlético Clube de Portugal (Lisboa)

Quarter-finals

Associação Académica de Coimbra (Coimbra)	3-1, 0-0	Vitória SC (Guimarães)
CF Os Belenenses (Lisboa)	2-0, 0-0	FC do Porto (Porto)
Sport Lisboa e Benfica (Lisboa)	3-0, 2-1	CS Marítimo (Funchal)
GD Estoril Praia (Estoril)	0-3, o/w	Atlético Clube de Portugal (Lisboa)

Round 1

Atlético Clube de Portugal (Lisboa)	2-1, 0-1, 3-0	SC de Braga (Braga)
Sport Lisboa e Benfica (Lisboa)	4-1, 5-5	SC da Covilhã (Covilhã)
Boavista FC (Porto)	1-5, 1-3	FD Estoril Praia (Estoril)
SC Olhanense (Olhão)	0-0, 1-11	FC do Porto (Porto)
Clube Oriental de Lisboa (Lisboa)	2-3, 3-3	Associação Académica de Coimbra (Coimbra)
Sporting Clube de Portugal (Lisboa)	0-0, 1-2	CF Os Belenenses (Lisboa)
Vitória FC (Setúbal)	2-1, 1-3	Vitória SC (Guimarães)

CS Marítimo (Funchal) received a bye to the next round.

1951-1952

1st Division 1951-1952	Académica	Atlético CP	Barreirense	Belenenses	Benfica	Boavista	Braga	Covilhã	Estoril	Oriental	Porto	SC Portugal	Salgueiros	Vitória FC
Académica de Coimbra (Coimbra)	■	1-0	2-3	2-1	0-3	5-1	1-1	1-3	4-0	2-0	1-1	3-3	8-1	0-0
Atlético Clube de Portugal (Lisboa)	0-1	■	3-1	1-1	3-4	6-1	2-2	5-0	4-1	1-2	1-2	2-5	3-3	4-0
FC Barreirense (Barreiro)	2-2	3-1	■	1-4	1-1	4-0	1-1	2-1	3-3	8-2	2-0	1-2	0-1	1-0
Belenenses (Lisboa)	2-0	4-2	4-1	■	2-0	3-0	1-0	3-0	1-1	7-2	1-1	4-3	7-0	0-0
Sport Lisboa e Benfica (Lisboa)	4-0	1-0	7-1	0-0	■	2-0	5-0	4-1	1-1	5-2	2-0	2-3	9-0	1-0
Boavista FC (Porto)	3-0	1-1	4-2	2-1	0-3	■	1-0	4-0	6-3	4-1	1-0	3-0	4-1	4-0
SC de Braga (Braga)	2-0	0-0	2-1	1-4	1-6	1-3	■	0-0	1-0	4-1	2-0	0-2	5-1	1-0
C da Covilhã (Covilhã)	0-0	2-1	4-1	4-2	0-1	2-1	1-0	■	4-2	0-0	0-0	0-6	2-0	3-0
Estoril Praia (Estoril)	5-3	2-1	1-1	2-3	1-1	5-1	3-2	3-0	■	3-2	1-2	1-2	2-0	4-0
Clube Oriental de Lisboa (Lisboa)	1-0	3-5	6-0	1-1	1-3	3-0	2-4	1-4	4-0	■	2-3	2-1	2-1	3-0
FC do Porto (Porto)	3-0	1-1	3-2	1-1	3-0	4-0	6-1	6-1	4-3	6-2	■	2-2	7-1	4-1
Sporting Clube de Portugal (Lisboa)	4-0	5-1	8-0	1-1	2-3	3-1	4-0	6-2	8-1	2-0	2-1	■	6-0	6-1
SC e Salgueiros (Porto)	1-2	1-5	1-5	2-1	2-7	2-1	3-1	3-1	1-0	4-1	1-4	0-3	■	2-1
Vitória FC (Guimarães)	3-1	1-0	2-0	0-1	2-1	3-1	1-0	0-0	2-1	4-2	2-4	1-2	4-1	■

1st Division

		Pd	Wn	Dw	Ls	GF	GA	Pts	
1.	SPORTING CLUBE DE PORTUGAL (LISBOA)	26	19	3	4	91	32	41	
2.	Sport Lisboa e Benfica (Lisboa)	26	18	4	4	76	27	40	
3.	FC do Porto (Porto)	26	15	6	5	68	33	36	
4.	CF Os Belenenses (Lisboa)	26	14	8	4	60	28	36	
5.	Boavista FC (Porto)	26	12	1	13	47	55	25	
6.	SC da Covilhã (Covilhã)	26	10	5	11	35	52	25	
7.	Associação Académica de Coimbra (Coimbra)	26	8	6	12	39	47	22	
8.	SC de Braga (Braga)	26	8	5	13	32	49	21	
9.	GD Estoril Praia (Estoril)	26	8	5	13	49	61	21	
10.	Vitória SC (Guimarães)	26	9	3	14	28	47	21	
11.	FC Barreirense (Barreiro)	26	8	5	13	47	65	21	
12.	Atlético Clube de Portugal (Lisboa)	26	7	6	13	53	48	20	
13.	Clube Oriental de Lisboa (Lisboa)	26	8	2	16	48	72	18	R
14.	SC e Salgueiros (Porto)	26	8	1	17	33	91	17	R
		364	152	60	152	706	706	364	

Top goalscorers

1)	José Águas	(SL e Benfica – Lisboa)	28
2)	Ben David	(AC de Portugal – Lisboa)	24
3)	Decio	(FC Barreirense – Barreiro)	21
	Manuel Vasques	(SC de Portugal – Lisboa)	21
	Pinto Vieira	(FC do Porto – Porto)	21

2nd Division (Final)	Pd	Wn	Dw	Ls	GF	GA	Pts	
1. Lusitano GC (Évora)	6	4	1	1	16	6	9	P
2. Vitória FC (Setúbal)	6	3	1	2	8	8	7	P
3. SC União Torreense (Torres Vedras)	6	2	1	3	8	8	5	
4. CF União de Coimbra (Coimbra)	6	1	1	4	7	17	3	
	24	10	4	10	39	39	24	

Taça de Portugal Final   (Estádio Nacional, Lisboa – 16th June 1952)

SPORT LISBOA E BENFICA (LISBOA)   5-4   Sporting Clube de Portugal (Lisboa)

Rogério Pipi 11 pen, 69, 90, Corona 49, José Águas 73   *Albano Pereira 9 pen, Rola 51, 71, João Martins 55*

Benfica: José Bastos, Artur Santos, Joaquim Fernandes, Francisco Moreira, Félix Antunes, Francisco Ferreira, Eduardo Corona, Arsénio Duarte, José Águas, Rogério Carvalho, José Rosário.

Sporting: Carlos Gomes, Juvenal Silva, Joaquim Pacheco, Veríssimo Alves, Manuel Passos, Júlio Pereira "Juca", Pacheco Nobre, José Travassos, João Martins, Albano Pereira, Joaquim Guiomar "Rola".

Semi-finals

Sport Lisboa e Benfica (Lisboa)	1-2, 5-0	FC Barreirense (Barreiro)
Sporting Clube de Portugal (Lisboa)	0-2, 4-2, 5-2	FC do Porto (Porto)

Quarter-finals

SC da Covilhã (Covilhã)	0-7, 2-2	Sport Lisboa e Benfica (Lisboa)
Juventude SC (Évora)	3-3, 1-5	FC Barreirense (Barreiro)
FC do Porto (Porto)	2-0, 3-1	SC e Salgueiros (Porto)
Sporting Clube de Portugal (Lisboa)	3-1, 2-1	CF Os Belenenses (Lisboa)

Round 1

Associação Académica de Coimbra (Coimbra)	2-2, 1-5	CF Os Belenenses (Lisboa)
Atlético Clube de Portugal (Lisboa)	2-2, 1-5	Juventude SC (Évora)
FC Barreirense (Barreiro)	6-1, 1-1	Clube Oriental de Lisboa (Lisboa)
Boavista FC (Porto)	2-0, 0-5	SC da Covilhã (Covilhã)
SC de Braga (Braga)	1-1, 1-10	FC do Porto (Porto)
GD Estoril Praia (Estoril)	0-1, 2-8	Sport Lisboa e Benfica (Lisboa)
CS Marítimo (Funchal)	1-2, 2-5	Sporting Clube de Portugal (Lisboa)
SC e Salgueiros (Porto)	2-1, 1-2, 4-0	Vitória SC (Guimarães)

1952-1953

1st Division 1952-1953	Académica	Atlético CP	Barreirense	Belenenses	Benfica	Boavista	Braga	Covilhã	Estoril	Lusitano	Porto	SC Portugal	Vitória FC	Vitória SC
Académica de Coimbra (Coimbra)	■	3-2	4-1	2-5	1-3	1-3	0-2	0-1	1-2	4-0	1-1	0-1	1-0	3-0
Atlético Clube de Portugal (Lisboa)	1-3	■	1-1	2-2	0-3	0-1	2-0	2-2	4-2	0-0	0-2	0-3	4-1	3-1
FC Barreirense (Barreiro)	2-2	1-1	■	1-2	1-1	4-0	3-1	0-0	4-0	4-1	4-0	2-1	4-0	2-2
Belenenses (Lisboa)	5-2	3-1	1-1	■	1-2	5-0	2-1	3-0	6-1	3-0	1-1	2-4	5-0	2-1
Sport Lisboa e Benfica (Lisboa)	7-2	4-0	3-0	3-1	■	4-1	8-2	5-0	6-0	3-1	2-1	2-3	5-1	2-1
Boavista FC (Porto)	1-1	1-2	0-0	2-1	2-2	■	1-2	4-1	4-2	1-0	1-3	1-1	1-3	2-3
SC de Braga (Braga)	0-1	1-0	1-0	0-1	2-2	2-1	■	4-1	0-3	1-1	0-2	3-5	4-0	2-1
SC da Covilhã (Covilhã)	2-1	7-0	1-3	1-2	0-0	1-1	3-2	■	4-1	3-1	1-2	0-0	4-0	1-5
Estoril Praia (Estoril)	2-1	0-0	2-5	0-3	0-2	0-1	2-1	2-2	■	0-1	2-3	1-3	2-2	2-0
Lusitano GC (Évora)	1-1	1-0	2-0	0-1	0-3	5-1	3-2	3-1	1-0	■	3-0	2-0	3-0	0-0
FC do Porto (Porto)	2-1	2-3	4-0	1-1	2-1	4-2	5-0	3-1	4-1	4-1	■	1-1	6-0	3-0
Sporting Clube de Portugal (Lisboa)	5-0	2-0	9-0	1-1	3-1	3-3	6-1	3-0	3-1	7-0	5-1	■	4-0	1-0
Vitória SC (Guimarães)	6-1	2-2	1-0	1-5	0-0	2-0	3-2	2-0	3-0	1-1	0-1	0-2	■	0-0
Vitória FC (Setúbal)	2-2	4-3	0-1	1-0	2-1	2-0	2-1	5-1	0-0	4-0	3-0	0-1	1-0	■

1st Division

		Pd	Wn	Dw	Ls	GF	GA	Pts	
1.	SPORTING CLUBE DE PORTUGAL (LISBOA)	26	19	5	2	77	22	43	
2.	Sport Lisboa e Benfica (Lisboa)	26	17	5	4	75	27	39	
3.	CF Os Belenenses (Lisboa)	26	15	6	5	60	29	36	
4.	FC do Porto (Porto)	26	16	4	6	58	35	36	
5.	FC Barreirense (Barreiro)	26	10	8	8	44	40	28	
6.	Vitória FC (Setúbal)	26	11	5	10	40	33	27	
7.	Lusitano GC (Évora)	26	10	5	11	31	44	25	
8.	Vitória SC (Guimarães)	26	7	6	13	28	54	20	
9.	Boavista FC (Porto)	26	7	6	13	35	54	20	
10.	SC da Covilhã (Covilhã)	26	7	6	13	38	54	20	
11.	Associação Académica de Coimbra (Coimbra)	26	7	5	14	39	57	19	
12.	Atlético Clube de Portugal (Lisboa)	26	6	7	13	33	52	19	
13.	SC de Braga (Braga)	26	8	2	16	37	58	18	
14.	GD Estoril Praia (Estoril)	26	5	4	17	28	64	14	R
		364	145	74	145	623	623	364	

Top goalscorers

1)	Lucas da Fonseca "Matateu"	(CF Os Belenenses – Lisboa)	29
2)	João Martins	(SC de Portugal – Lisboa)	26
3)	José Águas	(SL e Benfica – Lisboa)	24

2nd Division (Final)

		Pd	Wn	Dw	Ls	GF	GA	Pts	
1.	Clube Oriental de Lisboa (Lisboa)	6	4	-	2	12	11	8	P
2.	SC União Torreense (Torres Vedras)	6	3	-	3	12	9	6	
3.	GD da C.U.F. (Barreiro)	6	3	-	3	11	10	6	
4.	SC e Salgueiros (Porto)	6	2	-	4	8	13	4	
		24	12	-	12	43	43	24	

Taça de Portugal Final (Estádio Nacional, Lisboa – 28th June 1953)

SPORT LISBOA E BENFICA (LISBOA) 5-0 FC do Porto (Porto)

Rogério Pipi 34, Arsénio Duarte 38, 68, 89, José Águas 39

Benfica: José Bastos, Artur Santos, Joaquim Fernandes, Francisco Moreira, Félix Antunes, Angelo Martins, José Rosário, Arsénio Duarte, José Águas, Manuel Vieira, Rogério Carvalho.

Porto: Frederico Barrigana, Virgílio Mendes, Ángelo Carvalho, Eleutério Correia, Pinto Vieira, Carlos Duarte, António Teixeira, Monteiro da Costa, José Maria, Carlos Vieira.

Semi-finals

Sport Lisboa e Benfica (Lisboa)	3-1, 3-1	Vitória SC (Guimarães)
Lusitano GC (Évora)	1-4, 1-0	FC do Porto (Porto)

Quarter-finals

FC Barreirense (Barreiro)	0-1, 0-6	Sport Lisboa e Benfica (Lisboa)
FC do Porto (Porto)	0-0, 3-2	CS Marítimo (Funchal)
Sporting Clube de Portugal (Lisboa)	2-2, w/o	Lusitano GC (Évora)
Vitória SC (Guimarães)	5-1, 0-3	SC da Covilhã (Covilhã)

Round 1

FC Barreirense (Barreiro)	2-1, 1-0	CF Os Belenenses (Lisboa)
Boavista FC (Porto)	1-0, 0-6	FC do Porto (Porto)
SC de Braga (Braga)	0-4, 1-4	Lusitano GC (Évora)
SC da Covilhã (Covilhã)	0-0, 0-0, 1-1, 5-1	Atlético Clube de Portugal (Lisboa)
GD Estoril Praia (Estoril)	3-2, 2-3, 0-1	Vitória SC (Guimarães)
Sporting Clube de Portugal (Lisboa)	3-0, 2-1	Associação Académica de Coimbra (Coimbra)
Vitória FC (Setúbal)	3-2, 2-5	Sport Lisboa e Benfica (Lisboa)

CS Marítimo (Funchal) received a bye to the next round.

1953-54

1st Division 1953-1954	Académica	Atlético CP	Barreirense	Belenenses	Benfica	Boavista	Braga	Covilhã	Lusitano	Oriental	Porto	SC Portugal	Vitória FC	Vitória SC
Académica de Coimbra (Coimbra)	■	1-0	2-0	0-1	1-2	3-1	3-2	1-3	2-1	2-1	1-2	0-2	1-0	0-2
Atlético Clube de Portugal (Lisboa)	1-1	■	3-0	0-0	1-2	5-1	2-2	3-1	3-2	6-2	3-3	3-1	5-1	1-0
FC Barreirense (Barreiro)	3-1	2-2	■	2-1	1-1	1-0	0-0	0-0	3-1	1-1	2-0	1-1	6-3	3-2
Belenenses (Lisboa)	3-3	1-2	2-0	■	1-1	2-1	2-1	2-2	4-0	5-2	5-2	2-0	3-0	3-1
Sport Lisboa e Benfica (Lisboa)	1-2	2-0	2-1	2-0	■	3-0	2-1	5-1	5-2	5-0	2-2	0-2	2-2	9-0
Boavista FC (Porto)	1-0	1-1	3-1	2-0	1-3	■	2-1	0-0	1-1	3-1	0-6	1-3	4-3	3-1
SC de Braga (Braga)	2-0	3-2	2-0	7-0	5-0	5-0	■	0-0	2-1	3-1	3-1	1-3	3-2	3-2
SC da Covilhã (Covilhã)	1-0	0-0	3-2	2-0	2-2	4-0	2-4	■	4-0	3-0	0-2	2-2	5-1	3-0
Lusitano GC (Évora)	3-0	2-1	6-4	1-2	0-2	1-1	3-1	3-1	■	6-2	2-0	3-3	1-2	4-1
Clube Oriental de Lisboa (Lisboa)	3-2	1-2	1-0	3-0	0-0	0-0	2-1	1-1	2-3	■	1-1	2-4	2-2	3-3
FC do Porto (Porto)	4-1	3-0	5-0	0-2	5-3	9-1	1-0	1-0	6-0	6-1	■	1-0	10-0	9-4
Sporting Clube de Portugal (Lisboa)	3-1	7-0	2-0	4-0	3-2	2-1	2-0	7-0	9-0	2-1	2-1	■	5-0	2-1
Vitória SC (Guimarães)	1-0	2-1	3-0	1-1	2-1	3-0	2-2	2-0	3-1	2-1	1-2	1-5	■	3-1
Vitória FC (Setúbal)	7-1	2-2	0-1	0-1	5-3	7-1	1-0	1-3	2-0	4-1	1-1	1-4	2-2	■

1st Division	Pd	Wn	Dw	Ls	GF	GA	Pts	
1. SPORTING CLUBE DE PORTUGAL (LISBOA)	26	20	3	3	80	25	43	
2. FC do Porto (Porto)	26	16	4	6	83	35	36	
3. Sport Lisboa e Benfica (Lisboa)	26	13	6	7	62	40	32	
4. CF Os Belenenses (Lisboa)	26	13	5	8	43	39	31	
5. SC de Braga (Braga)	26	12	4	10	54	36	28	
6. Atlético Clube de Portugal (Lisboa)	26	10	8	8	49	43	28	
7. SC da Covilhã (Covilhã)	26	10	8	8	43	39	28	
8. Vitória SC (Guimarães)	26	10	5	11	44	64	25	
9. FC Barreirense (Barreiro)	26	8	6	12	34	47	22	
10. Lusitano GC (Évora)	26	9	3	14	47	66	21	
11. Boavista FC (Porto)	26	7	5	14	29	66	19	
12. Vitória FC (Setúbal)	26	7	4	15	51	66	18	
13. Associação Académica de Coimbra (Coimbra)	26	8	2	16	29	50	18	
14. Clube Oriental de Lisboa (Lisboa)	26	4	7	15	35	67	15	R
	364	147	70	147	683	683	364	

Top goalscorers

1)	João Martins	(SC de Portugal – Lisboa)	31
2)	António Teixeira	(FC do Porto – Porto)	27
3)	José Águas	(SL e Benfica – Lisboa)	23

2nd Division (Final)	Pd	Wn	Dw	Ls	GF	GA	Pts	
1. GD da C.U.F. (Barreiro)	10	6	2	2	18	13	14	P
2. SC União Torreense (Torres Vedras)	10	6	2	2	21	14	14	
3. SC de Espinho (Espinho)	10	4	2	4	30	22	10	
4. SGS "Os Leões"	10	5	-	5	19	18	10	
5. Juventude SC (Évora)	10	2	2	6	13	24	6	
6. Leixões SC (Matosinhos)	10	3	-	7	15	25	6	
	60	26	8	26	116	116	60	

Taça de Portugal Final   (Estádio Nacional, Lisboa – 27th June 1954)

SPORTING CLUBE DE PORTUGAL (LISBOA)   3-2   Vitória FC (Setúbal)

João Martins 15, Fernando Mendonça 18, 54   *Soares 24, 40*

Sporting: Carlos Gomes, António Lourenço, João Galaz, Janos Hrotko, Mário Gonçalves, Júlio Pereira "Juca", Galileu, Manuel Vasques, João Martins, José Travassos, Fernando Mendonça.

Vitória FC: Francisco Baptista, Jacinto Forreta, Manuel Joaquim, Artur Vaz, Emílio Graça, Orlando Barros, António Inácio, Joaquim Soares, João Mendonça, Pinto de Almeida, António Fernandes.

Semi-finals

Sporting Clube de Portugal (Lisboa)	2-4, 6-0	CF Os Belenenses (Lisboa)
Vitória FC (Setúbal)	6-0, 2-6	Boavista FC (Porto)

Quarter-finals

CF Os Belenenses (Lisboa)	2-1, 1-0	CS Marítimo (Funchal)
Boavista FC (Porto)	1-1, 3-2	Vitória SC (Guimarães)
Sporting Clube de Portugal (Lisboa)	1-1, 4-2	FC do Porto (Porto)
Vitória FC (Setúbal)	3-0, 2-1	Atlético Clube de Portugal (Lisboa)

Round 1

Atlético Clube de Portugal (Lisboa)	2-2, 4-1	Clube Oriental de Lisboa (Lisboa)
CF Os Belenenses (Lisboa)	4-1, 1-2	SC de Braga (Braga)
Boavista FC (Porto)	6-1, 1-2	Associação Académica de Coimbra (Coimbra)
FC do Porto (Porto)	1-1, 2-1	FC Barreirense (Barreiro)
Sporting Clube de Portugal (Lisboa)	3-2, 1-2, 4-2	Sport Lisboa e Benfica (Lisboa)
Vitória SC (Guimarães)	3-0, 4-5	SC da Covilhã (Covilhã)
Vitória FC (Setúbal)	4-0, 1-2	Lusitano GC (Évora)

CS Marítimo (Funchal) received a bye to the next round.

1954-55

1st Division 1954-1955	Académica	Atlético CP	Barreirense	Belenenses	Benfica	Boavista	Braga	Covilhã	C.U.F.	Lusitano	Porto	SC Portugal	Vitória FC	Vitória SC
Académica de Coimbra (Coimbra)	■	1-2	1-0	2-2	3-7	1-0	4-1	5-1	5-1	7-4	1-3	1-1	3-0	3-1
Atlético Clube de Portugal (Lisboa)	1-2	■	1-0	2-2	1-2	8-3	2-1	0-1	1-0	3-2	2-0	0-1	2-1	1-1
FC Barreirense (Barreiro)	2-1	2-0	■	1-0	3-0	1-0	1-3	2-2	1-2	2-2	1-3	0-0	1-0	3-1
Belenenses (Lisboa)	6-2	5-2	3-0	■	1-2	6-0	2-3	4-0	4-1	2-0	1-0	2-2	3-0	1-2
Sport Lisboa e Benfica (Lisboa)	3-1	3-0	2-0	0-0	■	11-0	0-1	2-1	1-1	7-1	1-0	1-1	4-0	5-0
Boavista FC (Porto)	3-1	3-0	2-1	1-1	0-3	■	2-1	2-1	2-2	4-1	5-2	1-2	2-2	1-1
SC de Braga (Braga)	4-1	4-2	4-0	2-3	0-1	1-0	■	2-1	2-2	4-0	1-2	2-2	3-1	5-0
SC da Covilhã (Covilhã)	3-2	1-3	1-1	1-2	0-1	2-0	0-1	■	3-1	3-2	2-2	2-2	2-1	2-0
GD da C.U.F. (Barreiro)	1-1	4-1	2-1	2-4	0-1	5-1	1-1	3-0	■	3-1	0-2	0-3	4-3	2-1
Lusitano GC (Évora)	1-1	4-3	3-0	1-2	0-2	2-1	4-1	3-0	0-3	■	2-1	2-1	2-1	2-0
FC do Porto (Porto)	2-1	3-3	2-0	0-1	3-0	5-0	1-1	2-0	3-2	9-0	■	1-1	1-1	0-2
Sporting Clube de Portugal (Lisboa)	0-1	5-2	1-0	1-2	0-1	5-0	5-2	4-0	6-0	9-1	5-1	■	2-0	7-2
Vitória SC (Guimarães)	2-1	0-0	1-1	1-3	2-1	2-0	1-1	2-3	1-2	1-0	1-1	1-2	■	6-3
Vitória FC (Setúbal)	1-1	1-0	1-1	0-1	1-0	4-0	4-1	4-0	3-1	0-0	0-2	2-5	2-2	■

	1st Division	Pd	Wn	Dw	Ls	GF	GA	Pts	
1.	SPORT LISBOA E BENFICA (LISBOA)	26	18	3	5	61	20	39	
2.	CF Os Belenenses (Lisboa)	26	17	5	4	63	28	39	
3.	Sporting Clube de Portugal (Lisboa)	26	15	7	4	73	27	37	
4.	FC do Porto (Porto)	26	12	6	8	51	34	30	
5.	SC de Braga (Braga)	26	12	5	9	52	42	29	
6.	Associação Académica de Coimbra (Coimbra)	26	10	5	11	53	52	25	
7.	GD da C.U.F. (Barreiro)	26	10	5	11	45	52	25	
8.	Vitória FC (Setúbal)	26	8	6	12	37	52	22	
9.	Atlético Clube de Portugal (Lisboa)	26	9	4	13	42	52	22	
10.	Lusitano GC (Évora)	26	9	3	14	40	70	21	
11.	FC Barreirense (Barreiro)	26	7	6	13	25	38	20	
12.	SC da Covilhã (Covilhã)	26	8	4	12	32	53	20	
13.	Boavista FC (Porto)	26	7	4	15	33	71	18	R
14.	Vitória SC (Guimarães)	26	5	7	14	33	49	17	R
		364	147	70	147	640	640	364	

Top goalscorers

1) Lucas da Fonseca "Matateu"   (CF Os Belenenses – Lisboa)   32
2) João Martins   (SC de Portugal – Lisboa)   23
3) José Águas   (SL e Benfica – Lisboa)   20

2nd Division (Final)	Pd	Wn	Dw	Ls	GF	GA	Pts	
1. SC União Torreense (Torres Vedras)	10	6	3	1	22	7	15	P
2. Caldas SC (Caldas da Rainha)	10	6	2	2	19	11	14	P
3. Clube Oriental de Lisboa (Lisboa)	10	4	4	2	21	8	12	
4. GD Estoril Praia (Estoril)	10	2	3	5	16	28	7	
5. SGS "Os Leões"	10	3	-	7	18	23	6	
6. CD Montijo (Montijo)	10	2	2	6	17	36	6	
	60	23	14	23	113	113	60	

Taça de Portugal Final   (Estádio Nacional, Lisboa – 12th June 1955)

SPORT LISBOA E BENFICA (LISBOA)   2-1   Sporting Clube de Portugal (Lisboa)

Arsénio 63, 65   *João Martins 47*

Benfica: Costa Pereira, Jacinto Marques, Ángelo Martins, Fernando Calado, Artur Santos, Alfredo Abreu, José Martins "Zezinho", Arsénio Duarte, José Águas, Mário Coluna, Francisco Palmeira.

Sporting: Carlos Gomes, Manuel Caldeira, João Galaz, Joaquim Pacheco, Manuel Passos, Júlio Pereira "Juca", Hugo Sarmiento, José Travassos, Leon Mokuna, João Martins, Albano Pereira.

Semi-finals

Sport Lisboa e Benfica (Lisboa)   6-0   Associação Académica de Coimbra (Coimbra)
Sporting Clube de Portugal (Lisboa)   4-1   SC Farense (Faro)

Quarter-finals

CF Os Belenenses (Lisboa)   0-1   Associação Académica de Coimbra (Coimbra)
SC de Braga (Braga)   1-4   Sport Lisboa e Benfica (Lisboa)
SC Farense (Faro)   2-1   CD Nacional (Funchal)
Lusitano GC (Évora)   1-2   Sporting Clube de Portugal (Lisboa)

Round 2

Associação Académica de Coimbra (Coimbra)   3-1   Vitória FC (Setúbal)
Sport Lisboa e Benfica (Lisboa)   5-0   FC Barreirense (Barreiro)
SC de Braga (Braga)   3-1   Gil Vicente FC (Barcelos)
SC Farense (Faro)   2-0   FC Tirsense (Santo Tirso)
FC do Porto (Porto)   0-2   Lusitano GC (Évora)
Sporting Clube de Portugal (Lisboa)   4-2   Leixões SC (Matosinhos)
SC e Salgueiros (Porto)   0-2   CF Os Belenenses (Lisboa)
CD Nacional (Funchal) received a bye to the next round.

1955-1956

1st Division 1955-1956	Académica	Atlético CP	Barreirense	Belenenses	Benfica	Braga	Caldas	Covilhã	C.U.F.	Lusitano	Porto	SC Portugal	União	Vitória SC
Académica de Coimbra (Coimbra)	■	2-1	3-1	0-5	1-0	4-1	2-2	1-0	3-4	1-2	1-2	1-1	4-1	2-1
Atlético Clube de Portugal (Lisboa)	4-2	■	3-2	1-1	1-4	4-0	1-1	3-2	7-2	3-3	2-2	0-2	0-0	3-1
FC Barreirense (Barreiro)	3-1	3-2	■	1-0	2-4	7-0	1-1	1-1	1-1	2-1	1-4	2-3	1-1	1-0
Belenenses (Lisboa)	3-1	5-2	3-0	■	2-2	7-2	3-1	4-1	3-0	5-0	0-1	2-1	5-1	3-3
Sport Lisboa e Benfica (Lisboa)	4-0	3-0	4-1	1-0	■	7-1	3-0	2-2	3-2	1-1	1-1	3-0	2-2	5-1
SC de Braga (Braga)	1-3	2-1	1-1	1-4	2-3	■	4-1	0-2	4-1	0-2	1-5	2-3	1-0	4-2
Caldas SC (Caldas da Rainha)	2-1	1-0	0-1	0-2	0-1	0-0	■	2-0	3-0	1-3	3-3	0-2	2-2	3-1
SC da Covilhã (Covilhã)	3-0	2-2	4-0	2-0	2-4	4-1	3-0	■	2-1	1-0	2-2	1-1	2-1	7-1
GD da C.U.F. (Barreiro)	1-0	2-1	1-1	1-2	1-5	2-2	1-1	1-1	■	2-2	0-4	0-0	3-1	3-2
Lusitano GC (Évora)	1-1	1-1	1-1	0-2	0-1	4-3	7-3	4-0	1-1	■	0-3	1-1	2-1	2-2
FC do Porto (Porto)	3-0	2-0	10-1	1-1	3-0	4-0	5-0	5-1	3-1	4-1	■	3-1	2-0	4-1
Sporting Clube de Portugal (Lisboa)	2-1	5-2	7-1	1-0	1-3	4-2	2-0	3-0	3-0	6-0	1-0	■	0-1	2-0
União Torreense (Torres Vedras)	2-0	3-1	2-1	1-1	2-5	3-0	1-0	2-4	1-2	2-0	0-0	0-0	■	1-1
Vitória FC (Setúbal)	2-1	9-2	2-3	0-4	3-5	6-1	3-0	3-3	2-0	5-1	1-1	2-2	3-1	■

1st Division

		Pd	Wn	Dw	Ls	GF	GA	Pts	
1.	FC DO PORTO (PORTO)	26	18	7	1	77	20	43	
2.	Sport Lisboa e Benfica (Lisboa)	26	19	5	2	76	31	43	
3.	CF Os Belenenses (Lisboa)	26	16	5	5	67	25	37	
4.	Sporting Clube de Lisboa (Lisboa)	26	15	6	5	54	27	36	
5.	SC da Covilhã (Covilhã)	26	11	7	8	52	44	29	
6.	FC Barreirense (Barreiro)	26	8	7	11	40	60	23	
7.	SC União Torreense (Torres Vedras)	26	7	8	11	32	42	22	
8.	Lusitano GC (Évora)	26	6	9	11	38	55	21	
9.	Vitória FC (Setúbal)	26	7	6	13	57	64	20	
10.	GD da C.U.F. (Barreiro)	26	6	8	12	33	58	20	
11.	Caldas SC (Caldas da Rainha)	26	6	7	13	29	50	19	
12.	Atlético Clube de Portugal (Lisboa)	26	6	7	13	47	62	19	
13.	Associação Académica de Coimbra (Coimbra)	26	8	3	15	36	52	19	
14.	SC de Braga (Braga)	26	5	3	18	36	84	13	R
		364	138	88	138	674	674	364	

Top goalscorers

1)	José Águas	(SL e Benfica – Lisboa)	28
2)	Lucas da Fonseca "Matateu"	(CF Os Belenenses – Lisboa)	22
	Jorge Matos "Jaburu"	(FC do Porto – Porto)	22

2nd Division (Final)

		Pd	Wn	Dw	Ls	GF	GA	Pts	
1.	Clube Oriental de Lisboa (Lisboa)	10	7	2	1	23	11	16	P
2.	Vitória SC (Guimarães)	10	6	1	3	18	15	13	
3.	Boavista FC (Porto)	10	5	1	4	9	10	11	
4.	SC e Salgueiros (Porto)	10	5	1	4	19	11	11	
5.	GD "O Coruchense"	10	2	1	7	9	28	5	
6.	SC Olhanense (Olhão)	10	2	-	8	14	22	4	
		60	27	6	27	92	97	60	

Taça de Portugal Final (Estádio Nacional, Lisboa – 27th May 1956)

FC DO PORTO (PORTO)   2-0   SC União Torreense (Torres Vedras)

Hernâni 3, 57 pen

Porto: Manuel Pinho, Virgílio Mendes, Osvaldo Cambalacho, José Maria Pedroto, Miguel Arcanjo, Monteiro da Costa, Hernâni Silva, Gastão Gonçalves, Jorge Matos "Jaburu", Carlos Duarte, Fernando Perdigão.

União: António Gama, Amílcar Silva, Joaquim Fernandes, Américo Belen, António Manuel Bernardo, Juan Forneri, Carlos Alberto, José da Costa, João Mendonça, José Gonçalves, Fernando Mendonça.

Semi-finals

FC do Porto (Porto)	1-0	CS Marítimo (Funchal)
SC União Torreense (Torres Vedras)	3-2	CF Os Belenenses (Lisboa)

Quarter-finals

FC Barreirense (Barreiro)	1-5	CS Marítimo (Funchal)
CF Os Belenenses (Lisboa)	3-2	Caldas SC (Caldas da Rainha)
SGS "Os Leões" (Santarém)	1-5	FC do Porto (Porto)
SC União Torreense (Torres Vedras)	2-0	SC de Braga (Braga)

Round 2

Atlético Clube de Portugal (Lisboa)	2-3	SGS "Os Leões" (Santarém)
FC Barreirense (Barreiro)	3-1	Lusitano GC (Évora)
CF Os Belenenses (Lisboa)	2-1	Sport Lisboa e Benfica (Lisboa)
SC de Braga (Braga)	8-2	SC Vianense (Viana do Castelo)
Caldas SC (Caldas da Rainha)	2-1	FC Tirsense (Santo Tirso)
FC do Porto (Porto)	2-1	Associação Académica de Coimbra (Coimbra)
SC União Torreense (Torres Vedras)	1-0	Sporting Clube de Portugal (Lisboa)

CS Marítimo (Funchal) received a bye to the next round.

1956-1957

1st Division 1956-1957	Académica	Atlético CP	Barreirense	Belenenses	Benfica	Caldas	Covilhã	C.U.F.	Lusitano	Oriental	Porto	SC Portugal	União	Vitória SC
Académica de Coimbra (Coimbra)	■	2-0	2-2	1-1	0-0	4-0	0-0	8-1	2-0	2-1	0-3	2-0	4-0	2-0
Atlético Clube de Portugal (Lisboa)	1-0	■	2-2	2-4	0-5	2-2	3-1	4-1	3-7	0-1	1-3	1-3	2-1	3-0
FC Barreirense (Barreiro)	2-3	3-3	■	2-1	2-4	4-3	3-2	3-1	1-0	0-1	1-1	2-1	3-0	1-2
Belenenses (Lisboa)	3-2	4-2	4-0	■	2-2	5-0	2-0	5-1	5-0	5-1	4-3	2-2	6-2	5-1
Sport Lisboa e Benfica (Lisboa)	2-0	5-0	10-1	2-2	■	1-0	6-0	6-0	2-2	3-0	3-2	1-1	3-0	4-0
Caldas SC (Caldas da Rainha)	1-0	3-1	0-1	1-1	1-4	■	3-2	2-1	2-2	4-2	1-1	1-7	3-1	3-5
SC da Covilhã (Covilhã)	0-1	2-1	3-0	3-2	1-3	0-0	■	2-1	2-0	1-1	0-1	4-3	2-4	2-0
GD da C.U.F. (Barreiro)	2-1	1-0	2-1	3-2	2-3	1-0	1-1	■	5-3	2-0	2-5	0-0	1-0	3-1
Lusitano GC (Évora)	3-1	5-0	3-2	5-2	1-2	2-0	3-2	3-1	■	0-2	3-2	2-1	2-0	4-1
Clube Oriental de Lisboa (Lisboa)	0-2	0-1	2-1	1-1	1-1	1-1	2-0	1-1	3-1	■	0-3	1-0	1-1	2-1
FC do Porto (Porto)	5-1	0-0	4-0	5-0	3-0	4-0	8-1	4-0	7-1	5-0	■	2-0	2-0	4-1
Sporting Clube de Portugal (Lisboa)	1-3	3-0	3-0	2-2	1-0	6-0	7-1	8-0	1-1	3-1	2-1	■	3-1	4-0
União Torreense (Torres Vedras)	2-1	1-0	3-2	6-2	1-1	4-0	5-0	2-1	1-3	4-1	1-1	0-0	■	1-4
Vitória FC (Setúbal)	3-1	4-0	2-0	1-2	2-3	1-1	2-1	4-1	1-1	1-1	1-7	0-0	2-3	■

1st Division	Pd	Wn	Dw	Ls	GF	GA	Pts	
1. SPORT LISBOA E BENFICA (LISBOA)	26	17	7	2	75	25	41	
2. FC do Porto (Porto)	26	18	4	4	86	23	40	
3. CF Os Belenenses (Lisboa)	26	13	7	6	74	50	33	
4. Sporting Clube de Portugal (Lisboa)	26	12	7	7	62	28	31	
5. Lusitano GC (Évora)	26	13	4	9	57	51	30	
6. Associação Académica de Coimbra (Coimbra)	26	12	4	10	45	33	28	
7. SC União Torreense (Torres Vedras)	26	10	4	12	44	50	24	
8. Clube Oriental de Lisboa (Lisboa)	26	8	7	11	27	44	23	
9. GD da C.U.F. (Barreiro)	26	9	3	14	35	69	21	
10. Vitória FC (Setúbal)	26	8	4	14	40	59	20	
11. FC Barreirense (Barreiro)	26	8	4	14	39	62	20	
12. Caldas SC (Caldas da Rainha)	26	6	7	13	32	63	19	
13. SC da Covilhã (Covilhã)	26	7	4	15	33	62	18	R
14. Atlético Clube de Portugal (Lisboa)	26	6	4	16	32	62	16	R
	364	147	70	147	681	681	364	

Top goalscorers

1)	José Águas	(SL e Benfica – Lisboa)	30
2)	Hernáni da Silva	(FC do Porto – Porto)	26
3)	Lucas da Fonseca "Matateu"	(CF Os Belenenses – Lisboa)	23

2nd Division (Final)	Pd	Wn	Dw	Ls	GF	GA	Pts	
1. SC e Salgueiros (Porto)	10	6	2	2	30	18	14	P
2. SC de Braga (Braga)	10	7	-	3	26	13	14	P
3. Vitória SC (Guimarães)	10	6	2	2	28	15	14	
4. SC Farense (Faro)	10	2	2	6	16	27	6	
5. CD Montijo (Montijo)	10	3	-	7	19	32	6	
6. GD "O Coruchense"	10	2	2	6	15	29	6	
	60	26	8	26	134	134	60	

Taça de Portugal Final (Estádio Nacional, Lisboa – 2nd June 1957)

SPORT LISBOA E BENFICA (LISBOA)　　　3-1　　　　　　　SC da Covilhã (Covilhã)

Salvador Martins 12, José Águas 15, Mário Coluna 87　　　　　　　　　　*Fernando Pires 19*

Benfica: José Bastos, Jacinto Marques, Ángelo Martins, Vasco Pegado, Manuel Serra, José Martins "Zezinho", Francisco Palmeiro, Mário Coluna, José Águas, Salvador Martins, Domiciano "Cavém"

Covilhã: José Rita, Hélder Toledo, Jorge Nicolau, Fernando Cabrita, Amílcar Barrocal Cavém, António Lourenço, Francisco Manteigueiro, Pedro Martin, Vitoriano Suarez, Carlos Ferreira, Fernando Pires.

Semi-finals

Sport Lisboa e Benfica (Lisboa)	1-0, 4-0	FC Barreirense (Barreiro)
SC da Covilhã (Covilhã)	3-0, 0-1	Vitória FC (Setúbal)

Quarter-finals

FC Barreirense (Barreiro)	5-2, 3-5	Associação Académica de Coimbra (Coimbra)
FC do Porto (Porto)	1-2, 0-1	SC da Covilhã (Covilhã)
Sporting Clube de Portugal (Lisboa)	0-0, 1-2	Vitória FC (Setúbal)
SC União Torreense (Torres Vedras)	1-1, 2-2, 0-4	Sport Lisboa e Benfica (Lisboa)

Round 3

Associação Académica de Coimbra (Coimbra)	2-2, 4-3	CS Marítimo (Funchal)
Sport Lisboa e Benfica (Lisboa)	0-0, 3-0	Caldas SC (Caldas da Rainha)
GD da C.U.F. (Barreiro)	1-2, 0-2	SC União Torreense (Torres Vedras)
Lusitano GC (Évora)	4-0, 2-7	SC da Covilhã (Covilhã)
FC do Porto (Porto)	5-0, 5-1	CD de Arrois (Lisboa)
Sporting Clube de Portugal (Lisboa)	3-1, 1-2	Atlético Clube de Portugal (Lisboa)
SC Vianense (Viana do Castelo)	3-3, 0-6	FC Barreirense (Barreiro)
Vitória FC (Setúbal)	3-1, 1-2	CF Os Belenenses (Lisboa)

1957-1958

1st Division 1957-1958	Académica	Barreirense	Belenenses	Benfica	Braga	Caldas	C.U.F.	Lusitano	Oriental	Porto	SC Portugal	Salgueiros	União	Vitória SC
Académica de Coimbra (Coimbra)		4-0	2-2	0-1	4-4	1-1	1-0	0-1	3-1	0-1	0-1	3-1	1-0	6-1
FC Barreirense (Barreiro)	4-1		2-0	1-2	3-1	4-1	1-3	2-2	2-2	2-1	0-1	3-2	4-3	2-1
Belenenses (Lisboa)	2-0	3-2		2-1	9-3	0-1	4-0	0-0	4-0	1-3	3-3	6-2	3-2	2-1
Sport Lisboa e Benfica (Lisboa)	3-1	3-0	0-1		0-0	5-1	1-0	1-0	7-0	2-3	2-0	9-1	1-0	4-0
SC de Braga (Braga)	1-3	2-2	3-2	0-1		1-0	5-1	1-0	5-0	3-2	0-5	4-1	7-0	4-1
Caldas SC (Caldas da Rainha)	2-1	1-0	1-0	3-2	0-0		2-2	1-0	3-0	1-3	1-3	1-1	1-0	1-2
GD da C.U.F. (Barreiro)	2-4	0-2	1-2	0-2	2-2	3-1		2-0	5-3	3-3	2-1	1-2	7-1	
Lusitano GC (Évora)	1-0	3-1	3-2	4-0	3-2	1-2	4-2		3-1	0-2	1-1	5-0	3-1	0-1
Clube Oriental de Lisboa (Lisboa)	1-3	2-1	0-1	0-0	1-1	0-0	1-2	2-1		1-2	0-5	3-2	1-0	0-0
FC do Porto (Porto)	4-2	3-0	4-1	1-0	4-2	3-1	4-0	1-0	5-0		2-1	5-1	1-1	5-0
Sporting Clube de Portugal (Lisboa)	1-1	7-1	3-2	2-0	3-0	3-0	5-0	3-0	5-0	3-0		5-0	6-1	2-2
SC e Salgueiros (Porto)	2-3	1-2	2-0	1-3	0-0	5-2	4-0	5-0	4-1	1-2	0-1		3-1	4-0
União Torreense (Torres Vedras)	2-1	0-0	2-1	1-3	1-0	1-0	1-0	2-1	3-1	0-1	0-3	1-0		1-3
Vitória FC (Setúbal)	1-0	3-1	1-1	1-6	4-0	5-2	2-0	1-1	0-1	0-1	2-4	3-1	1-3	

1st Division

		Pd	Wn	Dw	Ls	GF	GA	Pts	
1.	SPORTING CLUBE DE PORTUGAL (LISBOA)	26	19	5	2	79	21	43	
2.	FC do Porto (Porto)	26	21	1	4	64	25	43	
3.	Sport Lisboa e Benfica (Lisboa)	26	17	2	7	59	23	36	
4.	CF Os Belenenses (Lisboa)	26	12	4	10	54	42	28	
5.	SC de Braga (Braga)	26	9	7	10	51	52	25	
6.	Lusitano GC (Évora)	26	10	4	12	37	36	24	
7.	FC Barreirense (Barreiro)	26	10	4	12	42	52	24	
8.	SC União Torreense (Torres Vedras)	26	11	2	13	30	46	24	
9.	Associação Académica de Coimbra (Coimbra)	26	10	4	12	45	40	24	
10.	Caldas SC (Caldas da Rainha)	26	9	5	12	30	46	23	
11.	Vitória FC (Setúbal)	26	9	4	13	37	59	22	
12.	GD da C.U.F. (Barreiro)	26	8	3	15	40	59	19	
13.	SC e Salgueiros (Porto)	26	7	2	17	45	65	16	R
14.	Clube Oriental de Lisboa (Lisboa)	26	4	5	17	21	68	13	R
		364	156	52	156	634	634	364	

Top goalscorers

1) Arsénio   (GD da C.U.F. – Barreiro)   23
2) José Águas   (SL e Benfica – Lisboa)   22
3) Lucas da Fonseca "Matateu"   (CF Os Belenenses – Lisboa)   21

2nd Division (Final)	Pd	Wn	Dw	Ls	GF	GA	Pts	
1. SC da Covilhã (Covilhã)	10	6	3	1	22	11	15	P
2. Vitória SC (Guimarães)	10	5	2	3	22	16	12	P
3. SC Farense (Faro)	10	4	2	4	18	18	10	
4. Boavista FC (Porto)	10	4	-	6	22	21	8	
5. Atlético Clube de Portugal (Lisboa)	10	3	2	5	23	27	8	
6. SC Olhanense (Olhão)	10	3	1	6	11	25	7	
	60	25	10	25	118	118	60	

Taça de Portugal Final   (Estádio Nacional, Lisboa – 15th June 1958)

FC DO PORTO (PORTO)   1-0   Sport Lisboa e Benfica (Lisboa)

Hernâni 52

Porto: Manuel Pinho, Virgílio Mendes, António Barbosa, Ángelo Sarmento, Miguel Arcanjo, Albano Sarmento, Carlos Duarte, Gastão Gonçalves, Oswaldo Silva, Hernâni Silva, Fernando Perdogão.

Benfica: José Bastos, Francisco Calado, José Martins "Zezinho", Vasco Pegado, Manuel Serra, Mário João, Palmeira Antunes, Mário Coluna, José Águas, Azevedo, José Maria Matos.

Semi-finals

Sport Lisboa e Benfica (Lisboa)	6-2,	11-1	Clube Ferroviário de Lourenço Marques
FC do Porto (Porto)	6-2,	9-1	GD da Lourenço Marques (Lourenço Marques)

(played between the Semi-final winners of Taça de Portugal and 2 qualifiers from Mozambique)

Semi-finals

Sport Lisboa e Benfica (Lisboa)	3-0,	0-1	FC Barreirense (Barreiro)
FC do Porto (Porto)	2-2,	3-0	Sporting Clube de Portugal (Lisboa)

Quarter-finals

Sport Lisboa e Benfica (Lisboa)	1-0,	2-0	Associação Académica de Coimbra (Coimbra)
FC do Porto (Porto)	3-1,	1-1	CS Marítimo (Funchal)
SC e Salgueiros (Porto)	0-1,	0-3	FC Barreirense (Barreiro)
Vitória FC (Setúbal)	1-1,	0-2	Sporting Clube de Portugal (Lisboa)

Round 1

Associação Académica de Coimbra (Coimbra)	3-0,	1-2	Clube Oriental de Lisboa (Lisboa)
Sport Lisboa e Benfica (Lisboa)	1-0,	2-1	CF Os Belenenses (Lisboa)
Caldas SC (Caldas da Rainha)	1-2,	1-2	SC e Salgueiros (Porto)
GD da C.U.F. (Barreiro)	2-2,	0-1	Vitória FC (Setúbal)
Lusitano GC (Évora)	3-2,	0-4	FC Barreirense (Barreiro)
FC do Porto (Porto)	3-0,	1-3	SC de Braga (Braga)
Sporting Clube de Portugal (Lisboa)	1-1,	1-0	SC União Torreense (Torres Vedras)

CS Marítimo (Funchal) received a bye to the next round.

1958-1959

1st Division 1958-1959	Académica	Barreirense	Belenenses	Benfica	Braga	Caldas	Covilhã	C.U.F.	Lusitano	Porto	SC Portugal	União	Vitória FC	Vitória SC
Académica de Coimbra (Coimbra)	■	3-2	1-2	0-3	1-1	11-0	2-1	2-0	1-0	0-1	1-0	5-0	2-2	2-3
FC Barreirense (Barreiro)	2-1	■	1-3	1-3	1-1	3-2	6-1	2-0	2-2	1-2	0-1	1-2	1-2	4-3
Belenenses (Lisboa)	3-1	1-0	■	1-1	7-0	0-0	6-0	3-0	3-0	1-0	2-1	1-1	2-0	9-1
Sport Lisboa e Benfica (Lisboa)	5-0	6-0	3-2	■	5-1	3-0	2-1	7-1	4-0	1-1	4-0	2-0	7-0	3-0
SC de Braga (Braga)	1-1	2-0	1-2	2-4	■	4-2	3-1	1-2	5-0	1-2	0-0	4-0	3-1	3-2
Caldas SC (Caldas da Rainha)	2-1	4-3	1-6	1-1	2-2	■	0-0	0-3	1-2	2-2	0-0	2-1	1-2	4-1
SC da Covilhã (Covilhã)	3-1	0-1	2-1	1-1	0-3	6-3	■	2-2	2-1	0-4	1-0	3-0	3-1	5-2
GD da C.U.F. (Barreiro)	1-0	2-2	2-4	1-4	3-1	1-3	1-2	■	0-0	1-0	1-1	3-2	1-2	3-2
Lusitano GC (Évora)	5-1	3-1	0-0	0-0	3-1	3-1	5-2	2-1	■	1-2	3-3	7-1	0-3	1-3
FC do Porto (Porto)	1-1	7-0	7-0	0-0	3-2	10-0	5-2	3-0	2-0	■	1-0	5-0	6-1	3-3
Sporting Clube de Portugal (Lisboa)	1-1	5-1	1-1	2-1	3-4	3-0	8-1	1-0	3-1	2-2	■	4-0	4-1	2-0
União Torreense (Torres Vedras)	2-1	0-1	0-0	1-5	1-1	1-0	2-1	1-2	2-0	0-3	0-2	■	2-2	4-4
Vitória SC (Guimarães)	4-5	3-2	3-0	0-3	3-1	3-0	3-3	5-0	3-0	0-6	1-3	8-0	■	4-1
Vitória FC (Setúbal)	1-0	3-1	0-5	2-2	2-0	4-2	2-0	3-3	2-1	3-3	1-0	4-0	1-0	■

	1st Division	Pd	Wn	Dw	Ls	GF	GA	Pts	
1.	FC DO PORTO (PORTO)	26	17	7	2	81	22	41	
2.	Sport Lisboa e Benfica (Lisboa)	26	17	7	2	78	20	41	
3.	CF Os Belenenses (Lisboa)	26	16	6	4	65	27	38	
4.	Sporting Clube de Portugal (Lisboa)	26	12	7	7	50	28	31	
5.	Vitória SC (Guimarães)	26	13	3	10	59	55	29	
6.	Vitória FC (Setúbal)	26	11	5	10	53	64	27	
7.	SC de Braga (Braga)	26	9	6	11	48	51	24	
8.	SC da Covilhã (Covilhã)	26	9	4	13	43	65	22	
9.	Lusitano GC (Évora)	26	8	5	13	40	49	21	
10.	Associação Académica de Coimbra (Coimbra)	26	8	5	13	45	46	21	
11.	GD da C.U.F. (Barreiro)	26	8	5	13	34	55	21	
12.	FC Barreirense (Barreiro)	26	7	3	16	39	61	17	R
13.	Caldas SC (Caldas da Rainha)	26	5	6	15	33	76	16	R
14.	SC União Torreense (Torres Vedras)	26	5	5	16	23	71	15	R
		364	145	74	145	691	691	364	

Top goalscorers

1)	José Águas	(SL e Benfica – Lisboa)	26
2)	António Teixeira	(FC do Porto – Porto)	24
3)	Domiciano Cavem	(SL e Benfica – Lisboa)	21
	Lucas da Fonseca "Matateu"	(CF Os Belenenses – Lisboa)	21

Promoted: Atlético Clube de Portugal (Lisboa), Boavista FC (Porto) and Leixões SC (Matosinhos).

2nd Division Play-off

Atlético Clube de Portugal (Lisboa)	3-0	Leixões SC (Matosinhos)

Taça de Portugal Final (Estádio Nacional, Lisboa – 19th June 1959)

SPORT LISBOA E BENFICA (LISBOA)   1-0   FC do Porto (Porto)

Domiciano Cavém 1

Benfica: José Bastos, Manuel Serra, Mário João, José Neto, Artur Santos, Alfredo Abreu, Francisco Palmeiro, Mário Coluna, José Águas, Joaquim Santana, Domiciano "Cavem".

Porto: Acúrsio Carrelo, Virgílio Mendes, António Barbosa, Luís Roberto, Miguel Arcanjo, Monteiro da Costa, Carlos Duarte, Hernâni Silva, Noé Castro, António Teixeira, Fernando Perdigão.

Semi-finals

Sport Lisboa e Benfica (Lisboa)	1-2, 3-1	Sporting Clube de Portugal (Lisboa)
FC do Porto (Porto)	3-0, 7-1	Lusitano GC (Évora)

Quarter-finals

Sport Lisboa e Benfica (Lisboa)	1-3, 3-0	CF Os Belenenses (Lisboa)
SC de Braga (Braga)	2-6, 1-3	Sporting Clube de Portugal (Lisboa)
Lusitano GC (Évora)	3-1, 3-1	CS Marítimo (Funchal)
FC do Porto (Porto)	9-0, 7-0	Clube Ferroviário de Lourenço Marques

Round 2

Atlético Clube de Portugal (Lisboa)	0-4, 2-4	CF Os Belenenses (Lisboa)
Sport Lisboa e Benfica (Lisboa)	4-0, 3-0	FC Tirsense (Santo Tirso)
SC de Braga (Braga)	4-0, 0-2	Vitória SC (Guimarães)
Sporting Club de Portugal (Lisboa)	1-3, 3-0	Associação Académica de Coimbra (Coimbra)
SC União Torreense (Torres Vedras)	1-1, 1-2	Lusitano GC (Évora)
SC Vila Real (Vila Real)	0-1, 1-6	FC do Porto (Porto)

Clube Ferroviário de Lourenço Marques and CS Marítimo (Funchal) both received a bye to the next round.

1959-1960

1st Division 1959-1960	Académica	Atlético	Belenenses	Benfica	Boavista	Braga	Covilhã	C.U.F.	Leixões	Lusitano	Porto	SC Portugal	Vitória FC	Vitória SC
Académica de Coimbra (Coimbra)	■	1-0	0-5	0-2	6-2	0-0	5-1	0-2	8-1	1-1	1-0	2-2	0-0	0-0
Atlético Clube de Portugal (Lisboa)	2-2	■	1-1	0-4	4-0	1-0	4-0	2-2	4-2	3-1	0-0	1-1	3-3	2-0
Belenenses (Lisboa)	1-2	4-1	■	0-0	8-0	4-4	1-0	2-1	4-0	4-0	1-0	1-0	3-1	1-2
Sport Lisboa e Benfica (Lisboa)	5-1	2-1	1-2	■	9-0	2-0	2-1	2-1	1-1	5-3	2-1	4-3	4-1	4-1
Boavista FC (Porto)	1-3	3-2	0-1	0-2	■	0-0	1-1	0-3	1-1	4-2	1-5	2-5	2-1	3-1
SC de Braga (Braga)	2-0	0-0	1-4	0-3	3-1	■	3-0	1-5	1-0	0-0	0-0	0-2	5-0	1-1
SC da Covilhã (Covilhã)	4-0	3-1	0-0	1-4	4-0	1-0	■	2-3	2-2	3-2	3-1	0-1	0-0	1-1
GD da C.U.F. (Barreiro)	1-1	1-0	1-0	1-5	1-0	2-0	1-2	■	1-3	1-1	2-0	0-1	1-1	3-1
Leixões SC (Matosinhos)	1-1	2-0	1-1	1-2	4-2	2-0	6-0	3-1	■	2-1	2-2	1-2	1-1	5-0
Lusitano GC (Évora)	1-0	4-1	2-2	2-3	1-0	0-0	0-0	2-1	3-2	■	0-3	2-2	1-0	1-1
FC do Porto (Porto)	3-1	4-0	2-3	2-2	2-1	1-2	2-0	5-0	4-2	3-1	■	1-4	3-2	1-0
Sporting Clube de Portugal (Lisboa)	2-1	3-0	2-0	1-1	5-0	4-0	4-0	2-0	5-1	6-0	6-1	■	1-1	8-0
Vitória SC (Guimarães)	1-3	3-0	2-5	1-1	5-1	1-0	4-1	3-1	7-1	7-0	0-1	0-3	■	0-1
Vitória FC (Setúbal)	1-1	0-1	1-0	2-3	2-2	5-1	1-2	0-0	2-1	1-1	0-1	1-7	1-2	■

1st Division	Pd	Wn	Dw	Ls	GF	GA	Pts	
1. SPORT LISBOA E BENFICA (LISBOA)	26	20	5	1	75	27	45	
2. Sporting Clube de Portugal (Lisboa)	26	19	5	2	82	20	43	
3. CF Os Belenenses (Lisboa)	26	15	6	5	58	25	36	
4. FC do Porto (Porto)	26	13	4	9	48	36	30	
5. GD da C.U.F. (Barreiro)	26	10	5	11	36	39	25	
6. Associação Académica de Coimbra (Coimbra)	26	8	9	9	40	41	25	
7. Vitória SC (Guimarães)	26	8	7	11	47	43	23	
8. Leixões SC (Matosinhos)	26	8	7	11	48	56	23	
9. SC da Covilhã (Covilhã)	26	8	6	12	32	49	22	
10. Lusitano GC (Évora)	26	6	9	11	32	55	21	
11. Atlético Clube de Portugal (Lisboa)	26	7	7	12	34	46	21	
12. SC de Braga (Braga)	26	6	8	12	24	39	20	
13. Vitória FC (Setúbal)	26	5	8	13	26	52	18	R
14. Boavista FC (Porto)	26	4	4	18	27	81	12	R
	364	137	90	137	609	609	364	

Top goalscorers

1)	Edmur	(Vitória SC – Guimarães)	25
2)	Fernando Casco	(SC de Portugal – Lisboa)	23
3)	José Águas	(SL e Benfica – Lisboa)	19
	José Augusto	(SL e Benfica – Lisboa)	19

Promoted: FC Barreirense (Barreiro) and SC e Salgueiros (Porto).

2nd Division Play-off

FC Barreirense (Barreiro)	1-0	SC e Salgueiros (Porto)

Taça de Portugal Final   (Estádio Nacional, Lisboa – 3rd June 1960)

CF OS BELENENSES (LISBOA)	2-1	Sporting Clube de Portugal (Lisboa)
António Carvalho 32, Matateu 62		*Diego Arizaga 18*

Belenenses: José Pereira, João Rosendo, Raul Moreira, Vicente Lucas, Francisco Pires, Manuel Castro, António Carvalho, António Fernandes "Yaúca", António Araújo "Tonho", Lucas da Fonseca "Matateu", Estévão Mansidão.

Sporting: Octávio Sá, Mário Lino, Hilário Conceição, Fernando Mendes, Lúcio Soares, David Júlio, Hugo Sarmento, Faustino Pinto, Osvaldo Cordeiro "Vadinho", Diego Arizaga, Juan Seminário.

Semi-finals

FC do Porto (Porto)	1-3, 1-0	CF Os Belenenses (Lisboa)
Sporting Clube de Portugal (Lisboa)	3-0, 0-0	Sport Lisboa e Benfica (Lisboa)

Quarter-finals

FC Barreirense (Barreiro)	0-0, 0-4	FC do Porto (Porto)
CF Os Belenenses (Lisboa)	6-0, 3-0	SC Portugal (Ultr.)
Sport Lisboa e Benfica (Lisboa)	2-0, 10-0	SC Angrense (Angra do Heroísmo)
Sporting Clube de Portugal (Lisboa)	4-0, 1-2	Vitória SC (Guimarães)

Round 3

SC de Braga (Braga)	0-1, 0-1	CF Os Belenenses (Lisboa)
GD de Chaves (Chaves)	1-1, 0-0, 1-3	FC Barreirense (Barreiro)
SC da Covilhã (Covilhã)	1-1, 0-5	FC do Porto (Porto)
Sporting Clube de Portugal (Lisboa)	6-0, 3-4	SC Farense (Faro)
SC Vianense (Viana do Castelo)	1-2, 0-6	Sport Lisboa e Benfica (Lisboa)

SC Angrense (Angra do Heroísmo) and SC Portugal (Ultr.) both received a bye to the next round.

1960-1961

1st Division 1960-1961	Académica	Atlético	Barreirense	Belenenses	Benfica	Braga	Covilhã	C.U.F.	Leixões	Lusitano	Porto	SC Portugal	Salgueiros	Vitória FC
Académica de Coimbra (Coimbra)	■	0-1	3-0	0-1	0-2	3-1	4-2	0-0	1-1	0-0	2-1	0-1	2-0	2-1
Atlético Clube de Portugal (Lisboa)	3-1	■	2-2	1-1	3-3	3-1	3-0	2-0	-:+	3-0	1-2	0-3	2-2	1-0
FC Barreirense (Barreiro)	0-2	2-2	■	3-4	0-1	2-4	2-0	0-1	2-3	0-1	1-4	3-1	1-2	1-2
Belenenses (Lisboa)	2-2	2-1	4-0	■	0-4	2-1	0-1	1-0	1-0	2-0	1-0	0-2	8-1	2-1
Sport Lisboa e Benfica (Lisboa)	4-1	7-2	3-0	4-2	■	7-1	8-0	4-1	4-1	5-0	2-0	1-0	8-1	4-0
SC de Braga (Braga)	0-2	3-0	5-3	1-1	0-4	■	3-0	1-1	2-1	0-1	0-4	1-3	5-1	2-1
SC da Covilhã (Covilhã)	1-1	1-0	2-1	1-4	1-3	2-0	■	0-0	1-5	3-1	1-3	0-3	2-0	2-1
GD da C.U.F. (Barreiro)	2-0	1-2	0-1	2-2	1-3	2-0	1-1	■	3-0	7-1	1-2	2-1	4-2	2-0
Leixões SC (Matosinhos)	1-1	6-1	1-0	2-0	0-3	3-2	2-2	0-2	■	3-1	3-2	1-3	1-3	0-2
Lusitano GC (Évora)	1-0	4-0	1-0	1-0	1-2	3-2	0-1	2-1	1-2	■	0-1	0-3	2-2	3-0
FC do Porto (Porto)	0-1	5-0	4-1	1-0	3-2	1-1	4-0	1-1	1-0	4-0	■	0-0	1-2	2-2
Sporting Clube de Portugal (Lisboa)	1-0	3-0	4-0	2-1	1-1	6-1	2-1	1-0	3-1	4-2	1-1	■	2-1	4-1
SC e Salgueiros (Porto)	1-3	1-0	1-0	3-2	0-2	2-3	1-1	1-0	1-1	1-2	1-7		■	2-3
Vitória SC (Guimarães)	2-0	4-2	3-1	3-2	2-1	4-1	3-1	0-3	2-1	5-2	4-2	0-0	2-1	■

1st Division

		Pd	Wn	Dw	Ls	GF	GA	Pts	
1.	SPORT LISBOA E BENFICA (LISBOA)	26	22	2	2	92	21	46	
2.	Sporting Clube de Portugal (Lisboa)	26	19	4	3	61	19	42	
3.	FC do Porto (Porto)	26	14	5	7	51	28	33	
4.	Vitória SC (Guimarães)	26	14	2	10	48	44	30	
5.	CF Os Belenenses (Lisboa)	26	12	4	10	45	37	28	
6.	GD da C.U.F. (Barreiro)	26	10	6	10	38	28	26	
7.	Associação Académica de Coimbra (Coimbra)	26	10	6	10	31	29	26	
8.	Leixões SC (Matosinhos)	26	10	3	13	38	44	23	
9.	SC da Covilhã (Covilhã)	26	8	5	13	27	55	21	
10.	Atlético Clube de Portugal (Portugal)	26	8	5	13	35	54	21	
11.	Lusitano FC (Évora)	26	9	3	14	29	51	21	
12.	SC e Salgueiros (Porto)	26	8	4	14	34	64	20	
13.	SC de Braga (Braga)	26	8	3	15	41	62	19	R
14.	FC Barreirense (Barreiro)	26	3	2	21	26	60	8	R
		364	155	54	155	596	596	364	

Top goalscorers

1) José Águas   (SL e Benfica – Lisboa)   27
2) José Augusto   (SL e Benfica – Lisboa)   24
3) Fernando Casaca   (SC de Portugal – Lisboa)   17

Promoted: SC Beira Mar (Aveiro) and SC Olhanense (Olhão).

2nd Division Play-off

SC Beira Mar (Aveiro)	2-1	SC Olhanense (Olhão)

Taça de Portugal Final   (Estádio das Antas, Porto – 9th June 1961)

LEIXÕES SC (MATOSINHOS)	2-0	FC do Porto (Porto)

Oswaldo Silva 68, Oliveira 70

Leixões: José Rosas, Eduardo Mendes "Santana", Joaquim Pacheco, Mário Soares "Ventura", Raul Machado, Jacinto Santos, António Mendes, Oswaldo Silva, Manuel Oliveira, António Silva, Eduardo Gomes.

Porto: Acúrsio Carrelo, Virgílio Mendes, António Barbosa, Ivan Palmeira, Miguel Arcanjo, Monteiro da Costa, Carlos Duarte, Hernâni Silva, Noé Castro, Serafim Pereira, Fernando Perdigão.

Semi-finals

CF Os Belenenses (Lisboa)	2-3, 1-2	Leixões SC (Matosinhos)
FC do Porto (Porto)	1-2, 4-1	Sporting Club de Portugal (Lisboa)

Quarter-finals

Leixões SC (Matosinhos)	3-1, 3-0	CF União (Funchal)
SC de Lourenço Marques (Lourenço Marques)	1-4, 1-4	CF Os Belenenses (Lisboa)
Sporting Clube de Portugal (Lisboa)	4-1, 0-1	Vitória FC (Setúbal)
SG Sacavenense (Sacavém)	1-5, 2-9	FC do Porto (Porto)

Round 3

Sport Lisboa e Benfica (Lisboa)	3-1, 1-4	Vitória FC (Setúbal)
SC de Braga (Braga)	1-6, 0-9	Sporting Clube de Portugal (Lisboa)
GD de Chaves (Chaves)	3-0, 0-3, 3-4	SG Sacavenense (Sacavém)
GD da C.U.F. (Barreiro)	2-5, 0-3	FC do Porto (Porto)
Vitória SC (Guimarães)	0-1, 2-4	Leixões SC (Matosinhos)

CF Os Belenenses (Lisboa), SC de Lourenço Marques (Lourenço Marques) and CF União (Funchal) all received a bye to the next round.

1961-1962

1st Division 1961-1962	Académica	Atlético	Beira Mar	Belenenses	Benfica	Covilhã	C.U.F.	Leixões	Lusitano	Olhanense	Porto	SC Portugal	Salgueiros	Vitória FC
Académica de Coimbra (Coimbra)	■	2-2	7-1	2-1	3-1	0-0	0-1	5-2	2-0	1-2	0-2	0-3	8-1	3-0
Atlético Clube de Portugal (Lisboa)	3-0	■	4-1	0-3	0-3	2-1	0-0	4-1	1-0	3-0	1-4	0-3	7-0	3-3
SC Beira Mar (Aveiro)	1-1	0-1	■	0-3	2-3	1-1	0-3	3-1	4-0	1-0	1-1	1-1	3-0	3-1
Belenenses (Lisboa)	2-0	0-2	4-1	■	2-2	4-2	5-1	6-3	1-0	1-0	3-3	0-1	4-0	1-1
Sport Lisboa e Benfica (Lisboa)	4-2	2-1	8-1	0-0	■	1-1	1-1	7-1	3-1	4-2	1-1	3-3	8-1	1-0
SC da Covilhã (Covilhã)	1-2	1-0	3-4	1-1	2-1	■	0-2	2-1	1-2	2-0	1-4	0-2	4-2	4-2
GD da C.U.F. (Barreiro)	6-2	3-0	2-2	2-0	1-3	2-0	■	2-1	3-1	4-3	2-1	1-3	4-0	1-0
Leixões SC (Matosinhos)	5-0	2-0	3-2	1-1	1-2	2-1	2-1	■	3-0	2-0	0-0	2-1	5-0	2-3
Lusitano GC (Évora)	5-0	0-1	2-1	1-3	0-1	3-0	0-0	4-0	■	2-1	0-2	1-3	2-1	4-1
SC Olhanense (Olhão)	2-2	3-1	6-2	3-1	1-1	1-0	0-0	0-0	0-1	■	1-1	1-1	2-0	1-0
FC do Porto (Porto)	1-0	4-1	2-0	5-0	2-1	2-0	5-0	3-1	4-0	4-0	■	0-2	1-0	3-0
Sporting Clube de Portugal (Lisboa)	4-0	4-0	2-1	3-1	3-1	3-0	3-0	5-0	0-0	4-1	0-1	■	6-0	2-1
SC e Salgueiros (Porto)	1-2	1-1	0-4	0-3	4-5	1-1	0-2	0-4	1-0	1-3	0-1	1-1	■	1-0
Vitória SC (Guimarães)	3-0	1-3	2-3	1-1	2-2	3-1	2-0	3-2	5-2	2-0	1-0	1-3	6-1	■

	1st Division	Pd	Wn	Dw	Ls	GF	GA	Pts	
1.	SPORTING CLUBE DE PORTUGAL (LISBOA)	26	19	5	2	66	17	43	
2.	FC do Porto (Porto)	26	18	5	3	57	16	41	
3.	Sport Lisboa e Benfica (Lisboa)	26	14	8	4	69	38	36	
4.	GD da C.U.F. (Barreiro)	26	14	5	7	44	34	33	
5.	CF Os Belenenses (Lisboa)	26	12	7	7	51	35	31	
6.	Atlético Clube de Portugal (Lisboa)	26	11	4	11	41	42	26	
7.	Leixões SC (Matosinhos)	26	10	3	13	47	55	23	
8.	SC Olhanense (Olhão)	26	8	6	12	33	41	22	
9.	Vitória SC (Guimarães)	26	9	4	13	44	47	22	
10.	Associação Académica de Coimbra (Coimbra)	26	9	4	13	44	54	22	
11.	SC Beira Mar (Aveiro)	26	8	5	13	43	61	21	POR
12.	Lusitano GC (Évora)	26	9	2	15	31	42	20	PO
13.	SC da Covilhã (Covilhã)	26	6	5	15	30	48	17	R
14.	SC e Salgueiros (Porto)	26	2	3	21	17	87	7	R
		364	149	66	149	617	617	364	

Top goalscorers

1)	Azumir	(FC do Porto – Porto)	23
2)	António Fernandes "Yaúca"	(CF Os Belenenses – Lisboa)	22
	Gaio	(Associação Académica de Coimbra)	22

Promoted: FC Barreirense (Barreiro), CD Feirense (Santa Maria da Feira) and Vitória FC (Setúbal).

2nd Division Play-off

FC Barreirense (Barreiro)	2-0	CD Feirense (Santa Maria da Feira)

Taça de Portugal Final   (Estádio Nacional, Lisboa – 1st July 1962)

SPORT LISBOA E BENFICA (LISBOA)   3-0   Vitória FC (Setúbal)

Eusébio 57, 84, Domiciano Cavém 68

Benfica: Costa Pereira, Mário João, Ángelo Martins, Domiciano "Cavém", Germano Figueiredo, Fernando Cruz, José Augusto, Eusébio Ferreira, José Águas, Mário Coluna, António Simões.

Vitória FC: José Mourinho, Francisco Polido, Manuel Joaquim, Herculano Santos, João Galaz, Alfredo Moreira, Manuel Mateus, José Dimas, Manuel Pompeu, Jaime Graça, Joaquim Ventura "Quim".

Semi-finals

Sport Lisboa e Benfica (Lisboa)	2-2, 6-0	Vitória SC (Guimarães)
Vitória FC (Setúbal)	0-0, 1-0	CF Os Belenenses (Lisboa)

Quarter-finals

Sport Lisboa e Benfica (Lisboa)	7-1, 7-1	Clube Ferroviário de Lourenço Marques
Leixões SC (Matosinhos)	2-1, 0-2	Vitória FC (Setúbal)
Sporting Clube de Portugal (Lisboa)	3-2, 3-4, 1-2	CF Os Belenenses (Lisboa)
Vitória SC (Guimarães)	2-1, 8-1	Club União Micaelense (Ponta Delgada)

Round 3

Lusitano GC (Évora)	4-1, 0-3, 0-3	Sporting Clube de Portugal (Lisboa)
FC do Porto (Porto)	2-2, 1-3	Sport Lisboa e Benfica (Lisboa)
AD Sanjoanense (São João Madeira)	2-1, 1-2, 1-11	CF Os Belenenses (Lisboa)
SC Vianense (Viana do Castelo)	0-1, 1-4	Vitória FC (Setúbal)
Vitória SC (Guimarães)	4-0, 1-0	Associação Académica de Coimbra (Coimbra)

Clube Ferroviário de Lourenço Marques, Club União Micaelense (Ponta Delgada) and Leixões SC (Matosinhos) all received a bye to the next round.

1962-1963

1st Division 1962-1963	Académica	Atlético	Barreirense	Belenenses	Benfica	C.U.F.	Feirense	Leixões	Lusitano	Olhanense	Porto	SC Portugal	Vitória FC	Vitória SC
Académica de Coimbra (Coimbra)		6-0	8-0	1-2	0-2	4-1	8-0	1-1	1-3	1-0	0-2	4-3	0-2	2-1
Atlético Clube de Portugal (Lisboa)	1-0		3-1	1-2	0-3	3-2	5-2	4-2	3-5	2-1	2-3	0-2	0-5	2-1
FC Barreirense	1-0	2-0		0-1	1-3	3-0	0-0	1-1	0-0	3-0	1-1	1-5	1-3	0-0
Belenenses (Lisboa)	3-1	1-0	4-0		1-4	1-0	4-1	0-1	1-0	4-2	1-1	1-0	6-0	3-1
Sport Lisboa e Benfica (Lisboa)	5-1	2-0	8-1	1-0		3-1	6-0	2-0	2-1	1-1	1-2	4-3	6-2	3-2
GD da C.U.F. (Barreiro)	2-0	3-0	1-1	1-1	2-3		4-0	0-1	6-0	2-1	1-2	1-2	1-1	0-1
CD Feirense (Santa Maria da Feira)	2-1	2-0	1-2	1-3	1-6	0-2		0-4	1-2	1-0	1-2	1-4	1-3	0-2
Leixões SC (Matosinhos)	1-1	1-1	0-0	1-2	0-0	1-1	3-2		1-1	4-1	2-0	1-0	1-0	2-1
Lusitano GC (Évora)	3-3	3-1	0-0	3-2	1-3	3-1	2-1	1-2		2-0	0-1	0-1	0-1	1-0
SC Olhanense (Olhão)	3-0	2-0	4-0	0-0	0-1	2-2	1-0	2-0	1-0		3-3	1-1	2-0	0--0
FC do Porto (Porto)	3-1	5-0	3-0	5-1	1-2	2-0	3-1	2-0	5-0	4-0		1-3	2-1	3-2
Sporting Clube de Portugal (Lisboa)	5-1	5-3	2-0	3-0	1-3	2-1	7-0	6-0	2-1	5-1	0-1		4-2	2-1
Vitória SC (Guimarães)	2-1	1-2	5-0	1-2	3-4	2-2	2-1	1-1	2-1	2-1	0-3	0-1		3-0
Vitória FC (Setúbal)	2-3	3-0	3-1	1-1	0-3	1-0	5-1	3-3	0-0	0-0	1-1	2-2	0-3	

1st Division	Pd	Wn	Dw	Ls	GF	GA	Pts	
1. SPORT LISBOA E BENFICA (LISBOA)	26	23	2	1	81	25	48	
2. FC do Porto (Porto)	26	19	4	3	61	24	42	
3. Sporting Clube de Portugal (Lisboa)	26	18	2	6	71	31	38	
4. CF Os Belenenses (Lisboa)	26	16	4	6	47	30	36	
5. Leixões SC (Matosinhos)	26	10	10	6	34	33	30	
6. Vitória SC (Guimarães)	26	12	3	11	47	43	27	
7. Lusitano GC (Évora)	26	9	5	12	33	41	23	
8. SC Olhanense (Olhão)	26	7	7	12	29	38	21	
9. Vitória FC (Setúbal)	26	6	8	12	33	39	20	
10. Associação Académica de Coimbra (Coimbra)	26	8	3	15	49	50	19	
11. FC Barreirense (Barreiro)	26	5	8	13	20	56	18	
12. GD da C.U.F. (Barreiro)	26	6	6	14	37	40	18	
13. Atlético Clube de Portugal (Lisboa)	26	8	1	17	33	65	17	R
14. CD Feirense (Santa Maria da Feira)	26	3	1	22	21	81	7	R
	364	150	64	150	596	596	364	

Top goalscorers

1)	José Torres	(SL e Benfica – Lisboa)	26
2)	Eusébio Ferreira	(SL e Benfica – Lisboa)	23
	João Lourenço	(SC de Portugal – Lisboa)	23

Promoted: Seixal FC (Seixal) and Varzim SC (Póvoa de Varzim).

2nd Division Play-off

Varzim SC (Póvoa de Varzim)	4-2	Seixal FC (Seixal)

Taça de Portugal Final   (Estádio Nacional, Lisboa – 30th June 1963)

SPORTING CLUBE DE PORTUGAL (LISBOA)	4-0	Vitória SC (Guimarães)

Figueiredo 25, 70, Lúcio Soares 73, Mascarenhas 87

Sporting: Joaquim Carvalho, Pedro Gomes, Hilário da Conceição, José Pérides, Lúcio Soares, David Júlio, Emesto Figueiredo, Oswaldo Silva, Domingos Silva "Mascarenhas", Geraldo Carvalho "Geo", João Morais.

Vitória FC: Mário Roldão, Francisco Gomes "Caiçara", Daniel Barreto, João da Costa, Manuel Pinto, Virgílio Gomes, Paulo Moura "Paulinho", António Moreira "Peres", Carlos Horácio "Lua", António Mendes, Armando Silva.

Semi-finals

Sporting Clube de Portugal (Lisboa)	0-1, 2-0	Sport Lisboa e Benfica (Lisboa)
Vitória SC (Guimarães)	0-2, 3-1, 3-1	CF Os Belenenses (Lisboa)

Quarter-finals

CF Os Belenenses (Lisboa)	1-1, 3-0	FC do Porto (Porto)
Sport Lisboa e Benfica (Lisboa)	3-1, 5-0	AC Marinhense (Marinha Grande)
Sporting Clube de Portugal (Lisboa)	3-1, 4-2	SC de Lourenço Marques (Lourenço Marques)
Vitória SC (Guimarães)	1-2, 5-0	CF União (Funchal)

Round 3

CF Os Belenenses (Lisboa)	2-1, 5-0	Seixal FC (Seixal)
AC Marinhense (Marinha Grande)	3-0, 5-4	Alhandra SC (Alhandra)
FC do Porto (Porto)	1-0, 2-0	Leixões SC (Matosinhos)
Sporting Clube de Portugal (Lisboa)	10-0, 2-0	Atlético Clube de Portugal (Lisboa)
Vitória SC (Guimarães)	1-2, 3-1	Associação Académica de Coimbra (Coimbra)

Sport Lisboa e Benfica (Lisboa), SC de Lourenço Marques (Lourenço Marques) and CF União (Funchal) all received a bye to the next round.

1963-1964

1st Division 1963-1964	Académica	Barreirense	Belenenses	Benfica	C.U.F.	Leixões	Lusitano	Olhanense	Porto	SC Portugal	Seixal	Varzim	Vitória FC	Vitória SC
Académica de Coimbra (Coimbra)	■	3-0	1-0	1-5	2-1	2-3	3-0	3-1	1-2	0-3	7-1	2-0	0-3	2-0
FC Barreirense	3-4	■	0-0	2-4	0-1	1-3	2-1	0-0	1-3	1-0	1-1	1-2	0-1	0-3
Belenenses (Lisboa)	0-2	2-0	■	1-1	1-1	4-1	3-0	2-1	1-1	4-2	1-2	4-1	0-3	3-0
Sport Lisboa e Benfica (Lisboa)	3-0	8-0	5-2	■	2-1	7-0	2-0	8-1	2-2	2-2	10-0	8-0	2-1	5-2
GD da C.U.F. (Barreiro)	6-2	2-1	2-2	0-3	■	2-0	2-1	4-1	1-0	4-0	6-2	2-0	3-1	2-2
Leixões SC (Matosinhos)	1-1	6-0	1-2	1-5	2-1	■	1-0	1-1	1-1	0-0	0-0	3-1	1-0	1-0
Lusitano GC (Évora)	2-1	1-0	1-2	1-3	1-0	2-2	■	2-1	0-3	1-1	1-1	0-1	2-5	1-2
SC Olhanense (Olhão)	2-2	1-4	0-1	0-3	0-0	1-1	2-0	■	1-1	0-2	0-1	0-1	1-0	1-1
FC do Porto (Porto)	1-1	3-0	3-2	1-1	3-1	1-0	1-0	3-0	■	2-1	3-1	3-0	2-1	5-0
Sporting Clube de Portugal (Lisboa)	1-0	3-1	2-1	3-1	0-0	5-1	4-1	1-1	0-0	■	3-0	2-0	5-0	1-2
Seixal FC (Seixal)	0-1	1-3	1-2	2-3	0-2	0-0	2-2	2-1	0-1	1-3	■	2-1	3-4	2-2
Varzim SC (Póvoa de Varzim)	4-1	4-1	1-3	0-2	1-1	3-3	2-0	5-2	0-3	1-1	2-1	■	4-5	0-0
Vitória SC (Guimarães)	2-1	2-0	2-1	1-4	4-0	2-1	4-0	5-1	2-2	1-1	4-2	5-2	■	3-2
Vitória FC (Setúbal)	4-0	3-0	2-2	2-4	2-1	2-0	1-2	4-0	2-1	1-3	3-0	2-1	2-1	■

1st Division

		Pd	Wn	Dw	Ls	GF	GA	Pts	
1.	SPORT LISBOA E BENFICA (LISBOA)	26	21	4	1	103	26	46	
2.	FC do Porto (Porto)	26	16	8	2	51	20	40	
3.	Sporting Clube de Portugal (Lisboa)	26	13	8	5	49	26	34	
4.	Vitória SC (Guimarães)	26	16	2	8	62	42	34	
5.	GD da C.U..F. (Barreiro)	26	12	6	8	46	33	30	
6.	CF Os Belenenses (Lisboa)	26	12	6	8	46	36	30	
7.	Vitória FC (Setúbal)	26	12	5	9	46	41	29	
8.	Leixões SC (Matosinhos)	26	8	9	9	34	44	25	
9.	Associação Académica de Coimbra (Coimbra)	26	11	3	12	43	48	25	
10.	Varzim SC (Póvoa de Varzim)	26	8	4	14	37	57	20	
11.	Lusitano GC (Évora)	26	5	4	17	22	51	14	
12.	Seixal FC (Seixal)	26	4	6	16	28	66	14	
13.	SC Olhanense (Olhão)	26	2	8	16	20	57	12	R
14.	FC Barreirense (Barreiro)	26	4	3	19	22	62	11	R
		364	144	76	144	609	609	364	

Top goalscorers

1)	Eusébio Ferreira	(SL e Benfica – Lisboa)	28
2)	José Torres	(SL e Benfica – Lisboa)	23
3)	Rodrigo	(Vitória SC – Guimarães)	19

Promoted: SC de Braga (Braga) and SC União Torreense (Torres Vedras).

2nd Division Play-off

SC de Braga (Braga)   2-1   SC União Torreense (Torres Vedras)

Taça de Portugal Final   (Estádio Nacional, Lisboa – 5th June 1964)

SPORT LISBOA E BENFICA (LISBOA)   6-2   FC do Porto (Porto)

José Augusto 10, 12, Eusébio 30 pen, António Simões 48, Serafim 71, José Torres 82   *Custódio Pinto 17, Carlos Baptista 70*

Benfica: Costa Pereira, Domiciano "Cavem", Fernando Cruz, Mário Coluna, Germano Fegueiredo, Raul Machado, José Augusto, António Simões, José Torres, Eusébio Ferreira, Manuel Serafim.

Porto: Américo Lopes, Alberto Festa, Joaquim Jorge, Carlos Baptista, João Almeida, António Paula, Jaime, Hernâni Silva, Azumir, Custódio Pinto, Francisco Nóbrega.

Semi-finals

Sport Lisboa e Benfica (Lisboa)	3-1, 3-0	CF Os Belenenses (Lisboa)
FC do Porto (Porto)	w/o	SC Lusitânia (Angra do Heroísmo)

Quarter-finals

Clube Ferroviário de Lourenço Marques	1-3, 2-2	SC Lusitânia (Angra do Heroísmo)
Lusitano GC (Évora)	1-8, 1-3	Sport Lisboa e Benfica (Lisboa)
FC do Porto (Porto)	6-1, 3-2	GD da C.U.F. (Barreiro)
Vitória FC (Setúbal)	1-2, 0-2	CF Os Belenenses (Lisboa)

Round 3

GD da C.U.F. (Barreiro)	5-2, 1-2	Varzim SC (Póvoa de Varzim)
CD Montijo (Montijo)	1-3, 0-7	CF Os Belenenses (Lisboa)
FC do Porto (Porto)	3-1, 2-1	Vitória SC (Guimarães)
SC e Salgueiros (Porto)	1-1, 1-3	Sport Lisboa e Benfica (Lisboa)
Vitória FC (Setúbal)	2-2, 0-0, 1-0	Sporting Clube de Portugal (Lisboa)

Clube Ferroviário de Lourenço Marques, SC Lusitânia (Angra do Heroísmo) and Lusitano GC (Évora) all received a bye to the next round.

1964-1965

1st Division 1964-1965	Académica	Belenenses	Benfica	Braga	C.U.F.	Leixões	Lusitano	Porto	SC Portugal	Seixal	União	Varzim	Vitória FC	Vitória SC
Académica de Coimbra (Coimbra)		4-1	2-2	2-1	1-2	5-3	3-0	1-4	3-0	1-1	5-0	2-0	1-2	1-1
Belenenses (Lisboa)	3-0		0-6	2-1	1-2	3-2	2-1	0-1	1-2	5-1	1-0	2-1	2-2	1-2
Sport Lisboa e Benfica (Lisboa)	3-0	3-2		7-0	1-1	5-0	5-0	4-0	3-0	11-3	6-0	5-0	4-0	3-2
SC de Braga (Braga)	2-3	1-2	1-2		2-1	1-1	2-0	2-0	1-2	6-0	4-0	1-1	1-0	2-1
GD da C.U.F. (Barreiro)	3-1	1-1	2-0	4-1		2-1	0-1	2-0	0-1	3-0	4-1	2-1	3-1	3-0
Leixões SC (Matosinhos)	5-1	3-0	1-1	2-1	3-3		4-0	1-3	3-3	6-0	3-0	3-0	1-1	2-3
Lusitano GC (Évora)	1-2	1-5	0-0	2-0	3-1	2-1		2-5	1-1	4-1	6-0	0-1	1-2	0-2
FC do Porto (Porto)	1-2	2-0	1-0	1-1	2-0	3-1	1-0		1-3	6-0	2-0	3-1	4-2	1-0
Sporting Clube de Portugal (Lisboa)	2-4	1-0	2-2	3-1	0-0	1-0	2-0	1-1		1-0	4-0	3-2	1-2	3-2
Seixal FC (Seixal)	1-3	0-1	0-4	3-0	2-2	0-3	0-2	1-2	0-0		2-1	1-2	0-1	0-1
SC União Torreense	0-3	0-2	1-3	5-0	0-1	3-0	1-2	1-2	3-0	0-1		0-0	1-3	0-4
Varzim SC (Póvoa de Varzim)	0-2	0-1	1-4	0-0	2-3	5-1	0-1	2-0	3-1	6-0	3-1		1-1	4-1
Vitória SC (Guimarães)	1-0	2-1	1-2	2-3	1-3	4-0	2-0	0-0	2-2	1-0	2-0	7-1		1-2
Vitória FC (Setúbal)	1-2	1-0	1-2	5-1	2-1	1-0	8-0	0-1	0-0	8-0	4-0	7-1	2-1	

1st Division	Pd	Wn	Dw	Ls	GF	GA	Pts	
1. SPORT LISBOA E BENFICA (LISBOA)	26	19	5	2	88	21	43	
2. FC do Porto (Porto)	26	17	3	6	47	27	37	
3. GD da C.U.F. (Barreiro)	26	15	5	6	49	29	35	
4. Associação Académica de Coimbra (Coimbra)	26	16	2	8	58	40	34	
5. Sporting Clube de Portugal (Lisboa)	26	12	8	6	39	35	32	
6. Vitória FC (Setúbal)	26	15	2	9	61	30	32	
7. Vitória SC (Guimarães)	26	12	5	9	44	36	29	
8. CF Os Belenenses (Lisboa)	26	12	2	12	39	40	26	
9. Leixões SC (Matosinhos)	26	8	5	13	50	51	21	
10. SC de Braga (Braga)	26	8	4	14	36	51	20	
11. Varzim SC (Póvoa de Varzim)	26	8	4	14	39	55	20	
12. Lusitano GC (Évora)	26	9	2	15	30	51	20	
13. Seixal FC (Seixal)	26	3	2	21	16	84	8	R
14. SC União Torreense (Torres Vedras)	26	3	1	22	18	64	7	R
	364	157	50	157	614	614	364	

Top goalscorers

1)	Eusébio Ferreira	(SL e Benfica – Lisboa)	28
2)	José Torres	(SL e Benfica – Lisboa)	23
3)	Manuel António	(Associação Académica de Coimbra)	21

Promoted: FC Barreirense (Barreiro) and SC Beira Mar (Aveiro).

2nd Division Play-off

SC Beira Mar (Aveiro)	2-1	FC Barreirense (Barreiro)

Taça de Portugal Final   (Estádio Nacional, Lisboa – 4th July 1965)

VITÓRIA FC (SETÚBAL)	3-1	Sport Lisboa e Benfica (Lisboa)
José Maria 8, Jaime Graça 57, Armando Bonjour 83		*Domiciano Cavém 82*

Vitória FC: José Mourinho, Joaquim Conceição, Torpes, Herculano Santos, João Cardoso, Jaime Graça, Augusto, Armando Bonjour, Carlos Manuel, José Maria, Quim.

Benfica: Costa Pereira, Domiciano Cavém, Germano Figueiredo, Raul Machado, Fernando Cruz, José Augusto, Mário Coluna, António Fernandes "Yaúcha", Eusébio Ferreira, José Torres, António Simões.

Semi-finals

SC de Braga (Braga)	1-4, 0-9	Sport Lisboa e Benfica (Lisboa)
Vitória FC (Setúbal)	2-2, 1-1, 2-0	Sporting Clube de Portugal (Lisboa)

Quarter-finals

Sport Lisboa e Benfica (Lisboa)	4-1, 3-2	SC Olhanense (Olhão)
Sporting Clube de Portugal (Lisboa)	1-1, 0-0, 3-1	CF Os Belenenses (Lisboa)
AD Sanjoanense (São João da Madeira)	2-3, 1-4	SC de Braga (Braga)
Vitória FC (Setúbal)	8-1, 1-0	SC e Salgueiros (Porto)

Round 3

CF Os Belenenses (Lisboa)	w/o	Moçambique representative did not play
GD da C.U.F. (Barreiro)	2-1, 0-3	Sport Lisboa e Benfica (Lisboa)
SC Olhanense (Olhão)	4-0, 3-2	CF União (Bissau)
Clube Oriental de Lisboa (Lisboa)	1-3, 0-4	Sporting Clube de Portugal (Lisboa)
CF União (Funchal)	1-2, 0-3	AD Sanjoanense (São João da Madeira)
Clube União Micaelense (Ponta Delgada)	0-1, 1-2	SC de Braga (Braga)
Vitória SC (Guimarães)	1-1, 0-1	SC e Salgueiros (Porto)
Vitória FC (Setúbal)	5-2, 6-1	Sports Angola

1965-1966

1st Division 1965-1966	Académica	Barreirense	Beira Mar	Belenenses	Benfica	Braga	C.U.F.	Leixões	Lusitano	Porto	SC Portugal	Varzim	Vitória FC	Vitória SC
Académica de Coimbra (Coimbra)		2-1	5-0	0-1	2-2	1-2	1-1	3-1	5-0	0-3	1-2	2-2	7-2	4-1
FC Barreirense (Barreiro)	2-2		2-2	0-1	1-7	2-1	0-1	4-0	1-2	2-0	1-3	3-1	1-1	0-1
SC Beira Mar (Aveiro)	1-5	3-2		1-1	1-1	5-1	1-3	3-2	2-0	1-3	1-4	3-2	1-2	1-0
Belenenses (Lisboa)	3-1	1-1	1-0		1-3	0-0	0-0	3-0	1-1	2-1	1-1	3-1	2-1	0-1
Sport Lisboa e Benfica (Lisboa)	4-0	8-2	5-0	2-0		4-1	6-1	2-0	1-0	3-1	2-4	1-0	4-2	3-2
SC de Braga (Braga)	2-3	5-0	3-1	2-1	0-0		4-2	1-1	2-1	0-0	0-0	2-2	3-5	3-2
GD da C.U.F. (Barreiro)	1-1	7-3	2-0	1-0	1-3	1-1		3-1	2-2	1-1	0-0	0-2	2-2	0-2
Leixões SC (Matosinhos)	1-1	2-0	1-1	2-0	0-1	1-0	2-1		8-1	2-3	0-1	1-1	0-1	0-1
Lusitano GC (Évora)	1-1	3-0	1-1	1-3	1-2	6-1	1-3	0-2		0-0	2-5	2-0	1-1	0-5
FC do Porto (Porto)	4-3	0-1	2-0	1-0	2-0	4-2	3-0	1-0	2-0		1-1	3-0	3-0	0-0
Sporting Clube de Portugal (Lisboa)	5-2	3-0	1-1	3-0	0-2	5-0	4-1	4-0	5-0	4-0		4-0	1-1	4-0
Varzim SC (Póvoa de Varzim)	1-2	4-1	6-0	1-1	1-1	3-0	2-1	2-0	2-0	1-0	1-2		2-0	1-1
Vitória SC (Guimarães)	3-2	3-2	2-0	3-2	3-2	6-2	3-0	0-1	3-1	1-2	3-2	4-1		4-1
Vitória FC (Setúbal)	2-2	2-0	8-1	1-0	4-4	8-1	1-2	1-0	2-0	1-1	1-2	1-1	2-2	

	1st Division	Pd	Wn	Dw	Ls	GF	GA	Pts	
1.	SPORTING CLUBE DE PORTUGAL (LISBOA)	26	18	6	2	70	21	42	
2.	Sport Lisboa e Benfica (Lisboa)	26	18	5	3	73	30	41	
3.	FC do Porto (Porto)	26	14	6	6	41	25	34	
4.	Vitória SC (Guimarães)	26	14	5	7	58	47	33	
5.	Vitória FC (Setúbal)	26	11	7	8	51	36	29	
6.	Associação Académica de Coimbra (Coimbra)	26	9	8	9	58	48	26	
7.	CF Os Belenenses (Lisboa)	26	9	7	10	28	29	25	
8.	Varzim SC (Póvoa de Varzim)	26	9	7	10	40	38	25	
9.	GD da C.U.F. (Barreiro)	26	8	8	10	37	46	24	
10.	SC de Braga (Braga)	26	7	7	12	39	64	21	
11.	SC Beira Mar (Aveiro)	26	6	6	14	31	65	18	
12.	Leixões SC (Matosinhos)	26	7	4	15	28	39	18	
13.	Lusitano GC (Évora)	26	4	6	16	27	60	14	R
14.	FC Barreirense (Barreiro)	26	5	4	17	32	65	14	R
		364	139	86	139	613	613	364	

Top goalscorers

1)	Eusébio Ferreira	(SL e Benfica – Lisboa)	25
	Ernesto Figueiredo	(SC de Portugal – Lisboa)	25
3)	João Lourenço	(SC de Portugal – Lisboa)	19
	António Mendes	(Vitória SC – Guimarães)	19

Promoted: Atlético Clube de Portugal (Lisboa) and AD Sanjoanense (São João da Madeira).

2nd Division Play-off

AD Sanjoanense (São João M.)   0-0, 2-1   Atlético Clube de Portugal (Lisboa)

Taça de Portugal Final   (Estádio Nacional, Lisboa – 22nd May 1966)

SC DE BRAGA (BRAGA)   1-0   Vitória FC (Setúbal)

Miguel Perrichon 77

Braga: Armando Pereira, Mário, Juvenal Costa, Coimbra, José Maria, Canário, Luciano, Albina Sousa "Bino", Adão Craveiro, Perrichon, Estêvão Mansidão.

Vitória FC: José Mourinho, Joaquim Conceição, Torpes, Manuel Pereira "Leiria", Manuel Santos "Carrioço", Jaime Graça, Augusto, Armando Bonjour, José Maria, Carlos Manuel, Quim.

Semi-finals

SC Beira Mar (Aveiro)	0-3, 0-3	Vitória FC (Setúbal)
SC de Braga (Braga)	1-1, 1-1, 1-0	Sporting Club de Portugal (Lisboa)

Quarter-finals

SC Beira Mar (Aveiro)	1-1, 1-1, 2-2, 2-1	Leixões SC (Matosinhos)
SC de Braga (Braga)	4-1, 1-3	Sport Lisboa e Benfica (Lisboa)
Sporting Clube de Portugal (Lisboa)	1-0, 0-1, 2-0	FC do Porto (Porto)
Vitória FC (Setúbal)	3-0, 3-1	CS Marítimo (Funchal)

Round 3

FC Barreirense (Barreiro)	1-1, 1-2	Leixões SC (Matosinhos)
CD Cova da Piedade (Almada)	1-2, 0-1	FC do Porto (Porto)
SC Lusitânia (Angra do Heroísmo)	0-3, 2-3	SC de Braga (Braga)
CS Mindelense (Mindelo)	2-4, 0-7	CS Marítimo (Funchal)
Portimonense SC (Portimão)	2-2, 1-5	Sport Lisboa e Benfica (Lisboa)
Sporting Clube de Portugal (Lisboa)	1-0, 1-1	GD da C.U.F. (Barreiro)

SC Beira Mar (Aveiro) and Vitória FC (Setúbal) both received a bye to the next round.

1st Division 1966-1967	Académica	Atlético	Beira Mar	Belenenses	Benfica	Braga	C.U.F.	Leixões	Porto	SC Portugal	Sanjoanense	Varzim	Vitória FC	Vitória SC
Académica de Coimbra (Coimbra)	■	1-0	5-0	6-0	0-1	2-1	2-3	2-1	0-0	1-0	5-3	2-1	2-1	3-0
Atlético Clube de Portugal (Lisboa)	0-2	■	3-0	2-1	1-2	0-1	0-0	2-2	2-0	0-1	2-2	4-1	1-2	0-2
SC Beira Mar (Aveiro)	0-3	4-1	■	1-0	0-9	0-0	2-0	3-0	0-2	1-2	1-1	2-4	1-3	0-0
Belenenses (Lisboa)	0-1	7-1	0-2	■	2-1	1-0	5-0	0-0	1-2	1-1	1-1	2-0	2-1	0-2
Sport Lisboa e Benfica (Lisboa)	2-1	2-0	2-0	2-0	■	4-0	3-0	3-1	3-0	3-0	1-0	6-2	7-0	1-0
SC de Braga (Braga)	1-3	1-0	4-2	4-1	4-0	■	1-1	1-2	2-0	3-1	1-0	1-1	2-3	2-3
GD da C.U.F. (Barreiro)	0-2	4-3	1-0	2-0	1-2	1-0	■	0-1	1-5	1-3	0-0	2-0	2-2	1-0
Leixões SC (Matosinhos)	1-1	3-1	4-1	0-0	1-2	1-0	0-0	■	0-1	0-1	1-0	2-0	0-1	1-1
FC do Porto (Porto)	1-1	5-1	4-1	2-0	1-1	3-1	5-0	4-0	■	1-0	4-1	3-1	4-1	2-0
Sporting Clube de Portugal (Lisboa)	0-0	3-1	2-0	1-0	1-1	0-0	0-1	0-1	2-2	■	4-1	4-0	3-0	1-1
AD Sanjoanense (São João da Madeira)	1-0	2-2	1-0	0-0	1-3	0-0	0-4	2-0	1-1	1-1	■	1-3	2-1	1-1
Varzim SC (Póvoa de Varzim)	1-3	5-0	1-0	0-0	0-0	1-0	1-0	1-1	0-3	2-2	1-0	■	1-0	0-1
Vitória SC (Guimarães)	0-1	2-0	1-1	1-2	0-1	2-1	3-1	2-0	2-0	2-1	2-1	2-2	■	1-1
Vitória FC (Setúbal)	0-1	0-2	5-1	1-0	3-2	1-2	3-1	0-0	0-1	0-2	0-0	1-0	1-0	■

1st Division

		Pd	Wn	Dw	Ls	GF	GA	Pts	
1.	SPORT LISBOA E BENFICA (LISBOA)	26	20	3	3	64	19	43	
2.	Associação Académica de Coimbra (Coimbra)	26	18	4	4	50	18	40	
3.	FC do Porto (Porto)	26	17	5	4	56	22	39	
4.	Sporting Clube de Portugal (Lisboa)	26	11	8	7	36	24	30	
5.	Vitória FC (Setúbal)	26	10	7	9	27	25	27	
6.	Vitória SC (Guimarães)	26	11	4	11	35	40	26	
7.	Leixões SC (Matosinhos)	26	8	8	10	23	29	24	
8.	GD da C.U.F. (Barreiro)	26	9	5	12	27	43	23	
9.	SC de Braga (Braga)	26	9	5	12	33	33	23	
10.	Varzim SC (Póvoa de Varzim)	26	8	6	12	29	42	22	
11.	CF Os Belenenses (Lisboa)	26	7	6	13	26	34	20	
12.	AD Sanjoanense (São João da Madeira)	26	4	11	11	23	39	19	
13.	Atlético Clube de Portugal (Lisboa)	26	5	4	17	29	55	14	R
14.	SC Beira Mar (Aveiro)	26	5	4	17	23	58	14	R
		364	142	80	142	481	481	364	

Top goalscorers

1)	Eusébio Ferreira	(SL e Benfica – Lisboa)	31
2)	Artur Jorge Teixeira	(Associação Académica de Coimbra)	25
3)	Djalma Freitas	(FC do Porto – Porto)	18

Promoted: FC Barreirense (Barreiro) and FC Tirsense (Santo Tirso)

2nd Division Play-off

FC Barreirense (Barreiro)   3-1   FC Tirsense (Santo Tirso)

Taça de Portugal Final (Estádio Nacional, Lisboa – 9th June 1967)

VITÓRIA FC (SETÚBAL)   3-2 (aet) Associação Académica de Coimbra (Coimbra)

José Maria 43, Félix Guerreiro 97, Jacinto João 144   *Celestino 5, Ernesto 117*

Vitória FC: Dinis Vital, Joaquim Conceição, Manuel Pereira "Lieiria", Herculano Santos, Manuel Santos "Carriço", Fernando Tomé, Vitor Baptista, Félix Guerreiro, José Maria, José Pereira "Pedras", Jacinto João.

Académica: João Maló, Celestino Bárbara, Rui Rodrigues, Vieira Nunes, António Marques, António José Conceição "Toni", Augusto Rocha, José Crispin, Ernesto Sousa, Artur Jorge, Vitor Campos.

Semi-finals

Associação Académica de Coimbra (Coimbra)	2-1, 4-1	SC de Braga (Braga)
Vitória FC (Setúbal	3-0, 4-4	FC do Porto (Porto)

Quarter-finals

Associação Académica de Coimbra (Coimbra)	2-0, 1-2	Sport Lisboa e Benfica (Lisboa)
SC Beira Mar (Aveiro)	0-3, 0-0	SC de Braga (Braga)
AD Sanjoanense (São João da Madeira)	1-3, 2-2	FC do Porto (Porto)
Vitória FC (Setúbal)	3-0, 3-0	Leixões SC (Matosinhos)

Round 3

Atlético Aviação (Luanda)	0-7, 1-2	Associação Académica de Coimbra (Coimbra)
CF Os Belenenses (Lisboa)	1-1, 0-1	FC do Porto (Porto)
Leixões SC (Matosinhos)	1-1, 3-0	CS Marítimo (Funchal)
Ténis Clube (Bissau)	0-6, 3-5	SC Beira Mar (Aveiro)
Varzim SC (Póvoa de Varzim)	1-2, 2-2	AD Sanjoanense (São João da Madeira)
Vitória SC (Guimarães)	1-2, 0-5	SC de Braga (Braga)

Sport Lisboa e Benfica (Lisboa) and Vitória FC (Setúbal) both received a bye to the next round.

1967-1968

1st Division 1967-1968	Académica	Barreirense	Belenenses	Benfica	Braga	C.U.F.	Leixões	Porto	SC Portugal	Sanjoanense	Tirsense	Varzim	Vitória FC	Vitória SC
Académica de Coimbra (Coimbra)	■	2-0	3-1	1-1	5-1	1-0	2-1	1-1	2-0	3-0	4-1	5-0	3-0	3-0
FC Barreirense (Barreiro)	1-1	■	0-6	0-3	0-1	3-2	0-0	1-5	1-1	0-1	1-0	4-1	1-2	1-1
Belenenses (Lisboa)	3-2	4-1	■	0-0	2-0	2-1	2-1	0-2	4-0	3-0	0-1	3-1	3-2	2-2
Sport Lisboa e Benfica (Lisboa)	3-1	8-2	7-0	■	3-0	3-1	0-0	3-2	1-0	6-0	5-0	8-0	2-1	2-1
SC de Braga (Braga)	1-1	4-3	1-0	0-1	■	1-1	0-1	2-3	3-1	2-0	3-0	1-1	0-1	1-3
GD da C.U.F. (Barreiro)	0-3	1-0	0-0	2-0	1-2	■	1-1	2-1	0-1	3-2	5-0	1-2	1-1	1-1
Leixões SC (Matosinhos)	0-2	3-0	1-0	0-2	0-2	0-0	■	2-1	1-2	2-1	2-0	3-0	3-1	0-1
FC do Porto (Porto)	1-0	3-2	4-0	1-1	4-2	4-0	1-0	■	0-1	3-0	9-0	3-0	3-1	2-0
Sporting Clube de Portugal (Lisboa)	3-1	3-0	3-0	3-1	6-0	4-0	3-2	0-0	■	3-1	0-0	1-0	2-1	0-1
AD Sanjoanense (São João da Madeira)	0-0	1-0	1-1	1-4	3-0	2-0	2-3	1-1	0-3	■	1-0	2-0	0-0	0-2
FC Tirsense (Santo Tirso)	0-4	3-2	2-1	0-0	0-1	0-0	0-1	1-3	3-5	2-2	■	2-0	1-2	0-0
Varzim SC (Póvoa de Varzim)	2-3	5-1	3-0	1-1	2-1	0-2	2-0	1-0	1-2	0-0	0-1	■	0-1	3-1
Vitória SC (Guimarães)	2-0	3-0	1-0	0-4	2-0	2-3	1-1	2-1	1-0	0-1	1-0	3-2	■	0-2
Vitória FC (Setúbal)	2-0	8-0	1-1	2-0	4-0	1-0	7-1	1-2	0-1	1-0	1-0	1-0	1-0	■

1st Division	Pd	Wn	Dw	Ls	GF	GA	Pts	
1. SPORT LISBOA E BENFICA (LISBOA)	26	18	5	3	75	19	41	
2. Sporting Clube de Portugal (Lisboa)	26	17	3	6	48	24	37	
3. FC do Porto (Porto)	26	16	4	6	60	24	36	
4. Associação Académica de Coimbra (Coimbra)	26	15	5	6	53	24	35	
5. Vitória FC (Setúbal)	26	14	6	6	43	20	34	
6. Vitória SC (Guimarães)	26	12	3	11	31	34	27	
7. CF Os Belenenses (Lisboa)	26	10	5	11	38	40	25	
8. Leixões SC (Matosinhos)	26	10	4	12	29	39	24	
9. SC de Braga (Braga)	26	9	3	12	29	48	21	
10. AD Sanjoanense (São João da Madeira)	26	7	7	12	22	40	21	
11. GD da C.U.F. (Barreiro)	26	7	7	12	28	37	21	
12. Varzim SC (Póvoa de Varzim)	26	7	3	16	27	50	17	
13. FC Tirsense (Santo Tirso)	26	5	5	16	17	53	15	R
14. FC Barreirense (Barreiro)	26	3	4	19	24	72	10	R
	364	150	64	150	524	524	364	

Top goalscorers

1)	Eusébio Ferreira	(SL e Benfica – Lisboa)	42
2)	Artur Jorge Teixeira	(Associação Académica de Coimbra)	28
3)	Ernesto Sousa	(Associação Académica de Coimbra)	19

Promoted: Atlético Clube de Portugal (Lisboa) and União FCI de Tomar (Tomar).

2nd Division Play-off

Atlético Clube de Portugal (Lisboa)	3-2	União FCI de Tomar (Tomar)

Taça de Portugal Final (Estádio Nacional, Lisboa – 16th June 1968)

FC DO PORTO (PORTO)	2-1	Vitória FC (Setúbal)

Valdemar 15, 23 Francisco Nóbrega 23   *Pedras 5*

Porto: Américo Lopes, Bernardo da Velha, Valdemar Pacheco, José Rolando, João Atraca, Fernando Neves "Pavão", Custódio Pinto, Jaime, Djalma Freitas, Eduardo Gomes, Francisco Nóbrega.

Vitória FC: Dinis Vital, Joaquim Conceição, Carlos Cardoso, Herculano Santos, Manuel Santos "Carriço", Fernando Tomé, José Pereira "Pedras", Félix Guerreiro, José Maria, António Petila, Jacinto João.

Semi-finals

CS Marítimo (Setúbal)	0-0, 0-6	Vitória FC (Setúbal)
FC do Porto (Porto)	2-2, 3-0	Sport Lisboa e Benfica (Lisboa)

Quarter-finals

Sport Lisboa e Benfica (Lisboa)	2-2, 3-1	FC Barreirense (Barreiro)
CS Marítimo (Funchal)	1-0, 1-1	Leixões SC (Matosinhos)
FC do Porto (Porto)	3-1, 0-0	CF Os Belenenses (Porto)
Vitória FC (Setúbal)	0-1, 3-1	Vitória SC (Guimarães)

Round 3

CF Os Belenenses (Lisboa)	2-1, 2-0	SC de Braga (Braga)
Sport Lisboa e Benfica (Lisboa)	2-1, 2-1	AD Sanjoanense (São João da Madeira)
SC Lusitânia (Angra do Heroísmo)	1-1, 0-3	CS Marítimo (Funchal)
FC do Porto (Porto)	4-0, 5-1	SC da Covilhã (Covilhã)
Vitória FC (Setúbal)	2-0, 1-0	Associação Académica de Coimbra (Coimbra)

FC Barreirense (Barreiro), Leixões SC (Matosinhos) and Vitória SC (Guimarães) received a bye to the next round.

1968-1969

1st Division 1968-1969	Académica	Atlético	Belenenses	Benfica	Braga	C.U.F.	Leixões	Porto	SC Portugal	Sanjoanense	União	Varzim	Vitória FC	Vitória SC
Académica de Coimbra (Coimbra)	■	4-2	2-0	0-2	6-2	1-1	5-0	2-4	1-0	2-0	4-0	0-0	1-1	2-1
Atlético Clube de Portugal (Lisboa)	0-4	■	3-1	0-2	1-2	1-1	1-0	1-2	0-1	4-0	0-1	0-2	0-3	0-1
Belenenses (Lisboa)	1-1	2-1	■	1-2	1-0	1-1	2-1	1-1	0-0	0-0	2-2	4-1	1-0	0-2
Sport Lisboa e Benfica (Lisboa)	3-2	4-3	4-1	■	5-0	1-0	4-0	0-0	0-0	5-0	4-0	3-1	0-0	2-1
SC de Braga (Braga)	0-0	2-1	1-4	0-1	■	1-1	0-1	1-1	1-4	1-0	2-1	1-0	0-0	1-0
GD da C.U.F. (Barreiro)	4-3	1-3	1-1	3-0	1-1	■	1-0	0-1	1-0	3-0	2-0	2-0	1-1	0-3
Leixões SC (Matosinhos)	1-1	0-1	0-0	0-0	2-0	2-1	■	0-1	1-0	3-0	1-2	2-0	1-1	1-2
FC do Porto (Porto)	0-1	4-1	1-0	1-0	1-0	3-0	2-1	■	1-1	2-1	2-2	2-0	2-1	3-2
Sporting Clube de Portugal (Lisboa)	3-0	4-2	3-2	0-0	3-0	1-1	1-0	2-1	■	1-0	1-1	5-0	0-0	0-1
AD Sanjoanense (São João da Madeira)	0-1	1-0	2-3	0-1	1-0	0-1	0-1	0-0	1-2	■	4-1	1-2	1-1	1-4
União FCI de Tomar (Tomar)	2-1	1-1	0-1	0-4	1-1	1-1	2-0	0-2	2-1	3-0	■	1-3	3-1	0-0
Varzim SC (Póvoa de Varzim)	1-2	1-0	1-1	1-1	3-3	2-2	2-2	1-1	2-1	3-2	2-1	■	0-5	1-1
Vitória SC (Guimarães)	2-1	1-0	2-0	2-0	5-0	2-1	0-0	2-0	2-1	5-0	3-0	4-2	■	1-1
Vitória FC (Setúbal)	2-1	4-0	1-1	1-1	3-0	1-1	1-1	3-1	0-0	3-0	4-0	2-1	1-1	■

	1st Division	Pd	Wn	Dw	Ls	GF	GA	Pts	
1.	SPORT LISBOA E BENFICA (LISBOA)	26	16	7	3	49	17	39	
2.	FC do Porto (Porto)	26	15	7	4	39	23	37	
3.	Vitória SC (Guimarães)	26	13	10	3	46	17	36	
4.	Vitória FC (Setúbal)	26	13	9	4	45	20	35	
5.	Sporting Clube de Portugal (Lisboa)	26	11	8	7	35	20	30	
6.	Associação Académica de Coimbra (Coimbra)	26	12	6	8	48	32	30	
7.	GD da C.U.F. (Barreiro)	26	8	11	7	32	30	27	
8.	CF Os Belenenses (Lisboa)	26	8	10	8	31	33	26	
9.	Varzim SC (Póvoa de Varzim)	26	7	8	11	32	49	22	
10.	União FCI de Tomar (Tomar)	26	7	7	12	27	47	21	
11.	Leixões SC (Matosinhos)	26	7	7	12	21	30	21	
12.	SC de Braga (Braga)	26	6	7	13	20	47	19	
13.	Atlético Clube de Portugal (Lisboa)	26	5	2	19	26	49	12	R
14.	AD Sanjoanense (São João da Madeira)	26	3	3	20	15	52	9	R
		364	131	102	131	466	466	364	

Top goalscorers

1)	Manuel António	(Associação Académica de Coimbra)	19
2)	Manuel	(Vitória SC – Guimarães)	18
3)	João Lourenço	(SC de Portugal – Lisboa)	16
	Custódio Pinto	(FC do Porto – Porto)	16
	José Torres	(SL e Benfica – Lisboa)	16

Promoted: FC Barreirense (Barreiro) and Boavista FC (Porto).

2nd Division Play-off

FC Barreirense (Barreiro)   3-3, 2-1   Boavista FC (Porto)

Taça de Portugal Final   (Estádio Nacional, Lisboa – 22nd June 1969)

SPORT LISBOA E BENFICA (LISBOA)   2-1   Associação Académica de Coimbra (Coimbra)

António Simões 5, Eusébio 109 pen   *(aet)*   *Manuel António 81*

Benfica: José Henrique, Malta da Silva, Humberto Coelho, José Cavaco "Zeca", Adolfo Calisto, António Oliveira "Toni" (José Augusto), Mário Coluna, Jaime Graça, Abel Miglietti (José Torres), Eusébio Ferreira, António Simões.

Académica: Armelim Viegas, Vasco Gervásio, Vieira Nunes, Armando Araújo "Belo", António Marques, Rui Rodrigues, Modesto Neves "Nené", Vitor Campos (Augusto Rocha), Mário Campos, Manuel António, Fernando Peres (Manuel Serafim).

Semi-finals

Sport Lisboa e Benfica (Lisboa)	5-1, 2-2	GD da C.U.F. (Barreiro)
Sporting Clube de Portugal (Lisboa)	1-2, 0-1	Associação Académica de Coimbra (Coimbra)

Quarter-finals

CF Os Belenenses (Lisboa)	0-1, 2-2	Sport Lisboa e Benfica (Lisboa)
GD da C.U.F. (Barreiro)	3-0, 0-2	FC Barreirense (Barreiro)
Sporting Clube de Portugal (Lisboa)	2-0, 1-0	União FCI de Tomar (Tomar)
Vitória SC (Guimarães)	2-1, 0-5	Associação Académica de Coimbra (Coimbra)

Round 6

Associação Académica de Coimbra (Coimbra)	4-1, 1-0	Clube Ferroviário de Lourenço Marques
Atlético Aviação (Luanda)	0-4, 2-3	Sport Lisboa e Benfica (Lisboa)
GD da C.U.F. (Barreiro)	7-0, 3-0	CF União (Funchal)
Leixões SC (Matosinhos)	1-0, 0-2	FC Barreirense (Barreiro)
SC Lusitânia (Angra do Heroísmo)	0-5, 0-4	CF Os Belenenses (Lisboa)
Sporting Clube de Portugal (Lisboa)	5-1, 12-0	União (Bissau)
FC Tirsense (Santo Tirso)	1-2, 0-0	União FCI de Tomar (Tomar)
Varzim SC (Póvoa de Varzim)	2-3, 2-3	Vitória SC (Guimarães)

1969-1970

1st Division 1969-1970	Académica	Barreirense	Belenenses	Benfica	Boavista	Braga	C.U.F.	Leixões	Porto	SC Portugal	União	Varzim	Vitória FC	Vitória SC
Académica de Coimbra (Coimbra)	■	1-3	3-0	0-2	4-1	0-1	1-0	5-1	1-2	3-0	4-0	3-0	3-3	0-3
FC Barreirense (Barreiro)	4-1	■	0-0	2-2	2-0	5-1	3-4	4-0	1-1	0-3	3-0	2-0	1-1	2-0
Belenenses (Lisboa)	1-2	0-1	■	0-1	3-0	1-0	1-3	1-0	1-1	1-2	2-1	1-0	1-0	1-0
Sport Lisboa e Benfica (Lisboa)	3-0	3-0	0-0	■	8-0	5-0	0-1	3-0	2-0	1-1	6-0	1-0	5-0	2-1
Boavista FC (Porto)	2-2	3-2	4-1	1-1	■	2-0	0-0	3-2	3-2	0-0	2-0	1-2	1-1	2-2
SC de Braga (Braga)	1-1	1-0	1-0	1-3	3-0	■	0-1	3-1	1-1	1-3	1-1	1-2	2-1	1-1
GD da C.U.F. (Barreiro)	1-1	0-1	0-2	0-2	2-1	3-1	■	1-0	2-1	1-3	1-2	1-1	1-0	0-4
Leixões SC (Matosinhos)	1-0	2-0	5-1	2-0	6-2	2-1	1-0	■	2-0	2-5	1-0	0-1	0-1	1-3
FC do Porto (Porto)	3-3	1-1	0-0	1-2	2-1	2-0	2-0	5-1	■	0-1	2-0	0-1	1-0	0-3
Sporting Clube de Portugal (Lisboa)	2-1	1-0	2-1	1-0	3-0	4-0	3-0	4-1	2-1	■	5-0	1-1	5-1	3-1
União FCI de Tomar (Tomar)	1-0	2-2	2-1	0-4	4-2	1-1	0-0	0-1	3-0	0-3	■	0-2	1-2	1-2
Varzim SC (Póvoa de Varzim)	2-2	1-2	1-1	0-1	4-1	3-2	2-0	0-0	0-2	0-0	2-0	■	4-1	1-1
Vitória SC (Guimarães)	4-0	3-0	1-2	2-1	3-2	2-0	4-0	2-0	1-0	1-2	2-1	0-0	■	2-1
Vitória FC (Setúbal)	5-1	2-1	4-0	1-0	2-1	7-1	2-2	2-1	5-0	0-2	2-0	2-1	2-0	■

1st Division	Pd	Wn	Dw	Ls	GF	GA	Pts	
1. SPORTING CLUBE DE PORTUGAL (LISBOA)	26	21	4	1	61	17	46	
2. Sport Lisboa e Benfica (Lisboa)	26	17	4	5	58	14	38	
3. Vitória FC (Setúbal)	26	16	4	6	58	26	36	
4. FC Barreirense (Barreiro)	26	11	6	9	42	33	28	
5. Vitória SC (Guimarães)	26	12	4	10	38	36	28	
6. Varzim SC (Póvoa de Varzim)	26	10	8	8	31	26	28	
7. CF Os Belenenses (Lisboa)	26	9	5	12	23	34	23	
8. GD da C.U.F. (Barreiro)	26	9	5	12	24	38	23	
9. FC do Porto (Porto)	26	8	6	12	30	37	22	
10. Associação Académica de Coimbra (Coimbra)	26	8	6	12	42	46	22	
11. Leixões SC (Matosinhos)	26	10	1	15	33	47	21	
12. Boavista FC (Porto)	26	6	6	14	35	61	18	
13. SC de Braga (Braga)	26	6	5	15	25	52	17	R
14. União FCI de Tomar (Tomar)	26	5	4	17	20	53	14	R
	364	148	68	148	520	520	364	

Top goalscorers

1)	Eusébio Ferreira	(SL e Benfica – Lisboa)	20
2)	Nélson Fernandes	(SC de Portugal – Lisboa)	17
3)	Horácio	(Leixões SC – Matosinhos)	14

Promoted: SC Farense (Faro) and FC Tirsense (Santo Tirso).

2nd Division Play-off

FC Tirsense (Santo Tirso)	2-0	SC Farense (Faro)

Final (Estádio Nacional, Lisboa – 14th June 1970)

SPORT LISBOA E BENFICA (LISBOA)	3-1	Sporting Clube de Portugal (Lisboa)
Artur Jorge 14, José Torres 50, António Simões 63		*Fernando Peres 83*

Benfica: José Henrique, Malta da Silva, Humberto Coelho, Zeca, António José Conceição "Toni", António Simões, Augusto Matine, Jaime Graça, Artur Jorge, José Torres, Diamantino Costa (Adolfo Calisto).

Sporting: Vítor Damas, Pedro Gomes, Francisco Caló, José Carlos, Hilário Conceição, Celestino, Vítor Gonçalves (Carlos Manaca), Fernando Peres, Mario Mateus "Marinho", Nélson Fernandes (João Lourenço), Joaquim Dinis.

Semi-finals

Sport Lisboa e Benfica (Lisboa)	8-0, 1-1	Leixões SC (Matosinhos)
Sporting Clube de Portugal (Lisboa)	4-2, 2-2	CF Os Belenenses (Lisboa)

Quarter-finals

CF Os Belenenses (Lisboa)	1-0, 0-1, 2-0	FC Tirsense (Santo Tirso)
Sport Lisboa e Benfica (Lisboa)	0-2, 4-1	Vitória SC (Guimarães)
Leixões SC (Matosinhos)	2-0, 0-0	União FCI de Tomar (Tomar)
Sporting Clube de Portugal (Lisboa)	6-1, 2-0	SC de Braga (Braga)

Round 6

Sport Lisboa e Benfica (Lisboa)	6-1, 3-2	Boavista FC (Porto)
Leixões SC (Matosinhos)	4-0, 2-0	CS Marítimo (Funchal)
Sporting Clube de Portugal (Lisboa)	1-0, 3-0	Associação Académica de Coimbra (Coimbra)
Ténis Clube (Bissau)	0-3, 1-0	SC de Braga (Braga)
Textáfrica do Chimoio (Chimoio)	2-6, 0-3	CF Os Belenenses (Lisboa)
FC Tirsense (Santo Tirso)	0-0, 0-0, 2-1	Sport União Sintrense (Sintra)
União FCI de Tomar (Tomar)	4-0, 5-1	Independiente Angola
Vitória SC (Guimarães)	11-0, 9-0	SC Lusitânia (Angra do Heroísmo)

1970-1971

1st Division 1970-1971	Académica	Barreirense	Belenenses	Benfica	Boavista	C.U.F.	Farense	Leixões	Porto	SC Portugal	Tirsense	Varzim	Vitória FC	Vitória SC
Académica de Coimbra (Coimbra)	■	2-0	0-0	0-0	3-1	5-1	3-1	2-1	3-2	0-0	3-1	4-0	1-0	1-0
FC Barreirense (Barreiro)	0-0	■	1-1	0-2	2-1	3-0	1-0	0-0	0-2	0-3	0-0	4-0	1-1	0-4
Belenenses (Lisboa)	0-2	0-0	■	1-1	1-2	3-1	1-0	3-0	1-2	0-0	0-0	1-0	3-1	1-0
Sport Lisboa e Benfica (Lisboa)	5-1	1-0	3-1	■	4-0	1-0	5-0	5-0	2-2	5-1	7-0	3-0	1-0	1-0
Boavista FC (Porto)	0-1	1-0	0-0	0-3	■	3-2	0-1	1-1	0-1	1-0	1-0	1-1	2-0	1-0
GD da C.U.F. (Barreiro)	2-1	0-0	2-0	0-2	0-1	■	2-0	7-1	1-0	0-2	2-1	2-0	0-0	0-3
SC Farense (Faro)	2-2	1-1	1-0	1-0	0-0	1-1	■	1-0	1-0	1-2	1-0	0-0	2-0	0-0
Leixões SC (Matosinhos)	0-0	1-0	2-0	1-2	0-1	1-0	1-0	■	1-2	0-2	2-0	5-0	0-0	2-1
FC do Porto (Porto)	0-0	2-2	1-0	4-0	1-0	2-0	3-0	4-1	■	2-1	3-0	4-2	0-0	2-1
Sporting Clube de Portugal (Lisboa)	1-0	0-1	2-0	1-1	8-0	2-1	1-0	4-0	2-1	■	2-0	5-1	4-0	1-0
FC Tirsense (Santo Tirso)	1-0	3-2	3-1	2-4	1-0	1-1	2-0	3-1	1-2	0-0	■	1-1	2-2	0-0
Varzim SC (Póvoa de Varzim)	2-1	3-2	2-0	0-4	2-0	1-1	1-0	3-1	0-2	0-1	4-1	■	0-2	0-1
Vitória SC (Guimarães)	1-2	1-1	0-1	0-0	1-0	0-2	1-0	0-0	0-0	0-0	0-0	3-0	■	2-3
Vitória FC (Setúbal)	3-1	2-0	1-1	2-0	5-1	3-0	6-1	3-0	2-0	0-0	6-1	3-0	2-0	■

1st Division

		Pd	Wn	Dw	Ls	GF	GA	Pts	
1.	SPORT LISBOA E BENFICA (LISBOA)	26	18	5	3	62	17	41	
2.	Sporting Clube de Portugal (Lisboa)	26	16	6	4	45	14	38	
3.	FC do Porto (Porto)	26	16	5	5	44	21	37	
4.	Vitória FC (Setúbal)	26	15	4	7	51	16	34	
5.	Associação Académica de Coimbra (Coimbra)	26	13	7	6	38	24	33	
6.	Boavista FC (Porto)	26	9	4	13	18	38	22	
7.	CF Os Belenenses (Lisboa)	26	7	8	11	20	27	22	
8.	GD da C.U.F. (Barreiro)	26	8	5	13	28	37	21	
9.	FC Tirsense (Santo Tirso)	26	6	8	12	24	45	20	
10.	FC Barreirense (Barreiro)	26	5	10	11	21	31	20	
11.	SC Farense (Faro)	26	7	6	13	15	33	20	
12.	Vitória SC (Guimarães)	26	4	11	11	15	27	19	
13.	Leixões SC (Matosinhos)	26	7	5	14	22	44	19	
14.	Varzim SC (Póvoa de Varzim)	26	7	4	15	23	52	18	R
		364	138	88	138	426	426	364	

Top goalscorers

1)	Artur Jorge Teixeira	(SL e Benfica – Lisboa)	23
2)	Vítor Baptista	(Vitória FC – Setúbal)	22
3)	Eusébio Ferreira	(SL e Benfica – Lisboa)	18
	Lemos	(FC do Porto – Porto)	18

Promoted: Atlético Clube de Portugal (Lisboa), SC Beira Mar (Aveiro) and União FCI de Tomar (Tomar)

2nd Division Play-off

SC Beira Mar (Aveiro)	3-1	Atlético Clube de Portugal (Lisboa)

Taça de Portugal Final (Estádio Nacional, Lisboa – 27th June 1971)

SPORTING CLUBE DE PORTUGAL (LISBOA) 4-1 Sport Lisboa e Benfica (Lisboa)

Dinis II 5, Nélson Fernandes 23, Chico Faria 33, 71   *Eusébio 59 pen*

Sporting: Vítor Damas, Pedro Gomes, João Laranjeira, José Carlos (Francisco Caló), Carlos Manaca, Vítor Gonçalves (Fernando Tomé), Nélson Fernandes, Fernando Peres, Francisco Dias Faria "Chico", Mário Mateus "Marinho", Joaquim Dinis.

Benfica: José Henriques, Malta da Silva, Humberto Coelho, Zeca, Adolfo Calisto, Jaime Graça, Augusto Matine (Diamantino Costa), António Simões, Tamagnini Nené, Artur Jorge (José Torres), Eusébio Ferreira.

Semi-finals

Sporting Clube de Portugal (Lisboa)	1-1, 1-0	Vitória FC (Setúbal)
FC Tirsense (Santo Tirso)	1-3, 1-5	Sport Lisboa e Benfica (Lisboa)

Quarter-finals

CF Os Belenenses (Lisboa)	0-0, 2-2, 1-2	Sporting Clube de Portugal (Lisboa)
Sport Lisboa e Benfica (Lisboa)	6-0, 2-0	Independiente Angola
FC do Porto (Porto)	1-1, 0-1	Vitória FC (Setúbal)
GD de Sesimbra (Sesimbra)	0-1, 1-3	FC Tirsense (Santo Tirso)

Round 6

FC Barreirense (Barreiro)	1-7	Sport Lisboa e Benfica)
Boavista FC (Porto)	0-1	CF Os Belenenses (Lisboa)
Independiente Angola	1-0	CF União de Coimbra (Coimbra)
CS Mindelense (Mindelo)	0-21	Sporting Clube de Portugal (Lisboa)
FC do Porto (Porto)	4-1	Clube Ferroviário de Lourenço Marques
GD de Sesimbra (Sesimbra)	1-1, 2-1	CS Marítimo (Funchal)
FC Tirsense (Santo Tirso)	4-0	Leixões SC (Matosinhos)
Vitória FC (Setúbal)	11-0	SC Praiense (Praia de Vitória)

1971-1972

1st Division 1971-1972	Académica	Atlético	Barreirense	Beira Mar	Belenenses	Benfica	Boavista	C.U.F.	Farense	Leixões	Porto	SC Portugal	Tirsense	União	Vitória FC	Vitória SC
Académica de Coimbra (Coimbra)	■	0-2	2-0	0-1	2-0	0-3	3-1	0-1	0-0	0-0	0-1	3-3	1-1	3-0	4-1	0-2
Atlético Clube de Portugal (Lisboa)	1-1	■	1-0	2-3	1-1	1-5	1-1	0-1	3-2	2-0	1-1	0-0	2-1	2-0	2-2	2-2
FC Barreirense (Barreiro)	1-0	2-1	■	4-0	1-2	1-0	0-1	0-2	3-1	4-0	1-1	1-2	2-1	0-3	2-2	1-1
SC Beira Mar (Aveiro)	1-0	5-0	1-2	■	1-3	1-3	1-1	1-1	1-1	0-0	0-2	0-1	0-0	2-1	2-1	2-2
Belenenses (Lisboa)	0-1	3-1	1-2	0-0	■	0-1	4-1	1-1	2-1	0-1	3-2	2-1	1-0	2-0	0-1	0-0
Sport Lisboa e Benfica (Lisboa)	3-1	5-1	5-1	2-1	1-0	■	2-0	1-1	2-0	6-0	1-0	2-1	7-0	3-0	3-0	0-0
Boavista FC (Porto)	2-0	2-1	1-2	0-0	2-0	2-2	■	2-0	1-0	1-3	1-2	1-1	1-1	2-0	0-1	1-1
GD da C.U.F. (Barreiro)	2-2	1-1	1-1	5-1	0-1	0-2	2-0	■	2-1	4-0	1-0	0-0	4-0	2-1	5-3	2-2
SC Farense (Faro)	4-2	3-1	1-0	2-0	3-1	2-5	1-1	2-2	■	4-3	0-0	1-1	2-0	1-0	1-0	2-2
Leixões SC (Matosinhos)	1-0	0-1	2-0	2-1	1-3	0-1	0-0	0-0	1-0	■	0-1	1-3	1-1	0-1	1-1	1-3
FC do Porto (Porto)	2-3	1-3	1-1	1-0	3-2	1-3	6-0	1-0	2-0	2-0	■	0-0	6-0	1-1	1-2	0-1
Sporting Clube de Portugal (Lisboa)	1-0	2-0	3-0	0-1	2-1	0-3	4-1	3-0	2-0	2-2	2-1	■	3-2	2-0	3-0	0-0
FC Tirsense (Santo Tirso)	1-0	1-0	0-1	1-1	1-0	0-3	1-0	1-1	2-0	2-4	3-3	3-5	■	1-0	1-2	0-1
União FCI de Tomar (Tomar)	2-1	3-1	4-1	2-0	0-0	0-1	0-0	1-1	0-0	1-0	1-5	0-2	2-0	■	3-2	0-3
Vitória SC (Guimarães)	0-0	1-1	2-0	5-1	1-1	1-3	2-1	0-0	5-1	3-2	0-4	1-2	7-1	2-0	■	1-1
Vitória FC (Setúbal)	1-0	3-0	4-0	4-0	1-1	1-3	5-1	0-1	4-0	4-0	2-0	0-0	6-0	5-0	1-0	■

	1st Division	Pd	Wn	Dw	Ls	GF	GA	Pts	
1.	SPORT LISBOA E BENFICA (LISBOA)	30	26	3	1	81	16	55	
2.	Vitória FC (Setúbal)	30	17	11	2	62	16	45	
3.	Sporting Clube de Portugal (Lisboa)	30	17	9	4	51	26	43	
4.	GD da C.U.F. (Barreiro)	30	12	13	5	43	28	37	
5.	FC do Porto (Porto)	30	13	7	10	51	32	33	
6.	Vitória SC (Guimarães)	30	11	8	11	49	47	30	
7.	CF Os Belenenses (Lisboa)	30	11	7	12	35	33	29	
8.	FC Barreirense (Barreiro)	30	11	5	14	34	46	27	
9.	SC Farense (Faro)	30	9	7	14	34	48	25	
10.	Atlético Clube de Portugal (Lisboa)	30	8	9	13	35	52	25	
11.	Boavista FC (Porto)	30	7	10	13	28	46	24	
12.	União FCI de Tomar (Tomar)	30	9	5	16	25	42	23	
13.	SC Beira Mar (Aveiro)	30	7	9	14	29	51	23	
14.	Leixões SC (Matosinhos)	30	7	7	16	26	51	21	
15.	Associação Académica de Coimbra (Coimbra)	30	7	7	16	29	38	21	R
16.	FC Tirsense (Santo Tirso)	30	6	7	17	26	66	19	R
		480	178	124	178	638	638	480	

Top goalscorers

1)	Artur Jorge Teixeira	(SL e Benfica – Lisboa)	27
2)	Flávio	(FC do Porto – Porto)	21
	José Torres	(Vitória FC – Setúbal)	21

Promoted: CD do Montijo (Montijo), CF União de Coimbra (Coimbra)

2nd Division Play-off

CF União de Coimbra (Coimbra)   2-1   CD do Montijo (Montijo)

Taça de Portugal Final   (Estádio Nacional, Lisboa – 4th June 1972)

SPORT LISBOA E BENFICA (LISBOA)   3-2 (aet)   Sporting Clube de Portugal (Lisboa)

Eusébio 19, 70, 118   *Fernando Peres 51 pen, Dinis II 61*

Benfica: José Henriques, Artur Santos, Humberto Coelho, Messias Timula, Adolfo Calisto, Jaime Graça, António Oliveira "Toni", Vítor Martins, Tamagnini "Nené" (Rui Jordão), Eusébio Ferreira, Diamantino Costa.

Sporting: Vítor Damas, Pedro Gomes, João Laranjeira, José Carlos, Hilário Conceição, Fernando Tomé (Mário Mateus "Marinho"), Vítor Gonçalves, Fernando Peres, Francisco Dias Faria "Chico" (Nélson Fernandes), Yazalde, Joaquim Dinis.

Semi-finals

CF Os Belenenses (Lisboa)   2-3   Sporting Clube de Portugal (Lisboa)
Sport Lisboa e Benfica (Lisboa)   6-0   FC do Porto (Porto)

Quarter-finals

Atlético Clube de Portugal (Lisboa)   0-2   FC do Porto (Porto)
CF Os Belenenses (Lisboa)   1-0   Vitória FC (Setúbal)
CD da Cova Piedade (Almada)   3-6   Sport Lisboa e Benfica (Lisboa)
Sporting Clube de Portugal (Lisboa)   4-1   Leixões SC (Matosinhos)

Round 5

Atlético Club de Portugal (Lisboa)   1-0   Boavista FC (Porto)
FC Barreirense (Barreiro)   0-2   CD da Cova Piedade (Cova Piedade)
CF Os Belenenses (Lisboa)   1-0   Vitória SC (Guimarães)
Sport Lisboa e Benfica (Lisboa)   5-1   AC Marinhense (Marinho Grande)
FC do Porto (Porto)   3-1   SC Farense (Faro)
Sporting Clube de Portugal (Lisboa)   3-0   Sport União Sintrense (Sintra)
FC Tirsense (Santo Tirso)   1-1, 1-3   Leixões SC (Matosinhos)
Vitória FC (Setúbal)   3-0   SC Beira Mar (Aveiro)

1972-1973

1st Division 1972-1973	Atlético	Barreirense	Beira Mar	Belenenses	Benfica	Boavista	C.U.F.	Farense	Leixões	ontijo	Porto	SC Portugal	União C.	União T.	Vitória FC	Vitória SC
Atlético Clube de Portugal (Lisboa)		1-3	2-2	0-0	0-0	1-3	2-2	2-1	0-1	1-3	0-2	1-0	0-0	4-0	0-1	3-3
FC Barreirense (Barreiro)	1-0		1-1	1-5	0-3	1-1	3-2	4-1	3-1	4-4	0-0	1-4	4-2	1-0	1-1	2-3
SC Beira Mar (Aveiro)	1-1	0-2		2-2	1-2	1-1	1-2	1-1	0-1	1-1	1-1	0-0	1-1	2-0	1-0	0-0
Belenenses (Lisboa)	3-2	4-2	4-0		0-2	1-1	1-0	0-0	4-0	2-1	2-0	2-2	3-1	2-1	2-1	3-2
Sport Lisboa e Benfica (Lisboa)	2-0	3-0	9-0	5-0		4-1	2-0	3-0	6-0	6-0	3-2	4-1	6-1	2-0	8-0	3-0
Boavista FC (Porto)	3-2	1-2	1-1	2-2	1-3		1-0	2-0	1-1	3-0	1-0	3-2	1-0	3-1	1-1	3-1
GD da C.U.F. (Barreiro)	2-1	1-1	1-2	1-2	0-1	3-0		1-1	2-0	1-0	0-2	1-1	2-0	1-0	3-1	2-4
SC Farense (Faro)	1-1	2-1	3-2	0-0	0-5	2-0	1-0		1-0	2-1	1-1	1-3	2-0	2-0	2-2	0-3
Leixões SC (Matosinhos)	1-0	1-0	3-3	1-0	1-5	3-0	2-3	1-1		1-0	3-1	2-2	0-0	4-0	1-1	0-0
CD de Montijo (Montijo)	2-0	1-0	0-1	1-1	0-1	1-0	0-1	2-0	2-0		0-1	0-0	1-0	3-2	1-1	1-3
FC do Porto (Porto)	5-1	4-0	1-0	1-1	2-2	1-0	1-1	4-1	0-1	4-1		0-1	3-0	4-1	1-2	2-0
Sporting Clube de Portugal (Lisboa)	4-1	5-1	4-0	1-0	1-2	1-0	1-0	4-0	0-1	4-1	0-3		3-1	4-0	2-0	1-0
CF União de Coimbra (Coimbra)	1-0	2-2	0-1	1-1	0-4	2-3	1-1	1-0	2-0	0-1	0-2	1-5		3-0	1-0	1-0
União FCI de Tomar (Tomar)	0-1	3-1	8-1	0-6	0-2	2-4	1-1	3-1	1-1	2-1	1-7	1-1	1-0		1-2	1-0
Vitória SC (Guimarães)	0-0	3-1	2-0	0-0	1-2	4-0	1-1	1-0	2-1	1-0	1-1	1-1	3-1	3-3		1-0
Vitória FC (Setúbal)	5-0	5-0	3-0	0-0	0-1	4-0	3-1	5-0	5-0	4-0	3-0	2-0	4-0	1-1	2-1	

1st Division

		Pd	Wn	Dw	Ls	GF	GA	Pts	
1.	SPORT LISBOA E BENFICA (LISBOA)	30	28	2	-	101	13	58	
2.	CF Os Belenenses (Lisboa)	30	14	12	4	53	30	40	
3.	Vitória FC (Setúbal)	30	16	6	8	65	26	38	
4.	FC do Porto (Porto)	30	15	7	8	56	28	37	
5.	Sporting Clube de Portugal (Lisboa)	30	15	7	8	57	31	37	
6.	Vitória SC (Guimarães)	30	11	11	8	38	38	33	
7.	Boavista FC (Porto)	30	12	7	11	41	47	31	
8.	GD da C.U.F. (Barreiro)	30	11	8	11	38	37	30	
9.	Leixões SC (Matosinhos)	30	11	8	11	32	45	30	
10.	FC Barreirense (Barreiro)	30	9	7	14	43	64	25	
11.	SC Farense (Faro)	30	8	8	14	27	53	24	
12.	SC Beira Mar (Aveiro)	30	5	13	12	27	57	23	
13.	CD de Montijo (Montijo)	30	9	5	16	29	47	23	
14.	CF União de Coimbra (Coimbra)	30	5	7	18	22	54	17	R
15.	Atlético Clube de Portugal (Lisboa)	30	4	9	17	27	52	17	R
16.	União FCI de Tomar (Tomar)	30	6	5	19	35	69	17	R
		480	179	122	179	691	691	480	

Top goalscorers

1)	Eusébio Ferreira	(SL e Benfica – Lisboa)	40
2)	Flávio	(FC do Porto – Porto)	21
3)	Hector Yazalde	(SC de Portugal – Lisboa)	19

Promoted: Associação Académica de Coimbra (Coimbra), Clube Oriental de Lisboa and SC Olhanense (Olhão).

2nd Division Play-off

Associação Académica de Coimbra (Coimbra) 1-0 SC Olhanense (Olhão)

Taça de Portugal Final (Estádio Nacional, Lisboa – 17th June 1973)

SPORTING CLUBE DE PORTUGAL (LISBOA) 3-2 Vitória FC (Setúbal)

Nélson Fernandes 23, Hector Yazalde 34, Fernando Tomé 66 *Duda 76, Vicente 86*

Sporting: Vítor Damas, Vitorino Bastos, João Laranjeira, Carlos Alhinho, Carlos Manaca, Fernando Tomé (Hilário Conceição), Nélson Fernandes, Vagner Canotilho, Mário Mateus "Marinho", Yazalde (Francisco Dias Faria "Chico"), Joaquim Dinis.

Vitória FC: Joaquim Torres, Francisco Rebelo, João Cardoso, João Mendes, Manuel Carriço, Amâncio, José Maria, Câmpora (Vicente), José Torres, José Leandro "Duda", Jacinto João (Joaquim Arcanjo).

Semi-finals

GD da C.U.F. (Barreiro) 0-1 Sporting Clube de Portugal (Lisboa)
SC Farense (Faro) 0-1 Vitória FC (Setúbal)

Quarter-finals

FC Barreirense (Barreiro) 0-1 Vitória FC (Setúbal)
GD da C.U.F. (Barreiro) 5-0 União FCI de Tomar (Tomar)
SC Farense (Faro) 1-0 FC do Porto (Porto)
Sporting Clube de Portugal (Lisboa) 1-0 Leixões SC (Matosinhos)

Round 5

Atlético Club de Portugal (Lisboa) 1-2 GD da C.U.F. (Barreiro)
FC Barreirense (Barreiro) 3-1 Associação Académica de Coimbra (Coimbra)
Leixões SC (Matosinhos) 2-0 Sport Lisboa e Benfica (Lisboa)
CD de Montijo (Montijo) 0-1 SC Farense (Faro)
FC do Porto (Porto) 3-1 SC Beira Mar (Aveiro)
Sporting Clube de Portugal (Lisboa) 5-0 CD Torres Novas (Torres Novas)
União FCI de Tomar (Tomar) 1-0 Gil Vicente FC (Barcelos)
Vitória FC (Setúbal) 2-0 Vitória SC (Guimarães)

1973-1974

1st Division 1973-1974	Académica	Barreirense	Beira Mar	Belenenses	Benfica	Boavista	C.U.F.	Farense	Leixões	Montijo	Olhanense	Oriental	Porto	SC Portugal	Vitória FC	Vitória SC
Académica de Coimbra (Coimbra)	■	6-1	1-1	0-0	2-0	2-1	1-2	1-0	2-0	1-2	1-1	3-0	1-1	1-3	2-1	0-3
FC Barreirense (Barreiro)	1-0	■	2-0	1-0	0-0	1-0	0-0	2-1	1-0	1-1	1-1	0-1	1-2	0-3	1-1	0-0
SC Beira Mar (Aveiro)	1-1	3-2	■	1-2	1-1	0-0	2-0	3-1	3-2	3-1	4-2	2-3	1-2	1-1	0-1	0-3
Belenenses (Lisboa)	6-0	1-0	4-1	■	1-2	4-1	2-1	3-1	4-3	3-0	3-0	3-1	1-0	1-0	2-0	2-1
Sport Lisboa e Benfica (Lisboa)	5-0	4-0	2-0	3-1	■	2-0	1-0	1-0	3-0	5-1	4-1	2-0	2-1	2-0	5-1	2-3
Boavista FC (Porto)	2-0	2-0	2-0	1-1	2-0	■	0-1	1-0	2-2	4-0	2-0	3-1	2-1	1-1	1-1	1-0
GD da C.U.F. (Barreiro)	0-0	2-0	4-1	0-1	0-2	0-0	■	0-1	0-3	2-1	6-1	4-2	0-0	0-3	1-1	2-1
SC Farense (Faro)	4-1	1-1	1-1	2-1	0-0	4-1	2-2	■	2-0	3-2	3-1	2-1	2-2	0-2	2-2	0-2
Leixões SC (Matosinhos)	1-0	1-0	4-0	1-1	0-1	2-0	3-1	0-0	■	4-2	3-1	1-3	0-3	2-0	2-0	0-1
CD de Montijo (Montijo)	1-0	1-0	2-0	0-0	0-1	2-2	0-0	0-2	1-0	■	1-0	8-1	1-2	1-4	1-1	0-3
SC Olhanense (Olhão)	0-0	1-0	4-2	2-2	1-7	2-0	2-2	1-0	4-0	2-0	■	4-1	2-1	1-3	0-2	0-0
Clube Oriental de Lisboa (Lisboa)	0-3	2-1	0-1	2-3	1-3	3-1	3-2	1-0	3-2	1-1	2-0	■	1-3	0-7	1-0	0-3
FC do Porto (Porto)	1-0	1-0	3-0	2-0	2-1	4-2	1-1	1-0	2-1	1-0	2-0	1-0	■	1-1	3-0	2-0
Sporting Clube de Portugal (Lisboa)	3-0	6-1	5-2	4-1	3-5	3-1	6-0	3-0	3-0	8-0	5-0	8-0	2-0	■	3-0	2-1
Vitória SC (Guimarães)	1-0	0-0	3-0	1-1	0-0	0-2	2-0	1-1	5-0	1-0	3-1	4-1	0-0	0-1	■	1-4
Vitória FC (Setúbal)	3-0	1-1	0-0	3-2	2-2	4-1	2-0	1-0	6-1	6-2	9-0	4-0	0-0	1-0	1-1	■

	1st Division	Pd	Wn	Dw	Ls	GF	GA	Pts	
1.	SPORTING CLUBE DE PORTUGAL (LISBOA)	30	23	3	4	96	21	49	
2.	Sport Lisboa e Benfica (Lisboa)	30	21	5	4	68	23	47	
3.	Vitória FC (Setúbal)	30	19	7	4	69	21	45	
4.	FC do Porto (Porto)	30	18	7	5	43	22	43	
5.	CF Os Belenenses (Lisboa)	30	17	6	7	56	34	40	
6.	Vitória SC (Guimarães)	30	10	11	9	36	34	31	
7.	SC Farense (Faro)	30	9	8	13	35	38	26	
8.	GD da C.U.F. (Barreiro)	30	8	9	13	33	44	25	
9.	Boavista FC (Porto)	30	9	7	14	35	43	25	
10.	Associação Académica de Coimbra (Coimbra)	30	8	7	15	29	45	23	
11.	SC Olhanense (Olhão)	30	8	6	16	35	69	22	
12.	Clube Oriental de Lisboa (Lisboa)	30	10	1	19	35	79	21	
13.	SC Beira Mar (Aveiro)	30	7	7	16	34	59	21	POR
14.	Leixões SC (Matosinhos)	30	9	3	18	36	56	21	PO
15.	FC Barreirense (Barreiro)	30	6	9	15	19	42	21	R
16.	CD de Montijo (Montijo)	30	7	6	17	32	61	20	R
		480	189	102	189	691	691	480	

Top goalscorers

1)	Hector Yazalde	(SC de Portugal – Lisboa)	46
2)	José Leandro "Duda"	(Vitória FC – Setúbal)	24
3)	Eusébio Ferreira	(SL e Benfica – Lisboa)	16

Associação Académica de Coimbra (Coimbra) were forced to change their club name to Clube Académico de Coimbra (Coimbra) prior to the next season for political reasons.

Promoted: Atlético Clube de Portugal (Lisboa), SC de Espinho (Espinho) and União FCI de Tomar (Tomar).

2nd Division Play-off

União FCI de Tomar (Tomar)	4-3	SC de Espinho (Espinho)

Taça de Portugal Final (Estádio Nacional, Lisboa – 9th June 1974)

SPORTING CLUBE DE PORTUGAL (LISBOA)2-1 (aet)   Sport Lisboa e Benfica (Lisboa)

Chico Faria 89, Marinho 107   *Nené 32*

Sporting: Vítor Damas, Carlos Manaca, Vitorino Bastos, Carlos Alhinho, Vítor Gonçalves "Baltasar", Nélson Fernandes, Wagner Canotilho (Daniel Silva "Dani"), Paulo Rocha (Francisco D. Faria "Chico"), Joaquim Dinis, Mário Mateus "Marinho", Domingos Pedra "Dé".

Benfica: Manuel Bento, Artur Correia, Humberto Coelho, Rui Rodrigues (Adolfo Calisto), António Barros, António Oliveira "Toni" (Eusébio Ferreira), Vítor Martins, António Simões, Vítor Baptista, Rui Jordão, Tamagnini Nené.

Semi-finals

FC do Porto (Porto)	0-3	Sport Lisboa e Benfica (Lisboa)
Sporting Clube de Portugal (Lisboa)	2-1	SC Olhanense (Olhão)

Quarter-finals

SC Farense (Faro)	0-4	Sport Lisboa e Benfica (Lisboa)
SC Olhanense (Olhão)	4-2	União FCI de Tomar (Tomar)
FC do Porto (Porto)	3-1	GD da C.U.F. (Barreiro)
Sporting Clube de Portugal (Lisboa)	2-0	Boavista FC (Porto)

Round 6

Atlético Clube de Portugal (Lisboa)	1-1, 1-3	SC Farense (Faro)
FC Avintes (Vila Nova de Gaia)	0-3	União FCI de Tomar (Tomar)
Sport Lisboa e Benfica (Lisboa)	8-0	Clube Oriental de Lisboa (Lisboa)
Boavista FC (Porto)	5-1	FC Famalicão (Vila Nova de Famalicão)
GD da C.U.F. (Barreiro)	2-0	SC Beira Mar (Aveiro)
SC Olhanense (Olhão)	4-1	SC e Salgueiros (Porto)
FC do Porto (Porto)	1-0	FC Barreirense (Barreiro)
Sporting Clube de Portugal (Lisboa)	2-1	CF Os Belenenses (Lisboa)

1974-1975

1st Division 1974-1975	Académico	Atlético	Belenenses	Benfica	Boavista	C.U.F.	Espinho	Farense	Leixões	Olhanense	Oriental	Porto	SC Portugal	União T.	Vitória FC	Vitória SC
Académico de Coimbra (Coimbra)		0-0	2-1	0-0	1-2	1-2	2-1	2-0	0-1	3-1	0-1	1-2	1-3	3-1	3-3	1-2
Atlético Clube de Portugal (Lisboa)	1-0		0-1	0-3	0-1	3-1	2-1	2-1	1-1	1-0	0-0	1-2	1-3	2-1	1-4	2-1
Belenenses (Lisboa)	1-3	0-1		1-2	2-1	1-1	2-1	1-0	0-0	6-4	3-0	2-2	2-0	1-0	2-1	3-3
Sport Lisboa e Benfica (Lisboa)	4-0	3-0	4-0		5-1	1-0	2-0	4-0	3-0	2-2	4-0	0-1	1-1	3-1	3-0	2-0
Boavista FC (Porto)	1-0	6-3	2-1	0-0		6-1	0-0	1-1	4-0	2-1	3-0	1-2	2-0	6-1	3-0	1-0
GD da C.U.F. (Barreiro)	0-0	2-2	1-3	0-1	1-1		4-0	1-0	1-0	7-2	3-0	2-1	2-2	1-1	2-1	+:-
SC de Espinho (Espinho)	1-1	2-3	1-1	1-2	1-6	2-2		1-0	2-0	2-2	1-3	0-2	0-1	2-1	2-3	1-0
SC Farense (Faro)	3-0	4-1	1-3	0-4	1-0	1-0	5-0		2-1	2-1	1-0	1-6	1-2	5-2	2-5	0-1
Leixões SC (Matosinhos)	2-1	1-1	2-0	1-2	0-0	2-0	1-0	3-0		1-0	2-1	0-1	1-1	0-1	0-3	2-0
SC Olhanense (Olhão)	3-1	3-5	1-2	0-1	3-1	1-2	2-1	1-1	0-1		2-0	1-2	1-0	1-1	2-3	1-1
Clube Oriental de Lisboa (Lisboa)	2-2	2-0	1-1	0-0	0-0	1-1	0-0	1-1	3-3	1-0		1-2	0-0	2-3	2-0	0-1
FC do Porto (Porto)	2-0	5-0	0-4	0-3	2-1	2-1	4-0	2-0	1-1	4-1	4-0		1-1	3-0	1-1	1-1
Sporting Clube de Portugal (Lisboa)	1-0	6-1	1-0	1-1	1-0	1-1	5-1	3-0	5-2	7-0	3-0	2-1		3-0	2-3	1-0
União FCI de Tomar (Tomar)	1-4	5-2	0-1	0-0	1-2	1-0	3-1	0-3	1-1	4-2	3-0	1-5	1-2		3-2	1-0
Vitória SC (Guimarães)	3-1	2-2	2-0	0-1	1-2	1-0	5-0	3-0	0-0	4-0	5-0	2-0	0-0	0-0		3-2
Vitória FC (Setúbal)	2-0	8-0	0-0	2-1	3-2	2-1	0-0	1-2	8-0	2-3	3-0	1-1	1-1	2-1	0-4	

Note: Vitória FC 1-1 GD da C.U.F. match was later awarded 3-0 to GD da C.U.F.

	1st Division	Pd	Wn	Dw	Ls	GF	GA	Pts	
1.	SPORT LISBOA E BENFICA (LISBOA)	30	21	7	2	62	12	49	
2.	FC do Porto (Porto)	30	19	6	5	62	30	44	
3.	Sporting Clube de Portugal (Lisboa)	30	17	9	4	59	25	43	
4.	Boavista FC (Porto)	30	16	6	8	58	32	38	
5.	Vitória SC (Guimarães)	30	16	6	8	64	36	38	
6.	FC Os Belenenses (Lisboa)	30	14	7	9	45	37	35	
7.	Vitória FC (Setúbal)	30	11	7	12	47	38	29	
8.	GD da C.U.F. (Barreiro)	30	10	9	11	43	40	29	
9.	Leixões SC (Matosinhos)	30	10	9	11	29	42	29	
10.	Atlético Clube de Portugal (Lisboa)	30	10	6	14	38	69	26	
11.	SC Farense (Faro)	30	11	3	16	38	52	25	
12.	União FCI de Tomar (Tomar)	30	9	5	16	39	59	23	
13.	Clube Oriental de Lisboa (Lisboa)	30	5	10	15	21	51	20	POR
14.	Clube Académico de Coimbra (Coimbra)	30	7	6	17	33	47	20	PO
15.	SC Olhanense (Olhão)	30	6	5	19	41	70	17	R
16.	SC de Espinho (Espinho)	30	4	7	19	25	64	15	R
		480	186	108	186	704	704	480	

Top goalscorers

1)	Hector Yazalde	(SC de Portugal – Lisboa)	30
2)	Jeremais	(Vitória SC – Guimarães)	18
3)	Tito	(Vitória SC – Guimarães)	17

Promoted: SC Beira Mar (Aveiro), SC de Braga (Braga) and GD Estoril Praia (Estoril).

2nd Division Play-off

GD Estoril Praia (Estoril)　　　　　　　　　1-0　　　　　　　　　SC de Braga (Braga)

Taça de Portugal Final　(Estádio Nacional, Lisboa – 14th June 1975)

BOAVISTA FC (PORTO)　　　　　　　　　2-1　　　　　Sport Lisboa e Benfica (Lisboa)

Mané 15, João Alves 17　　　　　　　　　　　　　　　　　　　　　　　*Rui Jordão 60*

Boavista: Botelho, Trindade, Mário João, Carolino, Taí, Celso, Acácio Casimiro (Manuel Barbosa 88), João Alves, Mané (Amândio 74), Salvador, Francisco Mário.

Benfica: José Henrique, Barros, António Bastos Lopes, Messias, Malta da Silva, Shéu (Ibraim Silva 28), Toni, Diamantino Costa, Vítor Martins (Vítor Moia 67), Rui Jordão, Moinhos.

Semi-finals

Boavista FC (Porto)　　　　　　　　　　　1-0　　　Sporting Club de Portugal (Lisboa)
Sport Lisboa e Benfica (Lisboa)　　　　　　2-1　　　　　　CF Os Belenenses (Lisboa)

Quarter-finals

CF Os Belenenses (Lisboa)　　　　　　　　2-0　　　　　　　　FC do Porto (Porto)
Sport Lisboa e Benfica (Lisboa)　　　　　　1-0　　　　　　　Vitória FC (Setúbal)
SC de Braga (Braga)　　　　　　　　　　　0-5　　　　　　　Boavista FC (Porto)
União FCI de Tomar (Tomar)　　　　　0-0, 0-5　　Sporting Clube de Portugal (Lisboa)

Round 6

Atlético Club de Portugal (Lisboa)　　　　　0-2　　Sporting Clube de Portugal (Lisboa)
SC de Braga (Braga)　　　　　　　　　　　1-0　　　　　　　　SC Farene (Faro)
SC da Covilhã (Covilhã)　　　　　　　　　0-2　　　　　　　Boavista FC (Porto)
GD da C.U.F. (Barreiro)　　　　　　　　　0-1　　　　　　　Vitória FC (Setúbal)
Leixões SC (Matosinhos)　　　　　　　　　2-4　　　Sport Lisboa e Benfica (Lisboa)
Clube Oriental de Lisboa (Lisboa)　　　　　0-2　　　　　　CF Os Belenenses (Lisboa)
FC do Porto (Porto)　　　　　　　　　3-3, 3-2　　　　　　Vitória SC (Guimarães)
União FCI de Tomar (Tomar)　　　　　　　5-3　　　　　　CD de Montijo (Montijo)

1975-1976

1st Division 1975-1976	Académico	Atlético	Beira Mar	Belenenses	Benfica	Boavista	Braga	C.U.F.	Estoril	Farense	Leixões	Porto	SC Portugal	União T.	Vitória FC	Vitória SC
Académico de Coimbra (Coimbra)	■	0-1	1-1	0-2	2-4	0-1	1-0	4-1	1-0	4-0	2-0	1-1	1-4	2-1	1-2	0-0
Atlético Clube de Portugal (Lisboa)	0-0	■	1-1	0-0	0-2	0-0	1-2	0-1	0-2	3-1	1-0	0-4	+:-	1-0	0-1	2-1
SC Beira Mar (Aveiro)	1-0	1-3	■	0-2	0-2	1-1	2-2	0-1	2-1	2-0	0-1	2-2	2-1	4-1	0-0	4-2
Belenenses (Lisboa)	0-0	1-0	2-1	■	4-2	1-1	0-0	2-0	2-0	2-1	4-0	1-0	1-0	2-0	2-0	2-1
Sport Lisboa e Benfica (Lisboa)	4-0	3-0	5-0	1-1	■	0-0	7-1	5-1	7-1	3-0	9-1	2-3	0-0	6-1	2-0	2-0
Boavista FC (Porto)	4-2	4-3	4-1	2-1	1-4	■	2-0	9-0	6-0	3-0	4-0	1-0	3-1	0-1	1-1	2-1
SC de Braga (Braga)	1-0	4-0	0-0	0-1	0-0	1-2	■	1-1	2-1	2-0	5-0	0-3	2-1	3-3	0-0	0-0
GD da C.U.F. (Barreiro)	0-0	2-1	1-1	1-1	0-1	0-1	1-1	■	0-0	1-0	0-3	0-3	0-3	0-0	0-2	1-1
GD Estoril Praia (Estoril)	0-0	0-1	1-0	1-1	0-4	0-2	1-0	1-0	■	2-0	2-0	1-3	1-0	2-0	2-1	1-1
SC Farense (Faro)	3-0	3-4	2-0	1-3	1-4	1-4	5-1	2-0	1-1	■	3-2	1-0	0-3	2-0	0-3	0-0
Leixões SC (Matosinhos)	0-1	1-1	3-1	3-2	1-0	0-1	2-0	3-2	1-1	0-1	■	0-3	0-0	3-1	1-1	1-1
FC do Porto (Porto)	5-1	2-0	0-0	3-1	2-3	2-0	0-0	1-0	2-2	6-1	8-2	■	2-3	6-1	1-1	2-0
Sporting Clube de Portugal (Lisboa)	3-3	3-0	2-0	1-0	0-3	0-1	4-1	1-0	2-1	4-1	3-0	5-1	■	4-1	1-1	1-1
União FCI de Tomar (Tomar)	2-1	2-0	2-0	3-1	0-2	0-2	1-4	1-1	2-2	2-2	0-0	0-5	0-1	■	3-0	1-0
Vitória SC (Guimarães)	3-3	5-0	2-1	2-2	0-3	1-1	1-2	2-0	3-1	3-0	4-1	2-1	1-1	3-1	■	4-0
Vitória FC (Setúbal)	3-1	3-0	2-0	4-1	0-4	1-2	3-0	0-0	1-3	3-1	4-1	2-2	2-2	2-2	1-0	■

Note: Atlético CP 2-2 Sporting Clube de Portugal was abandoned and later awarded 3-0 Atlético CP.

	1st Division	Pd	Wn	Dw	Ls	GF	GA	Pts	
1.	SPORT LISBOA E BENFICA (LISBOA)	30	23	4	3	94	20	50	
2.	Boavista FC (Porto)	30	21	6	3	65	23	48	
3.	CF Os Belenenses (Lisboa)	30	16	8	6	45	28	40	
4.	FC do Porto (Porto)	30	16	7	7	73	33	39	
5.	Sporting Clube de Portugal (Lisboa)	30	16	6	8	54	31	38	
6.	Vitória SC (Guimarães)	30	13	10	7	49	32	36	
7.	SC de Braga (Braga)	30	9	10	11	35	43	28	
8.	GD Estoril Praia (Estoril)	30	10	8	12	31	45	28	
9.	Vitória FC (Setúbal)	30	8	10	12	39	42	26	
10.	Atlético Clube de Portugal (Lisboa)	30	9	5	16	26	49	23	
11.	Clube Académico de Coimbra (Coimbra)	30	7	9	14	32	47	23	
12.	Leixões SC (Matosinhos)	30	8	6	14	30	65	22	
13.	SC Beira Mar (Aveiro)	30	6	9	15	28	47	21	
14.	União FCI de Tomar (Tomar)	30	7	7	16	32	61	21	R
15.	SC Farense (Faro)	30	8	3	19	33	65	19	R
16.	GD da C.U.F. (Barreiro)	30	4	10	16	15	50	18	R
		480	181	118	181	681	681	480	

Top goalscorers

1)	Rui Jordão	(SL e Benfica – Lisboa)	30
2)	Manuel Tamagnini "Nené"	(SL e Benfica – Lisboa)	29
3)	Teofilo Cubillas	(FC do Porto – Porto)	28

Promoted: CD de Montijo (Montijo), Portimonense SC (Portimão) and Varzim SC (Póvoa de Varzim).

2nd Division Play-off

Varzim SC (Póvoa de Varzim)	3-1	Portimonense SC (Portimão)

Taça de Portugal Final   (Estádio das Antas, Porto – 12th June 1976)

BOAVISTA FC (PORTO)	2-1	Vitória SC (Guimarães)
Salvador Almeida 10, 49		*Rui Lopes 62*

Boavista: Botelho, António Alberto, Álvaro Carolino, Leonel Trindade, Manuel Branco, João Alves, Manuel Barbosa (Mané 46), Francisco Mário, Taí, Acácio Casimiro (Quim Lobo 78), Salvador Almeida.

Vitória SC: Francisco Rodrigues, Rui Rodrigues, Osvaldinho, Alfredo Guimarães, José Alberto Torres, Pedrinho (Pedroto 72), Almiro, José Abreu, Ferreira da Costa, Rui Lopes, Tito.

Semi-finals

Boavista FC (Porto)	2-0	Vitória FC (Setúbal)
Vitória SC (Guimarães)	2-1 (aet)	Sporting Clube de Portugal (Lisboa)

Quarter-finals

Boavista FC (Porto)	2-2, 2-1	GD Estoril Praia (Estoril)
Portimonense SC (Portimão)	0-1	Vitória FC (Setúbal)
Sporting Clube de Portugal (Lisboa)	1-0	Varzim SC (Póvoa de Varzim)
Vitória SC (Guimarães)	2-1	FC do Porto (Porto)

Eighth-finals

Atlético Clube de Portugal (Lisboa)	0-1	Varzim SC (Póvoa de Varzim)
GD Estoril Praia (Estoril)	2-0	União FCI de Tomar (Tomar)
SC Lamego (Lamego)	0-2	Boavista FC (Porto)
Portimonense SC (Portimão)	2-1	CD Torres Novas (Torres Novas)
FC do Porto (Porto)	6-0	Clube Oriental de Lisboa (Lisboa)
Sporting Clube de Portugal (Lisboa)	5-0	GD de Sesimbra (Sesimbra)
CF União de Lamas (Santa Maria Lamas)	0-0, 0-1	Vitória FC (Setúbal)
Vitória SC (Guimarães)	3-1	CF Os Belenenses (Lisboa)

1976-1977

1st Division 1976-1977	Académico	Atlético	Beira Mar	Belenenses	Benfica	Boavista	Braga	Estoril	Leixões	Montijo	Portimão	Porto	SC Portugal	Varzim	Vitória FC	Vitória SC
Académico de Coimbra (Coimbra)		0-0	0-0	3-1	0-1	3-1	0-1	1-0	0-0	2-1	3-2	0-0	2-1	1-0	2-1	3-0
Atlético Clube de Portugal (Lisboa)	0-1		4-1	2-1	0-2	1-4	0-2	1-1	0-0	1-0	1-2	1-1	0-1	0-0	0-2	2-5
SC Beira Mar (Aveiro)	1-2	1-1		1-0	2-2	1-2	4-2	2-1	2-0	4-1	2-2	0-3	1-1	0-0	1-0	1-2
Belenenses (Lisboa)	1-0	2-1	3-0		2-3	1-1	2-0	1-1	1-1	1-2	3-2	2-0	0-1	0-0	1-1	0-1
Sport Lisboa e Benfica (Lisboa)	1-0	6-0	4-0	1-1		2-1	2-2	6-1	3-1	4-1	5-1	3-1	2-1	2-0	1-0	3-2
Boavista FC (Porto)	4-1	6-2	0-0	0-1	0-3		1-1	1-0	1-1	2-0	2-0	2-1	0-0	2-3	2-1	1-0
SC de Braga (Braga)	2-0	2-0	3-0	1-1	0-1	0-1		1-1	0-0	1-0	3-1	0-3	3-1	0-0	4-1	3-0
GD Estoril Praia (Estoril)	0-1	1-1	0-0	1-1	1-1	3-1	3-1		2-0	1-0	2-1	0-1	1-1	0-0		1-3
Leixões SC (Matosinhos)	1-2	0-0	0-1	0-0	1-2	1-1	1-0	1-1		1-0	0-0	0-0	1-2	1-0	2-1	1-1
CD de Montijo	0-0	6-0	3-0	1-0	0-1	1-0	0-0	0-0	1-0		2-2	1-1	1-1	2-2	1-0	0-2
Portimonense SC	1-0	3-0	2-1	2-2	1-2	1-3	0-0	2-1	3-0	0-0		0-2	2-2	2-1	2-1	0-0
FC do Porto (Porto)	2-0	8-2	5-2	8-0	0-1	2-0	5-2	4-0	4-0	7-0	3-0		4-1	2-1	4-2	3-1
Sporting Clube de Portugal (Lisboa)	2-0	0-0	4-0	4-0	3-0	0-0	4-1	5-0	0-0	2-0	2-0	3-0		1-1	3-2	6-1
Varzim SC (Póvoa de Varzim)	1-0	2-1	1-1	0-0	0-1	2-0	2-0	1-0	0-0	7-2	1-1	1-0	1-4		3-1	2-1
Vitória SC (Guimarães)	0-0	5-0	4-1	0-0	1-1	0-0	1-0	2-1	2-0	3-2	1-0	0-1	1-3	3-0		3-2
Vitória FC (Setúbal)	0-2	3-2	5-3	2-1	2-1	1-2	1-1	0-0	1-1	2-2	1-0	0-1	1-0	7-1	1-0	

1st Division

	1st Division	Pd	Wn	Dw	Ls	GF	GA	Pts	
1.	SPORT LISBOA E BENFICA (LISBOA)	30	23	5	2	67	24	51	
2.	Sporting Clube de Portugal (Lisboa)	30	17	8	5	59	26	42	
3.	FC do Porto (Porto)	30	18	5	7	72	27	41	
4.	Boavista FC (Porto)	30	13	8	9	41	33	34	
5.	Clube Académico de Coimbra (Coimbra)	30	14	6	10	29	25	34	
6.	Vitória FC (Setúbal)	30	13	6	11	47	46	32	
7.	Varzim SC (Póvoa de Varzim)	30	10	11	9	36	36	31	
8.	SC de Braga (Braga)	30	10	9	11	36	36	29	
9.	Vitória SC (Guimarães)	30	10	6	14	39	38	26	
10.	CF Os Belenenses (Lisboa)	30	7	12	11	29	40	26	
11.	GD Estoril Praia (Estoril)	30	6	13	11	26	36	25	
12.	Portimonense SC (Portimão)	30	8	9	13	34	46	25	
13.	SC Beira Mar (Aveiro)	30	7	9	14	33	57	23	R
14.	CD de Montijo (Montijo)	30	7	9	14	30	47	23	R
15.	Leixões SC (Matosinhos)	30	4	15	11	15	31	23	R
16.	Atlético Clube de Portugal (Lisboa)	30	3	9	18	23	68	15	R
		480	170	140	170	615	615	480	

Top goalscorers

1)	Fernando Gomes	(FC do Porto – Porto)	26
2)	Manuel Tamagnini "Nené"	(SL e Benfica – Lisboa)	23
3)	Manuel Fernandes	(SC de Portugal – Lisboa)	21

Promoted: CD Feirense (Santa Maria da Feira), SC de Espinho (Espinho), CS Marítimo (Funchal) and GD Riopele (Pousada de Saramagos).

2nd Division (Play-off)	Pd	Wn	Dw	Ls	GF	GA	Pts
1. CS Marítimo (Funchal)	4	3	-	1	8	5	6
2. CD Feirense (Santa Maria da Feira)	4	1	2	1	6	6	4
3. GD Riopele (Pousada de Saramagos)	4	-	2	2	3	6	2
	12	4	4	4	17	17	12

Taça de Portugal Final (Estádio das Antas, Porto – 18th May 1977)

FC DO PORTO (PORTO)   1-0   SC de Braga (Braga)

Fernando Gomes 54

Porto: Joaquim Torres, Simões, Gabriel, Freitas, Alfredo Murça, Taí (Beck 46), Rodolfo Reis, António Oliveira, Octávio Machado, Fernando Gomes, Duda (Celso 74).

Braga: António Fidalgo, Manaca (Fernando 54), Artur, Marinho, Ronaldo, Serra, Paulo Rocha, Pinto, Beck (Caio Cambalhota 46), Chico Gordo, Chico Faria.

Semi-finals

| SC de Braga (Braga) | 0-0, 4-1 | Gil Vicente FC (Barcelos) |
| FC do Porto (Porto) | 3-0 | AD de Fafe(Fafe) |

Quarter-finals

GD da C.U.F. (Barreiro)	0-1	AD de Fafe (Fafe)
FC Famalicão (Vila Nova de Famalicão)	0-1	SC de Braga (Braga)
Gil Vicente FC (Barcelos)	2-0	SC Farense (Faro)
FC do Porto (Porto)	3-0	Sporting Clube de Portugal (Lisboa)

Eighth-finals

Almada AC (Almada)	0-2	SC de Braga (Braga)
GD de Bragança (Bragança)	0-1	Gil Vicente FC (Barcelos)
GD da C.U.F. (Barreiro)	4-3	Vitória SC (Guimarães)
FC Famalicão (Vila Nova de Famalicão)	3-2	Vitória FC (Setúbal)
AD Limianos	1-1, 0-5	AD de Fafe (Fafe)
FC Paços de Ferreira (Paços de Ferreira)	1-1, 4-6	SC Farense (Faro)
FC do Porto (Porto)	9-0	Aliados FC de Lordelo (Paredes)
Sporting Clube de Portugal (Lisboa)	3-0	Sport Lisboa e Benfica (Lisboa)

1977-1978

1st Division 1977-78	Académico	Belenenses	Benfica	Boavista	Braga	Espinho	Estoril	Feirense	Marítimo	Portimão	Porto	SC Portugal	Riopele	Varzim	Vitória FC	Vitória SC
Académico de Coimbra (Coimbra)	■	0-0	0-3	3-2	0-1	2-0	1-0	3-1	4-1	3-1	0-0	1-5	3-1	3-1	1-3	4-2
Belenenses (Lisboa)	2-0	■	0-0	1-0	0-1	1-1	0-0	2-0	3-0	2-0	0-0	0-1	1-0	1-0	1-0	1-0
Sport Lisboa e Benfica (Lisboa)	3-1	2-0	■	2-0	0-0	2-1	2-1	2-0	6-0	1-1	0-0	1-0	3-0	2-1	2-0	3-2
Boavista FC (Porto)	1-1	1-2	1-1	■	0-2	1-1	5-1	2-1	2-1	2-1	0-2	3-1	4-1	0-2	0-0	0-0
SC de Braga (Braga)	2-0	2-0	0-0	2-1	■	2-1	1-2	2-1	6-1	2-0	1-2	2-0	0-0	2-0	1-0	5-0
SC de Espinho (Espinho)	4-1	1-2	1-5	0-1	1-0	■	0-2	1-0	3-2	2-1	2-2	0-2	2-1	1-0	2-1	1-1
GD Estoril Praia (Estoril)	2-0	1-2	0-3	0-1	1-0	2-0	■	2-1	0-0	0-0	2-0	1-2	0-0	0-1	1-0	0-0
CD Feirense (Santa Maria da Feira)	0-4	0-0	0-1	1-4	0-1	3-0	1-1	■	1-0	0-1	1-3	0-2	4-0	2-0	0-1	2-0
CS Marítimo (Funchal)	2-0	0-1	0-1	2-0	0-1	1-0	3-0	3-0	■	1-0	1-3	0-4	1-0	2-0	1-1	0-0
Portimonense SC	1-0	0-2	0-3	1-2	3-2	2-0	1-1	5-1	0-0	■	0-0	3-2	2-1	1-0	1-2	1-1
FC do Porto (Porto)	4-2	6-0	1-1	0-0	4-0	4-0	5-2	6-1	3-0	3-2	■	3-0	6-0	5-1	2-1	3-0
Sporting Clube de Portugal (Lisboa)	2-1	3-1	1-1	2-0	5-0	3-1	4-1	5-0	3-0	1-0	2-3	■	2-1	0-0	2-2	1-0
GD Riopele (Pousada)	2-0	1-0	1-4	0-0	1-1	3-3	1-0	2-1	0-0	0-0	0-2	2-4	■	0-0	1-2	2-1
Varzim SC (Póvoa de Varzim)	1-0	0-0	0-0	3-1	1-1	2-1	0-0	1-0	2-1	3-1	1-4	0-2	1-2	■	2-1	1-2
Vitória SC (Guimarães)	1-1	1-0	0-1	2-2	2-1	2-0	2-0	2-1	1-0	0-1	1-1	1-1	0-0	2-1	■	3-0
Vitória FC (Setúbal)	1-2	0-0	0-1	2-0	1-1	1-1	2-1	3-1	0-0	1-0	1-4	2-1	4-0	1-1	1-0	■

1st Division

		Pd	Wn	Dw	Ls	GF	GA	Pts	
1.	FC DO PORTO (PORTO)	30	22	7	1	81	21	51	
2.	Sport Lisboa e Benfica (Lisboa)	30	21	9	-	56	11	51	
3.	Sporting Clube de Portugal (Lisboa)	30	19	4	7	63	30	42	
4.	SC de Braga (Braga)	30	16	6	8	42	27	38	
5.	CF Os Belenenses (Lisboa)	30	14	8	8	25	21	36	
6.	Vitória SC (Guimarães)	30	12	7	11	33	28	31	
7.	Boavista FC (Porto)	30	10	8	12	36	38	28	
8.	Clube Académico de Coimbra (Coimbra)	30	11	4	15	41	49	26	
9.	Vitória FC (Setúbal)	30	8	10	12	29	40	26	
10.	Varzim SC (Póvoa de Varzim)	30	9	7	14	26	38	25	
11.	GD Estoril Praia (Estoril)	30	8	9	13	25	36	25	
12.	CS Marítimo (Funchal)	30	8	7	15	22	45	23	
13.	Portimonense SC (Portimão)	30	8	7	15	29	39	23	R
14.	SC de Espinho (Espinho)	30	8	6	16	30	52	22	R
15.	GD Riopele (Pousada de Saramagos)	30	6	9	15	23	51	21	R
16.	CD Feirense (Santa Maria da Feira)	30	5	2	23	24	59	12	R
		480	185	110	185	585	585	480	

Top goalscorers

1)	Fernando Gomes	(FC do Porto – Porto)	24
2)	Chico Gordo	(SC de Portugal – Lisboa)	21
3)	António Oliveira	(FC do Porto – Porto)	19

Promoted: Clube Académico de F. (Viseu), FC Barreirense (Barreiro), SC Beira Mar (Aveiro) and FC Famalicão (Vila Nova de Famalicão).

2nd Division (Play-off)	Pd	Wn	Dw	Ls	GF	GA	Pts
1. FC Famalicão (Vila Nova de Famalicão)	4	3	-	1	11	4	6
2. FC Barreirense (Barreiro)	4	2	-	2	6	5	4
3. SC Beira Mar (Aveiro)	4	1	-	3	4	12	2
	12	6	-	6	21	21	12

Taça de Portugal Final   (Estádio Nacional, Lisboa 18th June 1978)

SPORTING CLUBE DE PORTUGAL (LISBOA) 1-1 (aet)   FC do Porto (Porto)

Paulo Menezes 49   *Fernando Gomes 48*

Sporting: Botelho, Artur Correia, Francisco Barão (Ademar 71), Augusto Inácio, Paulo Menezes, Laranjeira, Aílton Ballesteros, Vítor Gomes, Manuel Fernandes (Carlos Freire 117), Salif Keïta, Manoel Costa.

Porto: Fonseca, Gabriel, Simões, Alfredo Murça (Teixeirinha 71), Freitas, Adelino Teixeira, António Oliveira, Octávio Machado, Ademir Vieira, Fernando Gomes, Seninho (Duda 92).

Taça de Portugal Final Replay   (Estádio Nacional, Lisboa – 24th June 1978)

SPORTING CLUBE DE PORTUGAL (LISBOA)   2-1   FC do Porto (Porto)

Vítor Gomes 55, Manuel Fernandes 62   *Seninho 80*

Sporting: Botelho, Artur Correia, Augusto Inácio, Paulo Menezes, Laranjeira, Ademar, Aílton Ballesteros, Vítor Gomes (Rui Cerdeira 81), Manuel Fernandes, Salif Keïta, Manoel Costa.

Porto: Fonseca, Gabriel, Simões, Teixeirinha, Adelino Teixeira, Octávio Machado, Carlos Brandão, Taí, Duda, Fernando Gomes, Seninho.

Semi-finals

FC do Porto (Porto)	4-1	SC de Braga (Braga)
Varzim SC (Póvoa de Varzim)	1-2	Sporting Clube de Portugal (Lisboa)

Quarter-finals

SC Farense (Faro)	1-3	SC de Braga (Braga)
FC do Porto (Porto)	3-0	Gil Vicente FC (Barcelos)
GD Riopele (Pousada de Saramagos)	1-2	Varzim SC (Póvoa de Varzim)
Sporting Clube de Portugal (Lisboa)	3-1	Sport Lisboa e Benfica (Lisboa)

Eighth-finals

Almada AC (Almada)	1-3	FC do Porto (Porto)
Sport Lisboa e Benfica (Lisboa)	7-2	SC Régua (Peso da Régua)
Boavista FC (Porto)	1-3	GD Riopele (Pousada de Saramagos)
SC de Braga (Braga)	3-0	CS Marítimo (Funchal)
FC Famalicão (Vila Nova de Famalicão)	0-2	Sporting Clube de Portugal (Lisboa)
SC Farense (Faro)	1-0	SC Vila Real (Vila Real)
Varzim SC (Póvoa de Varzim)	4-0	Clube Académico de Futebol (Viseu)
SC Vianense (Viana do Castelo)	1-2	Gil Vicente FC (Barcelos)

1978-1979

1st Division 1978-1979	Académico C.	Académico V.	Barreirense	Beira Mar	Belenenses	Benfica	Boavista	Braga	Estoril	Famalicão	Marítimo	Porto	SC Portugal	Varzim	Vitória FC	Vitória SC
Académico de Coimbra (Coimbra)	■	4-0	2-1	3-0	3-1	0-2	1-0	0-1	0-0	0-2	1-3	0-3	0-0	1-1	2-2	0-0
Clube Académico de Futebol (Viseu)	1-0	■	1-0	0-3	1-3	2-6	1-0	1-1	0-3	0-1	1-2	0-5	0-1	1-0	0-1	2-1
FC Barreirense (Barreiro)	1-0	1-0	■	0-4	1-1	0-4	2-1	0-1	1-1	3-5	2-0	1-2	1-0	1-0	1-1	0-1
SC Beira Mar (Aveiro)	1-0	4-0	1-0	■	3-1	0-0	0-1	2-1	0-1	3-0	2-0	2-3	1-2	2-2	2-4	2-3
Belenenses (Lisboa)	2-1	4-0	2-3	4-0	■	1-0	2-4	7-1	1-1	2-0	3-0	0-0	1-1	0-0	1-1	1-0
Sport Lisboa e Benfica (Lisboa)	6-1	5-0	1-0	5-1	2-1	■	3-0	2-0	5-1	5-3	3-1	1-1	5-0	3-0	3-2	2-0
Boavista FC (Porto)	1-0	5-0	0-3	4-1	2-2	0-1	■	2-1	1-0	3-0	1-0	1-2	2-0	0-1	0-3	2-1
SC de Braga (Braga)	3-0	4-0	2-0	3-2	2-1	0-2	3-1	■	3-0	1-0	3-0	3-1	1-1	2-0	2-0	1-1
GD Estoril Praia (Estoril)	1-0	1-0	1-1	2-1	0-0	0-2	0-1	1-4	■	0-0	0-0	1-1	1-1	3-5	2-0	1-0
FC Famalicão (Vila Nova de Famalicão)	0-0	3-0	2-0	1-2	2-1	0-1	1-0	2-2	0-1	■	1-0	0-4	1-2	0-0	2-0	0-0
CS Marítimo (Funchal)	0-0	2-0	4-0	1-2	1-0	2-1	2-2	1-1	3-0	3-0	■	0-1	2-3	1-0	1-2	4-1
FC do Porto (Porto)	3-0	6-1	4-1	6-1	4-0	1-0	0-0	3-2	2-0	2-1	3-1	■	0-0	3-0	1-1	5-1
Sporting Clube de Portugal (Lisboa)	1-0	2-0	2-0	3-0	5-1	0-1	2-0	2-0	4-0	3-0	1-0	0-0	■	2-0	3-0	2-1
Varzim SC (Póvoa de Varzim)	1-1	2-0	2-0	2-1	2-0	1-1	1-0	0-1	1-1	1-1	3-0	0-0	1-0	■	1-0	1-1
Vitória SC (Guimarães)	3-0	1-0	0-0	2-1	1-1	1-2	3-1	0-1	3-1	3-1	0-2	1-3	1-1	3-1	■	5-0
Vitória FC (Setúbal)	1-0	4-1	0-0	2-0	2-3	2-1	4-1	2-0	2-0	3-1	0-0	0-1	2-2	1-0	2-0	■

	1st Division	Pd	Wn	Dw	Ls	GF	GA	Pts	
1.	FC DO PORTO (PORTO)	30	21	8	1	70	19	50	
2.	Sport Lisboa e Benfica (Lisboa)	30	23	3	4	75	21	49	
3.	Sporting Clube de Portugal (Lisboa)	30	17	8	5	46	22	42	
4.	SC de Braga (Braga)	30	16	5	9	49	35	37	
5.	Varzim SC (Póvoa de Varzim)	30	11	10	9	30	29	32	
6.	Vitória SC (Guimarães)	30	12	7	11	44	38	31	
7.	Vitória FC (Setúbal)	30	12	7	11	38	38	31	
8.	CF Os Belenenses (Lisboa)	30	10	9	11	47	43	29	
9.	Boavista FC (Porto)	30	12	3	15	36	40	27	
10.	CS Marítimo (Funchal)	30	11	5	14	36	37	27	
11.	GD Estoril Praia (Estoril)	30	8	10	12	24	42	26	
12.	SC Beira Mar (Aveiro)	30	11	2	17	44	56	24	
13.	FC Famalicão (Vila Nova de Famalicão)	30	9	6	15	30	45	24	R
14.	FC Barreirense (Barreiro)	30	8	6	16	24	45	22	R
15.	Clube Académico de Coimbra (Coimbra)	30	5	8	17	20	41	18	R
16.	Clube Académico de Futebol (Viseu)	30	5	1	24	13	75	11	R
		480	191	98	191	626	626	480	

Top goalscorers

1)	Fernando Gomes	(FC do Porto – Porto)	27
2)	Manuel Tamagnini "Nené"	(SL e Benfica – Lisboa)	25
3)	Maurício Reinaldo	(SL e Benfica – Lisboa)	17

Promoted: SC de Espinho (Espinho), UD de Leiria (Leiria), Portimonense SC (Portimão) and Rio Ave FC (Vila do Conde).

2nd Division (Play-off)	Pd	Wn	Dw	Ls	GF	GA	Pts
1. Portimonense SC (Portimão)	4	3	-	1	5	6	6
2. SC de Espinho (Espinho)	4	2	-	2	12	4	4
3. UD de Leiria (Leiria)	4	1	-	3	3	10	2
	12	6	-	6	20	20	12

Taça de Portugal Final (Estádio Nacional, Lisboa – 30th June 1979)

BOAVISTA FC (PORTO)   1-1 (aet)   Sporting Clube de Portugal (Lisboa)

Júlio 76   *Rui Jordão 73*

Boavista: Luís Matos, Artur Ferreira, Mário João, Eliseu Ramalho, Taí (Amândio Barreiras 110), Manuel Barbosa, Júlio, Moinhos (Queiró 105), Jorge Gomes, Salvador Almeida, Albertino.

Sporting: Botelho, Vitorino Bastos (Manoel Costa 36), Augusto Inácio, Laranjeira, Paulo Menezes, Samuel Fraguito, Zandonaide (Vítor Baltasar 70), Marinho, Ademar, Manuel Fernandes, Rui Jordão.

Taça de Portugal Final Replay (Estádio Nacional, Lisboa – 1st July 1979)

BOAVISTA FC (PORTO)   1-0   Sporting Clube de Portugal (Lisboa)

Júlio 40

Boavista: Luís Matos, Artur Ferreira, Mário João, Manuel Barbosa, Taí, Eliseu Ramalho (Queiró), Júlio, Moinhos (Amândio Barreiras), Jorge Gomes, Salvador Almeida, Albertino.

Sporting: Botelho, Augusto Inácio, Paulo Menezes, Laranjeira, Samuel Fraguito, Marinho, Ademar, Vítor Baltasar, Manuel Fernandes, Manoel Costa (Rui Jordão 46), Carlos Freire.

Semi-finals

| SC de Braga (Braga) | 0-1 | Boavista FC (Porto) |
| AD Fafe (Fafe) | 0-1 | Sporting Clube de Portugal (Lisboa) |

Quarter-finals

Associação Académica de Coimbra (Coimbra)	1-2	Boavista FC (Porto)
Clube Académico de Futebol (Viseu)	0-2	CS de Braga (Braga)
AD de Fafe (Fafe)	1-1, 3-1	FC Penafiel (Penafiel)
Sporting Clube de Portugal (Lisboa)	2-0	FC Famalicão (Vila Nova de Famalicão)

Eighth-finals

Associação Académica de Coimbra (Coimbra)	4-0	CD da Cova Piedade (Cova Piedade)
Clube Académico de Futebol (Viseu)	2-1	SC de Espinho (Espinho)
Boavista FC (Porto)	1-1, 1-0	CF Os Belenenses (Lisboa)
SC de Braga (Braga)	5-2	Gil Vicente FC (Barcelos)
AD de Fafe (Fafe)	2-0	CD Feirense (Santa Maria da Feira)
CD de Montijo (Montijo)	0-0, 1-5	FC Famalicão (Vila Nova de Famalicão)
SC Vila Real (Vila Real)	0-2	FC Penafiel (Penafiel)
Vitória SC (Guimarães)	1-3	Sporting Clube de Portugal (Lisboa)

1st Division 1979-1980	Beira Mar	Belenenses	Benfica	Boavista	Braga	Espinho	Estoril	Leiria	Marítimo	Portimão	Porto	SC Portugal	Rio Ave	Varzim	Vitória FC	Vitória SC
SC Beira Mar (Aveiro)	■	1-1	0-3	1-0	0-2	1-1	3-1	1-1	2-3	1-1	0-4	0-1	2-0	2-2	3-3	0-0
Belenenses (Lisboa)	1-0	■	0-3	1-0	2-0	2-0	1-2	2-1	1-0	1-1	0-0	2-1	1-0	5-1	1-4	2-1
Sport Lisboa e Benfica (Lisboa)	5-0	8-0	■	1-2	3-1	4-3	4-1	3-0	4-0	1-0	0-0	3-2	8-0	4-0	4-0	5-1
Boavista FC (Porto)	1-1	2-1	1-1	■	1-0	4-0	1-0	3-0	2-1	5-1	0-1	2-2	1-0	1-1	0-0	5-1
SC de Braga (Braga)	1-0	1-1	1-1	2-0	■	2-1	0-0	0-0	1-0	0-0	0-2	2-3	2-3	3-1	2-1	3-1
SC de Espinho (Espinho)	2-1	1-1	0-3	0-2	2-1	■	2-1	2-1	1-0	2-1	2-0	0-1	1-0	2-0	2-1	1-0
GD Estoril Praia (Estoril)	3-1	1-1	0-2	0-0	0-1	1-1	■	0-1	0-0	1-0	0-0	0-1	2-0	0-0	1-1	0-0
UD de Leiria (Leiria)	1-1	0-0	1-1	3-1	2-4	2-1	1-1	■	1-0	0-1	0-4	1-2	2-0	2-0	1-4	1-1
CS Marítimo (Funchal)	1-0	0-0	1-1	1-1	0-0	0-0	3-1	5-0	■	1-0	0-1	0-3	1-0	1-0	1-1	2-0
Portimonense SC	1-0	1-2	0-2	2-0	3-1	1-1	4-0	1-1	3-1	■	0-4	0-0	2-1	1-0	4-5	1-0
FC do Porto (Porto)	3-0	3-0	2-1	2-0	1-0	3-0	3-0	1-0	2-0	6-0	■	1-1	1-1	2-1	4-0	3-1
Sporting Clube de Portugal (Lisboa)	2-0	2-0	3-1	4-1	2-1	4-0	2-0	3-0	4-1	2-0	1-0	■	5-0	3-0	2-0	4-1
Rio Ave FC (Vila do Conde)	1-2	1-2	0-3	1-2	1-0	0-2	0-2	0-0	4-0	0-2	1-3	1-3	■	3-2	1-1	2-1
Varzim SC (Póvoa de Varzim)	1-0	1-1	2-0	1-2	3-0	0-0	0-0	4-2	3-0	5-1	0-0	0-0	3-0	■	1-1	3-1
Vitória SC (Guimarães)	0-1	1-0	0-0	1-3	3-0	1-0	3-0	2-1	1-1	2-0	0-0	0-1	3-1	2-2	■	1-0
Vitória FC (Setúbal)	0-0	0-1	0-0	0-1	3-1	3-0	1-0	1-0	0-1	4-0	0-2	0-3	2-0	4-0	1-0	■

1st Division

		Pd	Wn	Dw	Ls	GF	GA	Pts	
1.	SPORTING CLUBE DE PORTUGAL (LISBOA)	30	24	4	2	67	17	52	
2.	FC do Porto (Porto)	30	22	6	2	59	9	50	
3.	Sport Lisboa e Benfica (Lisboa)	30	19	7	4	79	21	45	
4.	Boavista FC (Porto)	30	15	7	8	44	30	37	
5.	CF Os Belenenses (Lisboa)	30	13	8	9	33	38	34	
6.	Vitória SC (Guimarães)	30	11	10	9	42	38	32	
7.	SC de Espinho (Espinho)	30	11	6	13	29	42	28	
8.	Portimonense SC (Portimão)	30	10	6	14	32	49	26	
9.	SC de Braga (Braga)	30	10	6	14	34	40	26	
10.	Varzim SC (Póvoa de Varzim)	30	8	10	12	37	45	26	
11.	CS Marítimo (Funchal)	30	9	8	13	25	37	26	
12.	Vitória FC (Setúbal)	30	9	5	16	29	41	23	
13.	UD de Leiria (Leiria)	30	6	9	15	26	49	21	R
14.	GD Estoril Praia (Estoril)	30	5	11	14	18	37	21	R
15.	SC Beira Mar (Aveiro)	30	5	10	15	24	46	20	R
16.	Rio Ave FC (Vila Conde)	30	5	3	22	22	61	13	R
		480	182	116	182	600	600	480	

Top goalscorers

1)	Rui Jordão	(SC de Portugal – Lisboa)	31
2)	Manuel Tamagnini "Nené"	(SL e Benfica – Lisboa)	30
3)	Fernando Gomes	(FC do Porto – Porto)	23

Promoted: Clube Académico de Coimbra (Coimbra), Clube Académico de F. (Viseu), Amora FC (Amora) and FC Penafiel (Penafiel).

2nd Division (Play-off)	Pd	Wn	Dw	Ls	GF	GA	Pts
1. Amora FC (Amora)	4	2	1	1	7	4	5
2. Clube Académico de Coimbra (Coimbra)	4	1	2	1	6	6	4
3. FC Penafiel (Penafiel)	4	1	1	2	4	7	3
	12	4	4	4	17	17	12

Taça de Portugal Final   (Estádio Nacional, Lisboa – 7th June 1980)

SPORT LISBOA E BENFICA (LISBOA)	1-0	FC do Porto (Porto)

César 36

Benfica: Manuel Bento, Pietra, António Bastos Lopes (Reinaldo 70), Humberto Coelho, Alberto Gomes (Frederico 10), Laranjeira, Carlos Manuel, Shéu, Toni, Nené, César.

Porto: Fonseca, Lima Pereira, Freitas, Simões, Adelino Teixeira, Rodolfo Reis (Albertino 46), Romeu, António Sousa, Frasco, Quinito (Bife 65), Fernando Gomes.

Semi-finals

FC do Porto (Porto)	3-0	CS Marítimo (Funchal)
Varzim SC (Póvoa de Varzim)	1-2	Sport Lisboa e Benfica (Lisboa)

Quarter-finals

SC Beira Mar (Aveiro)	0-1	FC do Porto (Porto)
GD de Bragança (Bragança)	0-2	Sport Lisboa e Benfica (Lisboa)
CS Marítimo (Funchal)	1-0	Boavista FC (Porto)
Vitória FC (Setúbal)	0-1	Varzim SC (Póvoa de Varzim)

Eighth-finals

SC Beira Mar (Aveiro)	2-0	SC Farense (Faro)
CF Os Belenenses (Lisboa)	1-2	FC do Porto (Porto)
S. Benfica e Castelo Branco (C. Branco)	0-2	Boavista FC (Porto)
Sport Lisboa e Benfica (Lisboa)	2-1	Sporting Clube de Portugal (Lisboa)
GD de Bragança (Bragança)	2-0	AD de Fafe (Fafe)
CS Marítimo (Funchal)	2-0	CF Os Marialvas (Cantanhede)
União FCI de Setúbal (Setúbal)	0-0, 1-2	Varzim SC (Póvoa de Varzim)
Vitória FC (Setúbal)	5-0	FC Penafiel (Penafiel)

1st Division 1980-1981	Académico C.	Académico V.	Amora	Belenenses	Benfica	Boavista	Braga	Espinho	Marítimo	Penafiel	Portimão	Porto	SC Portugal	Varzim	Vitória FC	Vitória SC
Académico de Coimbra (Coimbra)	■	0-2	1-1	0-2	0-2	0-0	1-2	3-1	1-0	2-0	1-0	0-0	1-2	0-1	1-2	1-1
Clube Académico de Futebol (Viseu)	2-1	■	1-0	1-2	1-1	0-0	0-0	0-0	1-1	2-0	1-1	1-2	1-1	1-0	2-1	1-0
Amora FC (Amora)	6-0	2-0	■	2-1	0-2	1-3	0-0	0-0	1-0	3-1	2-0	1-3	3-0	1-0	2-1	0-1
Belenenses (Lisboa)	0-0	0-0	1-2	■	0-3	0-0	2-2	1-0	1-1	3-1	2-0	0-1	1-1	1-1	1-0	2-1
Sport Lisboa e Benfica (Lisboa)	4-0	3-0	4-1	4-1	■	3-0	3-1	2-0	6-1	6-0	2-0	1-0	1-1	1-0	2-0	5-1
Boavista FC (Porto)	4-0	1-0	2-1	2-0	0-1	■	1-1	0-0	3-0	2-0	3-0	0-1	2-1	1-0	2-1	3-1
SC de Braga (Braga)	1-0	1-0	4-1	0-0	0-3	1-0	■	0-1	4-2	3-1	4-2	0-3	2-2	0-0	3-0	2-1
SC de Espinho (Espinho)	1-1	0-0	4-1	1-0	2-0	1-0	1-1	■	0-0	1-0	1-0	0-1	3-2	0-0	3-1	0-1
CS Marítimo (Funchal)	3-2	5-3	3-1	0-0	1-2	0-2	1-0	2-1	■	2-1	1-1	0-1	0-1	1-1	2-2	0-0
FC Penafiel (Penafiel)	2-1	2-1	2-0	1-0	0-0	3-0	2-0	1-0	1-0	■	3-0	0-0	0-2	0-0	0-2	2-1
Portimonense SC	4-0	3-1	1-1	1-2	1-5	5-1	2-0	1-1	2-0	2-0	■	1-0	1-0	3-0	0-0	0-1
FC do Porto (Porto)	7-0	2-0	6-3	3-1	2-1	2-1	1-0	1-1	1-1	2-2	3-0	■	1-0	1-1	1-0	3-0
Sporting Clube de Portugal (Lisboa)	3-0	0-1	5-0	3-0	1-1	1-1	1-1	4-1	3-1	1-0	2-0	2-0	■	1-0	2-0	1-0
Varzim SC (Póvoa de Varzim)	2-0	3-1	2-0	4-0	0-4	0-1	2-0	5-1	3-2	0-1	0-2	1-2	1-3	■	0-1	0-0
Vitória SC (Guimarães)	1-0	2-0	2-1	4-0	0-0	1-1	5-0	3-0	2-0	2-1	0-0	0-0	2-2	0-0	■	1-1
Vitória FC (Setúbal)	2-0	6-0	1-1	0-0	0-0	0-0	1-1	3-0	0-3	0-0	0-1	1-0	1-1	2-0	3-2	■

1st Division

		Pd	Wn	Dw	Ls	GF	GA	Pts	
1.	SPORT LISBOA E BENFICA (LISBOA)	30	22	6	2	72	15	50	
2.	FC do Porto (Porto)	30	21	6	3	53	18	48	
3.	Sporting Clube de Portugal (Lisboa)	30	14	9	7	48	28	37	
4.	Boavista FC (Porto)	30	14	8	8	36	25	36	
5.	Vitória SC (Guimarães)	30	11	9	10	38	30	31	
6.	SC de Braga (Braga)	30	10	10	10	34	39	30	
7.	Vitória FC (Setúbal)	30	9	11	10	30	30	29	
8.	Portimonense SC (Portimão)	30	11	6	13	34	37	28	
9.	SC de Espinho (Espinho)	30	9	9	12	26	35	27	
10.	FC Penafiel (Penafiel)	30	11	5	14	27	38	27	
11.	FC Os Belenenses (Lisboa)	30	8	10	12	24	39	26	
12.	Amora FC (Amora)	30	10	5	15	38	51	25	
13.	Clube Académico de Futebol (Viseu)	30	8	9	13	24	40	25	
14.	Varzim SC (Póvoa de Varzim)	30	8	8	14	27	31	24	R
15.	CS Marítimo (Funchal)	30	7	9	14	33	46	23	R
16.	Clube Académico de Coimbra (Coimbra)	30	4	6	20	16	58	14	R
		480	177	126	177	560	560	480	

Top goalscorers

1)	Manuel Tamagnini "Nené"	(SL e Benfica – Lisboa)	20
2)	Jacques Pereira	(SC de Braga – Braga)	17
3)	João Alves	(SL e Benfica – Lisboa)	14
	Rui Jordão	(SC de Portugal – Lisboa)	14
	Jorge Silva	(Amora FC – Amora)	14
	Michael Walsh	(FC do Porto – Porto)	14

Promoted: GD Estoril Praia (Estoril), UD de Leiria (Leiria) and Rio Ave FC (Vila do Conde).

2nd Division (Play-off)	Pd	Wn	Dw	Ls	GF	GA	Pts
1. UD de Leiria (Leiria)	4	2	1	1	4	3	5
2. GD Estoril Praia (Estoril)	4	2	-	2	4	5	4
3. Rio Ave FC (Vila do Conde)	4	1	1	2	4	4	3
	12	5	2	5	12	12	12

Taça de Portugal Final (Estádio Nacional, Lisboa – 6th June 1981)

SPORT LISBOA E BENFICA (LISBOA)	3-1	FC do Porto (Porto)
Nené 31, 55, 85		*António Veloso 9 pen*

Benfica: Manuel Bento, António Veloso, Pietra, Frederico, Laranjeira, Carlos Manuel (Francisco Vital), Shéu, João Alves (António Bastos Lopes 86), Nené, César, Chalana.

Porto: Tibi, Gabriel, Simões, Lima Pereira (Romeu 79), Freitas, Adelino Teixeira (António Sousa 65), Rodolfo Reis, Jaime Magalhães, Jaime Pacheco, José Alberto Costa, Mikey Walsh.

Semi-finals

CF Os Belenenses (Lisboa)	0-1	Sport Lisboa e Benfica (Lisboa)
FC do Porto (Porto)	2-1	Vitória FC (Setúbal)

Quarter-finals

CF Esperança de Lagos (Esperança de Lagos)	1-2	Sport Lisboa e Benfica (Lisboa)
GD de Oliveira de Frades (Oliveira de Frades)	0-2	CF Os Belenenses (Lisboa)
FC do Porto (Porto)	5-0	FC Famalicão (Vila Nova de Famalicão)
Vitória FC (Setúbal)	1-0	SC de Braga (Braga)

Eighth-finals

CF Os Belenenses (Lisboa)	1-0	Boavista FC (Setúbal)
SC de Braga (Braga)	2-0	C. Académico de F. (Viseu)
CF Esperança de Lagos (Esperança de Lagos)	4-3	Amora FC (Amora)
FC Famalicão (Vila Nova de Famalicão)	3-0	CF Estrela da Amadora (Amadora)
CD Nacional (Funchal)	0-3	FC do Porto (Porto)
GD de Oliveira de Frades (Oliveira de Frades)	1-0	FC Paços de Ferreira (Paços de Ferreira)
SG Sacavenense (Sacavém)	0-4	Sport Lisboa e Benfica (Lisboa)
Vitória FC (Setúbal)	1-0	UD de Leiria (Leiria)

1981-1982

1st Division 1981-1982	Académico V.	Amora	Belenenses	Benfica	Boavista	Braga	Espinho	Estoril	Leiria	Penafiel	Portimão	Porto	SC Portugal	Rio Ave	Vitória FC	Vitória SC
Clube Académico de Futebol (Viseu)	■	0-0	2-0	0-2	1-0	2-0	0-0	3-0	2-1	1-0	3-0	0-1	0-2	0-0	2-0	2-0
Amora FC (Amora)	4-2	■	2-1	1-0	0-0	5-0	1-1	1-1	2-0	1-1	0-0	0-0	2-3	2-1	2-2	0-1
Belenenses (Lisboa)	2-0	0-0	■	1-4	1-0	0-0	4-0	2-1	1-0	1-1	2-2	0-1	1-3	0-0	2-2	1-1
Sport Lisboa e Benfica (Lisboa)	3-0	2-1	3-1	■	2-0	3-0	5-1	3-0	3-0	1-0	2-0	3-1	1-1	3-0	1-0	2-1
Boavista FC (Porto)	6-1	2-0	2-1	2-1	■	0-1	5-0	1-0	1-0	4-0	1-3	0-6	2-1	0-0	1-1	2-1
SC de Braga (Braga)	5-0	2-0	1-1	1-3	2-2	■	2-1	2-1	3-1	2-0	0-3	1-1	0-2	1-0	2-0	1-1
SC de Espinho (Espinho)	4-1	4-2	2-0	1-2	0-0	0-1	■	2-1	3-1	3-0	0-0	0-0	0-1	5-1	0-0	0-0
GD Estoril Praia (Estoril)	1-0	0-0	1-1	0-0	1-0	1-1	1-1	■	2-0	2-0	2-1	1-1	0-3	0-0	2-2	4-2
UD de Leiria (Leiria)	1-1	2-1	1-0	0-3	1-0	4-0	2-2	2-1	■	2-1	0-1	1-3	0-2	1-0	1-0	0-0
FC Penafiel (Penafiel)	1-0	1-0	3-1	0-3	1-0	0-1	2-0	3-1	3-1	■	0-1	0-0	0-2	2-0	0-0	0-1
Portimonense SC	4-0	1-1	5-1	1-1	1-0	2-1	2-0	1-2	2-0	0-0	■	1-1	2-0	0-1	0-0	2-0
FC do Porto (Porto)	3-0	1-1	3-0	2-1	2-1	3-1	3-0	1-0	3-0	1-0	1-0	■	2-0	1-2	0-0	2-1
Sporting Clube de Portugal (Lisboa)	4-0	3-0	2-2	3-1	3-3	3-1	1-1	3-2	2-2	6-0	1-0	1-0	■	7-1	2-2	4-1
Rio Ave FC (Vila do Conde)	1-1	1-0	3-0	1-0	3-1	2-1	1-0	0-0	2-0	1-0	1-0	0-2	0-0	■	2-1	1-0
Vitória SC (Guimarães)	3-0	4-0	2-1	1-0	1-0	0-0	2-0	2-1	4-1	1-0	2-0	1-0	0-0	3-1	■	5-0
Vitória FC (Setúbal)	4-0	1-0	1-0	2-2	2-0	1-1	1-1	3-1	2-0	0-1	1-0	1-1	0-1	0-0	1-1	■

1st Division

		Pd	Wn	Dw	Ls	GF	GA	Pts	
1.	SPORTING CLUBE DE PORTUGAL (LISBOA)	30	19	8	3	66	26	46	
2.	Sport Lisboa e Benfica (Lisboa)	30	20	4	6	60	22	44	
3.	FC do Porto (Porto)	30	17	9	4	46	17	43	
4.	Vitória SC (Guimarães)	30	13	12	5	42	22	38	
5.	Rio Ave FC (Vila do Conde)	30	13	8	9	26	31	34	
6.	Portimonense SC (Portimão)	30	12	8	10	35	24	32	
7.	SC de Braga (Braga)	30	11	8	11	34	42	30	
8.	Vitória FC (Setúbal)	30	9	10	11	30	35	28	
9.	Boavista FC (Porto)	30	10	6	14	36	37	26	
10.	SC de Espinho (Espinho)	30	7	11	12	32	42	25	
11.	Amora FC (Amora)	30	6	12	12	29	37	24	
12.	GD Estoril Praia (Estoril)	30	7	10	13	30	41	24	
13.	FC Penafiel (Penafiel)	30	9	5	16	20	37	23	R
14.	Clube Académico de Futebol (Viseu)	30	9	5	16	24	52	23	R
15.	CF Os Belenenses (Lisboa)	30	5	10	15	28	48	20	R
16.	UD de Leiria (Leiria)	30	8	4	18	25	50	20	R
		480	175	130	175	563	563	480	

Top goalscorers

1)	Jacques Pereira	(FC do Porto – Porto)	27
2)	Rui Jordão	(SC de Portugal – Lisboa)	26
3)	Manuel Tamagnini "Nené"	(SL e Benfica – Lisboa)	24

Promoted: GC de Alcobaça (Alcobaça), CS Marítimo (Funchal), SC e Salgueiros (Porto) and Varzim SC (Póvoa de Varzim)

2nd Division (Play-off)

		Pd	Wn	Dw	Ls	GF	GA	Pts
1.	CS Marítimo (Funchal)	4	3	-	1	8	4	6
2.	Varzim SC (Póvoa de Varzim)	4	3	-	1	4	2	6
3.	GC de Alcobaça (Alcobaça)	4	-	-	4	2	8	-
		12	6	-	6	14	14	12

Taça de Portugal Final (Estádio Nacional, Lisboa – 29th May 1982)

SPORTING CLUBE DE PORTUGAL (LISBOA)   4-0   SC de Braga (Braga)

António Oliveira 37, 86, Manuel Fernandes 66, Rui Jordão 71

Sporting: Ferenc Mészáros, Virgílio (Paulo Menezes 77), Vitorino Bastos, Augusto Inácio, Zezinho, António Oliveira Ademar, Marinho (António Nogueira 62), Lito, Manuel Fernandes, Rui Jordão.

Braga: Valter Onofre, Artur Correia, José Carlos Fernandes (Spencer 70), Dito, João Cardoso, Manuel Guedes, Vítor Santos, Vítor Oliveira (Fernando Malheiro 62), José Serra, Chico Faria. Armando Fontes.

Semi-finals

SC de Braga (Braga)	2-1	Sport Lisboa e Benfica (Lisboa)
Sporting Clube de Portugal (Lisboa)	2-1	GC Alcobaça (Alcobaça)

Quarter-finals

Juventude SC de Évora (Évora)	1-2	GC Alcobaça (Alcobaça)
Leixões SC (Matosinhos)	1-3	SC de Braga (Braga)
FC do Porto (Porto)	0-1	Sport Lisboa e Benfica (Lisboa)
Sporting Clube de Portugal (Lisboa)	3-0	FC Penafiel (Penafiel)

Eighth-finals

GC Alcobaça (Alcobaça)	1-0	Rio Ave FC (Vila do Conde)
Sport Lisboa e Benfica (Lisboa)	6-0	GD de Bragança (Bragança)
SC de Braga (Braga)	1-0	Amora FC (Amora)
Juventude SC de Évora (Évora)	1-0	Odivelas FC (Odivelas)
Leixões SC (Matosinhos)	2-0	CS Marítimo (Funchal)
FC Penafiel (Penafiel)	3-0	S. Benfica e Castelo Branco (Castelo Branco)
FC do Porto (Porto)	5-1	SC de Espinho (Espinho)
Sporting Clube de Portugal (Lisboa)	1-0	CF Os Belenenses (Lisboa)

1st Division 1982-1983	Alcobaça	Amora	Benfica	Boavista	Braga	Espinho	Estoril	Marítimo	Portimão	Porto	SC Portugal	Rio Ave	Salgueiros	Varzim	Vitória FC	Vitória SC
GC de Alcobaça		2-1	1-1	1-1	0-1	3-0	3-1	0-0	1-1	1-5	0-1	1-1	0-1	0-2	0-1	1-0
Amora FC (Amora	2-0		1-3	0-1	1-0	1-0	0-0	1-2	3-0	2-1	0-2	3-2	0-1	0-0	1-1	0-0
Sport Lisboa e Benfica (Lisboa)	8-1	4-2		3-0	6-0	4-0	3-0	2-0	4-1	3-1	1-0	0-0	1-0	8-0	1-0	1-1
Boavista FC (Porto)	1-0	3-0	2-2		0-2	2-0	0-1	0-0	2-0	0-1	1-0	2-1	4-1	2-0	1-0	2-0
SC de Braga (Braga)	3-0	1-0	0-2	1-3		4-0	0-0	4-1	2-0	1-2	3-0	1-0	3-0	3-1	1-2	3-0
SC de Espinho (Espinho)	0-0	1-1	0-1	0-0	4-1		2-1	3-1	0-1	0-2	0-2	1-1	1-0	0-0	2-1
GD Estoril Praia (Estoril)	3-1	3-0	0-1	1-0	2-1	1-2		2-1	1-1	1-1	0-0	0-0	1-0	3-0	1-2	3-1
CS Marítimo (Funchal)	3-0	3-0	0-1	1-0	1-0	0-0	2-0		0-0	0-0	1-1	3-0	1-1	0-1	0-0	2-1
Portimonense SC	3-1	3-1	0-1	1-0	0-0	1-0	6-0	3-0		1-2	0-1	3-0	1-1	1-1	2-1	1-0
FC do Porto (Porto)	2-1	4-0	0-0	6-0	5-0	2-0	6-0	3-0	2-0		0-0	4-0	5-1	4-0	3-1	4-0
Sporting Clube de Portugal (Lisboa)	4-1	4-1	1-0	4-2	6-2	1-0	3-0	1-0	1-0	3-3		4-2	3-0	2-0	1-0	1-0
Rio Ave FC (Vila do Conde)	4-1	1-0	0-1	5-0	3-1	3-2	1-0	6-1	2-1	0-3	0-1		3-1	2-1	2-1	1-0
SC e Salgueiros (Porto)	2-0	4-1	0-1	1-1	1-3	1-0	1-0	1-1	0-0	0-0	1-1	3-1		0-1	0-1	0-1
Varzim SC (Póvoa de Varzim)	0-0	0-0	1-1	3-0	0-0	0-1	0-0	3-2	3-2	0-1	2-1	2-1	1-1		0-0	0-1
Vitória SC (Guimarães)	1-0	7-1	0-0	1-1	1-0	1-2	1-1	2-0	0-2	0-0	4-1	2-0	0-1	1-1		3-0
Vitória FC (Setúbal)	3-0	2-0	1-3	2-1	2-1	1-1	1-0	2-0	1-0	0-0	3-0	1-0	1-0	1-1		

1st Division

		Pd	Wn	Dw	Ls	GF	GA	Pts	
1.	SPORT LISBOA E BENFICA (LISBOA)	30	22	7	1	67	13	51	
2.	FC do Porto (Porto)	30	20	7	3	73	18	47	
3.	Sporting Clube de Portugal (Lisboa)	30	18	6	6	48	25	42	
4.	Vitória SC (Guimarães)	30	11	10	9	35	24	32	
5.	Boavista FC (Porto)	30	12	6	12	32	38	30	
6.	SC de Braga (Braga)	30	13	3	14	41	43	29	
7.	Vitória FC (Setúbal)	30	12	5	13	29	33	29	
8.	Rio Ave FC (Vila do Conde)	30	13	3	14	43	45	29	
9.	Portimonense SC (Portimão)	30	11	7	12	35	31	29	
10.	SC e Salgueiros (Porto)	30	9	9	12	26	36	27	
11.	GD Estoril Praia (Estoril)	30	9	8	13	26	39	26	
12.	Varzim SC (Póvoa de Varzim)	30	8	10	12	23	39	26	
13.	SC de Espinho (Espinho)	30	9	7	14	23	37	25	PO
14.	CS Marítimo (Funchal)	30	8	9	13	26	38	25	R
15.	Amora FC (Amora)	30	6	6	18	23	55	18	R
16.	GC de Alcobaça (Alcobaça)	30	4	7	19	20	56	15	R
		480	185	110	185	570	570	480	

Top goalscorers

1)	Fernando Gomes	(FC do Porto – Porto)	36
2)	Manuel Tamagnini "Nené"	(SL e Benfica – Lisboa)	21
3)	NHabola	(Rio Ave FC – Vila do Conde)	20

Promoted: RD de Águeda (Águeda), SC Farense (Faro) and FC de Penafiel (Penafiel).

2nd Division (Play-off)	Pd	Wn	Dw	Ls	GF	GA	Pts
1. SC Farense (Faro)	4	3	-	1	9	4	6
2. RD de Águeda (Águeda)	4	1	1	2	4	8	3
3. FC Penafiel (Penafiel)	4	1	1	2	5	6	3
	12	5	2	5	18	18	12

Promotion/Relegation Play-offs	Pd	Wn	Dw	Ls	GF	GA	Pts
1. SC de Espinho (Espinho)	6	6	-	-	13	3	12
2. FC de Vizela (Vizela)	6	2	1	3	10	9	5
3. Lusitano GC (Évora)	6	2	1	3	8	14	5
4. Clube Académica de Coimbra (Coimbra)	6	-	2	4	4	9	2
	24	10	4	10	35	35	24

Taça de Portugal Final   (Estádio das Antas, Porto – 21st August 1983)

SPORT LISBOA E BENFICA (LISBOA)   1-0   FC do Porto (Porto)

Carlos Manuel 20

Benfica: Bento, Pietra, Oliveira, Veloso, Álvaro Magalhães, António Bastos Lopes, Stromberg (Shéu 85), Carlos Manuel, José Luís, Zoran Filipovic (Paulo Padinha 59), Nené.

Porto: Zé Beto, João Pinto, Eurico Gomes, Augusto Inácio (Rodolfo Reis 45), Lima Pereira, Jaime Magalhães, António Sousa, Frasco Jaime Pacheco (Mikey Walsh 45), Jacques, Fernando Gomes.

Semi-finals

Sport Lisboa e Benfica (Lisboa)	2-0	Portimonense SC (Portimão)
FC do Porto (Porto)	9-1	Associação Académica de Coimbra (Coimbra)

Quarter-finals

Associação Académica de Coimbra (Coimbra)	2-1	CA de Valdevez (Arcos Valdevez)
Sport Lisboa e Benfica (Lisboa)	3-0	Sporting Clube de Portugal (Lisboa)
Portimonense SC (Portimão)	1-0	Boavista FC (Porto)
FC do Porto (Porto)	3-0	SC de Braga (Braga)

Eighth-finals

Associação Académica de Coimbra (Coimbra)	4-1	CF Esperança de Lagos (Esperança de Lagos)
SC Farense (Faro)	0-1	Sporting Clube de Portugal (Lisboa)
Leixões SC (Matosinhos)	1-2	Sport Lisboa e Benfica (Lisboa)
Associação Naval 1º de Maio (Figueira da Foz)	0-5	SC de Braga (Braga)
Portimonense SC (Portimão)	3-1	Gil Vicente FC (Barcelos)
FC do Porto (Porto)	3-1	SC de Espinho (Espinho)
Silves FC (Silves)	0-1	Boavista FC (Porto)
CA de Valdevez (Arcos Valdevez)	1-0	CD de Cinfães (Cinfães)

1st Division 1983-1984	Águeda	Benfica	Boavista	Braga	Espinho	Estoril	Farense	Penafiel	Portimão	Porto	SC Portugal	Rio Ave	Salgueiros	Varzim	Vitória FC	Vitória SC
RD de Águeda (Águeda)	■	1-4	0-1	0-2	0-1	1-1	1-1	1-0	2-1	0-2	0-1	1-0	4-0	1-0	3-0	0-0
Sport Lisboa e Benfica (Lisboa)	2-0	■	1-0	7-0	6-0	1-1	6-2	8-0	1-0	1-0	1-1	1-0	3-0	2-0	8-0	1-0
Boavista FC (Porto)	4-1	1-2	■	0-2	0-0	1-0	3-0	4-0	2-3	2-1	0-0	1-0	2-1	3-0	0-0	0-1
SC de Braga (Braga)	5-1	1-1	2-1	■	2-0	1-0	1-0	1-1	3-0	0-1	2-1	2-0	3-1	1-1	3-0	1-0
SC de Espinho (Espinho)	1-0	0-2	1-1	2-3	■	2-0	5-2	0-0	0-1	0-1	0-1	2-3	1-0	2-3	0-1	0-1
GD Estoril Praia (Estoril)	0-0	1-4	0-0	1-0	1-1	■	0-0	1-0	1-0	0-0	0-0	2-1	1-0	4-2	1-1	1-3
SC Farense (Faro)	0-1	2-7	0-0	1-1	3-0	3-1	■	4-1	0-0	0-2	1-2	0-0	1-1	1-1	1-0	2-1
FC Penafiel (Penafiel)	1-0	0-3	0-0	2-0	0-0	2-0	0-0	■	1-0	0-1	1-2	0-1	1-0	1-1	1-0	0-0
Portimonense SC	2-1	0-2	1-2	1-1	3-0	2-0	2-2	3-0	■	1-0	0-6	1-1	1-0	2-0	0-2	0-0
FC do Porto (Porto)	6-0	3-1	4-0	1-0	4-0	8-0	7-1	8-1	2-0	■	1-0	3-1	1-0	3-0	2-0	1-0
Sporting Clube de Portugal (Lisboa)	5-2	0-1	3-2	1-2	2-0	2-1	4-0	5-1	3-0	0-1	■	4-1	2-0	4-2	2-0	3-1
Rio Ave FC (Vila do Conde)	5-1	2-3	1-0	1-1	0-0	4-0	1-0	1-3	2-1	0-0	1-0	■	2-0	1-1	2-0	2-1
SC e Salgueiros (Porto)	0-0	0-2	1-0	0-0	1-0	6-2	1-0	3-1	0-0	0-0	1-1	1-1	■	0-0	2-1	3-3
Varzim SC (Póvoa de Varzim)	2-1	1-1	2-4	2-0	3-1	1-0	2-0	2-0	1-0	0-0	0-1	1-0	2-1	■	1-1	1-1
Vitória SC (Guimarães)	6-1	4-1	4-1	2-0	1-0	2-0	2-1	1-0	0-2	0-1	2-1	2-1	4-0	2-0	■	3-4
Vitória FC (Setúbal)	2-1	2-3	0-1	3-0	0-0	3-2	1-1	5-0	2-0	1-1	0-1	3-0	2-0	1-0	2-0	■

1st Division

		Pd	Wn	Dw	Ls	GF	GA	Pts	
1.	SPORT LISBOA E BENFICA (LISBOA)	30	24	4	2	86	22	52	
2.	FC do Porto (Porto)	30	22	5	3	65	9	49	
3.	Sporting Clube de Portugal (Lisboa)	30	19	4	7	58	24	42	
4.	SC de Braga (Braga)	30	15	7	8	40	32	37	
5.	Vitória FC (Setúbal)	30	13	8	9	43	28	34	
6.	Vitória SC (Guimarães)	30	14	3	13	41	41	31	
7.	Boavista FC (Porto)	30	12	7	11	36	31	31	
8.	Varzim SC (Póvoa de Varzim)	30	10	9	11	32	39	29	
9.	Rio Ave FC (Vila do Conde)	30	11	7	12	35	35	29	
10.	Portimonense SC (Portimão)	30	10	6	14	27	37	26	
11.	SC e Salgueiros (Porto)	30	6	9	15	23	41	21	
12.	SC Farense (Faro)	30	5	11	14	29	54	21	
13.	FC Penafiel (Penafiel)	30	7	7	16	18	55	21	
14.	GD Estoril Praia (Estoril)	30	6	9	15	22	51	21	R
15.	RD de Águeda (Águeda)	30	7	5	18	25	55	19	R
16.	SC de Espinho (Espinho)	30	5	7	18	19	45	17	R
		480	186	108	186	599	599	480	

Top goalscorers

1)	Fernando Gomes	(FC do Porto – Porto)	21
	Manuel Tamagnini "Nené"	(SL e Benfica – Lisboa)	21
3)	Diamantino Miranda	(SL e Benfica – Lisboa)	19

Promoted: Clube Académico de Coimbra (Coimbra), CF Os Belenenses (Lisboa) and FC de Vizela (Caldas de Vizela)

2nd Division (Play-off)	Pd	Wn	Dw	Ls	GF	GA	Pts	
1. CF Os Belenenses (Lisboa)	4	2	2	-	12	5	6	
2. FC de Vizela (Caldas de Vizela)	4	1	1	2	8	11	3	
3. Clube Académico de Coimbra (Coimbra)	4	1	1	2	7	11	3	**
	12	4	4	4	27	27	12	

** Clube Académico de Coimbra (Coimbra) changed their name to Associação Académica de Coimbra OAF (Coimbra) for the next season.

Taça de Portugal Final   (Estádio Nacional, Lisboa – 1st May 1984)

FC DO PORTO (PORTO)   4-1   Rio Ave FC (Vila do Conde)

António Sousa 7', 52', Fernando Gomes 28', Vermelhinho 38   *N'Habola 89'*

Porto: Zé Beto (António Barradas 74'), João Pinto, Eurico Gomes, Eduardo Luís, Lima Pereira, Jaime Magalhães, Frasco (Quinito 46'), António Sousa, Jaime Pacheco, Fernando Gomes, Vermelhinho.

Rio Ave: Alfredo, Duarte de Sá, Antero Duarte, Luís Sérgio, Baltemar Brito, Adérito Pires, Carlos Manuel II, Jorge Carvalho, Cabumba (N'Habola 29'), Rui Casaca, Manuel Pires (Mário Pinto 65').

Semi-finals

Sporting Clube de Portugal (Lisboa)	1-1, 1-2	FC do Porto (Porto)
Vitória SC (Guimarães)	0-0, 1-1	Rio Ave FC (Vila do Conde)

Quarter-finals

GD Estoril Praia (Estoril)	1-1, 1-3	Rio Ave FC (Vila do Conde)
Sporting Clube de Portugal (Lisboa)	2-0	FC de Vizela (Vizela)
SC União Torreense (Torres Vedras)	0-1	FC do Porto (Porto)
Vitória SC (Guimarães)	1-0	FC Paços de Ferreira (Paços de Ferreira)

Eighth-finals

FC Barreirense (Barreiro)	1-2	GD Estoril Praia (Estoril)
"O Elvas" – C.A.D. (Elvas)	0-0, 1-2	FC de Vizela (Vizela)
FC Paços de Ferreira (Paços de Ferreira)	2-1	Gil Vicente FC (Barcelos)
FC do Porto (Porto)	2-0	CF Os Belenenses (Lisboa)
Sporting Clube de Portugal (Lisboa)	2-1	Sport Lisboa e Benfica (Lisboa)
Rio Ave FC (Barcelos)	2-2, 1-0	Varzim SC (Póvoa de Varzim)
SC União Torreense (Torres Vedras)	1-0	CD de Montijo (Montijo)
Vitória SC (Guimarães)	2-1	SC e Salgueiros (Porto)

1984-1985

1st Division 1984-1985	Académica	Belenenses	Benfica	Boavista	Braga	Farense	Penafiel	Portimão	Porto	SC Portugal	Rio Ave	Salgueiros	Varzim	Vitória FC	Vitória SC	Vizela
Académica de Coimbra (Coimbra)		0-0	1-2	1-1	2-1	2-0	5-0	1-0	0-3	2-3	2-1	2-0	0-0	3-1	0-0	1-3
Belenenses (Lisboa)	4-1		0-3	2-2	1-1	2-1	2-1	2-0	0-1	0-3	1-1	4-3	3-1	2-1	2-2	2-0
Sport Lisboa e Benfica (Lisboa)	3-2	4-1		0-0	0-2	6-0	2-1	5-1	0-1	3-1	2-0	3-0	5-1	0-0	4-3	5-1
Boavista FC (Porto)	2-0	1-0	0-0		2-1	3-0	1-0	2-1	1-0	0-0	2-3	0-0	1-0	0-0	0-2	2-2
SC de Braga (Braga)	2-0	2-0	2-2	2-2		3-1	1-1	1-1	2-3	1-1	1-1	4-0	4-1	1-1	3-0	4-2
SC Farense (Faro)	0-2	1-0	1-0	0-1	0-0		1-0	0-0	1-2	1-1	2-1	1-1	1-1	3-1	3-1	1-0
FC Penafiel (Penafiel)	0-3	0-0	1-0	1-1	1-0	0-0		1-1	0-1	2-0	2-0	4-3	2-1	1-0	1-1	1-1
Portimonense SC	2-1	2-1	0-0	2-1	2-1	3-1	4-0		1-3	0-0	3-1	4-3	4-0	0-0	4-2	4-1
FC do Porto (Porto)	4-1	5-1	2-0	3-0	2-1	5-0	3-1	4-1		0-0	3-0	2-0	5-1	2-1	4-0	9-1
Sporting Clube de Portugal (Lisboa)	4-4	2-0	1-0	2-1	8-1	2-0	1-1	3-2	0-0		3-2	4-1	3-0	3-0	4-0	4-0
Rio Ave FC (Vila do Conde)	1-0	1-0	2-2	0-3	3-2	2-1	0-0	1-2	0-3	1-1		0-0	1-0	0-0	0-0	2-0
SC e Salgueiros (Porto)	0-1	1-2	2-3	0-2	1-1	3-1	2-1	1-0	0-1	2-6	2-0		2-2	2-1	1-0	4-1
Varzim SC (Póvoa de Varzim)	2-4	1-2	0-1	1-1	1-0	0-0	4-0	1-1	1-2	0-2	1-1	0-0		0-0	1-1	1-1
Vitória SC (Guimarães)	2-1	2-2	1-4	1-2	0-1	4-0	1-0	0-1	0-2	0-1	3-2	4-3	1-0		3-1	3-0
Vitória FC (Setúbal)	5-1	2-2	2-2	2-1	0-2	3-0	1-1	2-2	0-3	0-4	1-0	0-0	0-0	1-0		2-0
FC de Vizela (Caldas de Vizela)	1-2	1-2	1-2	0-2	2-1	0-0	2-2	2-3	0-0	2-5	1-0	2-3	1-1	1-2	2-1	

1st Division

	1st Division	Pd	Wn	Dw	Ls	GF	GA	Pts	
1.	FC DO PORTO (PORTO)	30	26	3	1	78	13	55	
2.	Sporting Clube de Portugal (Lisboa)	30	19	9	2	72	26	47	
3.	Sport Lisboa e Benfica (Lisboa)	30	18	7	5	65	28	43	
4.	Boavista FC (Porto)	30	13	11	6	37	26	37	
5.	Portimonense SC (Portimão)	30	14	8	8	51	41	36	
6.	CF Os Belenenses (Lisboa)	30	11	8	11	40	46	30	
7.	Associação Académica de Coimbra OAF (Coimbra)	30	12	5	13	45	47	29	
8.	SC de Braga (Braga)	30	9	10	11	46	43	28	
9.	Vitória SC (Guimarães)	30	9	7	14	33	39	25	
10.	Vitória FC (Setúbal)	30	7	11	12	35	50	25	
11.	FC Penafiel (Penafiel)	30	7	11	12	25	42	25	
12.	SC e Salgueiros (Porto)	30	8	7	15	40	56	23	
13.	Rio Ave FC (Vila do Conde)	30	7	9	14	27	43	23	R
14.	SC Farense (Faro)	30	7	8	15	21	49	22	R
15.	Varzim SC (Póvoa de Varzim)	30	2	13	15	23	49	17	R
16.	FC de Vizela (Caldas de Vizela)	30	4	7	19	31	71	15	R
		480	173	134	173	669	669	480	

Top goalscorers

1)	Fernando Gomes	(FC do Porto – Porto)	39
2)	Michael Manniche	(SL e Benfica – Lisboa)	17
3)	Cadorin	(Portimonense SC – Portimão)	16
	Manuel Fernandes	(SC de Portugal – Lisboa)	16

Promoted: CD das Aves (Vila das Aves), GD de Chaves (Chaves), SC da Covilhã (Covilhã) and CS Marítimo (Funchal).

2nd Division (Play-off)	Pd	Wn	Dw	Ls	GF	GA	Pts
1. CD das Aves (Vila das Aves)	4	2	1	1	4	2	5
2. SC da Covilhã (Covilhã)	4	2	1	1	5	3	5
3. CS Marítimo (Funchal)	4	1	-	3	4	8	2
	12	5	2	5	13	13	12

Taça de Portugal Final   (Estádio Nacional, Lisboa – 10th June 1985)

SPORT LISBOA E BENFICA (LISBOA)   3-1   FC do Porto (Porto)

Nunes 14, Manniche 33, 47 pen   *Paulo Futre 67 pen*

Benfica: Manuel Bento, Pietra, António Bastos Lopes, Oliveira, Álvaro Magalhães, Nunes, Diamantino (Nené 73), Carlos Manuel (Wando 73), Shéu, José Luís, Manniche.

Porto: Zé Beto, João Pinto, Eurico Gomes, Lima Pereira (Semedo 35), Augusto Inácio, Quim, Jaime Magalhães, Frasco, Fernando Gomes (Mito 35), Paulo Futre, Vermelhinho.

Semi-finals

Sport Lisboa e Benfica (Lisboa)	2-0	SC da Covilhã (Covilhã)
FC do Porto (Porto)	1-0	Varzim SC (Póvoa de Varzim)

Quarter-finals

SC da Covilhã (Covilhã)	1-0	CS Marítimo (Funchal)
FC do Porto (Porto)	3-0	Rio Ave FC (Vila do Conde)
União SC de Parades (Parades)	0-4	Sport Lisboa e Benfica (Lisboa)
Varzim SC (Póvoa de Varzim)	3-2	Boavista FC (Porto)

Eighth-finals

Sport Lisboa e Benfica (Lisboa)	4-0	CD da Cova Piedade (Cova Piedade)
Gil Vicente FC (Barcelos)	0-1	SC da Covilhã (Covilhã)
CS Marítimo (Funchal)	2-0	Vitória SC (Guimarães)
FC do Porto (Porto)	1-0	SC de Braga (Braga)
Rio Ave FC (Vila do Conde)	1-1, 1-0	Sporting Clube de Portugal (Lisboa)
SC e Salgueiros (Porto)	0-1	Boavista FC (Porto)
União SC de Parades (Parades)	3-1	AC Marinhense (Marinha Grande)
Varzim SC (Póvoa de Varzim)	2-1	Associação Académica de Coimbra (Coimbra)

1st Division 1985-1986	Académica	Aves	Belenenses	Benfica	Boavista	Braga	Chaves	Covilhã	Marítimo	Penafiel	Portimão	Porto	SC Portugal	Salgueiros	Vitória FC	Vitória SC
Académica de Coimbra (Coimbra)	■	0-1	0-0	0-1	1-1	1-0	1-1	4-0	1-0	1-0	1-0	1-2	1-4	3-0	2-0	1-1
CD das Aves (Vila das Aves)	2-1	■	0-0	0-1	0-0	2-1	2-3	3-0	1-1	2-2	0-0	1-2	1-2	3-1	0-1	2-0
Belenenses (Lisboa)	1-2	1-1	■	0-1	1-1	3-0	4-1	3-0	0-0	0-0	2-1	2-3	1-1	2-1	0-0	2-2
Sport Lisboa e Benfica (Lisboa)	1-0	4-0	1-0	■	1-0	1-0	4-0	2-0	9-0	2-0	2-0	0-0	1-2	5-0	3-1	1-1
Boavista FC (Porto)	4-0	5-1	0-0	1-0	■	3-1	1-0	2-1	5-2	0-0	1-0	1-2	2-1	2-0	3-2	2-1
SC de Braga (Braga)	3-1	1-1	0-0	1-1	2-1	■	1-1	2-1	0-0	2-1	1-0	0-0	0-2	0-1	1-0	2-2
GD de Chaves (Chaves)	2-0	2-0	2-0	0-1	2-1	1-1	■	2-2	1-0	1-0	1-0	0-2	0-0	0-2	0-1	4-2
SC da Covilhã (Covilhã)	0-1	2-0	0-0	1-2	1-1	1-3	1-2	■	2-1	1-1	1-0	2-0	0-5	0-0	0-0	1-1
CS Marítimo (Funchal)	2-1	1-0	3-1	1-2	0-1	3-2	1-0	2-0	■	1-0	1-1	1-1	0-0	0-0	0-3	1-0
FC Penafiel (Penafiel)	1-1	1-0	0-0	0-2	0-1	3-0	1-1	2-0	1-0	■	0-1	0-2	0-1	0-0	1-1	0-1
Portimonense SC	2-2	4-0	2-1	0-3	1-1	2-1	1-0	4-0	1-0	2-0	■	1-0	0-1	2-0	1-1	1-0
FC do Porto (Porto)	3-0	2-0	5-0	2-0	1-1	5-1	3-0	4-2	4-2	3-1	4-0	■	2-1	2-0	1-0	5-0
Sporting Clube de Portugal (Lisboa)	2-0	1-0	0-0	0-0	2-0	4-0	3-0	6-1	3-0	6-0	4-2	0-1	■	2-1	3-0	1-0
SC e Salgueiros (Porto)	2-0	1-2	0-1	1-1	1-0	0-2	3-0	0-2	1-0	0-0	1-0	1-1	2-2	■	0-3	1-0
Vitória SC (Guimarães)	1-1	2-0	+:-	2-1	2-1	5-3	0-0	5-0	4-1	2-1	3-0	2-1	4-3	0-0	■	1-0
Vitória FC (Setúbal)	1-0	0-0	0-2	0-1	3-2	1-3	0-1	3-1	4-2	4-0	0-0	0-1	1-2	2-0	2-2	■

Note: Vitória SC 1-0 Belenenses was later awarded 3-0 to Vitória as it was discovered that Belenenses had fielded an ineligible player.

1st Division

	1st Division	Pd	Wn	Dw	Ls	GF	GA	Pts	
1.	FC DO PORTO (PORTO)	30	22	5	3	64	20	49	
2.	Sport Lisboa e Benfica (Lisboa)	30	21	5	4	54	13	47	
3.	Sporting Clube de Portugal (Lisboa)	30	20	6	4	64	20	46	
4.	Vitória SC (Guimarães)	30	16	8	6	51	29	40	
5.	Boavista FC (Porto)	30	14	8	8	44	29	36	
6.	GD de Chaves (Chaves)	30	11	7	12	29	39	29	
7.	Portimonense SC (Portimão)	30	11	6	13	29	32	28	
8.	CF Os Belenenses (Lisboa)	30	7	14	9	27	30	28	
9.	SC de Braga (Braga)	30	9	8	13	34	47	26	
10.	Associação Académica de Coimbra OAF (Coimbra)	30	9	7	14	28	38	25	
11.	SC e Salgueiros (Porto)	30	9	7	14	21	37	25	
12.	CS Marítimo (Funchal)	30	8	6	16	26	50	22	
13.	CD das Aves (Vila das Aves)	30	7	8	15	25	42	22	POR
14.	Vitória FC (Setúbal)	30	7	8	15	32	42	22	R
15.	FC Penafiel (Penafiel)	30	4	10	16	16	38	18	R
16.	SC da Covilhã (Covilhã)	30	5	7	18	23	61	17	R
		480	180	120	180	564	564	480	

Top goalscorers

1)	Manuel Fernandes	(SC de Portugal – Lisboa)	30
2)	Paulinho Cascavel	(Vitória SC – Guimarães)	25
3)	Fernando Gomes	(FC do Porto – Porto)	20

Promoted: "O Elvas" CA de Desportos (Elvas), SC Farense (Faro), Rio Ave FC (Vila do Conde) and Varzim SC (Póvoa de Varzim)

2nd Division (Play-off)	Pd	Wn	Dw	Ls	GF	GA	Pts
1. Rio Ave FC (Vila do Conde)	4	1	3	-	7	6	5
2. SC Farense (Faro)	4	1	2	1	9	6	4
3. "O Elvas" CA de Desportos (Elvas)	4	1	1	2	6	10	3
	12	3	6	3	22	22	12

Taça de Portugal Final (Estádio Nacional, Lisboa – 27th April 1986)

SPORT LISBOA E BENFICA (LISBOA) 2-0 CF Os Belenenses (Lisboa)

Nunes 35, Rui Águas 69

Benfica: Manuel Bento, António Veloso, Oliveira, Samuel, Álvaro Magalhães, Diamantino, Shéu, Manniche (José Luís 75), Rui Águas, Wando, Nunes (Rui Pedro 69).

Belenenses: Jorge Martins, Sobrinho, Joaquim Murça (Jorge Silva 62), Alberto Gomes, Artur Fonte, Jaime Mercês, Paulo Monteiro, Canito, Vanio Kostov, Luís Norton de Matos (Djão 51), Joel Almeida.

Semi-finals

CF Os Belenenses (Lisboa)	2-0	SC de Braga (Braga)
FC de Penafiel (Penafiel)	0-0, 1-4	Sport Lisboa e Benfica (Lisboa)

Quarter-finals

Associação Académica de Coimbra (Coimbra)	0-1	FC Penafiel (Penafiel)
CF Os Belenenses (Lisboa)	1-1, 0-0	GD de Chaves (Chaves)
Sport Lisboa e Benfica (Lisboa)	5-0	Sporting Clube de Portugal (Lisboa)
SC de Braga (Braga)	3-2	Varzim SC (Póvoa de Varzim)

Eighth-finals

Associação Académica de Coimbra (Coimbra)	1-0	Vitória SC (Guimarães)
CF Os Belenenses (Lisboa)	4-0	FC da Lixa (Porto)
Sport Lisboa e Benfica (Lisboa)	2-1	FC do Porto (Porto)
GD de Chaves (Chaves)	2-1	Portimonense SC (Portimão)
FC Paços da Ferreira (Paços de Ferreira)	0-1	SC de Braga (Braga)
GD de Peniche (Peniche)	0-1	Varzim SC (Póvoa de Varzim)
Sporting Clube de Portugal (Lisboa)	2-1	FC Barreirense (Barreiro)
CF União (Funchal)	0-1	FC Penafiel (Penafiel)

1st Division 1986-1987	Académica	Belenenses	Benfica	Boavista	Braga	Chaves	Elvas	Farense	Marítimo	Portimão	Porto	SC Portugal	Rio Ave	Salgueiros	Varzim	Vitória FC
Académica de Coimbra (Coimbra)		3-1	0-0	2-0	0-0	2-0	1-1	1-0	1-1	1-0	1-3	0-2	2-0	0-0	0-0	1-1
Belenenses (Lisboa)	3-0		1-1	1-2	4-2	0-1	5-1	3-0	-:+	5-0	0-3	2-0	3-1	0-0	4-1	1-1
Sport Lisboa e Benfica (Lisboa)	2-0	2-0		3-1	2-1	0-0	2-0	1-0	3-1	1-1	3-1	2-1	3-1	1-0	2-0	1-0
Boavista FC (Porto)	0-0	3-1	0-2		1-0	1-3	1-0	0-0	5-1	2-3	1-1	1-1	1-0	4-0	0-0	1-1
SC de Braga (Braga)	0-0	0-1	-:-	0-0		2-1	3-1	3-0	3-0	3-0	0-1	0-2	2-1	2-1	2-1	0-1
GD de Chaves (Chaves)	1-1	1-0	1-2	1-0	0-2		3-1	3-2	3-1	0-0	1-2	2-1	3-2	4-0	1-0	1-1
"O Elvas" CAD (Elvas)	1-1	0-2	0-2	1-0	0-2	1-2		1-2	2-0	1-1	0-2	0-3	1-0	0-0	0-0	0-0
SC Farense (Faro)	1-2	0-0	0-2	1-1	1-0	4-0	1-1		2-0	4-0	1-0	2-1	2-2	0-0	1-2	1-4
CS Marítimo (Funchal)	3-1	3-2	2-2	2-2	1-1	0-2	5-1	1-0		0-0	1-4	1-0	2-0	2-1	1-1	0-2
Portimonense SC (Portimão)	2-0	1-5	0-3	1-2	2-0	0-0	3-0	3-2	1-0		1-0	1-1	2-3	1-2	1-0	1-1
FC do Porto (Porto)	1-0	1-0	2-2	2-1	3-1	3-0	6-0	8-3	1-0	5-0		2-0	3-0	4-0	0-0	2-2
Sporting Clube de Portugal (Lisboa)	1-1	4-2	7-1	2-1	2-1	3-1	1-0	1-0	6-1	2-0	2-0		0-0	1-0	3-0	1-1
Rio Ave FC (Vila do Conde)	4-0	1-0	0-2	3-2	1-0	2-1	1-1	2-0	0-0	1-1	0-0	2-2		3-1	1-1	1-2
SC e Salgueiros (Porto)	2-1	0-2	1-1	2-0	1-1	2-2	3-1	2-0	0-2	0-0	0-3	0-0	1-1		2-1	0-0
Varzim SC (Póvoa de Varzim)	2-0	2-1	0-0	0-1	1-0	0-0	1-0	3-2	2-0	1-1	0-2	1-1	1-0	1-1		1-1
Vitória FC (Guimarães)	2-0	2-3	1-2	2-0	4-0	3-1	1-0	0-0	1-0	2-0	2-2	3-1	1-0	2-0	1-1	

1st Division

		Pd	Wn	Dw	Ls	GF	GA	Pts	
1.	SPORT LISBOA E BENFICA (LISBOA)	30	20	8	2	50	25	48	++
2.	FC do Porto (Porto)	30	20	6	4	67	22	46	
3.	Vitória SC (Guimarães)	30	14	13	3	45	22	41	
4.	Sporting Clube de Portugal (Lisboa)	30	15	8	7	52	28	38	
5.	GD de Chaves (Chaves)	30	13	7	10	39	38	33	
6.	CF Os Belenenses (Lisboa)	30	13	4	13	52	40	30	
7.	Varzim SC (Póvoa de Varzim)	30	8	13	9	24	29	29	
8.	Boavista FC (Porto)	30	9	9	12	34	36	27	
9.	Associação Académica de Coimbra OAF (Coimbra)	30	7	12	11	22	34	26	
10.	Portimonense SC (Portimão)	30	8	10	12	27	47	26	
11.	SC de Braga (Braga)	30	10	5	15	31	36	25	++
12.	CS Marítimo (Funchal)	30	9	7	14	34	49	25	
13.	Rio Ave FC (Vila do Conde)	30	8	9	13	33	40	25	PO
14.	SC e Salgueiros (Porto)	30	6	12	12	22	40	24	##
15.	SC Farense (Faro)	30	7	7	16	33	47	21	##
16.	"O Elvas" CA de Desportos (Elvas)	30	3	8	19	16	54	14	##
		480	170	138	172	581	587	478	++

++ SC de Braga 1-1 Benfica played on 31st May 1987 was later awaded as a 3-0 defeat for both clubs, hence the difference in the Won/Loss totals and the Goals For/Goals Against and Points columns (-2).

Top goalscorers

1)	Paulinho Cascavel	(Vitória SC – Guimarães)	22
2)	Fernando Gomes	(FC do Porto – Porto)	21
3)	Manuel Fernandes	(SC de Portugal – Lisboa)	16
	Raphael Meade	(SC de Portugal – Lisboa)	16

2nd Division (Play-off)	Pd	Wn	Dw	Ls	GF	GA	Pts	
1. SC da Covilhã (Covilhã)	4	2	1	1	5	5	5	P
2. Vitória FC (Setúbal)	4	2	1	1	10	8	5	P
3. SC de Espinho (Espinho)	4	1	-	3	6	8	2	P
	12	5	2	5	21	21	12	

Promotion/Relegation Play-offs	Pd	Wn	Dw	Ls	GF	GA	Pts	
1. Rio Ave FC (Vila do Conde)	6	5	1	-	11	2	11	
2. FC Penafiel (Penafiel)	6	3	1	2	7	7	7	P
3. CD Feirense (Santa Maria da Feira)	6	1	2	3	4	9	4	
4. CF Estrela da Amadora (Amadora)	6	1	-	5	5	9	2	
	24	10	4	10	27	27	24	

After the Promotion/Relegation Play-offs were completed, the Portuguese FA decided to increase the 1st Division to 20 teams, so all 3 relegated teams were reinstated and the 3 regional 2nd Division winners plus FC de Penafiel (the Play-off runners-up) were promoted.

Taça de Portugal Final   (Estádio Nacional, Lisboa – 7th June 1987)

SPORT LISBOA E BENFICA (LISBOA)   2-1   Sporting Clube de Portugal (Lisboa)

Diamantino 39, 55   *Marlon Brandão 79*

Benfica: Silvino, Dito, António Veloso, Álvaro Magalhães, Edmundo, Nunes (Tueba 84), Diamantino, Carlos Manuel, Shéu, Chiquinho Carlos (Wando 42), Rui Águas.

Sporting: Vítor Damas, Duílio (Marlon Brandão 73), Pedro Venâncio, João Luís, Virgílio (Mário Jorge 68), Oceano, Mário Marques, Manuel Fernandes, Silvinho, Peter Houtman, Ralph Meade.

Semi-finals

Sport Lisboa e Benfica (Lisboa)	4-0	Portimonense SC (Portimão)
FC do Porto (Porto)	0-1	Sporting Clube de Portugal (Lisboa)

Quarter-finals

Boavista FC (Porto)	1-3	Sport Lisboa e Benfica (Lisboa)
Portimonense SC (Portimão)	3-1	SC Farense (Faro)
FC do Porto (Porto)	5-0	Vitória FC (Guimarães)
Sporting Clube de Portugal (Lisboa)	4-1	GD de Chaves (Chaves)

Eighth-finals

Sport Lisboa e Benfica (Lisboa)	6-1	SC União Torreense (Torres Vedras)
Boavista FC (Porto)	6-0	GD Torralta
SC da Covilhã (Covilhã)	0-2	FC do Porto (Porto)
SC Farense (Faro)	1-0	Rio Ave FC (Vila do Conde)
SC Olhanense (Olhão)	1-1, 1-4	GD de Chaves (Chaves)
Portimonense SC (Portimão)	1-0	FC Ermesinde (Porto)
Sporting Clube de Portugal (Lisboa)	5-0	CF Esperança de Lagos (Esperança de Lagos)
Vitória SC (Guimarães)	2-0	Silves FC (Silves)

1987-1988

1st Division 1987-1988	Académica	Belenenses	Benfica	Boavista	Braga	Chaves	Covilhã	Elvas	Espinho	Farense	Marítimo	Penafiel	Portimão	Porto	SC Portugal	Rio Ave	Salgueiros	Varzim	Vitória FC	Vitória SC
Académica de Coimbra (Coimbra)	■	0-0	2-4	0-0	2-1	1-1	1-1	0-0	2-2	2-0	2-0	1-1	2-1	0-1	1-1	1-3	3-0	1-0	1-0	0-0
Belenenses (Lisboa)	1-0	■	2-1	2-0	1-0	2-0	2-0	2-1	0-0	4-1	1-0	3-1	4-2	0-0	2-3	3-0	2-2	2-2	2-0	2-1
Sport Lisboa e Benfica (Lisboa)	1-1	2-0	■	2-0	0-0	1-1	4-0	1-0	5-1	2-2	0-1	4-0	3-1	1-1	4-1	2-0	2-0	2-2	3-0	0-1
Boavista FC (Porto)	1-0	0-0	1-1	■	1-0	1-0	2-2	2-0	1-0	2-0	1-1	0-0	3-0	0-1	0-0	6-0	2-1	1-1	3-0	1-0
SC de Braga (Braga)	1-0	1-1	0-0	1-3	■	1-0	3-1	2-2	0-0	2-1	1-1	2-0	2-0	1-1	1-0	1-0	1-1	1-1	2-2	2-2
GD de Chaves (Chaves)	1-1	0-0	1-0	0-0	2-0	■	2-1	0-1	0-1	6-1	0-0	2-2	0-1	0-1	1-1	4-0	2-2	6-1	3-1	2-0
SC da Covilhã (Covilhã)	0-1	1-2	0-3	2-0	0-0	0-1	■	1-2	1-1	3-1	1-2	0-0	2-0	1-1	1-2	1-1	1-0	1-0	1-2	2-2
"O Elvas" CAD (Elvas)	1-1	2-3	0-0	1-2	0-0	0-2	5-0	■	4-1	0-0	1-1	1-0	3-0	2-3	0-0	0-0	3-0	0-0	0-0	1-1
SC de Espinho (Espinho)	0-2	2-1	0-1	2-0	2-2	2-1	2-0	6-0	■	1-0	3-2				0-1	0-0	1-1	1-0	1-3	4-1
SC Farense (Faro)	2-0	1-0	1-0	0-0	1-0	1-0	7-0	1-3	1-1	■	1-1	2-0	2-0	0-1	0-2	0-0	2-1	1-0	2-1	0-0
CS Marítimo (Funchal)	2-1	1-0	1-1	2-3	1-1	0-3	1-1	1-0	0-0	1-1	■	0-0	1-1	0-2	2-3	0-0	3-0	3-1	1-0	1-0
FC Penafiel (Penafiel)	2-1	1-0	0-1	0-0	3-0	0-0	3-2	0-0	2-1	3-2	1-2	■	0-0	0-0	4-0	4-1	0-0	2-1	0-0	0-0
Portimonense SC (Portimão)	1-1	1-1	1-2	1-1	0-1	0-3	1-0	0-1	1-1	0-0			■	0-0	1-1	5-1	1-0	0-2	0-4	1-0
FC do Porto (Porto)	1-0	7-1	3-0	2-0	3-0	3-1	4-0	4-0	1-0	4-0	2-0	2-0	1-0	■	2-0	5-0	5-1	3-0	3-1	1-0
Sporting Clube de Portugal (Lisboa)	4-0	1-1	1-1	1-1	2-1	0-0	2-0	2-0	0-0	2-0	0-1	7-0	2-0	2-1	■	4-1	3-2	1-2	2-2	2-0
Rio Ave FC (Vila do Conde)	2-1	0-0	0-1	0-1	3-0	0-0	2-0	1-0	2-1	1-1	0-0	0-1	0-7	1-2		■	2-2	1-1	2-1	2-2
SC e Salgueiros (Porto)	0-0	2-0	0-0	0-1	0-0	2-2	2-2	2-1	1-1	0-1	1-0	2-2	0-1	0-5	2-4	1-0	■	1-0	0-0	0-4
Varzim SC (Póvoa de Varzim)	0-0	1-1	0-0	1-1	0-0	2-1	1-0	0-0	0-0	0-0	3-4	1-2	0-2	1-3	2-1	1-0		■	2-2	2-0
Vitória SC (Guimarães)	3-0	0-1	0-2	-:+	1-1	0-0	2-0	1-1	3-0	1-1	2-1	0-1	0-0	3-2	4-1	3-0	3-0		■	1-3
Vitória FC (Setúbal)	3-0	1-3	0-2	1-0	2-0	1-3	5-1	1-0	0-0	0-0	1-0	4-0	2-1	4-4	2-1	3-0	0-2	5-0	4-2	■

1st Division

		Pd	Wn	Dw	Ls	GF	GA	Pts	
1.	FC DO PORTO (PORTO)	38	29	8	1	88	15	66	
2.	Sport Lisboa e Benfica (Lisboa)	38	19	13	6	59	25	51	
3.	CF Os Belenenses (Lisboa)	38	18	12	8	52	38	48	
4.	Sporting Clube de Portugal (Lisboa)	38	17	13	8	62	41	47	
5.	Boavista FC (Porto)	38	16	14	8	42	25	46	
6.	SC de Espinho (Espinho)	38	13	14	11	42	38	40	
7.	GD de Chaves (Chaves)	38	13	14	11	51	31	40	
8.	Vitória FC (Setúbal)	38	15	10	13	56	43	40	
9.	CS Marítimo (Funchal)	38	11	17	10	36	37	39	
10.	FC Penafiel (Penafiel)	38	10	18	10	36	45	38	
11.	SC de Braga (Braga)	38	8	18	12	32	42	34	
12.	SC Farense (Faro)	38	12	10	16	36	50	34	
13.	Portimonense SC (Portimão)	38	12	10	16	53	50	34	
14.	Vitória SC (Guimarães)	38	11	11	16	48	50	33	
15.	"O Elvas" CA de Desportos (Elvas)	38	8	17	13	35	40	33	R
16.	Associação Académica de Coimbra OAF (Coimbra)	38	9	15	14	32	42	33	R
17.	Varzim SC (Póvoa de Varzim)	38	7	16	15	31	52	30	R
18.	Rio Ave FC (Vila do Conde)	38	7	14	17	29	67	28	R
19.	SC e Salgueiros (Porto)	38	6	13	19	31	62	25	R
20.	SC da Covilhã (Covilhã)	38	5	11	22	30	70	21	R
		760	246	268	246	863	863	760	

Vitória Guimarães 0-1 Boavista played on 31st January 1988 was abandoned following a violent protest by Vitória players after a "goal" was disallowed. The match was later awarded to Boavista with a 3-0 scoreline.

Vitória were "fined" and ordered to play their next 7 "home" games away from their own stadium.

Top goalscorers

1)	Paulinho Cascavel	(SC de Portugal – Lisboa)	24
2)	Fernando Gomes	(FC do Porto – Porto)	21
	Radoslav Zdrakov "Radi"	(GD de Chaves – Chaves)	21

Promoted: Clube Académico de F. (Viseu), SC Beira Mar (Aveiro), CF Estrela da Amadora (Amadora), FC Famalicão (Vila Nova de Famalicão), Leixões SC (Matosinhos) and CD Nacional (Funchal).

2nd Division (Play-off)	Pd	Wn	Dw	Ls	GF	GA	Pts
1. FC Famalicão (Vila Nova d Famalicão)	4	2	1	1	9	4	5
2. Clube Académico de F. (Viseu)	4	2	1	1	5	8	5
3. CF Estrela da Amadora (Amadora)	4	-	2	2	4	6	2
	12	4	4	4	18	18	12

Taça de Portugal Final   (Estádio Nacional, Lisboa – 16th June 1988)

FC DO PORTO (PORTO)	1-0	Vitória SC (Guimarães)

Magalhães 83

Porto: Mlynarczyk, João Pinto, Lima Pereira, Celso, Inacio, Bandeirinha, André, Jaime Magalhães, Jaime Pacheco, Sousa (Jorge Placido 46), Rui Barros.

Vitória FC: Jesus, Costeado, Bené, Nené, Basilio (Caio Junior 85), Carvalho, Nascimento, NDinga, Adao, Tozé (Decio António 58), N.Kama.

Semi-finals

Portimonense SC (Portimão)	1-2	Vitória SC (Guimarães)
FC do Porto (Porto)	1-0	Sport Lisboa e Benfica (Lisboa)

Quarter-finals

Sport Lisboa e Benfica (Lisboa)	1-0	AD de Fafe (Fafe)
Portimonense SC (Portimão)	4-1	FC Penafiel (Penafiel)
FC do Porto (Porto)	2-2, 0-0 (aet)	Boavista FC (Porto)
	FC do Porto won 5-4 on penalties.	
Vitória SC (Guimarães)	1-1, 2-0	Gil Vicente FC (Barcelos)

Round 6

Boavista FC (Porto)	3-2	UD de Leiria (Leiria)
AD de Fafe (Fafe)	2-1	SC de Braga (Braga)
Gil Vicente FC (Barcelos)	2-1	Rio Ave FC (Vila do Conde)
CS Marítimo (Funchal)	2-5	Vitória SC (Guimarães)
FC Penafiel (Penafiel)	3-1	Leixões SC (Matosinhos)
Portimonense SC (Portimão)	3-0	CF União de Lamas (Santa Maria de Lamas)
FC do Porto (Porto)	3-1	SC de Espinho (Espinho)
SC e Salgueiros (Porto)	1-1, 1-4	Sport Lisboa e Benfica (Lisboa)

1988-1989

1st Division 1988-1989	Académica	Beira Mar	Belenenses	Benfica	Boavista	Braga	Chaves	Espinho	Estrela	Fafe	Farense	Leixões	Marítimo	Nacional	Penafiel	Portimão	Porto	SC Portugal	Vitória SC	Vitória FC
Académica de Viseu	■	0-0	1-1	0-1	0-0	1-5	0-1	0-2	2-2	0-2	3-1	1-0	0-0	0-2	1-0	0-1	0-0	2-2	2-1	0-1
SC Beira Mar (Aveiro)	2-1	■	1-0	0-1	0-2	3-0	2-0	1-0	1-0	1-1	2-2	1-0	3-2	0-0	2-1	2-0	0-0	1-2	1-2	0-0
Belenenses (Lisboa)	3-0	3-0	■	0-1	0-3	1-1	4-2	2-0	1-0	1-1	2-0	2-0	2-2	1-1	2-1	4-0	1-1	0-3	1-1	0-0
Sport Lisboa e Benfica (Lisboa)	4-0	0-0	1-0	■	2-2	1-0	2-1	1-0	3-0	4-0	3-0	2-1	2-0	1-0	2-1	3-0	0-0	2-0	0-0	2-0
Boavista FC (Porto)	2-0	1-0	0-1	2-1	■	2-0	4-0	1-0	2-0	3-1	1-1	2-2	5-1	0-2	1-0	1-0	4-1	2-0	0-1	2-0
SC de Braga (Braga)	0-1	1-0	2-0	0-0	0-2	■	0-0	3-1	1-0	2-2	4-2	1-0	2-1	1-1	1-0	1-1	0-1	0-0	0-0	0-0
GD de Chaves (Chaves)	5-0	0-0	0-0	0-2	1-0	1-1	■	3-0	3-0	1-0	0-0	2-2	0-1	0-0	4-1	0-0	2-0	2-1	1-0	0-1
SC de Espinho (Espinho)	1-0	2-1	1-1	2-2	2-2	4-1	2-1	■	2-1	1-1	3-1	2-0	2-1	4-0	1-0	1-0	1-2	0-2	1-2	1-5
CF Estrela da Amadora (Amadora)	2-1	0-0	2-1	1-2	1-1	1-3	1-1	0-0	■	0-0	1-0	0-3	1-1	4-1	2-1	1-0	2-2	0-0	1-0	1-1
AD de Fafe (Fafe)	0-0	2-1	1-1	0-2	1-1	1-4	2-0	2-1	0-1	■	1-0	0-2	2-0	0-0	2-1	0-0	0-1	1-0		0-0
SC Farense (Faro)	1-0	1-1	2-1	0-2	1-1	1-2	0-2	1-3	2-0	1-1	■	3-1	0-0	5-0	0-0	0-0	1-1	1-0	1-0	2-1
Leixões SC (Matosinhos)	2-0	1-1	0-2	0-2	0-0	0-0	0-0	4-0	1-1	1-0		■	0-0	2-2	1-1	1-2	0-3	0-2	2-1	2-1
CS Marítimo (Funchal)	4-0	3-1	1-0	1-1	1-0	0-0	0-1	1-1	1-2	3-0	2-1	0-1	■	0-0	2-0	2-1	0-2	2-1	2-1	
CD Nacional (Funchal)	5-2	0-0	0-1	0-1	2-0	2-1	3-1	3-0	0-1	2-0	3-0	2-0	1-1	■	3-4	0-0	0-1	0-1	1-1	4-4
FC Penafiel (Penafiel)	2-1	2-0	1-1	1-0	1-2	0-1	1-0	0-0	1-0	0-1	1-1	1-1	2-0		■	1-0	0-1	0-0	0-1	2-0
Portimonense SC (Portimão)	1-1	1-0	2-2	0-1	2-1	1-0	3-1	0-0	2-1	0-0	3-0	2-0	0-1	1-1		■	1-1	3-1	2-1	3-0
FC do Porto (Porto)	5-0	2-0	1-0	0-0	0-0	1-0	1-0	2-1	4-0	1-0	5-0	1-0	3-1	3-0	2-0	1-0	■	3-0	0-0	0-1
Sporting Clube de Portugal (Lisboa)	2-0	0-0	0-0	0-2	1-1	2-0	3-0	3-1	0-1	3-1	1-0	2-0	2-2	4-0	4-1	1-0	1-2	■	1-0	4-3
Vitória SC (Guimarães)	5-0	1-0	0-1	1-2	2-3	2-0	2-1	0-2	0-2	2-0	2-0	1-1	1-1	1-1	0-0	1-1	1-0		■	1-0
Vitória FC (Setúbal)	2-0	2-1	2-1	2-2	1-0	1-3	2-0	2-1	1-1	4-0	0-2	2-2	1-0	0-1	0-0	3-0	0-0	1-0	0-0	■

1st Division

		Pd	Wn	Dw	Ls	GF	GA	Pts	
1.	SPORT LISBOA E BENFICA (LISBOA)	38	27	9	2	60	15	63	
2.	FC do Porto (Porto)	38	21	14	3	52	17	56	
3.	Boavista FC (Porto)	38	19	11	8	56	29	49	
4.	Sporting Clube de Portugal (Lisboa)	38	18	9	11	50	33	45	
5.	Vitória FC (Setúbal)	38	15	12	11	44	37	42	
6.	SC de Braga (Braga)	38	14	12	12	42	37	40	
7.	CF Os Belenenses (Lisboa)	38	13	14	11	44	35	40	
8.	CF Estrela da Amadora (Amadora)	38	13	13	12	33	41	39	
9.	Vitória SC (Guimarães)	38	14	10	14	39	33	38	
10.	CD Nacional (Funchal)	38	12	12	14	43	49	36	
11.	Portimonense FC (Portimão)	38	12	11	15	33	37	35	
12.	CS Marítimo (Funchal)	38	10	15	13	40	41	35	
13.	GD de Chaves (Chaves)	38	12	10	16	37	41	34	
14.	FC Penafiel (Penafiel)	38	10	13	15	32	39	33	
15.	SC Beira Mar (Aveiro)	38	10	13	15	29	36	33	
16.	AD de Fafe (Fafe)	38	9	14	15	29	47	32	R **
17.	SC de Espinho (Espinho)	38	12	8	18	45	57	32	R
18.	SC Farense (Faro)	38	10	11	17	34	51	31	R
19.	Leixões SC (Matosinhos)	38	7	14	17	29	46	28	R
20.	Clube Académico de Futebol (Viseu)	38	5	9	24	20	70	19	R
		760	263	234	263	791	791	760	

** FC Famalicão (Vila Nova de Famalicão) were relegated to the 3rd Division following just 2 matches after being found guilty of bribing the president of Macedo de Calveiros to lose a vital match during 1987-88 season.

The match had been abandoned due to crowd trouble with Famalicão leading 1-0 and was later awarded to them with a 3-0 scoreline. Their place was given to AD de Fafe (Fafe) and the 2 matches played by Famalicão were declared void.

Top goalscorers

1)	Vata Garcia	(SL e Benfica – Lisboa)	16
2)	Amâncio	(FC de Penafiel – Penafiel)	15
	Jorge Silva	(CS Marítimo – Funchal)	15

Promoted: CD Feirense (Santa Maria da Feira), FC Tirsense (Santo Tirso) and CF União (Funchal).

	2nd Division (Play-off)	Pd	Wn	Dw	Ls	GF	GA	Pts
1.	CF União (Funchal)	4	2	1	1	4	3	5
2.	FC Tirsense (Santo Tirso)	4	2	-	2	5	4	4
3.	CD Feirense (Santa Maria da Feira)	4	1	1	2	5	7	3
		12	5	2	5	14	14	12

Taça de Portugal Final (Estádio Nacional, Lisboa – 28th May 1989)

CF OS BELENENSES (LISBOA)	2-1	Sport Lisboa e Benfica (Lisboa)
Chico Faria 25, Juanico 80		*Vata 74*

Belenenses: Jorge Martins, José António, Teixeira (Carlos Ribeiro 86), Sobrinho, Baidek, José Mário, Juanico, Macae, Adão, Chiquinho, Chico Faria (Saavedra 67).

Benfica: Silvino, Mozer, Veloso, Ricardo, Foneca (Vata 46), Vítor Paneira, Abel, Diamantino, Valdo, Pacheco, Magnusson.

Semi-finals

CF Os Belenenses (Lisboa)	3-1	Sporting Clube de Portugal (Lisboa)
Sport Lisboa e Benfica (Lisboa)	3-1	SC de Braga (Braga)

Quarter-finals

CF Os Belenenses (Lisboa)	2-1	SC de Espinho (Espinho)
Sport Lisboa e Benfica (Lisboa)	11-0	FC de Marco (Marco de Canaveses)
GD de Chaves (Chaves)	3-3, 1-3	SC de Braga (Braga)
Sporting Clube de Portugal (Lisboa)	4-1	FC de Vizela (Vizela)

Round 5

CF Os Belenenses (Lisboa)	1-0	FC do Porto (Porto)
SC de Braga (Braga)	1-0	CS Marítimo (Funchal)
SC de Espinho (Espinho)	1-0	CF Estrela da Amadora (Amadora)
GD Joane (Vila Nova de Famalicão)	1-3	GD de Chaves (Chaves)
Luso FC (Barreiro)	0-1	Sport Lisboa e Benfica (Lisboa)
Sporting Clube de Portugal (Lisboa)	6-0	"O Elvas" C.A.D. (Elvas)
Vasco da Gama	1-8	FC de Marco (Marco de Canaveses)
FC de Vizela (Vizela)	2-1	SC Beira Mar (Aveiro)

1st Division 1989-1990	Beira Mar	Belenenses	Benfica	Boavista	Braga	Chaves	Estrela	Feirense	Marítimo	Nacional	Penafiel	Portimão	Porto	SC Portugal	Tirsense	União	Vitória FC	Vitória SC
SC Beira Mar (Aveiro)	■	1-0	0-2	2-0	3-1	0-0	1-0	1-0	0-0	1-0	0-0	0-0	0-1	0--1	1-0	1-0	0-2	0-0
Belenenses (Lisboa)	1-0	■	0-0	1-0	2-1	3-0	2-1	1-0	1-0	1-0	2-1	1-0	1-0	1-0	1-0	2-0	4-0	0-0
Sport Lisboa e Benfica (Lisboa)	5-0	1-0	■	1-1	3-1	2-0	2-0	3-1	4-0	1-1	7-0	5-0	0-0	2-1	1-0	4-2	2-0	5-1
Boavista FC (Porto)	1-2	4-2	1-0	■	2-0	2-0	2-0	4-0	1-1	4-1	3-0	1-0	0-1	0-0	0-0	5-1	1-2	1-2
SC de Braga (Braga)	2-0	3-0	0-4	0-0	■	1-1	1-0	3-1	3-0	2-0	3-0	3-1	1-2	1-1	1-1	1-1	1-3	-:+
GD de Chaves (Chaves)	2-1	1-1	0-0	1-0	1-1	■	0-1	0-0	2-1	3-3	3-2	4-2	1-2	2-1	3-0	2-1	0-0	2-0
CF Estrela da Amadora (Amadora)	3-1	4-1	0-1	3-2	0-0	1-1	■	3-0	3-0	3-0	0-1	4-2	1-1	0-0	2-0	1-1	1-2	0-1
CD Feirense (Santa Maria da Feira)	1-2	1-0	1-1	1-3	3-1	1-2	1-1	■	2-0	1-1	2-1	1-1	1-4	1-2	0-0	1-0	0-0	0-0
CS Marítimo (Funchal)	1-0	0-0	1-1	3-1	1-1	0-0	1-0	2-0	■	2-2	2-1	1-1	0-0	1-2	0-0	1-0	2-3	0-0
CD Nacional (Funchal)	2-0	+:-	1-4	2-1	0-0	1-1	1-0	3-0	0-0	■	1-1	1-1	0-3	1-1	1-0	0-0	0-0	3-1
FC Penafiel (Penafiel)	0-0	1-0	0-4	2-1	1-0	0-0	1-0	2-0	0-1	0-2	■	2-0	0-2	0-0	0-0	0-0	2-1	1-0
Portimonense SC (Portimão)	2-2	3-1	2-3	0-2	1-0	0-1	1-0	2-0	2-2	2-1	2-1	■	0-1	0-2	1-1	2-0	1-3	0-1
FC do Porto (Porto)	2-2	3-0	1-0	3-1	3-0	4-1	2-0	3-1	4-1	2-0	4-0	4-0	■	3-2	7-0	1-0	1-1	1-0
Sporting Clube de Portugal (Lisboa)	2-0	1-0	0-1	2-2	0-0	1-1	2-0	3-2	1-0	2-0	2-1	1-0	1-0	■	1-0	2-0	3-2	2-0
FC Tirsense (Santo Tirso)	2-0	1-0	1-1	1-1	0-0	0-1	0-0	1-1	1-0	1-0	1-1	1-0	1-2	1-1	■	3-0	0-0	2-1
CF União (Funchal)	4-1	1-0	0-3	1-1	0-0	1-1	1-2	1-1	0-0	3-2	2-1	2-0	0-2	0-0	0-0	■	1-1	1-1
Vitória SC (Guimarães)	2-0	2-1	1-1	0-1	2-0	1-0	0-0	4-0	0-0	2-2	2-0	2-0	0-2	1-1	1-0	3-0	■	2-1
Vitória FC (Setúbal)	0-0	0-2	1-2	1-0	1-0	4-1	2-1	2-0	2-1	3-0	3-1	3-1	0-1	1-1	4-2	0-0	0-1	■

1st Division

		Pd	Wn	Dw	Ls	GF	GA	Pts	
1.	FC DO PORTO (PORTO)	34	27	5	2	72	16	59	
2.	Sport Lisboa e Benfica (Lisboa)	34	23	9	2	76	18	55	
3.	Sporting Clube de Portugal (Lisboa)	34	17	12	5	42	24	46	
4.	Vitória SC (Guimarães)	34	17	11	6	46	28	45	
5.	GD de Chaves (Chaves)	34	12	14	8	38	38	38	
6.	Vitória FC (Setúbal)	34	14	8	12	39	34	36	
7.	CF Os Belenenses (Lisboa)	34	16	4	14	32	33	36	
8.	Boavista FC (Porto)	34	13	8	13	49	36	34	
9.	FC Tirsense (Santo Tirso)	34	7	16	11	21	32	30	
10.	CS Marítimo (Funchal)	34	7	15	12	25	38	29	
11.	SC Beira Mar (Aveiro)	34	10	9	15	22	39	29	
12.	CF Estrela da Amadora (Amadora)	34	10	8	16	35	34	28	
13.	SC de Braga (Braga)	34	8	12	14	32	41	28	
14.	CD Nacional (Funchal)	34	7	14	13	34	46	28	
15.	FC Penafiel (Penafiel)	34	9	8	17	24	50	26	
16.	CF União (Funchal)	34	5	14	15	24	45	24	
17.	Portimonense SC (Portimão)	34	7	7	20	30	57	21	R
18.	CD Feirense (Santa Maria da Feira)	34	5	10	19	25	57	20	R
		612	214	184	214	666	666	612	

SC Braga 1-1 Vitória Setúbal played on 10th September 1989 was abandoned after 81 minutes. The match was later awarded to Vitória Setúbal with a 3-0 scoreline.

Nacional 1-1 Belenenses played on 24th January 1990 was awarded 3-0 to Nacional after it was discovered that Belenenses player Macae had amassed 4 yellow cards and was thus ineligible to play in the match.

Feirense 3-4 Vitória Setúbal played on 25th February 1990 was declared void. A protest that the referee had disallowed a valid Feirense equalising "goal" was upheld. The match was replayed and ended goalless.

FC Famalicão (Vila Nova de Famalicão) were promoted to 1st Division after being cleared of bribery charges in 1988.

The 1st Division was extended to 20 clubs so the champions of all 3 regional 2nd Divisions were also promoted. The format of the 2nd Division was changed to become a single division of 20 clubs from the next season.

Top goalscorers

1)	Mats Magnusson	(SL e Benfica – Lisboa)	33
2)	Rui Águas	(FC do Porto – Porto)	17
3)	Getov	(Portimonense SC – Portimão)	15

2nd Division (Play-off)	Pd	Wn	Dw	Ls	GF	GA	Pts
1. SC e Salgueiros (Porto)	4	2	1	1	6	3	5
2. SC Farense (Faro)	4	1	2	1	4	6	4
3. Gil Vicente FC (Barcelos)	4	1	1	2	2	3	3
	12	4	4	4	12	12	12

Taça de Portugal Final   (Estádio Nacional, Lisboa – 27th May 1990)

CF ESTRELA DA AMADORA (AMADORA) 1-1 (aet)   SC de Farense (Faro)

Nélson Borges 93   *Fernando Cruz 116*

Estrela: Melo, Rui Neves, Duilio, Barny, Caetano, Rebelo, Basaula, Bobo (Nélson Borges 77), Paulo Bento, Baroti, Paulo Jorge (Ricardo 46).

Farense: Lemajic, Carlos Pereira (Ricardo 94), Marco, Sergio Duarte, Eugenio, Pereirinha, Ademar, Formosinho (Mane 65), Pitico, Nelo, Fernando Cruz.

Taça de Portugal Final Replay   (Estádio Nacional, Lisboa – 3rd June 1990)

SC de Farense (Faro)   0-2   CF ESTRELA DA AMADORA (AMADORA)

                                                       Paulo Bento 30, Ricardo 63

Estrela: Melo, Duilio, Rui Neves, Chico, Oliveira, Barny, Bobo, Nélson Borges (Elias 77), Paulo Bento, Ricardo (Rui Jorge 94), Baroti.

Farense: Lemajic, Sergio Duarte, Carlos Pereira (Ricardo 56), Marco, Eugenio, Pereirinha, Ademar, Formosinho (Mane 46), Nelo, Pitico, Fernando Cruz.

Semi-finals

CF Os Belenenses (Lisboa)	1-2 (aet)	SC Farense (Faro)
CF Estrela da Amadora (Amadora)	1-1 (aet), 2-1 (aet)	Vitória SC (Guimarães)

Quarter-finals

CF Estrela da Amadora (Amadora)	1-0	FC Tirsense (Santo Tirso)
SC Farense (Faro)	4-0	AD Valonguense (Águeda)
Vitória SC (Guimarães)	2-1	FC de Maia (Maia)
Vitória FC (Setúbal)	0-2	CF Os Belenenses (Lisboa)

The match was abandoned after 75 minutes due to floodlight failure. It was later awarded 3-0 to Belenenses.

Eighth-finals

GD de Chaves (Chaves)	0-2	CF Os Belenenses (Lisboa)
FC de Marco (Marco de Canaveses)	0-1	CF Estrela da Amadora (Amadora)
FC do Porto (Porto)	0-3	FC Tirsense (Santo Tirso)
CF União (Funchal)	0-0 (aet), 0-2	SC Farense (Faro)
CF Valadares (Valadares)	0-3	FC de Maia (Maia)
AD Valonguense (Águeda)	1-0	CD Olivais e Moscavido (Lisboa)
SC Vila Real (Vila Real)	1-3	Vitória SC (Guimarães)
Vitória FC (Setúbal)	2-1	Boavista FC (Porto)

1990-1991

1st Division 1990-1991	Beira Mar	Belenenses	Benfica	Boavista	Braga	Chaves	Estrela	Famalicão	Farense	Gil Vicente	Marítimo	Nacional	Penafiel	Porto	SC Portugal	Salgueiros	Tirsense	União	Vitória FC	Vitória SC
SC Beira Mar (Aveiro)	■	1-1	0-1	2-0	1-0	2-1	2-1	1-0	0-0	0-0	1-0	1-0	3-0	1-2	0-1	1-1	3-2	4-1	1-0	1-0
Belenenses (Lisboa)	2-2	■	0-2	2-0	1-1	2-0	2-1	0-0	1-0	3-0	1-2	2-3	1-0	0-1	0-1	2-0	1-1	0-1	1-0	2-1
Sport Lisboa e Benfica (Lisboa)	3-0	2-0	■	1-1	2-0	1-0	4-0	1-0	2-0	3-0	3-1	3-0	2-0	2-2	1-1	4-0	5-0	4-1	2-0	2-0
Boavista FC (Porto)	1-1	1-0	1-2	■	2-0	2-0	3-0	2-2	2-0	2-1	1-0	4-0	5-0	1-1	0-3	0-0	1-1	1-1	0-0	2-1
SC de Braga (Braga)	2-1	2-0	1-3	5-2	■	1-1	1-0	1-0	4-2	1-2	3-1	6-2	0-1	0-1	0-1	3-0	1-1	1-2	0-0	2-3
GD de Chaves (Chaves)	6-0	2-0	0-3	0-1	0-1	■	1-3	3-1	4-2	1-1	3-1	1-1	2-2	1-2	2-2	1-1	1-1	2-1	1-0	4-3
CF Estrela da Amadora (Amadora)	2-0	1-0	1-4	1-0	2-0	0-0	■	1-1	0-1	5-2	0-2	3-0	1-0	1-2	1-2	1-1	1-1	0-0	2-0	2-2
FC Famalicão (Vila Nova de Famalicão)	2-1	3-0	1-3	0-3	4-1	1-1	1-1	■	2-3	1-0	1-0	0-0	0-0	0-0	0-1	2-1	2-1	1-0	2-1	0-0
SC Farense (Faro)	3-2	0-0	2-2	1-2	0-0	2-0	3-0	1-0	■	2-0	1-2	2-1	2-0	0-1	0-1	5-0	2-0	0-0	2-0	2-0
Gil Vicente FC (Barcelos)	0-0	2-1	2-3	4-1	0-0	2-2	1-1	1-0	2-1	■	2-0	2-0	0-0	0-2	2-1	0-0	0-0	1-1	0-0	1-0
CS Marítimo (Funchal)	2-2	1-0	0-2	1-1	0-1	2-2	1-1	1-0	3-1	1-0	■	1-0	1-0	1-2	1-0	0-2	2-2	2-1	1-2	2-1
CD Nacional (Funchal)	0-0	0-1	0-2	1-1	1-0	2-0	0-0	1-3	3-1	2-1	0-0	■	1-1	2-3	0-2	1-1	0-0	1-2	3-1	1-1
FC Penafiel (Penafiel)	3-0	1-0	1-1	2-1	2-0	2-0	2-1	0-0	4-1	0-2	1-1	1-2	■	0-0	2-5	1-0	1-0	3-0	1-0	2-0
FC do Porto (Porto)	2-1	0-0	0-2	3-1	2-0	3-1	2-0	2-0	1-0	2-0	3-1	1-2	2-0	■	2-0	3-0	2-1	5-0	5-0	4-1
Sporting Clube de Portugal (Lisboa)	2-0	1-0	0-2	2-1	3-0	1-1	1-0	2-0	0-1	2-0	0-0	3-0	2-0	0-2	■	5-1	1-0	2-0	3-0	1-0
SC e Salgueiros (Porto)	2-1	0-0	0-3	2-0	0-0	1-0	2-1	3-1	1-0	0-0	1-1	1-0	1-3	0-0		■	1-0	3-0	0-0	1-0
FC Tirsense (Santo Tirso)	2-0	1-0	1-3	4-4	1-0	0-2	1-1	2-0	3-2	1-2	1-0	3-1	2-2	1-2	0-0	2-1	■	0-1	1-0	1-1
CF União (Funchal)	2-2	1-1	0-2	0-2	1-1	1-1	0-0	2-1	0-0	1-0	1-1	1-0	3-0	1-3	0-2	2-2	0-0	■	0-0	1-1
Vitória SC (Guimarães)	1-1	1-0	0-2	0-1	0-0	1-1	0-0	1-1	2-0	2-0	1-0	3-1	3-0	0-2	1-1	2-1	1-0	2-0	■	4-2
Vitória FC (Setúbal)	1-1	2-0	2-0	2-0	0-1	1-1	1-1	0-0	2-1	3-1	5-2	2-0	3-0	0-2	3-3	3-1	3-0	0-1	2-3	■

138

	1st Division	Pd	Wn	Dw	Ls	GF	GA	Pts	
1.	SPORT LISBOA E BENFICA (LISBOA)	38	32	5	1	89	18	69	
2.	FC do Porto (Porto)	38	31	5	2	77	22	67	
3.	Sporting Clube de Portugal (Lisboa)	38	24	8	6	58	23	56	
4.	Boavista FC (Porto)	38	15	11	12	53	46	41	
5.	SC e Salgueiros (Porto)	38	12	12	14	32	48	36	
6.	SC Beira Mar (Aveiro)	38	12	12	14	40	49	36	
7.	SC de Braga (Braga)	38	13	8	17	42	45	34	
8.	GD de Chaves (Chaves)	38	10	14	14	49	52	34	
9.	Vitória SC (Guimarães)	38	12	10	16	31	40	34	
10.	CS Marítimo (Funchal)	38	12	10	16	37	48	34	
11.	SC Farense (Faro)	38	14	6	18	46	47	34	
12.	CF União (Funchal)	38	9	15	14	30	51	33	
13.	Gil Vicente FC (Barcelos)	38	11	11	16	34	46	33	
14.	FC Penafiel (Penafiel)	38	12	9	17	34	51	33	
15.	FC Famalicão (Vila Nova de Famalicão)	38	11	11	16	33	41	33	
16.	FC Tirsense (Santo Tirso)	38	10	13	15	39	50	33	R
17.	Vitória FC (Setúbal)	38	11	10	17	53	53	32	R
18.	CF Estrela da Amadora (Amadora)	38	9	14	15	37	46	32	R
19.	CF Os Belenenses (Lisboa)	38	10	9	19	27	38	29	R
20.	CD Nacional (Funchal)	38	8	11	19	33	60	27	R
		760	278	204	278	874	874	760	

Belenenses 0-1 Vitória Guimarães match was ordered to be replayed. The replay ended 1-0 to Belenenses.

Top goalscorers

1)	Rui Águas	(SL e Benfica – Lisboa)	25
2)	Domingos	(FC do Porto – Porto)	24
3)	Fernando Gomes	(SC de Portugal – Lisboa)	22

	2nd Division	Pd	Wn	Dw	Ls	GF	GA	Pts	
1.	FC Paços de Ferreira (Paços de Ferreira)	38	21	9	8	52	34	51	P
2.	GD Estoril Praia (Estoril)	38	17	12	9	48	28	46	P
3.	SC União Torreense (Torres Vedras)	38	16	13	9	58	43	45	P
4.	Clube Académico de F. (Viseu)	38	16	13	9	43	34	45	
5.	S. Benfica e Castelo Branco (Castelo Branco)	38	16	12	10	35	31	44	
6.	Associação Académica de Coimbra OAF (Coimbra)	38	17	10	11	41	32	44	
7.	Leixões SC (Matosinhos)	38	15	13	10	49	41	43	
8.	Portimonense SC (Portimão)	38	18	6	14	57	34	42	
9.	UD de Leiria (Leiria)	38	14	13	11	45	35	41	
10.	CD Feirense (Santa Maria da Feira)	38	15	10	13	37	39	40	
11.	SC de Espinho (Espinho)	38	14	12	12	42	31	40	
12.	CD das Aves (Vila das Aves)	38	14	11	13	44	41	39	
13.	Louletano DC (Loulé)	38	14	10	14	47	44	38	
14.	"O Elvas" CA de Desportos (Elvas)	38	14	10	14	45	45	38	R
15.	SC Freamunde (Freamunde)	38	13	7	18	55	69	33	R
16.	Varzim SC (Póvoa de Varzim)	38	10	13	15	42	39	33	R
17.	FC de Maia (Maia)	38	13	5	20	51	61	31	R
18.	RD de Águeda (Águeda)	38	10	5	23	41	73	25	R
19.	Lusitano FC (Vila Real de Santo António)	38	4	13	21	16	45	21	R
20.	FC Barreirense (Barreiro)	38	4	13	21	26	75	21	R
		760	275	210	275	874	874	760	

Promoted: SC Olhanense (Olhão), AD Ovarense (Ovar) and Rio Ave FC (Vila do Conde).

Taça de Portugal Final   (Estádio Nacional, Lisboa – 2nd June 1991)

FC DO PORTO (PORTO)   3-1 (aet)   SC Beira Mar (Aveiro)

Domingos 05, Kostadinov 92, Magalhães 100   *Abdelghany 30*

Porto: Vítor Baía, João Pinto, Fernando Couto, Aloísio, Paulo Pereira, Jaime Magalhães, Semedo, André, Vik (Abílio 90), Domingos, Jorge Couto (Kostadinov 73).

Beira Mar: Helder, Ze Ribeiro, Redondo, Oliveira, Petrov, China, Mito (Jarbas 77), Sousa (Penteado 99), Abdelghany, Jorge Silveiro, Dino.

Semi-finals

SC Beira Mar (Aveiro)	2-0	Boavista FC (Porto)
CD Feirense (Santa Maria da Feira)	1-1 (aet), 0-2	FC do Porto (Porto)

Quarter-finals

SC Beira Mar (Aveiro)	2-0	AD Ovarense (Ovar)
Boavista FC (Porto)	1-0	SC de Braga (Braga)
CD Feirense (Santa Maria da Feira)	1-0 (aet)	FC Tirsense (Santo Tirso)
FC do Porto (Porto)	2-1	Sport Lisboa e Benfica (Lisboa)

Round 7

SC Beira Mar (Aveiro)	1-0	CF Estela da Amadora (Amadora)
Boavista FC (Porto)	2-0	Sporting Clube de Portugal (Lisboa)
SC de Braga (Braga)	3-0	FC de Vizela (Vizela)
FC Famalicão (Vila Nova de Famalicão)	0-1	FC do Porto (Porto)
CD Feirense (Santa Maria da Feira)	1-0	Vitória SC (Guimarães)
CS Marítimo (Funchal)	1-2	Sport Lisboa e Benfica (Lisboa)
AD Ovarense (Ovar)	1-1 (aet), 2-1	Arsenal do Braga (Braga)
	(Arsenal do Braga are the 2nd XI of SC de Braga)	
FC Tirsense (Santo Tirso)	2-1	Portimonense SC (Portimão)

1991-1992

1st Division 1991-1992	Beira Mar	Benfica	Boavista	Braga	Chaves	Estoril	Famalicão	Farense	Gil Vicente	Marítimo	Paços de F.	Penafiel	Porto	SC Portugal	Salgueiros	União	União T.	Vitória FC
SC Beira Mar (Aveiro)	■	2-1	2-1	1-0	1-0	1-0	0-0	1-0	0-0	1-4	3-0	2-1	0-1	1-0	1-1	2-0	1-0	1-2
Sport Lisboa e Benfica (Lisboa)	3-0	■	0-1	2-0	4-1	2-2	2-1	1-1	5-0	2-0	4-0	1-1	2-3	2-0	1-1	6-0	0-0	2-0
Boavista FC (Porto)	3-2	1-0	■	2-1	4-4	5-0	1-0	2-0	1-0	1-0	3-0	3-0	0-0	2-1	2-0	3-0	1-1	1-1
SC de Braga (Braga)	2-1	0-2	1-2	■	3-1	1-3	1-0	4-1	2-1	2-0	3-1	1-2	0-0	1-1	0-0	1-2	2-1	2-1
GD de Chaves (Chaves)	3-0	1-0	3-0	1-2	■	1-0	2-0	0-0	1-1	2-1	1-1	1-0	0-1	1-1	2-0	0-2	4-1	1-1
GD Estoril Praia (Estoril)	1-0	0-2	0-0	1-0	1-1	■	2-1	3-1	0-1	1-1	3-1	2-1	0-2	1-1	0-2	2-1	0-0	2-0
FC Famalicão (Vila Nova de Famalicão)	1-1	0-0	0-0	3-1	1-0	2-1	■	0-1	2-0	2-2	1-0	1-1	0-1	0-0	2-1	2-0	2-0	1-4
SC Farense (Faro)	0-0	2-2	0-0	3-1	1-1	2-0	1-0	■	1-0	3-1	1-0	4-1	0-0	0-2	1-1	1-0	1-0	3-0
Gil Vicente FC (Barcelos)	2-0	0-1	1-3	2-3	1-0	1-1	2-0	0-0	■	1-1	1-2	2-0	1-0	0-3	1-0	2-1	2-1	0-2
CS Marítimo (Funchal)	0-0	0-4	0-0	0-0	1-0	0-0	3-1	1-1	4-0	■	1-0	2-0	1-0		1-1	3-1	1-0	3-1
FC Paços de Ferreira	1-1	1-1	1-1	2-1	3-0	1-2	0-1	1-0	0-1	2-1	■	2-1	0-3	1-0	2-1	3-0	1-1	1-1
FC Penafiel (Penafiel)	2-2	2-2	0-0	2-1	1-0	4-3	1-1	1-0	0-0	0-1	0-0	■	0-2	0-2	2-0	1-1	1-0	0-1
FC do Porto (Porto)	4-1	0-0	2-0	2-0	4-1	5-0	1-0	2-0	1-0	3-1	2-0	2-1	■	0-0	2-0	3-0	5-0	1-0
Sporting Clube de Portugal (Lisboa)	3-1	0-0	1-1	4-2	3-0	1-0	3-0	2-1	2-0	2-1	2-1	3-1	0-2	■	3-0	3-0	4-0	0-1
SC e Salgueiros (Porto)	1-1	1-1	1-1	3-0	1-1	3-0	0-0	2-1	1-0	1-0	0-0	1-1	0-1	1-1	■	1-0	1-1	0-1
CF União (Funchal)	2-1	0-1	2-0	0-2	1-1	1-1	1-0	0-2	4-1	1-1	1-2	1-0	2-2	1-5	2-1	■	2-0	0-2
SC União Torreense	1-0	1-3	1-0	0-0	0-1	8-1	6-1	1-1	0-2	2-2	2-0	1-0	0-0	1-2	2-0	2-0	■	1-1
Vitória SC (Guimarães)	1-1	1-3	2-0	2-1	4-0	1-1	1-1	3-1	0-0	3-1	1-1	2-2	1-1	2-1	1-0	1-1	1-1	■

1st Division

		Pd	Wn	Dw	Ls	GF	GA	Pts	
1.	FC DO PORTO (PORTO)	34	24	8	2	58	11	56	
2.	Sport Lisboa e Benfica (Lisboa)	34	17	12	5	62	23	46	
3.	Boavista FC (Porto)	34	16	12	6	45	27	44	
4.	Sporting Clube de Portugal (Lisboa)	34	18	8	8	56	26	44	
5.	Vitória SC (Guimarães)	34	14	13	7	46	35	41	
6.	SC Farense (Faro)	34	12	11	11	35	33	35	
7.	CS Marítimo (Funchal)	34	12	11	11	40	38	35	
8.	SC Beira Mar (Aveiro)	34	11	10	13	32	41	32	
9.	GD de Chaves (Chaves)	34	10	10	14	36	45	30	
10.	GD Estoril Praia (Estoril)	34	10	10	14	34	54	30	
11.	SC de Braga (Braga)	34	12	5	17	41	49	29	
12.	FC Paços de Ferreira (Paços de Ferreira)	34	10	9	15	31	45	29	
13.	Gil Vicente FC (Barcelos)	34	11	7	16	26	42	29	
14.	FC Famalicão (Vila Nova de Famalicão)	34	9	10	15	27	40	28	
15.	SC e Salgueiros (Porto)	34	7	14	13	27	35	28	
16.	SC União Torreense (Torres Vedras)	34	8	11	15	36	43	27	R
17.	FC Penafiel (Penafiel)	34	7	11	16	30	47	25	R
18.	CF União (Funchal)	34	9	6	19	30	58	24	R
		612	217	178	217	692	692	612	

Top goalscorers

1)	Richard Owubokiri	(Boavista FC – Porto)	30
2)	Jorge Paulo Cadete	(SC de Portugal – Lisboa)	25
3)	"Chiquinho"	(SC de Braga – Braga)	15
	Ziad	(Vitória SC – Guimarães)	15

2nd Division	Pd	Wn	Dw	Ls	GF	GA	Pts	
1. SC de Espinho (Espinho)	34	17	16	1	63	28	50	P
2. CF Os Belenenses (Lisboa)	34	19	10	5	53	25	48	P
3. FC Tirsense (Santo Tirso)	34	16	13	5	31	14	45	P
4. Rio Ave FC (Vila do Conde)	34	16	7	11	47	30	39	
5. Vitória FC (Setúbal)	34	17	5	12	48	35	39	
6. Associação Académica de Coimbra OAF (Coimbra)	34	13	11	10	37	25	37	
7. Leixões SC (Matosinhos)	34	12	11	11	31	26	35	
8. UD de Leiria (Leiria)	34	13	9	12	34	32	35	
9. CD das Aves (Vila das Aves)	34	12	11	11	37	37	35	
10. Louletano DC (Loulé)	34	14	6	14	41	42	34	
11. CF Estrela da Amadora (Amadora)	34	10	13	11	30	35	33	
12. CD Feirense (Santa Maria da Feira)	34	12	8	14	36	43	32	
13. AD Ovarense (Ovar)	34	9	13	12	38	42	31	
14. CD Nacional (Funchal)	34	6	13	15	26	42	25	
15. S. Benfica e Castelo Branco (Castelo Branco)	34	6	12	16	28	51	24	
16. Portimonense SC (Portimão)	34	7	10	17	34	58	24	R
17. Clube Académico de F. (Viseu)	34	7	10	17	20	44	24	R
18. SC Olhanense (Olhão)	34	6	10	18	20	45	22	R
	612	212	188	212	654	654	612	

Promoted: Amora FC (Amora), SC Campomaiorense (Campo Maior) and FC Felgueiras (Felgueiras).

Taça de Portugal Final (Estádio Nacional, Lisboa – 24th May 1992)

BOAVISTA FC (PORTO)   2-1   FC do Porto (Porto)

Marlón 32, Owubokiri 55   *Magalhães 52*

Boavista: Alfredo, Paulo Sousa, Samuel, Barny, Fernando Mendes, Tavares, Casaca, Bobo, João Pinto (Nelo 82), Owubokiri "Ricky", Marlón (Nogueira 69).

Porto: Vítor Baía, João Pinto, Fernando Couto, Aloísio, Paulo Pereira (Vik 66), Rui Filipe, André (Semedo 46), Timofte, Jaime Magalhães, Kostadinov, Domingos.

Semi-finals

Boavista FC (Porto)	2-1	Sport Lisboa e Benfica (Lisboa)
Leixões SC (Matosinhos)	0-2	FC do Porto (Porto)

Quarter-finals

Sport Lisboa e Benfica (Lisboa)	6-0	SC de Espinho (Espinho)
Gil Vicente FC (Barcelos)	0-1	Boavista FC (Porto)
Leixões SC (Matosinhos)	1-0	FC Penafiel (Penafiel)
FC do Porto (Porto)	2-0	SC de Braga (Braga)

Round 6

SC Beira Mar (Aveiro)	0-1	SC de Braga (Braga)
Boavista FC (Porto)	3-0	SC Freamunde (Freamunde)
GD de Chaves (Chaves)	0-0 (aet), 1-1 (aet)	SC de Espinho (Espinho)

SC de Espinho won 5-4 on penalties.

FC Famalicão (Vila Nova de Famalicão)	0-1 (aet)	Sport Lisboa e Benfica (Lisboa)
Gil Vicente FC (Barcelos)	1-1 (aet), 2-1	FC Paços da Ferreira (Paços da Ferreira)
FC Penafiel (Penafiel)	2-1	SC União Torreense (Torres Vedras)
Sporting Clube de Portugal (Lisboa)	0-1	FC do Porto (Porto)

Leixões SC received a bye to the next round.

1st Division 1992-1993	Beira Mar	Belenenses	Benfica	Boavista	Braga	Chaves	Espinho	Estoril	Famalicão	Farense	Gil Vicente	Marítimo	Paços de F.	Porto	SC Portugal	Salgueiros	Tirsense	Vitória FC
SC Beira Mar (Aveiro)	■	0-0	1-0	0-2	0-0	0-0	2-1	3-0	1-1	1-1	0-1	1-0	0-1	0-1	1-1	1-0	1-0	1-0
Belenenses (Lisboa)	0-0	■	1-1	2-1	1-2	1-0	1-2	0-0	7-0	1-1	2-0	1-0	4-1	0-0	2-2	1-0	3-0	3-0
Sport Lisboa e Benfica (Lisboa)	0-0	5-1	■	2-0	2-1	3-1	5-1	4-0	1-0	1-0	2-1	5-1	5-0	0-0	1-0	0-0	1-0	3-1
Boavista FC (Porto)	4-0	1-0	2-3	■	0-0	2-0	0-0	1-0	4-0	3-1	2-0	2-1	0-0	1-0	0-0	1-0	0-0	1-3
SC de Braga (Braga)	1-2	3-0	0-2	2-1	■	1-0	2-2	2-1	4-1	0-1	0-1	2-1	2-0	0-1	0-0	3-2	3-0	0-1
GD de Chaves (Chaves)	0-0	1-2	0-1	0-1	2-1	■	1-1	5-2	1-1	2-2	1-2	1-2	1-2	0-2	3-0	1-0		1-1
SC de Espinho (Espinho)	1-3	3-1	0-3	2-2	0-1	2-2	■	3-1	1-0	1-1	1-0	0-1	1-1	1-4	3-1	1-1	1-0	2-1
GD Estoril Praia (Estoril)	1-0	1-1	0-0	0-0	0-0	2-1	1-0	■	2-2	1-0	0-0	1-0	0-0	1-3	2-2	1-0	4-0	1-0
FC Famalicão (Vila Nova de Famalicão)	0-1	0-0	1-0	1-1	1-1	2-1	0-0	1-2	■	1-0	0-0	2-0	1-0	0-3	1-2	3-1	1-0	0-0
SC Farense (Faro)	2-2	1-1	0-0	1-1	1-0	3-0	4-1	1-1	3-0	■	3-1	2-2	2-0	1-0	0-0	2-0	1-0	4-1
Gil Vicente FC (Barcelos)	3-0	0-1	1-1	0-2	0-1	5-2	1-2	2-0	0-1	2-1	■	2-0	0-1	0-3	1-0	2-0	1-2	2-0
CS Marítimo (Funchal)	1-0	4-2	1-1	3-2	1-0	2-1	2-1	1-1	4-2	2-1	7-1	■	1-1	0-1	4-2	2-2	3-1	3-0
FC Paços de Ferreira	4-0	1-0	0-2	1-4	3-0	2-0	2-2	2-0	0-0	4-1	0-0	1-1	■	1-2	0-3	0-1	1-0	1-0
FC do Porto (Porto)	0-0	3-0	1-0	1-1	2-0	2-1	1-0	1-0	0-1	3-0	4-1	2-0	2-0	■	0-0	4-1	3-1	2-0
Sporting Clube de Portugal (Lisboa)	3-1	3-0	2-0	4-0	2-0	5-0	3-0	1-1	4-3	2-0	0-0	3-2	3-1	1-1	■	0-1	0-0	4-1
SC e Salgueiros (Porto)	0-0	2-1	0-3	3-1	2-0	1-1	2-1	2-1	0-2	0-0	1-1	1-2	2-2	0-3	2-0	■	1-0	0-1
FC Tirsense (Santo Tirso)	2-1	0-0	1-2	1-1	2-1	2-1	2-0	1-0	3-0	0-0	1-1	1-0	0-0	3-1	0-1	1-1	■	2-0
Vitória SC (Guimarães)	2-1	2-1	0-1	3-2	1-0	4-2	3-1	2-1	1-0	2-0	1-2	2-2	3-2	1-3	2-3	0-1	2-1	■

1st Division

		Pd	Wn	Dw	Ls	GF	GA	Pts	
1.	FC DO PORTO (PORTO)	34	24	6	4	59	17	54	
2.	Sport Lisboa e Benfica (Lisboa)	34	22	8	4	60	18	52	
3.	Sporting Clube de Portugal (Lisboa)	34	17	11	6	59	30	45	
4.	Boavista FC (Porto)	34	14	11	9	46	34	39	
5.	CS Marítimo (Funchal)	34	15	7	12	56	48	37	
6.	SC Farense (Faro)	34	11	13	10	41	36	35	
7.	CF Os Belenenses (Lisboa)	34	11	12	11	42	40	34	
8.	SC Beira Mar (Aveiro)	34	10	12	12	24	33	32	
9.	FC Paços de Ferreira (Paços de Ferreira)	34	10	11	13	35	44	31	
10.	Gil Vicente FC (Barcelos)	34	12	7	15	34	42	31	
11.	Vitória SC (Guimarães)	34	14	3	17	41	53	31	
12.	SC de Braga (Braga)	34	12	6	16	33	34	30	
13.	GD Estoril Praia (Estoril)	34	9	12	13	29	41	30	
14.	FC Famalicão (Vila Nova de Famalicão)	34	10	10	14	29	48	30	
15.	SC e Salgueiros (Porto)	34	10	8	15	28	44	29	
16.	FC Tirsense (Santo Tirso)	34	10	8	16	27	37	28	R
17.	SC de Espinho (Espinho)	34	9	10	15	38	55	28	R
18.	GD de Chaves (Chaves)	34	4	8	22	34	61	16	R
		612	224	164	224	715	715	612	

Top goalscorers

1)	Jorge Paulo Cadete	(SC de Portugal – Lisboa)	18
2)	Richard Owubokiri	(Boavista FC – Porto)	14
3)	Artur Duarte de Oliveira	(Boavista FC – Porto)	13

2nd Division	Pd	Wn	Dw	Ls	GF	GA	Pts	
1. CF Estrela da Amadora (Amadora)	34	17	14	3	59	28	48	P
2. CF União (Funchal)	34	18	11	5	60	34	47	P
3. Vitória FC (Setúbal)	34	17	13	4	69	30	47	P
4. Associação Académica de Coimbra OAF (Coimbra)	34	19	7	8	56	39	45	
5. Rio Ave FC (Vila do Conde)	34	14	10	10	39	36	38	
6. AD Ovarense (Ovar)	34	11	14	9	42	37	36	
7. SC União Torreense (Torres Vedras)	34	14	7	13	53	44	35	
8. UD de Leiria (Leiria)	34	13	8	13	36	37	34	
9. CD das Aves (Vila das Aves)	34	10	13	11	43	44	33	
10. FC Felgueiras (Felgueiras)	34	10	12	12	30	35	32	
11. Louletano FC (Loulé)	34	11	9	14	32	45	31	
12. Leixões SC (Matosinhos)	34	11	9	14	34	39	31	
13. CD Nacional (Funchal)	34	10	10	14	32	42	30	
14. FC Penafiel (Penafiel)	34	12	6	16	35	48	30	
15. SC Campomaiorense (Campo Maior)	34	10	5	19	40	53	25	
16. CD Feirense (Santa Maria da Feira)	34	7	11	16	32	44	25	R
17. Amora FC (Amora)	34	7	10	17	27	53	24	R
18. S. Benfica e Castelo Branco (Castelo Branco)	34	7	7	20	27	58	21	R
	612	218	176	218	746	746	612	

Promoted: Clube Académico de Futebol (Viseu), Leça FC (Leça da Palmeira) and Portimonense FC (Portimão).

Taça de Portugal Final   (Estádio Nacional, Lisboa – 10th June 1993 – 60,000)

SPORT LISBOA E BENFICA (LISBOA)　　　5-2　　　　　　　　Boavista FC (Porto)

Vítor Paneira 32, João Vieira Pinto 35, Paulo Futre 48, 70, Rui Águas 88　　　Marlon Brandão 45, Tavares 57

Benfica: Neno, António Veloso, Carlos Mozer, William, Paulo Sousa, Vítor Paneira (Isaías 77), Rui Costa (Hélder Cristóvão 77), Stefan Schwarz, Rui Águas, Paulo Futre, João Vieira Pinto.

Boavista: Zoran Lemajic, Paulo Sousa (Ricky 46), Garrido, Caetano (Nélson Bertollazzi 70), Nogueira, Tavares, Rui Bento, Bobó, Rui Casaca, Artur, Marlon Brandão.

Semi-finals

Sporting Clube de Portugal (Lisboa)	0-1 (aet)	Boavista FC (Porto)
Vitória SC (Guimarães)	1-2	Sport Lisboa e Benfica (Lisboa)

Quarter-finals

FC de Alverca (Alverca do Ribatejo)	0-3	Sporting Clube de Portugal (Lisboa)
Sport Lisboa e Benfica (Lisboa)	5-0	Amora FC (Amora)
Boavista FC (Porto)	1-0	SC de Braga (Braga)
CF Estrela da Amadora (Amadora)	1-2	Vitória SC (Guimarães)

Round 6

SC de Braga (Braga)	1-1 (aet), 2-1 (aet)	FC Penafiel (Penafiel)
CF Estrela da Amadora (Amadora)	1-0	FC Paços da Ferreira (Paços da Ferreira)
Odivelas FC (Odivelas)	1-2	FC de Alverca (Alverca do Ribatejo)
FC do Porto (Porto)	1-1 (aet), 0-2	Sport Lisboa e Benfica (Lisboa)
Sporting Clube de Portugal (Lisboa)	3-2	CD de Fátima (Fátima)
Vitória SC (Guimarães)	1-0	CF Os Belenenses (Lisboa)
Vitória FC (Setúbal)	0-1	Boavista FC (Porto)

Amora FC (Amora) received a bye to the next round.

1993-1994

1st Division 1993-1994	Beira Mar	Belenenses	Benfica	Boavista	Braga	Estoril	Estrela	Famalicão	Farense	Gil Vicente	Marítimo	Paços de F.	Porto	SC Portugal	Salgueiros	União	Vitória FC	Vitória SC
SC Beira Mar (Aveiro)	■	1-1	1-1	1-1	0-0	0-0	0-1	1-0	3-0	1-0	3-1	0-1	0-2	0-4	2-1	0-0	1-0	2-1
Belenenses (Lisboa)	2-0	■	0-2	2-1	0-0	1-0	2-1	4-0	4-2	1-0	2-1	1-1	0-2	0-3	2-3	2-1	0-0	1-2
Sport Lisboa e Benfica (Lisboa)	1-0	3-0	■	3-1	2-0	1-1	1-1	8-0	4-1	0-0	2-0	2-1	2-0	2-0	4-1	1-0	0-0	2-0
Boavista FC (Porto)	2-1	3-0	1-0	■	1-0	3-0	1-1	3-0	0-1	1-2	3-2	2-0	1-1	2-1	3-1	3-0	1-1	1-0
SC de Braga (Braga)	2-0	4-2	0-2	0-1	■	2-1	0-1	2-0	4-0	4-0	0-1	0-0	0-2	1-1	4-3	3-0	0-0	2-1
GD Estoril Praia (Estoril)	1-0	1-0	0-3	0-2	1-1	■	3-3	1-1	0-1	1-1	0-1	2-1	0-1	0-2	2-3	0-2	2-1	0-2
CF Estrela da Amadora (Amadora)	2-2	2-2	0-1	1-1	1-1	3-0	■	2-0	1-2	3-0	1-1	3-1	0-0	0-4	3-1	2-0	0-1	0-0
FC Famalicão (Vila Nova de Famalicão)	2-1	2-3	1-5	0-3	1-0	1-0	0-2	■	2-1	3-0	0-2	4-1	0-5	1-1	1-0	0-0	1-1	1-1
SC Farense (Faro)	2-2	1-0	0-0	1-0	0-0	1-2	1-0	5-0	■	4-2	0-0	3-0	1-0	0-1	4-1	4-1	0-1	2-1
Gil Vicente FC (Barcelos)	1-1	0-3	0-3	0-0	1-1	2-0	1-0	1-0	0-0	■	1-0	1-1	1-1	0-0	2-0	0-0	2-1	2-1
CS Marítimo (Funchal)	0-2	1-2	1-1	1-0	4-0	1-1	0-0	3-2	5-2	0-0	■	3-3	1-0	2-1	2-1	3-2	2-0	0-0
FC Paços de Ferreira	1-1	1-1	1-2	1-0	1-0	0-0	1-0	2-0	1-1	3-1	2-2	■	0-2	1-2	0-2	1-1	2-2	1-1
FC do Porto (Porto)	0-0	1-0	3-3	1-0	5-0	3-0	2-1	0-0	1-0	3-0	2-0	0-0	■	2-0	1-0	4-1	1-1	2-0
Sporting Clube de Portugal (Lisboa)	1-0	3-1	3-6	3-1	2-0	3-1	3-0	3-0	3-1	6-0	1-1	3-1	0-1	■	2-1	1-0	3-0	2-1
SC e Salgueiros (Porto)	2-0	1-0	1-0	2-0	5-1	4-1	1-1	2-2	3-2	2-1	1-1	2-1	0-3	0-1	■	1-0	1-0	1-2
CF União (Funchal)	2-0	2-0	0-2	2-1	3-1	3-0	2-2	0-0	0-0	1-2	1-1	2-0	0-2	0-0	3-1	■	2-0	2-1
Vitória SC (Guimarães)	1-2	3-0	1-2	1-0	0-0	2-0	0-0	3-0	2-2	2-1	0-1	1-0	0-0	1-4	1-0	2-0	1-0	■
Vitória FC (Setúbal)	2-0	3-0	5-2	1-3	1-0	2-1	1-1	6-1	2-0	0-2	4-1	3-0	3-3	2-3	4-0	2-3	■	*v

1st Division

		Pd	Wn	Dw	Ls	GF	GA	Pts	
1.	SPORT LISBOA E BENFICA (LISBOA)	34	23	8	3	73	25	54	
2.	FC do Porto (Porto)	34	21	10	3	56	15	52	
3.	Sporting Clube de Portugal (Lisboa)	34	23	5	6	71	29	51	
4.	Boavista FC (Porto)	34	16	6	12	46	31	38	
5.	CS Marítimo (Funchal)	34	13	12	9	45	40	38	
6.	Vitória FC (Setúbal)	34	14	6	14	56	42	34	
7.	Vitória SC (Guimarães)	34	11	11	12	30	31	33	
8.	SC Farense (Faro)	34	13	7	14	44	46	33	
9.	CF Estrela da Amadora (Amadora)	34	9	15	10	39	36	33	
10.	Gil Vicente FC (Barcelos)	34	10	11	13	27	47	31	
11.	SC e Salgueiros (Porto)	34	14	3	17	48	56	31	
12.	CF União (Funchal)	34	11	9	14	36	42	31	
13.	CF Os Belenenses (Lisboa)	34	12	6	16	39	51	30	
14.	SC Beira Mar (Aveiro)	34	9	11	14	28	38	29	
15.	SC de Braga (Braga)	34	9	10	15	33	43	28	
16.	FC Paços de Ferreira (Paços de Ferreira)	34	7	12	15	31	49	26	R
17.	FC Famalicão (Vila Nova de Famalicão)	34	7	8	19	26	72	22	R
18.	GD Estoril Praia (Estoril)	34	5	8	21	22	57	18	R
		612	227	158	227	750	750	612	

Top goalscorers

1)	Rachidi Yekini	(Vitória FC – Setúbal)	21	
2)	Ljubinko Drulovic	(Gil Vicente FC/FC do Porto)	17	(6/11)
3)	Emil Kostadinov	(FC do Porto – Porto)	16	
	Hassan Nader	(SC Farense – Faro)	16	

2nd Division	Pd	Wn	Dw	Ls	GF	GA	Pts	
1. FC Tirsense (Santo Tirso)	34	17	12	5	42	23	46	P
2. UD de Leiria (Leiria)	34	19	7	8	46	19	45	P
3. GD de Chaves (Chaves)	34	19	7	8	44	25	45	P
4. Rio Ave FC (Vila do Conde)	34	18	8	8	43	23	44	
5. Associação Académica de Coimbra OAF (Coimbra)	34	17	4	13	39	30	38	
6. FC Felgueiras (Felgueiras)	34	12	13	9	40	36	37	
7. AD Ovarense (Ovar)	34	11	11	12	43	43	33	
8. Leça FC (Leça da Palmeira)	34	15	3	16	39	54	33	
9. SC Campomaiorense (Campo Maior)	34	13	7	14	43	46	33	
10. CD das Aves (Vila das Aves)	34	12	8	14	36	45	32	
11. CD Nacional (Funchal)	34	10	11	13	32	33	31	
12. Portimonense SC (Portimão)	34	11	8	15	44	47	30	
13. SC União Torreense (Torres Vedras)	34	8	14	12	28	34	30	
14. SC de Espinho (Espinho)	34	8	13	13	30	43	29	
15. FC Penafiel (Penafiel)	34	12	4	18	30	45	28	
16. Clube Académico de Futebol (Viseu)	34	9	9	16	33	44	27	R
17. Louletano FC (Loulé)	34	10	7	17	44	49	27	R
18. Leixões SC (Matosinhos)	34	8	8	18	24	41	24	R
	612	229	154	229	680	680	612	

Promoted: Amora FC (Amora), CD Feirense (Santa Maria da Feira) and CF União Lamas (Santa Maria de Lamas).

Taça de Portugal Final   (Estádio Nacional, Lisboa – 6th June 1994 – 63,000)

FC DO PORTO (PORTO)	0-0	Sporting Clube de Portugal (Lisboa)

Porto: Vítor Baía, João Pinto, Carlos Secretário, Fernando Couto, Aloísio, Rui Jorge, António André (Jorge Couto 87), Paulinho Santos, Ion Timofte (Rui Filipe 87), Folha, Ljubinko Drulovic.

Sporting: Zoran Lemajic, Nélson, Stan Valckx, Budimir Vujacic, Paulo Torres, Emílio Peixe (Marinho 78), Capucho, Luís Figo, Paulo Sousa, Pacheco, (Poejo 87), Andrzej Juskowiak.

Taça de Portugal Final Replay   (Estádio Nacional, Lisboa – 10th June 1994 – 48,000)

Sporting Clube de Portugal (Lisboa)	1-2	FC DO PORTO (PORTO)
Budimir Vujacic 55		*Rui Jorge 35, Aloísio 91 pen*

Sporting: Zoran Lemajic, Nélson, Budimir Vujacic (Carlos Jorge 67), Paulo Torres (Marinho 65), Poejo, Emílio Peixe Capucho, Luís Figo, Paulo Sousa, Jorge Cadete, Pacheco.

Porto: Vítor Baía, João Pinto, Carlos Secretário, Aloísio, Fernando Couto, Rui Jorge António André (Vinha 82), Paulinho Santos Ion Timofte (Rui Filipe 67), Ljubinko Drulovi¾, Folha.

Semi-finals

CF Estrela da Amadora (Amadora)	1-2	FC do Porto (Porto)
Sporting Clube de Portugal (Lisboa)	6-0	Lusitânia FC (Lourosa)

Quarter-finals

Lusitânia FC (Lourosa)	2-0	CF Os Belenenses (Lisboa)
FC do Porto (Porto)	6-0	CD das Aves (Vila das Aves)
Rio Ave FC (Vila da Conde)	0-3	CF Estrela da Amadora (Amadora)
Sporting Clube de Portugal (Lisboa)	3-1	CD Trofense (Trofa)

Round 6

CF Os Belenenses (Lisboa)	2-1	Sport Lisboa e Benfica (Lisboa)
GD de Chaves (Chaves)	0-1 (aet)	Lusitânia FC (Lourosa)
FC Famalicão (Vila Nova de Famalicão)	1-3	CF Estrela da Amadora (Amadora)
Rio Ave FC (Vila do Conde)	2-1	SC de Espinho (Espinho)
SC e Salgueiros (Porto)	0-1	FC do Porto (Porto)
FC Tirsense (Santo Tirso)	0-2	CD Trofense (Trofa)
Vitória FC (Setúbal)	0-0 (aet), 1-2	Sporting Clube de Portugal (Lisboa)

CD das Aves (Vila das Aves) received a bye to the next round.

1994-1995

1st Division 1994-1995	Beira Mar	Belenenses	Benfica	Boavista	Braga	Chaves	Estrela	Farense	Gil Vicente	Leiria	Marítimo	Porto	SC Portugal	Salgueiros	Tirsense	União	Vitória FC	Vitória SC
SC Beira Mar (Aveiro)		3-2	1-2	3-1	2-0	4-2	2-0	1-3	0-0	2-2	1-0	0-2	0-1	1-2	1-0	1-1	2-3	1-1
Belenenses (Lisboa)	3-0		1-1	3-1	0-1	3-1	0-0	1-0	1-1	0-0	1-0	0-2	0-1	1-0	0-1	3-0	1-2	1-0
Sport Lisboa e Benfica (Lisboa)	2-0	2-1		4-1	1-1	5-0	3-1	2-1	0-1	1-1	3-0	1-1	2-0	3-0	1-0	3-1	1-3	1-0
Boavista FC (Porto)	1-0	1-0	1-3		0-0	1-4	2-1	2-1	1-1	2-0	1-0	1-2	1-1	1-0	2-0	3-1	1-1	0-0
SC de Braga (Braga)	1-0	4-2	0-2	1-2		1-0	2-0	0-0	1-1	2-0	2-2	1-4	0-2	2-1	0-0	2-0	3-1	2-1
GD de Chaves (Chaves)	3-2	0-0	0-1	3-1	1-0		1-0	1-2	2-1	1-1	1-1	0-4	1-2	0-1	0-0	5-1	1-1	0-0
CF Estrela da Amadora (Amadora)	1-1	2-3	0-0	1-0	4-0	1-1		2-1	1-1	2-3	1-1	0-1	0-2	4-0	0-0	1-1	1-1	0-0
SC Farense (Faro)	3-0	1-0	4-1	1-0	0-1	2-0	2-0		2-0	1-1	4-0	0-3	0-2	1-0	1-0	2-1	3-0	2-0
Gil Vicente FC (Barcelos)	0-1	1-1	1-0	1-2	3-2	2-0	1-1	1-1		1-1	3-2	0-1	1-2	0-0	0-1	0-0	2-2	3-0
UD de Leiria (Leiria)	3-1	1-0	1-0	1-1	2-1	1-0	1-0	5-0	3-0		2-2	0-2	0-3	2-1	1-0	1-2	2-1	1-0
CS Marítimo (Funchal)	3-2	3-0	0-3	2-0	1-1	4-1	0-0	2-1	1-0	2-0		2-1	0-2	2-2	1-0	1-0	2-3	3-2
FC do Porto (Porto)	3-0	1-0	2-1	4-2	2-0	2-0	0-0	2-0	1-0	2-0	4-1		1-1	5-2	4-0	3-0	3-0	2-0
Sporting Clube de Portugal (Lisboa)	2-0	2-1	1-0	2-2	3-1	1-0	0-1	1-1	1-0	4-0	2-0	0-1		1-0	2-0	4-0	2-0	2-2
SC e Salgueiros (Porto)	2-1	1-0	1-2	2-1	0-0	3-1	6-0	0-3	1-1	2-2	0-0	1-2	2-3		0-2	0-2	0-0	3-2
FC Tirsense (Santo Tirso)	2-0	3-0	1-3	2-1	1-0	0-1	3-1	3-0	3-1	2-1	0-1	0-2	1-1	1-3		2-0	3-3	1-0
CF União (Funchal)	1-0	0-1	0-2	1-1	0-0	0-1	0-1	3-0	2-0	1-0	2-2	0-0	1-1	0-4	1-1		3-3	3-0
Vitória SC (Guimarães)	1-0	3-0	1-3	2-0	4-2	1-0	1-0	2-0	3-1	3-0	0-0	0-1	2-2	3-1	1-0	2-1		1-1
Vitória FC (Setúbal)	1-0	0-0	1-2	1-3	0-0	0-1	0-0	1-1	0-1	2-2	0-0	2-3	1-1	1-2	1-2	4-1	1-0	

1st Division		Pd	Wn	Dw	Ls	GF	GA	Pts	
1.	FC DO PORTO (PORTO)	34	29	4	1	73	15	62	
2.	Sporting Clube de Portugal (Lisboa)	34	22	9	3	57	22	53	
3.	Sport Lisboa e Benfica (Lisboa)	34	22	5	7	61	28	49	
4.	Vitória SC (Guimarães)	34	16	10	8	54	43	42	
5.	SC Farense (Faro)	34	16	5	13	44	38	37	
6.	UD de Leiria (Leiria)	34	13	10	11	41	44	36	
7.	CS Marítimo (Funchal)	34	12	11	11	41	45	35	
8.	FC Tirsense (Santo Tirso)	34	14	6	14	35	34	34	
9.	Boavista FC (Porto)	34	12	8	14	40	49	32	
10.	SC de Braga (Braga)	34	11	10	13	34	42	32	
11.	SC e Salgueiros (Porto)	34	11	7	16	43	50	29	
12.	CF Os Belenenses (Lisboa)	34	10	7	17	30	39	27	
13.	Gil Vicente FC (Barcelos)	34	7	13	14	30	40	27	
14.	GD de Chaves (Chaves)	34	10	7	17	33	49	27	
15.	CF Estrela da Amadora (Amadora)	34	6	14	14	27	40	26	
16.	CF União (Funchal)	34	7	10	17	30	54	24	R
17.	SC Beira Mar (Aveiro)	34	8	5	21	33	54	21	R
18.	Vitória FC (Setúbal)	34	3	13	18	25	45	19	R
		612	229	154	229	732	732	612	

Benfica 1-2 SC de Portugal Lisboa played on 30th April 1995 was later declared void as referee had sent-off Benfica player Claudio Caniggia for a 2nd yellow card when it was in fact his 1st booking. The match was replayed on 14th June 1995 and finished 2-0 to Benfica.

Top goalscorers

1)	Hassan Nader	(SC Farense – Faro)	21
2)	Domingos José Paciênca Oliveira	(FC do Porto – Porto)	19
3)	Marcelo dos Santos Cipriano	(FC Tirsense – Santo Tirso)	17

2nd Division		Pd	Wn	Dw	Ls	GF	GA	Pts	
1.	Leça FC (Leça da Palmeira)	34	20	6	8	52	29	46	P
2.	SC Campomaiorense (Campo Maior)	34	19	8	7	58	27	46	P
3.	FC Felgueiras (Felgueiras)	34	17	10	7	45	24	44	P
4.	FC Paços de Ferreira (Paços de Ferreira)	34	17	8	9	45	28	42	
5.	GD Estoril Praia (Estoril)	34	16	9	9	39	20	41	
6.	CF União Lamas (Santa Maria de Lamas)	34	14	8	12	36	43	36	
7.	Associação Académica de Coimbra OAF (Coimbra)	34	13	9	12	41	39	35	
8.	AD Ovarense (Ovar)	34	13	9	12	37	41	35	
9.	SC de Espinho (Espinho)	34	11	11	12	39	39	33	
10.	FC Penafiel (Penafiel)	34	13	6	15	41	46	32	
11.	Rio Ave FC (Vila do Conde)	34	12	8	14	47	46	32	
12.	FC Famalicão (Vila Nova de Famalicão)	34	13	6	15	32	33	32	
13.	CD Nacional (Funchal)	34	11	10	13	39	42	32	
14.	CD Feirense (Santa Maria da Feira)	34	11	9	14	45	48	31	
15.	CD das Aves (Vila das Aves)	34	10	9	15	38	50	29	
16.	Portimonense SC (Portimão)	34	11	6	17	35	48	28	R
17.	Amora FC (Amora)	34	7	13	14	30	42	27	R
18.	SC União Torreense (Torres Vedras)	34	3	5	26	18	72	11	R
		612	231	150	231	717	717	612	

Promoted: Clube Académico de Futebol (Viseu), FC de Alverca (Alverca do Ribatejo) and Moreirense FC (Moreira de Cónegos).

Taça de Portugal Final (Estádio Nacional, Lisboa – 10th June 1995 – 65,000)

SPORTING CLUBE DE PORTUGAL (LISBOA)   2-0   CS Marítimo (Funchal)

Yordanov 9, 86

Sporting: Costinha (Lemajic 88), Nélson, Naybet, Marco Aurélio, Vujacic, Carlos Xavier (Filipe 75), Oceano, Figo, Balakov (Sá Pinto 79), Yordanov, Amunike.

Maritimo: Everton, Heitor (José Pedro 72), Robson (Vado 56), Carlos Jorge, Soreiro, Humberto, Gustavo, Zeca, Alex, Edmilson, Paulo Alves.

Semi-finals

CS Marítimo (Funchal)	1-0	FC do Porto (Porto)
Sporting Clube de Portugal (Lisboa)	3-0	Vitória FC (Setúbal)

Quarter-finals

Sport Lisboa e Benfica (Lisboa)	0-0 (aet), 0-2	Vitória FC (Setúbal)
Leça FC (Leça da Palmeira)	0-4	FC do Porto (Porto)
CS Marítimo (Funchal)	2-1	AD Ovarense (Ovar)
CD Olivais e Moscavido (Lisboa)	1-6	Sporting Clube de Portugal (Lisboa)

Round 6

Clube Académico de Futebol (Viseu)	0-1	Vitória FC (Setúbal)
Sport Lisboa e Benfica (Lisboa)	3-1	FC Famalicão (Vila Nova de Famalicão)
Leça FC (Leça da Palmeira)	1-0	SC Farense (Faro)
CS Marítimo (Funchal)	2-1	CF Estrela da Amadora (Amadora)
CD Olivais e Moscavido (Lisboa)	1-0	SC de Braga (Braga)
AD Ovarense (Ovar)	2-0	Rio Ave FC (Vila do Conde)
FC do Porto (Porto)	3-0	Louletano DC (Loulé)

Sporting Clube de Portugal (Lisboa) received a bye to the next round.

1995-1996

1st Division 1995-1996	Belenenses	Benfica	Boavista	Braga	Campomaior.	Chaves	Estrela	Farense	Felgueiras	Gil Vicente	Leça	Leiria	Marítimo	Porto	SC Portugal	Salgueiros	Tirsense	Vitória FC
Belenenses (Lisboa)		1-0	1-2	1-1	3-1	4-1	4-1	2-1	0-1	2-2	5-0	3-1	4-1	1-1	0-1	0-1	1-1	1-0
Sport Lisboa e Benfica (Lisboa)	1-0		1-1	3-0	2-0	2-0	1-0	0-1	1-0	3-0	3-1	4-0	5-1	2-1	0-0	0-0	2-1	1-1
Boavista FC (Porto)	1-0	1-3		5-2	4-0	2-0	1-1	3-0	4-0	3-0	2-0	5-0	1-0	1-1	2-1	1-1	1-1	2-1
SC de Braga (Braga)	1-1	1-2	2-0		1-0	1-0	2-1	3-2	2-0	1-1	3-0	0-0	1-1	0-3	1-3	2-2	4-0	4-0
SC Campomaiorense (Campo Maior)	2-3	0-0	0-2	2-0		2-1	2-1	1-0	2-0	2-0	1-1	4-2	3-1	0-1	0-1	0-0	3-1	0-1
GD de Chaves (Chaves)	1-0	1-2	2-3	1-0	4-1		0-0	2-1	1-0	1-0	2-2	0-1	0-2	2-3	1-1	1-1	2-0	1-2
CF Estrela da Amadora (Amadora)	2-2	0-1	0-0	4-2	2-0	2-3		1-1	2-1	3-1	1-0	2-4	1-1	1-1	1-1	1-1	0-0	0-0
SC Farense (Faro)	1-3	1-3	2-0	1-0	3-1	0-0	1-0		0-0	5-0	2-0	1-1	2-0	0-2	0-1	4-1	2-1	0-1
FC Felgueiras (Felgueiras)	0-0	1-2	2-0	1-1	3-0	2-2	2-1	3-1		2-2	1-2	3-0	0-3	1-1	0-1	2-0	0-1	0-3
Gil Vicente FC (Barcelos)	0-0	1-2	1-1	1-2	3-1	2-0	0-1	2-2	2-0		0-0	1-0	1-0	0-1	0-2	1-1	1-0	2-0
Leça FC (Leça da Palmeira)	0-5	0-0	0-2	0-1	4-1	4-1	0-2	2-1	1-0	0-2		0-1	0-0	0-2	1-1	1-1	3-1	1-0
UD de Leiria (Leiria)	1-0	0-2	1-0	1-0	4-0	4-1	1-0	0-0	2-0	1-3			0-4	0-0	1-2	3-2	5-1	1-2
CS Marítimo (Funchal)	1-2	2-2	2-0	2-1	3-0	0-2	1-1	0-0	0-2	1-0	2-0	1-0		1-1	0-5	3-1	1-0	4-0
FC do Porto (Porto)	1-0	3-0	1-0	6-3	5-0	2-0	6-0	2-0	6-2	2-0	2-0	1-0	6-0		2-1	2-0	5-0	2-3
Sporting Clube de Portugal (Lisboa)	3-1	2-0	0-0	0-1	7-1	4-1	6-2	5-0	4-0	4-1	2-0	0-0	2-0	0-2		2-2	1-0	2-3
SC e Salgueiros (Porto)	1-3	4-2	0-2	0-0	0-2	2-2	1-0	0-0	0-0	2-3	3-0	4-0	2-0	0-4	2-2		1-1	1-2
FC Tirsense (Santo Tirso)	0-0	0-1	1-3	2-0	2-0	2-1	0-0	2-1	0-0	1-1	1-3	0-1	2-1	2-4	1-1	2-0		2-2
Vitória SC (Guimarães)	1-0	2-4	1-3	1-1	4-0	2-1	3-0	1-0	2-0	2-0	2-0	3-0	6-0	0-2	1-1	1-2	2-1	

1st Division

		Pd	Wn	Dw	Ls	GF	GA	Pts	
1.	FC DO PORTO (PORTO)	34	26	6	2	84	20	84	
2.	Sport Lisboa e Benfica (Lisboa)	34	22	7	5	57	27	73	
3.	Sporting Clube de Portugal (Lisboa)	34	19	10	5	69	27	67	
4.	Boavista FC (Porto)	34	19	8	7	59	28	65	
5.	Vitória SC (Guimarães)	34	19	5	10	55	39	62	
6.	CF Os Belenenses (Lisboa)	34	14	9	11	53	33	51	
7.	UD de Leiria (Leiria)	34	14	5	15	38	50	47	
8.	SC de Braga (Braga)	34	12	9	13	44	47	45	
9.	CS Marítimo (Funchal)	34	12	7	15	39	53	43	
10.	SC Farense (Faro)	34	10	6	18	36	45	36	
11.	Gil Vicente FC (Barcelos)	34	9	9	16	31	49	36	
12.	SC e Salgueiros (Porto)	34	7	15	12	39	49	36	
13.	CF Estrela da Amadora (Amadora)	34	7	14	13	35	50	35	
14.	Leça FC (Leça da Palmeira)	34	9	7	18	29	55	34	
15.	GD de Chaves (Chaves)	34	9	7	18	38	56	34	
16.	FC Felgueiras (Felgueiras)	34	8	9	17	29	47	33	R
17.	SC Campomaiorense (Campo Maior)	34	10	3	21	32	69	33	R
18.	FC Tirsense (Santo Tirso)	34	7	10	17	30	53	31	R
		612	233	146	233	798	798	845	

Top goalscorers

1)	Domingos José Paciência Oliveira	(FC do Porto – Porto)	25
2)	João Manuel Vieira Pinto	(SL e Benfica – Lisboa)	18
3)	Edon do Amaral Neto "Edinho"	(Vitória SC – Guimarães)	15
	Leoson Edward Jeffrey Lewis	(FC Felgueiras – Felgueiras)	15

2nd Division	Pd	Wn	Dw	Ls	GF	GA	Pts	
1. Rio Ave FC (Vila do Conde)	34	21	5	8	58	42	68	P
2. Vitória FC (Setúbal)	34	18	8	8	55	22	62	P
3. SC de Espinho (Espinho)	34	19	5	10	49	27	62	P
4. CD das Aves (Vila das Aves)	34	17	7	10	53	41	58	
5. FC Paços de Ferreira (Paços de Ferreira)	34	16	9	9	44	38	57	
6. FC Penafiel (Penafiel)	34	15	7	12	57	44	52	
7. CF União (Funchal)	34	14	9	11	43	37	51	
8. CD Feirense (Santa Maria da Feira)	34	15	5	14	52	48	50	
9. Club Académico de F. (Viseu)	34	13	10	11	29	28	49	
10. SC Beira Mar (Aveiro)	34	13	8	13	39	37	47	
11. Moreirense FC (Moreira de Cónegos)	34	12	9	13	39	41	45	
12. GD Estoril Praia (Estoril)	34	12	8	14	52	42	44	
13. FC de Alverca (Alverca do Ribatejo)	34	12	8	14	28	38	44	
14. CF União Lamas (Santa Maria de Lamas)	34	11	8	15	36	42	41	
15. Associação Académica de Coimbra OAF (Coimbra)	34	11	8	15	38	48	41	
16. CD Nacional (Funchal)	34	11	6	17	39	43	39	R
17. FC Famalicão (Vila Nova de Famalicão)	34	8	4	22	27	57	28	R
18. AD Ovarense (Ovar)	34	3	6	25	25	88	15	R
	612	241	130	241	763	763	853	

Promoted: CD Beja (Beja), SC da Covilhã (Covilhã) and Varzim SC (Póvoa de Varzim).

Taça de Portugal Final (Estádio Nacional, Lisboa – 18th May 1996 – 50,000)

SPORT LISBOA E BENFICA (LISBOA)	3-1	Sporting Clube de Portugal (Lisboa)
Mauro Airez 8, João Pinto 40, 67		*Carlos Xavier 84 pen*

Benfica: Preudhomme, Calado, Ricardo, Hélder, Dimas, Kenedy (Iliev 86), Paulo Bento, Valdo, Bruno Caires (Marcelo 88), João Pinto, Mauro Airez (Paredão 83).

Sporting: Costinho, Luís Miguel, Naybet, Marco Aurélio, Nélson, Vidigal, Peixe (Paulo Alves 34), Pedro Martins, Alfonso Martins, Sá Pinto, Yordanov (Dominguez 46).

Semi-finals

Sport Lisboa e Benfica (Lisboa)	2-0	UD de Leiria (Leiria)
FC do Porto (Porto)	1-1 (aet), 0-1 (aet)	Sporting Clube de Portugal (Lisboa)

Quarter-finals

Sport Lisboa e Benfica (Lisboa)	1-0 (aet)	Vitória SC (Guimarães)
UD de Leiria (Leiria)	2-1	CS Marítimo (Funchal)
SC Olhanense (Olhão)	1-2	Sporting Clube de Portugal (Lisboa)
FC do Porto (Porto)	2-0	FC Penafiel (Penafiel)

Round 6

SC Farense (Faro)	1-1 (aet), 0-3	Sport Lisboa e Benfica (Lisboa)
FC Felgueiras (Felgueiras)	1-2	FC Penafiel (Penafiel)
Sport Lamego (Lamego)	1-1 (aet), 0-1	FC do Porto (Porto)
UD de Leiria (Leiria)	1-0	Portimonense SC (Portimão)
CS Marítimo (Funchal)	2-0	SC Vila Real (Vila Real)
Sporting Clube de Portugal (Lisboa)	4-1	SC Campomaiorense (Campo Maior)
Vitória SC (Guimarães)	1-0	CF Os Belenenses (Lisboa)

SC Olhanense (Olhão) received a bye to the next round.

1996-1997

1st Division 1996-1997	Belenenses	Benfica	Boavista	Braga	Chaves	Espinho	Estrela	Farense	Gil Vicente	Leça	Leiria	Marítimo	Porto	SC Portugal	Rio Ave	Salgueiros	Vitória FC	Vitória SC
Belenenses (Lisboa)	■	1-0	2-4	1-2	0-0	0-0	0-0	1-2	1-1	0-4	1-0	2-0	0-2	2-2	2-1	0-0	1-1	2-1
Sport Lisboa e Benfica (Lisboa)	1-2	■	1-1	1-1	3-0	2-0	2-0	2-1	1-0	1-0	1-0	0-0	1-2	1-0	0-0	3-4	0-2	5-1
Boavista FC (Porto)	1-1	1-1	■	3-0	0-1	0-2	2-2	1-1	7-0	0-0	3-0	3-1	0-2	2-1	2-0	5-0	2-2	0-0
SC de Braga (Braga)	3-1	1-1	1-0	■	3-0	2-1	1-2	2-1	4-1	1-0	1-0	0-0	2-1	1-0	1-0	0-0	0-2	2-1
GD de Chaves (Chaves)	2-2	3-1	2-1	5-2	■	1-0	1-0	1-1	4-1	1-0	2-0	2-1	2-4	0-0	1-1	1-1	0-0	0-1
SC de Espinho (Espinho)	0-1	0-3	0-0	0-1	1-1	■	2-1	1-0	1-0	0-2	1-0	1-0	0-5	1-3	1-2	1-1	1-4	0-3
CF Estrela da Amadora (Amadora)	2-2	1-1	2-5	3-1	3-0	2-0	■	2-1	2-0	1-0	0-1	0-0	2-2	0-1	0-0	2-1	2-0	2-0
SC Farense (Faro)	0-2	1-2	2-0	2-2	0-2	3-1	1-0	■	2-1	0-0	4-0	1-0	1-2	0-0	2-1	1-1	1-0	1-1
Gil Vicente FC (Barcelos)	1-2	0-3	2-4	1-1	3-0	1-0	0-1	1-1	■	1-0	3-4	1-2	0-3	0-3	2-2	1-3	1-1	0-0
Leça FC (Leça da Palmeira)	3-2	1-5	1-3	0-0	3-2	1-1	1-1	0-0	1-1	■	3-0	1-0	2-4	0-1	3-2	3-1	1-1	0-2
UD de Leiria (Leiria)	3-1	0-2	1-1	1-2	0-1	2-2	2-0	0-0	2-0	1-1	■	2-0	0-3	1-0	1-0	0-1	2-3	0-0
CS Marítimo (Funchal)	1-0	2-0	2-2	1-1	3-3	1-0	2-0	1-0	6-0	0-1	2-0	■	0-2	1-2	1-0	3-1	1-2	3-2
FC do Porto (Porto)	2-1	3-1	1-0	5-0	2-0	3-0	0-0	2-0	3-0	2-1	2-0	4-1	■	1-2	2-2	1-2	3-1	2-2
Sporting Clube de Portugal (Lisboa)	3-1	1-0	3-1	1-0	2-0	4-0	0-0	0-0	2-0	1-0	0-0	3-0	0-1	■	2-0	4-0	4-1	2-1
Rio Ave FC (Vila do Conde)	4-1	0-1	0-0	1-0	0-0	0-3	2-0	0-0	0-2	2-0	3-1	2-3	0-1	3-4	■	1-1	1-1	1-0
SC e Salgueiros (Porto)	1-2	0-1	3-2	3-0	1-0	5-0	3-3	2-1	3-2	1-0	3-0	0-0	0-1	0-3	1-3	■	0-0	3-2
Vitória SC (Guimarães)	1-0	1-0	0-4	0-0	4-1	2-4	3-1	3-2	4-2	3-0	3-0	0-1	0-4	0-1	2-0	1-2	3-0	■
Vitória FC (Setúbal)	2-0	0-2	2-2	1-1	1-0	0-2	1-2	0-1	1-0	1-0	4-1	0-0	1-3	1-0	1-1	1-1	■	4-0

1st Division

	1st Division	Pd	Wn	Dw	Ls	GF	GA	Pts	
1.	FC DO PORTO (PORTO)	34	27	4	3	80	24	85	
2.	Sporting Clube de Portugal (Lisboa)	34	22	6	6	55	19	72	
3.	Sport Lisboa e Benfica (Lisboa)	34	17	7	10	49	30	58	
4.	SC de Braga (Braga)	34	15	10	9	49	40	55	
5.	Vitória SC (Guimarães)	34	15	8	11	51	46	53	
6.	SC e Salgueiros (Porto)	34	14	10	10	49	48	52	
7.	Boavista FC (Porto)	34	12	13	9	62	39	49	
8.	CS Marítimo (Funchal)	34	13	8	13	39	38	47	
9.	CF Estrela da Amadora (Amadora)	34	12	11	11	39	38	47	
10.	GD de Chaves (Chaves)	34	12	10	12	39	45	46	
11.	SC Farense (Faro)	34	10	12	12	34	34	42	
12.	Vitória FC (Setúbal)	34	10	10	14	38	42	40	
13.	CF Os Belenenses (Lisboa)	34	10	10	14	37	50	40	
14.	Leça FC (Leça da Palmeira)	34	9	9	16	33	42	36	
15.	Rio Ave FC (Vila do Conde)	34	8	11	15	35	42	35	
16.	SC de Espinho (Espinho)	34	9	6	19	27	56	33	R
17.	UD de Leiria (Leiria)	34	8	6	20	25	53	30	R
18.	Gil Vicente FC (Barcelos)	34	4	7	23	29	74	19	R
		612	227	158	227	760	760	839	

Top goalscorers

1) Mário Jardel   (FC do Porto – Porto)   30
2) Jimmy Floyd Hasselbaink   (Boavista FC – Porto)   20
3) Gaúcho   (CF Estrela da Amadora (Amadora))   16

2nd Division

		Pd	Wn	Dw	Ls	GF	GA	Pts	
1.	SC Campomaiorense (Campo Maior)	34	18	8	8	51	32	62	P
2.	Varzim SC (Póvoa de Varzim)	34	18	5	11	49	52	59	P
3.	Associação Académica de Coimbra OAF (Coimbra)	34	17	7	10	39	21	58	P
4.	FC Felgueiras (Felgueiras)	34	14	12	8	41	33	54	
5.	FC Penafiel (Penafiel)	34	13	12	9	38	30	51	
6.	CF União Lamas (Santa Maria de Lamas)	34	13	8	13	37	32	47	
7.	GD Estoril Praia (Estoril)	34	13	8	13	34	35	47	
8.	CD das Aves (Vila das Aves)	34	13	8	13	44	47	47	
9.	FC Paços de Ferreira (Paços de Ferreira)	34	11	13	10	39	41	46	
10.	SC Beira Mar (Aveiro)	34	12	10	12	36	32	46	
11.	CF União (Funchal)	34	11	10	13	41	45	43	
12.	CD Feirense (Santa Maria da Feira)	34	10	12	12	48	47	42	
13.	Moreirense FC (Moreira de Cónegos)	34	10	12	12	45	44	42	
14.	Clube Académico de Futebol (Viseu)	34	11	9	14	34	38	42	
15.	FC de Alverca (Alverca do Ribatejo)	34	9	13	12	31	30	40	
16.	SC da Covilhã (Covilhã)	34	9	11	14	30	41	38	R
17.	CD Beja (Beja)	34	9	10	15	44	55	37	R
18.	FC Tirsense (Santo Tirso)	34	8	6	20	25	51	30	R
		612	219	174	219	706	706	831	

Promoted: FC Maia (Maia), CD Nacional (Funchal) and SC União Torreense (Torres Vedras).

Taça de Portugal Final   (Estádio Nacional, Lisboa – 10th June 1997 – 45,000)

BOAVISTA FC (PORTO)   3-2   Sport Lisboa e Benfica (Lisboa)

Sánchez 7, 58 pen, Nuno Gomes 28   *Calado 34, Paulo Sousa 60 o.g.*

Boavista: Ricardo Pereira, Paulo Sousa, Litos, Isaías, Mário Silva, Tavares, Hélder, Rui Bentos, Sánchez (Jimmy 78), Simic (Jorge Couto 62), Nuno Gomes (Tulipa 86).

Benfica: Preudhomme, Marinho (Tiago 46, Pringle 66), Tahar (Ronaldo 46), Jorge Soares, El Hadrioui, Calado, Amaral, Valdo, Valdir, João V. Pinto, Edgar.

Semi-finals

Sport Lisboa e Benfica (Lisboa)	2-0	FC do Porto (Porto)
Boavista FC (Porto)	3-2	Sporting Clube de Portugal (Lisboa)

Quarter-finals

Sport Lisboa e Benfica (Lisboa)	5-1	SC Dragões Sandinenses (Vila Nova de Gaia)
SC de Braga (Braga)	0-2	FC do Porto (Porto)
GD Estoril Praia (Estoril)	0-1	Boavista FC (Porto)
FC de Maia (Maia)	0-3	Sporting Clube de Portugal (Lisboa)

Round 6

Associação Académica de Coimbra (Coimbra)	0-1	Sporting Clube de Portugal (Lisboa)
Sport Lisboa e Benfica (Lisboa)	2-1 (aet)	CD das Aves (Vila das Aves)
Boavista FC (Porto)	2-0	FC Infesta (São Mamede de Infesta)
CF Estrela da Amadora (Amadora)	1-2	SC Dragões Sandinenses (Vila Nova de Gaia)
Portimonense SC (Portimão)	2-3	GD Estoril Praia (Estoril)
SC e Salgueiros (Porto)	2-3	FC do Porto (Porto)
Vitória FC (Setúbal)	1-2 (aet)	SC de Braga (Braga)

FC de Maia (Maia) received a bye to the next round.

1997-1998

1st Division 1997-1998	Académica	Belenenses	Benfica	Boavista	Braga	Campomaior.	Chaves	Estrela	Farense	Leça	Marítimo	Porto	Rio Ave	Salgueiros	SC Portugal	Varzim	Vitória FC	Vitória SC
Académica de Coimbra (Coimbra)	■	0-0	1-2	2-0	2-2	1-1	1-2	0-1	1-0	1-1	0-0	0-1	0-0	2-1	1-1	1-1	2-1	2-0
Belenenses (Lisboa)	2-0	■	1-2	0-0	2-2	0-1	0-1	0-2	0-3	0-1	0-2	1-0	2-4	1-2	0-4	1-0	1-0	1-0
Sport Lisboa e Benfica (Lisboa)	1-1	2-1	■	1-2	3-0	4-0	3-1	2-2	3-1	7-1	3-1	3-0	2-1	2-2	0-0	4-0	1-0	2-0
Boavista FC (Porto)	6-0	4-0	0-0	■	0-0	1-2	2-1	4-0	2-2	2-0	0-1	3-4	1-2	3-0	1-0	2-0	0-1	2-1
SC de Braga (Braga)	3-2	1-1	1-1	1-2	■	2-1	5-0	1-1	2-2	3-1	3-1	1-2	1-0	0-2	2-0	3-1	3-2	2-2
SC Campomaiorense (Campo Maior)	1-2	2-1	1-2	2-2	4-0	■	2-1	2-0	5-2	4-0	2-1	2-2	4-1	0-0	3-5	1-1	2-3	2-1
GD de Chaves (Chaves)	0-0	1-0	0-1	1-3	1-2	1-0	■	2-0	2-2	1-0	2-2	0-2	0-1	3-2	2-1		1-2	1-3
CF Estrela da Amadora (Amadora)	1-0	1-1	2-0	1-1	1-0	2-1	4-1	■	2-1	2-1	1-1	1-2	1-0	2-1	0-0	0-1	1-0	
SC Farense (Faro)	0-0	3-1	1-1	0-0	1-1	2-2	1-0	1-1	■	1-1	0-2	1-2	1-0	0-0	0-0	1-0	2-0	2-0
Leça FC (Leça da Palmeira)	1-0	1-1	1-2	0-3	0-0	1-0	0-1	0-4	2-1	■	1-1	2-3	2-1	3-0	1-0	1-0	1-0	1-3
CS Marítimo (Funchal)	4-1	2-0	1-0	1-0	1-1	2-1	1-0	2-1	1-1	2-0	■	3-2	3-2	1-4	0-1	2-1	0-1	1-0
FC do Porto (Porto)	2-1	2-0	2-0	3-2	4-0	3-0	3-1	4-0	5-2	3-1	2-1	■	2-0	7-2	1-1	4-3	1-0	1-0
Rio Ave FC (Vila do Conde)	3-0	3-0	3-1	1-1	0-4	1-1	1-0	1-0	0-3	2-2	2-0	0-0	■	1-1	0-0	0-0	1-2	3-0
SC e Salgueiros (Porto)	0-1	1-1	0-2	1-1	1-0	5-2	2-0	2-1	4-1	0-0	2-0	1-3	5-1	■	0-2	3-1	0-0	1-1
Sporting Clube de Portugal (Lisboa)	1-0	1-0	1-4	1-0	1-1	2-0	2-0	2-2	3-2	2-0	1-1	2-0	2-2	2-1	■	1-1	1-1	2-1
Varzim SC (Póvoa de Varzim)	1-1	2-1	0-0	0-1	1-0	3-0	1-1	2-2	1-0	1-0	0-4	0-2	1-3	0-2	0-1	■	1-2	1-0
Vitória SC (Guimarães)	1-0	2-2	0-1	1-1	1-0	2-1	5-0	1-0	2-0	0-0	0-0	0-1	0-0	3-0	1-0	5-0	2-1	■
Vitória FC (Setúbal)	0-1	0-0	1-0	1-2	5-1	2-1	1-2	2-1	4-1	2-1	1-1	1-0	1-0	1-3	2-0	1-1	■	0-0

1st Division

		Pd	Wn	Dw	Ls	GF	GA	Pts	
1.	FC DO PORTO (PORTO)	34	24	5	5	75	38	77	
2.	Sport Lisboa e Benfica (Lisboa)	34	20	8	6	62	29	68	
3.	Vitória SC (Guimarães)	34	17	8	9	42	25	59	
4.	Sporting Clube de Portugal (Lisboa)	34	15	11	8	45	33	56	
5.	CS Marítimo (Funchal)	34	16	8	10	44	35	56	
6.	Boavista FC (Porto)	34	15	10	9	54	31	55	
7.	CF Estrela da Amadora (Amadora)	34	14	8	12	42	41	50	
8.	SC e Salgueiros (Porto)	34	13	10	11	48	44	49	
9.	Rio Ave FC (Vila do Conde)	34	12	10	12	43	43	46	
10.	SC de Braga (Braga)	34	11	12	11	48	49	45	
11.	SC Campomaiorense (Campo Maior)	34	11	7	16	53	58	40	
12.	Leça FC (Leça da Palmeira)	34	10	8	16	29	52	38	##
13.	Vitória FC (Setúbal)	34	10	7	17	38	43	37	
14.	SC Farense (Faro)	34	8	13	13	41	50	37	
15.	Associação Académica de Coimbra OAF (Coimbra)	34	8	12	14	27	41	36	
16.	GD de Chaves (Chaves)	34	10	5	19	31	55	35	##
17.	Varzim SC (Póvoa de Varzim)	34	6	11	17	26	51	29	R
18.	CF Os Belenenses (Lisboa)	34	5	9	20	22	52	24	R
		612	225	162	225	770	770	837	

Following a 5 year inquiry, Leça FC were relegated by the Portuguese FA after being found guilty of "securing favours" from referee José Guimaro. As a result GD de Chaves retained their 1st Division status.

Top goalscorers

1) Mario Jardel   (FC do Porto – Porto)   26
2) Miguel Nuno Gomes   (SL e Benfica – Lisboa)   18
3) Kwame Ayew   (Boavista FC – Porto)   16

2nd Division	Pd	Wn	Dw	Ls	GF	GA	Pts	
1. UD de Leiria (Leiria)	34	20	10	4	73	32	70	P
2. SC Beira Mar (Aveiro)	34	18	10	6	41	26	64	P
3. FC de Alverca (Alverca do Ribatejo)	34	19	5	10	64	35	62	P
4. Gil Vicente FC (Barcelos)	34	16	12	6	44	23	60	
5. FC Penafiel (Penafiel)	34	17	8	9	63	48	59	
6. CD Feirense (Santa Maria da Feira)	34	13	10	11	39	39	49	
7. GD Estoril Praia (Estoril)	34	11	13	10	40	39	46	
8. FC Maia (Maia)	34	13	6	15	50	47	45	
9. FC Felgueiras (Felgueiras)	34	11	12	11	38	42	45	
10. SC de Espinho (Espinho)	34	12	8	14	45	43	44	
11. Moreirense FC (Moreira de Cónegos)	34	12	6	16	48	53	42	
12. FC Paços de Ferreira (Paços de Ferreira)	34	8	17	9	34	39	41	
13. CF União (Funchal)	34	11	8	15	36	48	41	
14. CF União Lamas (Santa Maria de Lamas)	34	11	7	16	37	55	40	
15. CD das Aves (Vila das Aves)	34	11	5	18	48	64	38	
16. Clube Académico de Futebol (Viseu)	34	8	9	17	30	45	33	R
17. SC União Torreense (Torres Vedras)	34	7	9	18	31	62	30	R
18. CD Nacional (Funchal)	34	6	9	19	37	58	27	R
	612	224	164	224	798	798	836	

Promoted: AD Esposende (Esposende), Associação Naval 1º de Maio (Figueira da Foz) and CD Santa Clara (Ponta Delgada).

Taça de Portugal Final   (Estádio Nacional, Lisboa – 24th May 1998)

FC DO PORTO (PORTO)   3-1   SC de Braga (Braga)

Aloísio 16, Jardel 24, Artur 90   *Silvio 48*

Porto: Rui Correia, Secretário, Aloísio, João M. Pinto, Kenedy, Paulinho Santos, Doriva, Sérgio Conceição (Capucho 85), Zahovic (Jorge Costa 65), Jardel (Artur 75), Drulovic.

Braga: Quim, José Nuno Azevedo, Artur Jorge (Carlitos 53), Sérgio Abreu, Lino, Jordão, Mozer, Bajcetic, Formosa (Bruno 53), Karoglan, Silvio (Prokopenko 83

Semi-finals

SC de Braga (Braga)   2-1   Sport Lisboa e Benfica (Lisboa)
FC do Porto (Porto)   3-2 (aet)   UD de Leiria (Leiria)

Quarter-finals

Boavista FC (Porto)   2-2, 1-3   UD de Leiria (Leiria)
SC de Braga (Braga)   3-1   Sporting Clube de Portugal (Lisboa)
SC Freamunde (Freamunde)   0-4   FC do Porto (Porto)
Gil Vicente FC (Barcelos)   1-1, 0-1   Sport Lisboa e Benfica (Lisboa)

Round 5

Sport Lisboa e Benfica (Lisboa)	1-0	SC Beira Mar (Aveiro)
Gil Vicente FC (Barcelos)	2-0	GD Estoril Praia (Estoril)
Leça FC (Leça da Palmeira)	0-2	Sporting Clube de Portugal (Lisboa)
FC de Maia (Maia)	4-5	FC do Porto (Porto)
FC Penafiel (Penafiel)	0-1	SC de Braga (Braga)
SC Vila Real (Vila Real)	0-3	Boavista FC (Porto)
FC de Vizela (Vizela)	0-2	SC Freamunde (Freamunde)

UD de Leiria (Leiria) received a bye to the next round.

1998-1999

1st Division 1998-1999	Académica	Alverca	Beira Mar	Benfica	Boavista	Braga	Campomaior.	haves	Estrela	Farense	Leiria	Marítimo	Porto	SC Portugal	Rio Ave	Salgueiros	Vitória FC	Vitória SC
Académica de Coimbra (Coimbra)		0-5	1-0	0-3	2-3	1-1	1-5	1-2	2-2	2-1	0-1	1-3	0-2	2-2	1-1	0-1	1-1	2-0
FC de Alverca (Alverca)	2-1		1-1	0-2	0-0	0-0	2-1	3-1	0-1	1-3	0-2	3-0	1-5	3-2	0-1	1-1	2-1	1-0
SC Beira Mar (Aveiro)	0-2	2-1		1-1	1-1	4-2	2-1	1-1	0-0	0-1	1-1	1-1	2-1	2-2	1-2	4-1	0-0	1-1
Sport Lisboa e Benfica (Lisboa)	3-0	2-2	3-0		0-3	4-1	1-1	4-1	2-1	5-0	0-0	3-1	1-1	3-3	3-1	5-0	3-1	2-0
Boavista FC (Porto)	3-1	3-0	2-1	2-1		1-0	2-1	4-1	2-1	3-0	1-0	1-2	0-0	2-2	1-0	2-1	2-0	1-1
SC de Braga (Braga)	2-2	0-0	2-1	2-1	1-2		0-2	1-0	1-1	0-0	2-4	1-1	3-3	2-0	2-0	1-1	2-1	3-0
SC Campomaiorense (Campo Maior)	2-1	2-2	4-1	0-5	1-1	2-0		4-1	3-0	3-1	0-3	0-2	0-2	0-0	0-0	0-0	1-0	1-2
GD de Chaves (Chaves)	1-0	1-1	1-0	0-4	1-1	1-2	3-2		4-1	4-4	1-2	1-1	0-4	2-2	0-0	1-1	2-3	1-2
CF Estrela da Amadora (Amadora)	2-1	1-0	1-2	0-1	2-1	0-0	1-0	2-1		2-1	1-1	1-0	1-1	0-1	1-0	1-1	1-1	5-0
SC Farense (Faro)	2-0	1-0	2-1	1-0	2-2	0-2	2-1	2-1	1-1		1-1	0-0	0-3	1-3	0-1	2-1	1-2	1-1
UD de Leiria (Leiria)	1-0	1-0	1-0	1-1	0-0	0-0	3-1	3-1	0-1	2-1		1-0	2-2	0-3	2-0	1-0	0-1	0-1
CS Marítimo (Funchal)	4-1	3-3	1-1	1-0	3-0	3-0	0-1	2-2	1-1	1-3	3-2		0-1	1-3	2-2	2-2	1-0	0-1
FC do Porto (Porto)	7-1	3-0	7-0	3-1	0-2	1-0	2-0	1-0	2-0	2-0	3-1	1-0		3-2	4-0	4-1	2-0	6-0
Sporting Clube de Portugal (Lisboa)	5-0	2-0	0-0	1-2	1-1	4-1	3-0	2-1	3-0	1-0	2-0	2-0	1-1		2-0	3-1	3-0	0-0
Rio Ave FC (Vila do Conde)	1-1	0-0	1-1	0-2	0-2	1-2	3-1	1-1	1-1	2-2	1-0	2-1	1-1	0-1		2-1	0-1	1-1
SC e Salgueiros (Porto)	1-1	0-0	4-4	1-1	0-0	1-1	1-1	2-0	1-1	4-2	0-0	2-2	1-3	2-1	5-1		3-2	1-0
Vitória SC (Guimarães)	1-1	3-1	3-0	0-2	2-3	5-1	2-0	6-1	3-0	1-0	0-0	1-1	3-2	1-1	3-0	3-3		2-0
Vitória FC (Setúbal)	1-0	4-0	0-0	1-0	1-3	3-0	2-0	1-0	2-0	1-1	1-0	3-1	1-2	1-1	1-2	3-0	1-0	

1st Division	Pd	Wn	Dw	Ls	GF	GA	Pts	
1. FC DO PORTO (PORTO)	34	24	7	3	85	26	79	
2. Boavista FC (Porto)	34	20	11	3	57	29	71	
3. Sport Lisboa e Benfica (Lisboa)	34	19	8	7	71	29	65	
4. Sporting Clube de Portugal (Lisboa)	34	17	12	5	64	32	63	
5. Vitória FC (Setúbal)	34	15	8	11	37	38	53	
6. UD de Leiria (Leiria)	34	14	10	10	36	29	52	
7. Vitória SC (Guimarães)	34	14	8	12	53	41	50	
8. CF Estrela da Amadora (Amadora)	34	11	12	11	33	40	45	
9. SC de Braga (Braga)	34	10	12	12	38	50	42	
10. CS Marítimo (Funchal)	34	10	11	13	44	45	41	
11. SC Farense (Faro)	34	10	9	15	39	54	39	
12. SC e Salgueiros (Porto)	34	7	17	10	45	55	38	
13. SC Campomaiorense (Campo Maior)	34	10	7	17	41	51	37	
14. Rio Ave FC (Vila do Conde)	34	8	11	15	26	47	35	
15. FC de Alverca (Alverca)	34	8	11	15	36	50	35	
16. SC Beira Mar (Aveiro)	34	6	15	13	36	53	33	R
17. GD de Chaves (Chaves)	34	5	10	19	39	70	25	R
18. Associação Académica de Coimbra OAF (Coimbra)	34	4	9	21	30	71	21	R
	612	212	188	212	810	810	824	

Chaves 0-1 Benfica match was abandoned due to fog. The match was replayed on 13th December 1998 and ended with a 4-0 victory by Benfica.

Top goalscorers

1)	Mario Jardel	(FC do Porto – Porto)	36
2)	Miguel Nuno Gomes	(SL e Benfica – Lisboa)	24
3)	Demétrios	(SC Campomaiorense – Campo Maior)	16
	Silva	(SC de Braga – Braga)	16

2nd Division	Pd	Wn	Dw	Ls	GF	GA	Pts	
1. Gil Vicente FC (Barcelos)	34	20	8	6	58	24	68	P
2. CF Os Belenenses (Lisboa)	34	17	10	7	55	28	61	P
3. CD Santa Clara (Ponta Delgado)	34	14	13	7	53	37	55	P
4. CD das Aves (Vila das Aves)	34	14	9	11	46	43	51	
5. FC Felgueiras (Felgueiras)	34	12	14	8	60	40	50	
6. Leça FC (Leça da Palmeira)	34	14	8	12	51	49	50	
7. SC de Espinho (Espinho)	34	13	11	10	45	37	50	
8. Varzim SC (Póvoa de Varzim)	34	13	9	12	51	46	48	
9. FC Penafiel (Penafiel)	34	11	14	9	56	49	47	
10. FC Maia (Maia)	34	12	10	12	53	50	46	
11. FC Paços de Ferreira (Paços de Ferreira)	34	10	14	10	38	35	44	
12. Moreirense FC (Moreira de Cónegos)	34	11	8	15	40	56	41	
13. Associação Naval 1º de Maio (Figueira da Foz)	34	9	11	14	34	54	38	
14. AD Esposende (Esposende)	34	8	14	12	24	34	38	
15. CF União Lamas (Santa Maria de Lamas)	34	9	10	15	28	48	37	
16. CF Feirense (Santa Maria da Feira)	34	9	10	15	34	53	37	R
17. CF União (Funchal)	34	8	9	17	34	50	33	R
18. GD Estoril Praia (Estoril)	34	6	10	18	23	50	28	R
	612	210	192	210	783	783	822	

Promoted: SC da Covilhã (Covilhã), SC Freamunde (Freamunde) and Imortal DC (Albufeira).

Taça de Portugal Final (Estádio Jamor, Lisboa – 19th June 1999 – 25,000)

SC BEIRA MAR (AVEIRO)	1-0	SC Campomaiorense (Campo Maior)

Ricardo Sousa 68

Beira Mar: Palatsi, Jorge Neves, Lobão, Gíla, Caetano, Eusébio, Fusco, Paulo Sérgio (Quintas 82), Ricardo Sousa (Carlos Andre 77), Fernando, Fary Faye (Simic 65).

Campomairoense: Poleksic, Quim Machado, Marco Almeida, René Rivas, Basílio Marques, Mauro Soares, Rogério Matias, Nuno Campos, Isaías, Laelson, Demétrios.

Semi-finals

SC Campomaiorense (Campo Maior)	2-0	AD Esposende (Esposende)
Vitória FC (Setúbal)	0-1	SC Beira Mar (Aveiro)

Quarter-finals

AD Esposende (Esposende)	1-0	Boavista FC (Porto)
CS Marítimo (Funchal)	2-2 (aet), 0-0 (aet)	SC Campomaiorense (Campo Maior)
	SC Campomaiorense (Campo Maior) won 4-3 on penalties.	
Moreirense FC (Moreira de Cónegos)	1-1 (aet), 0-1	SC Beira Mar (Aveiro)
SC União Torreense (Torres Vedras)	0-0 (aet), 0-3	Vitória FC (Setúbal)

Round 6

FC Alverca (Alverca do Ribatejo)	0-3	SC Campomaiorense (Campo Maior)
SC Beira Mar (Aveiro)	1-1 (aet), 2-1	UD de Leiria (Leiria)
Boavista FC (Porto)	3-2	Gil Vicente FC (Barcelos)
Clube Caçadores das Taipas (Caldas de Taipas)	1-2	AD Esposende (Esposende)
CS Marítimo (Funchal)	5-1	GD Pevidém (Pevidém)
Moreirense FC (Moreira de Cónegos)	3-2	FC de Maia (Maia)
Vitória FC (Setúbal)	4-0	FC Paços da Ferreira (Paços da Ferreira)

SC União Torreense (Torres Vedras) received a bye to the next round.

1999-2000

1st Division 1999-2000	Alverca	Belenenses	Benfica	Boavista	Braga	Campomaior.	Estrela	Farense	Gil Vicente	Leiria	Marítimo	Porto	SC Portugal	Rio Ave	Salgueiros	Santa Clara	Vitória FC	Vitória SC
FC de Alverca (Alverca)		1-1	3-1	1-0	3-2	1-0	0-1	0-1	4-2	0-0	1-1	1-1	2-1	3-1	2-0	0-1	2-1	0-1
Belenenses (Lisboa)	4-2		0-0	1-1	0-3	2-2	1-1	1-1	1-1	1-0	1-1	0-0	0-1	2-1	2-1	3-1	2-0	0-1
Sport Lisboa e Benfica (Lisboa)	3-2	2-3		1-1	2-1	2-0	2-0	6-2	3-0	3-2	2-1	1-0	0-0	1-0	1-0	1-0	3-0	3-0
Boavista FC (Porto)	2-0	1-0	1-1		2-2	2-1	1-2	2-1	2-0	0-1	0-2	1-1	0-1	2-0	2-1	2-1	2-0	1-0
SC de Braga (Braga)	3-1	0-0	3-2	1-0		4-1	0-1	1-0	0-0	0-2	1-2	0-1	0-2	0-1	3-1	3-1	2-4	3-0
SC Campomaiorense (Campo Maior)	0-0	2-1	2-4	0-1	2-4		2-1	1-0	0-0	2-0	1-0	1-0	0-2	1-1	0-1	1-0	2-1	0-1
CF Estrela da Amadora (Amadora)	3-0	0-3	3-0	1-2	3-3	3-0		1-1	0-1	1-1	1-1	0-2	0-0	1-0	1-0	0-0	2-2	3-0
SC Farense (Faro)	1-2	2-0	0-1	0-2	1-1	2-2	1-1		0-3	2-1	1-0	3-3	0-3	4-0	3-2	2-2	2-1	0-0
Gil Vicente (Barcelos)	2-2	1-1	0-2	1-3	0-0	3-0	2-2	4-0		2-0	5-1	2-1	1-1	4-0	3-1	3-1	1-0	2-0
UD de Leiria (Leiria)	3-0	1-0	2-1	0-0	3-0	1-2	1-1	2-0	1-1		0-1	0-1	1-1	0-0	1-4	3-2	1-0	0-0
CS Marítimo (Funchal)	3-0	0-0	0-0	1-1	1-0	1-0	2-2	3-0	1-0	0-0		2-1	0-2	5-2	0-1	0-0	1-1	1-0
FC do Porto (Porto)	0-0	2-1	2-0	1-0	3-0	2-0	2-1	5-0	2-0	4-2	3-2		3-0	4-1	3-0	1-0	2-1	4-1
Sporting Clube de Portugal (Lisboa)	1-1	1-0	0-1	2-0	2-0	1-0	1-1	3-1	1-1	2-0	4-2	2-0		2-1	2-0	4-1	1-0	2-1
Rio Ave FC (Vila do Conde)	2-0	3-0	1-1	2-1	2-0	1-0	0-1	1-1	3-1	0-0	0-2	2-2	1-2		4-1	0-5	1-1	1-1
SC e Salgueiros (Porto)	0-2	0-0	1-2	1-3	1-1	2-1	1-1	0-0	1-2	3-0	1-0	0-4	0-4	1-1		2-0	0-1	1-0
CD Santa Clara (Ponta Delgada)	4-3	1-0	0-3	0-1	1-2	2-2	1-1	1-2	0-0	1-1	0-0	0-2	2-2	1-0	0-0		3-2	2-1
Vitória SC (Guimarães)	1-0	4-2	2-1	2-0	1-0	4-1	1-0	3-0	1-0	0-1	1-3	1-1	1-2	2-1	2-2	2-1		4-0
Vitória FC (Setúbal)	1-0	0-2	1-2	2-1	0-2	1-2	1-0	1-1	0-1	0-0	4-2	1-4	1-2	2-0	1-2	1-0	1-1	

	1st Division	Pd	Wn	Dw	Ls	GF	GA	Pts	
1.	SPORTING CLUBE DE PORTUGAL (LISBOA)	34	23	8	3	57	22	77	
2.	FC do Porto (Porto)	34	22	7	5	66	26	73	
3.	Sport Lisboa e Benfica (Lisboa)	34	21	6	7	58	33	69	
4.	Boavista FC (Porto)	34	16	7	11	40	31	55	
5.	Gil Vicente FC (Barcelos)	34	14	11	9	48	34	53	
6.	CS Marítimo (Funchal)	34	13	11	10	42	36	50	
7.	Vitória SC (Guimarães)	34	14	6	14	48	43	48	
8.	CF Estrela da Amadora (Amadora)	34	10	15	9	40	35	45	
9.	SC de Braga (Braga)	34	12	7	15	44	45	43	
10.	UD de Leiria (Leiria)	34	10	12	12	31	35	42	
11.	FC de Alverca (Alverca)	34	11	8	15	39	48	41	
12.	CF Os Belenenses (Lisboa)	34	9	13	12	36	38	40	
13.	SC Campomaiorense (Campo Maior)	34	10	6	18	31	51	36	
14.	SC Farense (Faro)	34	8	11	15	35	60	35	
15.	SC e Salgueiros (Porto)	34	9	7	18	30	49	34	
16.	Vitória FC (Setúbal)	34	9	6	19	25	49	33	R
17.	Rio Ave FC (Vila do Conde)	34	8	9	17	34	54	33	R
18.	CD Santa Clara (Ponta Delgada)	34	7	10	17	35	50	31	R
		612	226	160	226	739	739	838	

Top goalscorers

1)	Mario Jardel	(FC do Porto – Porto)	38
2)	Alberto Acosta	(SC de Portugal – Lisboa)	22
3)	Eric Gaúcho	(CF Estrela da Amadora – Amadora)	21

	2nd Division	Pd	Wn	Dw	Ls	GF	GA	Pts	
1.	FC Paços de Ferreira (Paços Ferreira)	34	19	8	7	56	31	65	P
2.	SC Beira Mar (Aveiro)	34	18	11	5	54	30	65	P
3.	CD das Aves (Vila das Aves)	34	18	7	9	33	24	61	P
4.	Varzim SC (Póvoa de Varzim)	34	17	9	8	53	33	60	
5.	Associação Académica de Coimbra OAF (Coimbra)	34	16	9	9	55	37	57	
6.	FC Penafiel (Penafiel)	34	14	14	6	52	33	56	
7.	FC Felgueiras (Felgueiras)	34	14	9	11	42	36	51	
8.	CF União Lamas (Santa Maria de Lamas)	34	14	4	16	39	50	46	
9.	SC Freamunde (Freamunde)	34	11	12	11	42	37	45	
10.	SC de Espinho (Espinho)	34	13	6	15	51	48	45	
11.	Leça FC (Leça da Palmeira)	34	13	6	15	41	49	45	
12.	GD de Chaves (Chaves)	34	11	11	12	46	45	44	
13.	Associação Naval 1º de Maio (Figueira da Foz)	34	11	9	14	53	55	42	
14.	FC Maia (Maia)	34	11	9	14	35	44	42	
15.	Imortal DC (Albufeira)	34	8	9	17	43	64	33	
16.	Moreirense FC (Moreira de Cónegos)	34	6	11	17	29	49	29	R
17.	AD Esposende (Esposende)	34	8	4	22	31	65	28	R
18.	SC da Covilhã (Covilhã)	34	5	10	19	23	48	25	R
		612	227	158	227	778	778	839	

Promoted: FC do Marco (Marco de Canaveses), CD Nacional (Funchal) and AD Ovarense (Ovar).

Taça de Portugal Final (Estádio Nacional, Lisboa – 21st May 2000 – 42,000)

FC DO PORTO (PORTO)   1-1   Sporting Clube de Portugal (Lisboa)

Jardel 3   *Hilário 56 o.g.*

Porto: Hilário, Secretário, Ricardo Silva, Aloísio, Esquerdinho, Rubens Júnior (Clayton 46), Chainho, Paulinho Santos (Rui Barros 36), Capucho, Jardel (Alessandro 105), Drulovic.

Sporting: Schmeichel, Rui Jorge (Quiroga 67), Saber, Cruz, Beto, Vidigal, Duscher, de Franceschi (Toñito 87), Pedro Barbosa (Mpenza 68), Acosta, Ayew.

Taça de Portugal Final Replay (Estádio Nacional, Lisboa – 25th May 2000 – 35,000)

Sporting Clube de Portugal (Lisboa)   0-2   FC DO PORTO (PORTO)

Clayton 49, Deco 73

Sporting: Schmeichel, Saber, Cruz (Quiroga 42), Beto, Rui Jorge, Pedro Barbosa (Toñito 67), Duscher, Vidigal, Edmilson (de Franceschi 69), Ayew, Mpenza.

Porto: Vítor Baia, Secretário, Jorge Costa, Aloísio, Esquerdinho, Deco (Domingos 89), Chainho, Drulovic, Capucho (Alessandro 89), Jardel, Clayton (Rui Barros 77).

Semi-finals

Moreirense FC (Moreira de Cónegos)	0-1	Sporting Clube de Portugal (Lisboa)
FC do Porto (Porto)	3-0	Rio Ave FC (Vila do Conde)

Quarter-finals

FC do Porto (Porto)	3-0	AD de Fafe (Fafe)
Sporting Clube de Portugal (Lisboa)	3-0	SC Dragões Sandinenses (Vila Nova de Gaias)
Rio Ave FC (Vila do Conde)	1-0	Boavista FC (Porto)
Vitória SC (Guimarães)	0-1	Moreirense FC (Moreira da Cónegos)

Round 6

Associação Académica de Coimbra (Coimbra)	0-1	Moreirense FC (Moreira de Cónegos)
Sport Lisboa e Benfica (Lisboa)	1-3	Sporting Clube de Portugal (Lisboa)
Boavista FC (Porto)	2-1	FC Felgueiras (Felgueiras)
CF Estrela da Amadora (Amadora)	1-2	SC Dragões Sandinenses (Vila Nova de Gaia)
Rio Ave FC (Vila do Conde)	0-0 (aet), 3-2	Associação Naval 1º de Maio (Figueira da Foz)
SC e Salgueiros (Porto)	1-2 (aet)	AD de Fafe (Fafe)
Vitória SC (Guimarães)	3-0	Gil Vicente FC (Barcelos)

FC do Porto (Porto) received a bye to the next round.

2000-2001

1st Division 2000-2001	Alverca	Aves	Beira Mar	Belenenses	Benfica	Boavista	Braga	Campomaior.	Estrela	Farense	Gil Vicente	Leiria	Marítimo	Paços de F.	Porto	SC Portugal	Salgueiros	Vitória FC
FC de Alverca (Alverca)		5-1	0-1	0-3	2-1	1-2	4-1	2-1	3-1	0-1	2-0	0-1	0-0	2-0	1-3	3-1	0-3	1-3
CD das Aves (Vila das Aves)	0-0		2-3	0-1	4-4	1-2	2-1	2-2	3-2	3-1	1-0	1-1	1-1	1-1	0-1	3-4	0-3	0-3
SC Beira Mar (Aveiro)	0-0	1-0		2-2	1-3	2-4	3-0	0-0	3-3	0-2	1-0	3-1	2-0	1-0	0-3	0-1	3-2	3-2
Belenenses (Lisboa)	1-0	5-0	0-1		1-0	2-2	2-1	1-1	0-3	4-2	1-3	1-1	1-0	0-0	2-0	1-1	2-0	1-0
Sport Lisboa e Benfica (Lisboa)	0-2	5-1	4-1	1-0		0-0	2-2	2-0	2-1	2-1	0-0	3-2	3-0	2-3	2-1	3-0	1-1	1-0
Boavista FC (Porto)	5-1	3-0	1-0	2-0	1-0		1-2	3-1	1-0	1-0	2-0	4-0	3-1	1-0	1-0	1-0	5-0	4-1
SC de Braga (Braga)	1-1	2-0	3-3	2-0	3-1	1-0		4-0	1-1	3-0	3-1	3-5	2-1	2-2	2-1	3-2	2-0	1-0
SC Campomaiorense (Campo Maior)	0-4	0-0	0-2	0-1	1-1	0-0	1-1		4-1	1-0	1-0	1-1	2-2	2-0	0-5	1-0	2-3	0-1
CF Estrela da Amadora (Amadora)	1-2	0-0	1-1	0-2	1-2	0-0	0-1	4-0		1-2	2-1	1-2	0-1	1-1	2-3	1-2	1-0	0-2
SC Farense (Faro)	2-0	1-0	1-2	3-1	2-2	2-2	1-0	1-3	2-0		1-1	1-1	1-2	2-4	1-3	2-1	2-1	1-1
Gil Vicente (Barcelos)	1-2	1-0	3-0	2-1	3-0	0-2	1-1	1-1	0-0	0-0		2-0	2-0	3-1	2-2	0-2	0-2	4-1
UD de Leiria (Leiria)	2-0	1-1	1-0	1-1	1-1	0-0	0-0	4-1	2-0	2-0	1-0		1-0	1-4	3-1	2-0	2-1	1-1
CS Marítimo (Funchal)	2-1	2-1	2-1	1-2	3-0	1-1	2-0	3-0	2-0	1-1	1-0	2-1		1-1	0-1	0-2	0-1	1-0
FC Paços de Ferreira	2-2	2-0	3-2	2-2	0-0	0-2	4-2	0-1	4-1	1-1	2-0	0-0	2-1		1-0	0-0	1-1	0-1
FC do Porto (Porto)	6-0	4-0	2-0	0-0	2-0	4-0	3-2	3-1	2-1	2-0	2-0	3-0	1-0	2-1		2-2	5-1	2-0
Sporting Clube de Portugal (Lisboa)	1-1	2-0	2-1	2-1	3-0	0-0	1-2	2-1	1-0	1-0	3-1	4-0	1-0	1-3	0-1		2-0	3-1
SC e Salgueiros (Porto)	3-1	2-1	0-1	2-0	1-2	1-5	3-4	0-0	1-0	0-0	0-1	1-4	1-0	1-0	0-1	2-5		2-1
Vitória SC (Guimarães)	2-2	2-2	1-1	11-	0-4	1-2	0-0	3-0	4-0	1-0	3-1	0-1	1-1	0-1	2-2	1-4	1-2	

1st Division

	1st Division	Pd	Wn	Dw	Ls	GF	GA	Pts	
1.	BOAVISTA FC (PORTO)	34	23	8	3	63	22	77	
2.	FC do Porto (Porto)	34	24	4	6	73	27	76	
3.	Sporting Clube de Portugal (Lisboa)	34	19	5	10	56	37	62	
4.	SC de Braga (Braga)	34	16	9	9	58	48	57	
5.	UD de Leiria (Leiria)	34	15	11	8	46	41	56	
6.	Sport Lisboa e Benfica (Lisboa)	34	15	9	10	54	44	54	
7.	CF Os Belenenses (Lisboa)	34	14	10	10	43	36	52	
8.	SC Beira Mar (Aveiro)	34	14	7	13	45	49	49	
9.	FC Paços de Ferreira (Paços de Ferreira)	34	12	12	10	47	39	48	
10.	CS Marítimo (Funchal)	34	12	7	15	34	37	43	
11.	FC de Alverca (Alverca)	34	12	7	15	45	52	43	
12.	SC e Salgueiros (Porto)	34	13	4	17	41	55	43	
13.	SC Farense (Faro)	34	10	9	15	37	47	39	
14.	Gil Vicente FC (Barcelos)	34	10	7	17	34	41	37	
15.	Vitória SC (Guimarães)	34	9	9	16	41	49	36	
16.	SC Campomaiorense (Campo Maior)	34	7	11	16	29	58	32	R
17.	CD das Aves (Vila das Aves)	34	4	10	20	31	68	22	R
18.	CF Estrela da Amadora (Amadora)	34	4	7	23	30	57	19	R
		612	233	146	233	807	807	845	

Top goalscorers

1)	Jesus Pena	(FC do Porto – Porto)	22
2)	Pierre van Hooijdonk	(SL e Benfica – Lisboa)	19
3)	Rafael Dias	(FC Paços de Ferreira)	17
	João Tomás	(SL e Benfica – Lisboa)	17
5)	Hassan Nader	(SC Farense – Faro)	16

2nd Division

	2nd Division	Pd	Wn	Dw	Ls	GF	GA	Pts	
1.	CD Santa Clara (Ponta Delgada)	34	20	7	7	60	37	67	P
2.	Vitória FC (Setúbal)	34	19	7	8	64	41	64	P
3.	Varzim SC (Póvoa de Varzim)	34	19	7	8	53	34	64	P
4.	FC Maia (Maia)	34	19	7	8	58	41	64	
5.	Rio Ave FC (Vila do Conde)	34	17	9	8	68	35	60	
6.	Rio Ave FC	34	16	9	9	66	36	57	
6.	FC Penafiel (Penafiel)	34	17	7	10	45	31	58	
7.	CD Nacional (Funchal)	34	14	9	11	55	52	51	
8.	Associação Naval 1º de Maio (Figueira da Foz)	34	14	6	14	49	45	48	
9.	Associação Académica de Coimbra OAF (Coimbra)	34	14	6	14	51	48	48	
10.	GD de Chaves (Chaves)	34	9	14	11	38	44	41	
11.	AD Ovarense (Ovar)	34	12	5	17	42	53	41	
12.	CF União Lamas (Santa Maria de Lamas)	34	11	8	15	43	56	41	
13.	Leça FC (Leça da Palmeira)	34	11	6	17	34	57	39	
14.	SC de Espinho (Espinho)	34	9	11	14	39	41	38	
15.	FC Felgueiras (Felgueiras)	34	8	10	16	40	50	34	##
16.	FC Felgueiras	34	8	10	16	40	50	34	
16.	Imortal DC (Albufeira)	34	7	12	15	33	44	33	R
17.	Imortal DC	34	7	12	15	33	44	33	
17.	FC do Marco (Marco de Canaveses)	34	9	6	19	39	66	33	R##
15.	FC Marco	34	10	6	18	40	64	36	
18.	SC Freamunde (Freamunde)	34	6	5	23	28	64	23	R
		612	235	142	235	839	839	847	

Promoted: Moreirense FC (Moreira de Cónegos), UD Oliveirense (Oliveira Azeméis) and Portimonense SC (Portimão).

Five months after the last round of matches had been played, the Portuguese FA awarded the match between FC Marco and Rio Ave (which had finished 1-0), as a 2-0 forfeit win for Rio Ave after it was discovered that FC Marco had arranged for the kick-off to be delayed by 30 minutes (the team bus driver had "lost" his keys), ensuring that they would then know the result of the Freamunde-Felgueiras match. Due to the delay in the decision being made, both FC Marco and Rio Ave FC were required to "sit-out" the early rounds of the 2001-02 season.

The relevant club records/positions before the FAs decision are shown above in italics.

Taça de Portugal Final   (Estádio Nacional, Lisboa – 10th June 2001 – 40,000)

FC DO PORTO (PORTO)   2-0   CS Marítimo (Funchal)

Pena 13, Alenichev 77

Porto: Ovchinikov, Secretária, Jorge Costa, Jorge Andrade, Nélson, Paredes (Paulinho Santos 46), Deco, Alenichev, Capucho (Folha 83), Clayton (Cândida Costa 77), Pena.

Marítimo: Gilmar, Lino, Paulo Sérgio, Jorge Soares, Albertino, Bruno (Sumudica 70), Joël Santos (Zeca 77), Iliev (Bakera 62), Mariano, Porfírio, Quim.

Semi-finals

Boavista FC (Porto)	0-1	CS Marítimo (Funchal)
FC do Porto (Porto)	2-1	Sporting Clube de Portugal (Lisboa)

Quarter-finals

GD Bragança (Bragança)	1-2	FC do Porto (Porto)
FC Famalicão (Vila Nova de Famalicão)	1-3	Sporting Clube de Portugal (Lisboa)
Moreirense FC (Moreira de Cónegos)	1-2	Boavista FC (Porto)
FC Paços da Ferreira Paços da Ferreira)	1-2	CS Marítimo (Funchal)

Round 6

Sport Lisboa e Benfica (Lisboa)	1-1 (aet), 0-4	FC do Porto (Porto)
GD Bragança (Bragança)	3-2	Rio Ave FC (Vila do Conde)
FC Famalicão (Vila Nova de Famalicão)	2-1	Gil Vicente FC (Vila do Conde)
SC Farense (Faro)	0-1 (aet)	CS Marítimo (Funchal)
Moreirense FC (Moreira de Cónegos)	5-2	GD Estoril Praia (Estoril)
FC Penafiel (Penafiel)	0-1	Boavista FC (Porto)
Sporting Clube de Portugal (Lisboa)	3-3 (aet), 2-0	CD Nacional (Funchal)

FC Paços da Ferreira (Paços da Ferreira) received a bye to the next round.

2001-2002

1st Division 2001-2002	Alverca	Beira Mar	Belenenses	Benfica	Boavista	Braga	Farense	Gil Vicente	Leiria	Marítimo	Paços de F.	Porto	SC Portugal	Salgueiros	Santa Clara	Varzim	Vitória FC	Vitória SC
FC de Alverca (Alverca)	■	2-0	0-1	1-3	1-2	0-3	1-0	1-4	1-1	0-2	1-0	0-1	1-3	1-2	3-1	4-2	3-2	1-1
SC Beira Mar (Aveiro)	6-2	■	0-3	3-3	0-3	4-2	2-1	2-2	2-1	2-0	0-2	2-0	1-2	1-1	0-1	4-0	0-0	1-0
Belenenses (Lisboa)	1-1	1-5	■	1-1	0-2	1-1	4-0	1-0	1-0	0-1	1-2	3-0	3-0	1-0	1-1	3-2	2-1	1-1
Sport Lisboa e Benfica (Lisboa)	3-2	4-1	2-1	■	2-1	1-1	5-0	2-0	0-2	1-1	4-0	0-0	2-2	2-0	2-1	3-2	0-0	3-2
Boavista FC (Porto)	2-0	3-0	2-0	1-0	■	3-0	1-1	0-0	1-0	0-1	5-0	2-0	0-0	2-1	2-0	1-2	0-0	4-1
SC de Braga (Braga)	5-3	3-2	2-3	0-1	0-2	■	4-0	1-0	1-0	1-0	1-0	0-4	2-1	0-0	6-0	2-0	0-0	1-1
SC Farense (Faro)	2-1	1-0	2-2	0-2	1-2	2-2	■	3-2	0-1	2-1	1-1	0-3	1-3	2-1	1-0	1-1	0-1	2-2
Gil Vicente (Barcelos)	2-2	2-1	3-2	0-2	0-3	2-1	3-1	■	0-0	1-1	1-1	2-5	1-1	3-2	1-3	1-0	2-1	2-1
UD de Leiria (Leiria)	2-1	4-1	3-0	1-1	0-1	3-1	4-1	2-1	■	2-0	2-1	1-1	1-1	7-0	2-2	0-1	2-1	0-0
CS Marítimo (Funchal)	5-0	3-1	0-2	3-2	0-0	4-1	1-0	2-1	3-0	■	0-1	1-3	0-2	4-0	1-0	1-1	2-0	3-1
FC Paços de Ferreira	2-2	0-0	3-1	2-1	0-1	0-0	1-1	2-0	1-2	2-1	■	1-2	0-6	6-0	2-1	0-0	0-0	1-0
FC do Porto (Porto)	0-0	2-3	1-2	3-2	4-1	0-0	2-0	2-1	2-1	2-1	1-0	■	2-2	3-0	5-3	3-0	3-0	3-0
Sporting Clube de Portugal (Lisboa)	0-1	2-1	2-0	1-3	2-0	2-2	1-0	3-1	4-1	4-0	3-0	1-0	■	2-0	0-0	4-0	5-0	1-0
SC e Salgueiros (Porto)	2-1	1-1	1-2	1-4	1-1	1-0	0-2	3-0	0-1	2-1	3-2	0-3	1-5	■	2-1	2-1	1-3	0-2
CD Santa Clara (Ponta Delgada)	2-1	0-0	2-3	0-0	0-2	1-0	2-0	0-0	1-1	0-0	1-1	2-1	0-3	1-1	■	1-0	2-0	1-0
Varzim SC (Póvoa de Varzim)	1-0	1-1	1-5	2-2	0-2	0-0	2-0	2-0	2-0	0-1	0-3	1-3	0-0	1-0		■	0-0	2-1
Vitória SC (Guimarães)	2-0	0-0	2-1	1-4	2-0	2-1	3-1	0-2	2-4	1-3	1-1	2-0	0-1	3-0	1-0	4-0	■	0-0
Vitória FC (Setúbal)	2-1	4-1	0-1	1-1	1-1	0-0	2-0	3-2	1-1	0-1	1-3	1-4	2-2	3-0	3-2	2-0	1-0	■

1st Division

		Pd	Wn	Dw	Ls	GF	GA	Pts	
1.	SPORTING CLUBE DE PORTUGAL (LISBOA)	34	22	9	3	74	25	75	
2.	Boavista FC (Porto)	34	21	7	6	53	20	70	
3.	FC do Porto (Porto)	34	21	5	8	66	34	68	
4.	Sport Lisboa e Benfica (Lisboa)	34	17	12	5	66	37	63	
5.	CF Os Belenenses (Lisboa)	34	17	6	11	54	44	57	
6.	CS Marítimo (Funchal)	34	17	5	12	48	35	56	
7.	UD de Leiria (Leiria)	34	15	10	9	52	35	55	
8.	FC Paços de Ferreira (Paços de Ferreira)	34	12	10	12	41	44	46	
9.	Vitória SC (Guimarães)	34	11	9	14	35	41	42	
10.	SC de Braga (Braga)	34	10	12	12	43	43	42	
11.	SC Beira Mar (Aveiro)	34	10	9	15	48	56	39	
12.	Gil Vicente FC (Barcelos)	34	10	8	16	42	56	38	
13.	Vitória FC (Setúbal)	34	9	11	14	40	46	38	
14.	CD Santa Clara (Ponta Delgada)	34	9	10	15	32	46	37	
15.	Varzim SC (Póvoa de Varzim)	34	8	8	18	27	55	32	
16.	SC e Salgueiros (Porto)	34	8	6	20	29	71	30	R
17.	SC Farense (Faro)	34	7	7	20	29	63	28	R
18.	FC de Alverca (Alverca)	34	7	6	21	39	67	27	R
		612	231	150	231	818	818	843	

Gil Vicente 3-2 Alverca played on 9th December 2001 was ordered to be replayed on 3rd April 2002 as the Gil Vicente player José Carlos Lemos had been shown a 2nd yellow card but was not then given a red card. The replay ended 2-2.

Top goalscorers

1)	Fary Faye	(SC Beira Mar – Aveiro)	18
	Simão Sabrosa	(SL e Benfica – Lisboa)	18
3)	Adriano	(CD Nacional – Funchal)	16
4)	Eric Gaúcho	(CS Marítimo – Funchal)	15
5)	Maciel	(UD de Leiria – Leiria)	14

2nd Division	Pd	Wn	Dw	Ls	GF	GA	Pts	
1. Moreirense FC (Moreira de Cónegos)	34	19	7	8	55	35	64	P
2. CD Nacional (Funchal)	34	18	8	8	62	39	62	P
3. Associação Académica de Coimbra OAF (Coimbra)	34	17	11	6	60	49	62	P
4. CF Estrela da Amadora (Amadora)	34	16	9	9	44	38	57	
5. GD de Chaves (Chaves)	34	16	4	14	52	44	52	
6. Portimonense SC (Portimão)	34	13	13	8	44	37	52	
7. CD das Aves (Vila das Aves)	34	14	5	15	50	51	47	
8. Rio Ave FC (Vila do Conde)	34	12	10	12	45	36	46	
9. FC Maia (Maia)	34	12	10	12	50	43	46	
10. SC Campomaiorense (Campo Maior)	34	13	6	15	48	50	45	##
11. Leça FC (Leça da Palmeira)	34	11	11	12	38	37	44	
12. Associação Naval 1º de Maio (Figueira da Foz)	34	10	12	12	54	50	42	
13. CF União Lamas (Santa Maria de Lamas)	34	11	8	15	33	47	41	
14. AD Ovarense (Ovar)	34	10	10	14	42	52	40	
15. FC Penafiel (Penafiel)	34	9	11	14	27	38	38	
16. FC Felgueiras (Felgueiras)	34	10	8	16	36	52	38	##
17. SC de Espinho (Espinho)	34	9	7	18	31	49	34	R
18. UD Oliveirense (Oliveira Azeméis)	34	6	10	18	44	68	28	R
	612	226	160	226	815	815	838	

FC Campomaiorense reverted to amateur status, as a result FC Felgueiras remained in the 2nd Division.

Promoted: SC da Covilhã (Covilhã), FC Marco (Marco Canaveses) and CF União (Funchal).

Taça de Portugal Final (Estádio Nacional, Lisboa – 12th May 2002 – 40,000)

SPORTING CLUBE DE PORTUGAL (LISBOA)   1-0   Leixões SC (Matosinhos)

Jardel 40

Sporting: Nélson, Quiroga, Beto, André Cruz, Rui Jorge, Paulo Bento (César Prates 88), Rui Bento, Pedro Barbosa (Ricardo Quaresma 82), Nalitzis (Hugo Viana 52), Jardel, João Pinto.

Leixões: Ferreira, Barros (Cerqueira 60), Nuno Silva, Sérgio, José António, Odé (Tó Zé 28), Abílio, Pedras (Bruno China 46), Besirovic, Antchouet, Detinho.

Semi-finals

SC de Braga (Braga)	1-3	Leixões SC (Matosinhos)
Sporting Clube de Portugal (Lisboa)	3-2 (aet)	CS Marítimo (Funchal)

Quarter-finals

Leixões SC (Matosinhos)	3-1	Portimonense SC (Portimão)
FC do Porto (Porto)	1-2	SC de Braga (Braga)
SC e Salgueiros (Porto)	2-2 (aet), 0-0 (aet)	CS Marítimo (Funchal)
	CS Marítimo (Funchal) won 8-7 on penalties.	
SC Vila Real (Vila Real)	0-4	Sporting Clube de Portugal (Lisboa)

Round 6

Associação Académica de Coimbra (Coimbra)	1-2	SC e Salgueiros (Porto)
Clube Académico de Futebol (Viseu)	0-4	FC do Porto (Porto)
FC de Alverca (Alverca do Ribatejo)	0-0 (aet), 1-2	Sporting Clube de Portugal (Lisboa)
SC de Braga (Braga)	4-2	FC Paços de Ferreira (Paços de Ferreira)
Clube Caçadores das Taipas (Caldas de Taipas)	0-2	Portimonense SC (Portimão)
CS Marítimo (Funchal)	1-0	CF Os Belenenses (Lisboa)
SC Vila Real (Vila Real)	2-1	Louletano DC (Loulé)

Leixões SC (Matosinhos) received a bye to the next round.

2002-2003

1st Divsion 2002-2003	Académica	Beira Mar	Belenenses	Benfica	Boavista	Braga	Gil Vicente	Leiria	Marítimo	Moreirense	acional	Paços de F.	Porto	SC Portugal	Santa Clara	Varzim	Vitória FC	Vitória SC
Académica de Coimbra (Coimbra)		1-1	2-1	1-4	0-1	1-0	2-0	3-2	2-0	1-1	2-2	2-2	1-1	0-2	3-2	2-1	2-2	1-1
SC Beira Mar (Aveiro)	1-0		2-1	0-2	3-3	2-2	5-0	2-2	1-0	1-2	0-2	3-1	1-1	1-3	2-1	2-1	1-1	5-3
Belenenses (Lisboa)	2-0	3-2		2-4	0-0	3-2	1-1	1-3	3-1	1-0	0-0	1-0	1-3	1-1	1-1	4-1	1-0	0-0
Sport Lisboa e Benfica (Lisboa)	1-1	1-0	1-0		1-1	3-0	3-1	3-1	3-0	1-1	2-0	7-0	0-1	1-2	1-0	2-1	4-0	1-1
Boavista FC (Porto)	4-1	1-0	1-3	0-0		2-1	0-1	0-1	3-0	0-0	0-0	0-0	0-1	1-2	1-0	2-1	3-1	1-0
SC de Braga (Braga)	1-1	0-0	1-1	1-3	1-0		0-0	1-1	0-1	2-1	4-1	1-0	1-1	4-2	1-1	1-0	2-4	1-0
Gil Vicente (Barcelos)	1-1	3-1	3-1	0-2	1-0	3-0		3-1	0-1	2-1	2-0	1-1	3-5	1-0	1-2	2-1	0-2	0-1
UD de Leiria (Leiria)	0-0	1-0	1-4	0-3	1-0	1-1	4-2		3-0	2-2	1-0	0-1	2-2	3-2	3-1	3-1	1-2	1-1
CS Marítimo (Funchal)	2-1	3-0	2-1	1-2	0-0	3-0	3-1	2-0		3-1	2-3	2-0	2-1	0-3	1-1	2-0	1-0	0-5
Moreirense FC (Moreira de Cónegos)	1-0	1-2	3-1	2-3	1-1	2-2	2-1	2-1	2-2		2-0	2-0	0-1	1-2	2-2	1-0	1-2	2-2
CD Nacional (Funchal)	3-2	1-0	1-1	1-0	0-1	0-0	0-1	2-2	0-0	1-1		4-0	1-2	1-1	2-1	2-0	0-0	1-1
FC Paços de Ferreira	0-0	1-0	3-2	1-3	3-1	0-1	2-0	1-0	0-0	1-1	3-3		1-0	4-0	3-1	3-1	1-2	1-2
FC do Porto (Porto)	4-1	3-0	2-2	2-1	1-0	3-0	3-1	2-0	1-0	2-1	5-2	2-1		2-0	5-0	3-2	2-1	3-0
Sporting Clube de Portugal (Lisboa)	1-0	1-1	2-0	0-2	1-1	2-0	0-3	1-1	2-0	3-0	2-0	4-0	0-1		2-1	0-0	1-1	3-4
CD Santa Clara (Ponta Delgada)	0-0	3-1	3-1	1-2	1-1	0-0	4-2	1-3	2-1	2-0	2-3	0-0	1-3	0-1		2-2	2-1	1-0
Varzim SC (Póvoa de Varzim)	0-3	1-0	0-2	2-1	1-1	2-0	3-0	0-2	4-1	1-0	1-0	0-0	0-2	1-1	0-0		0-1	3-2
Vitória SC (Guimarães)	1-0	0-2	1-0	1-1	3-1	1-1	1-1	1-2	2-0	1-1	3-2	1-4	0-2	1-3	5-0	2-3		1-0
Vitória FC (Setúbal)	3-1	1-1	1-1	2-6	1-1	2-2	0-1	0-0	1-0	0-2	2-2	0-2	0-1	1-2	0-0	2-4	1-2	

1st Division		Pd	Wn	Dw	Ls	GF	GA	Pts	
1.	FC DO PORTO (PORTO)	34	27	5	2	73	26	86	
2.	Sport Lisboa e Benfica (Lisboa)	34	23	6	5	74	27	75	
3.	Sporting Clube de Portugal (Lisboa)	34	17	8	9	52	38	59	
4.	Vitória SC (Guimarães)	34	14	8	12	47	46	50	
5.	UD de Leiria (Leiria)	34	13	10	11	49	47	49	
6.	FC Paços de Ferreira (Paços de Ferreira)	34	12	9	13	40	47	45	
7.	CS Marítimo (Funchal)	34	13	5	16	36	48	44	
8.	Gil Vicente FC (Barcelos)	34	13	5	16	42	53	44	
9.	CF Os Belenenses (Lisboa)	34	11	10	13	47	48	43	
10.	Boavista FC (Porto)	34	10	13	11	32	31	43	
11.	CD Nacional (Funchal)	34	9	13	12	40	46	40	
12.	Moreirense FC (Moreira de Cónegos)	34	9	12	13	42	46	39	
13.	SC Beira Mar (Aveiro)	34	10	9	15	43	50	39	
14.	SC de Braga (Braga)	34	8	14	12	34	47	38	
15.	Associação Académica de Coimbra OAF (Coimbra)	34	8	13	13	38	48	37	
16.	Varzim SC (Póvoa de Varzim)	34	10	6	18	38	51	36	R
17.	CD Santa Clara (Ponta Delgada)	34	8	11	15	39	54	35	R
18.	Vitória FC (Setúbal)	34	6	13	15	40	53	31	R
		612	221	170	221	806	806	833	

Top goalscorers

1)	Benni McCarthy	(FC do Porto – Porto)	20
2)	Adriano	(CD Nacional – Funchal)	19
3)	Evandro	(Rio Ave FC – Vila do Conde)	15
	Liedson da Silva Muniz	(SC de Portugal – Lisboa)	15
5)	Ricardo Sousa	(Boavista FC – Porto)	14

2nd Division		Pd	Wn	Dw	Ls	GF	GA	Pts	
1.	Rio Ave FC (Vila do Conde)	34	19	6	9	49	36	63	P
2.	FC de Alverca (Alverca)	34	16	12	6	47	24	60	P
3.	CF Estrela da Amadora (Amadora)	34	15	12	7	42	32	57	P
4.	Associação Naval 1º de Maio (Figueira da Foz)	34	13	16	5	40	25	55	
5.	Portimonense SC (Portimão)	34	14	9	11	50	40	51	
6.	CD das Aves (Vila das Aves)	34	13	8	13	41	38	47	
7.	GD de Chaves (Chaves)	34	12	11	11	44	41	47	
8.	SC e Salgueiros (Porto)	34	12	10	12	39	47	46	
9.	AD Ovarense (Ovar)	34	13	7	14	49	48	46	
10.	FC Maia (Maia)	34	12	10	12	51	51	46	
11.	SC da Covilhã (Covilhã)	34	11	12	11	37	33	45	
12.	SC Farense (Faro)	34	11	11	12	32	32	44	##
13.	FC Marco (Marco Canaveses)	34	11	10	13	46	49	43	
14.	FC Penafiel (Penafiel)	34	12	5	17	38	40	41	
15.	CF União (Funchal)	34	10	10	14	31	38	40	
16.	FC Felgueiras (Felgueiras)	34	10	9	15	34	50	39	##
17.	Leça FC (Leça da Palmeira)	34	8	15	11	35	42	39	R
18.	CF União Lamas (Santa Maria de Lamas)	34	4	7	23	21	60	19	R
		612	216	180	216	726	726	828	

SC Farense (Faro) were relegated to 3rd Division due to debts and unpaid salaries to players. As a result, FC Felgueiras (Felgueiras) retained their 2nd Division status this being the 3rd consecutive season in which the club had escaped relegation despite finishing in a relegation place!

Promoted: GD Estoril Praia (Estoril), CD Feirense (Santa Maria da Feira) and Leixões SC (Matosinhos).

Taça de Portugal Final   (Estádio Nacional, Lisboa – 15th June 2003 – 40,000)

FC DO PORTO (PORTO)   1-0   UD de Leiria (Leiria)

Derlei 63

Porto: Vítor Baía, Paulo Ferreira, Jorge Costa, Ricardo Carvalho, Ricardo Costa, Tiago (Mário Silva 88), Maniche, Alenichev, Deco, Derlei (Jankauskas 87), Hélder Postiga (Capucho 68).

Leiria: Helton, Bilro, Renato, Paulo Gomes, Gabriel, Edson (Alhandra 76), Fernando Aguiar (Mearcio Santos 72), Leão (Douala 66), João Manuel, Silas, Maciel.

Semi-finals

UD de Leiria (Leiria)	1-0	FC Paços da Ferreira (Paços da Ferreira)
FC do Porto (Porto)	2-0	Associação Naval 1º de Maio (Figueira da Foz)

Quarter-finals

UD de Leiria (Leiria)	3-1	Associação Académica de Coimbra (Coimbra)
FC Paços da Ferreira (Paços da Ferreira)	2-1	Vitória FC (Setúbal)
FC do Porto (Porto)	7-0	Varzim SC (Póvoa de Varzim)
Sporting Clube de Portugal (Lisboa)	0-1	Associação Naval 1º de Maio (Figueira da Foz)

Round 6

Associação Académica de Coimbra (Coimbra)	3-1	GD de Chaves (Chaves)
SC de Espinho (Espinho)	1-1 (aet)	Associação Naval 10 de Maio (Figueira da Foz)

Associação Naval 10 de Maio (Figueira da Foz) won 4-2 on penalties.

CF Estrela da Amadora (Amadora)	0-1	Sporting Clube de Portugal (Lisboa)
UD de Leiria (Leiria)	5-2	SC Freamunde (Freamunde)
Varzim SC (Póvoa de Varzim)	2-0	FC Felgueiras (Felgueiras)
Vitória SC (Guimarães)	1-2	FC do Porto (Porto)
Vitória FC (Setúbal)	3-0	SC da Covilhã (Covilhã)

FC Paços da Ferreira (Paços da Ferreira) received a bye to the next round.

2003-2004

1st Division 2003-2004	Académica	Alverca	Beira Mar	Belenenses	Benfica	Boavista	Braga	Estrela	Gil Vicente	Leiria	Marítimo	Moreirense	Nacional	Paços de F.	Porto	SC Portugal	Rio Ave	Vitória FC
Académica de Coimbra (Coimbra)	■	4-0	0-1	0-1	1-3	1-0	0-1	4-1	2-1	1-2	2-0	0-3	0-1	3-2	0-1	1-2	0-0	1-1
FC de Alverca (Alverca)	2-1	■	1-2	1-0	0-3	1-1	1-2	3-0	0-0	1-4	0-1	1-2	2-1	2-1	1-2	1-2	1-0	0-1
SC Beira Mar (Aveiro)	0-0	1-0	■	2-0	0-1	0-2	0-2	3-0	1-1	4-2	2-2	1-0	1-0	4-1	0-0	0-2	1-1	2-2
Belenenses (Lisboa)	0-5	2-0	1-0	■	0-2	1-1	0-2	4-0	2-0	1-1	2-2	0-0	0-1	0-2	1-4	1-3	3-0	2-0
Sport Lisboa e Benfica (Lisboa)	2-0	2-0	1-2	3-3	■	3-2	2-0	3-1	2-1	0-0	1-0	1-1	1-0	2-1	1-1	1-3	2-0	2-0
Boavista FC (Porto)	0-0	2-1	1-0	1-1	0-0	■	1-1	1-2	0-3	1-0	2-1	1-0	2-1	1-1	0-1	2-1	1-1	1-0
SC de Braga (Braga)	2-1	0-0	0-2	2-1	0-3	0-0	■	2-1	2-1	3-1	0-0	1-1	1-0	2-1	0-3	2-3	1-1	2-1
CF Estrela da Amadora (Amadora)	2-1	0-3	2-2	2-2	0-3	2-1	0-1	■	1-1	0-0	1-0	1-2	0-1	0-1	1-1	1-4	1-4	0-1
Gil Vicente (Barcelos)	0-1	0-1	3-1	0-0	1-2	0-1	1-0	5-1	■	2-0	2-1	1-0	4-4	2-0	2-0	1-1	1-2	1-1
UD de Leiria (Leiria)	0-2	2-1	2-1	1-1	3-3	2-0	2-2	4-1	2-2	■	2-2	2-1	0-1	1-0	1-3	1-0	1-1	0-0
CS Marítimo (Funchal)	0-2	1-1	1-0	2-0	1-1	0-0	1-1	1-0	2-0	2-2	■	1-0	2-0	2-0	2-2	2-1	1-0	1-1
Moreirense FC (Moreira de Cónegos)	1-1	3-1	3-1	0-0	1-4	2-1	0-2	1-0	0-0	0-0	3-0	■	2-1	1-0	1-1	1-0	1-0	1-1
CD Nacional (Funchal)	2-1	3-0	3-0	4-0	3-2	1-0	5-1	4-0	2-1	0-2	0-1	3-1	■	2-0	0-0	3-3	4-0	4-2
FC Paços de Ferreira	1-0	0-3	2-1	1-1	0-3	0-3	0-1	1-0	3-2	1-2	0-1	1-0	1-1	■	0-2	1-2	1-2	1-0
FC do Porto (Porto)	4-1	1-0	3-0	4-1	2-0	1-0	2-0	2-0	4-1	2-1	1-0	1-0	1-0	3-1	■	4-1	1-0	3-0
Sporting Clube de Portugal (Lisboa)	2-0	2-0	3-1	4-2	0-1	1-0	2-0	4-0	1-0	2-0	1-0	1-0	2-0	1-0	1-1	■	1-1	2-1
Rio Ave FC (Vila do Conde)	3-2	1-2	1-1	4-1	1-1	1-2	0-0	3-1	1-1	3-0	2-1	1-1	0-0	2-1	1-0	4-0	■	1-0
Vitória SC (Guimarães)	1-2	2-2	2-0	0-1	0-1	1-1	1-0	1-0	0-2	1-0	1-1	3-0	2-1	1-1	1-2	0-2	2-0	■

1st Division

		Pd	Wn	Dw	Ls	GF	GA	Pts	
1.	FC DO PORTO (PORTO)	34	25	7	2	63	19	82	
2.	Sport Lisboa e Benfica (Lisboa)	34	22	8	4	62	28	74	
3.	Sporting Clube de Portugal (Lisboa)	34	23	4	7	60	33	73	
4.	CD Nacional (Funchal)	34	17	5	12	56	35	56	
5.	SC de Braga (Braga)	34	15	9	10	36	38	54	
6.	CS Marítimo (Funchal)	34	12	12	10	35	33	48	
7.	Rio Ave FC (Vila do Conde)	34	12	12	10	42	37	48	
8.	Boavista FC (Porto)	34	12	11	11	32	31	47	
9.	Moreirense FC (Moreira de Cónegos)	34	12	10	12	33	33	46	
10.	UD de Leiria (Leiria)	34	11	12	11	43	45	45	
11.	SC Beira Mar (Aveiro)	34	11	8	15	36	45	41	
12.	Gil Vicente FC (Barcelos)	34	10	10	14	43	40	40	
13.	Associação Académica de Coimbra OAF (Coimbra)	34	11	5	18	40	42	38	
14.	Vitória SC (Guimarães)	34	9	10	15	31	40	37	
15.	CF Os Belenenses (Lisboa)	34	8	11	15	35	54	35	
16.	FC de Alverca (Alverca)	34	10	5	19	33	49	35	R
17.	FC Paços de Ferreira (Paços de Ferreira)	34	8	4	22	27	53	28	R
18.	CF Estrela da Amadora (Amadora)	34	4	5	25	22	74	17	R
		612	232	148	232	729	729	844	

In the closing minutes of the Vitória FC 0-1 SL Benfica match played on 25th January 2004, Benfica player Miklós Fehér collapsed due to a heart attack after receiving a yellow card. Tragically, he died in hospital.

Top goalscorers

1) Liedson da Silva Muniz   (SC de Portugal – Lisboa)   25
2) João Tomás   (SC de Braga – Braga)   15
    Simão Sabrosa   (SL e Benfica – Lisboa)   15
4) Wesley   (FC de Penafiel – Penafiel)   14
5) Antchouet   (CF Os Belenenses – Lisboa)   12

	2nd Division	**Pd**	**Wn**	**Dw**	**Ls**	**GF**	**GA**	**Pts**	
1.	GD Estoril Praia (Estoril)	34	20	7	7	63	40	67	P
2.	Vitória FC (Setúbal)	34	18	10	6	66	41	64	P
3.	FC Penafiel (Penafiel)	34	17	10	7	54	35	61	P
4.	Varzim SC (Póvoa de Varzim)	34	16	10	8	44	36	58	
5.	FC Maia (Maia)	34	15	6	13	52	56	51	
6.	SC e Salgueiros (Porto)	34	13	8	13	47	46	47	##
7.	Associação Naval 10 de Maio (Figueira da Foz)	34	12	10	12	46	42	46	
8.	CD das Aves (Vila das Aves)	34	13	6	15	42	53	45	
9.	AD Ovarense (Ovar)	34	11	11	12	51	54	44	
10.	GD de Chaves (Chaves)	34	11	11	12	37	45	44	
11.	FC Felgueiras (Felgueiras)	34	12	6	16	39	42	42	
12.	CD Feirense (Santa Maria da Feira)	34	10	12	12	47	46	42	
13.	CD Santa Clara (Ponta Delgada)	34	11	9	14	41	44	42	
14.	Leixões SC (Matosinhos)	34	9	15	10	44	48	42	
15.	FC Marco (Marco Canaveses)	34	11	8	15	41	53	41	
16.	Portimonense SC (Portimão)	34	8	15	11	36	39	39	##
17.	SC da Covilhã (Covilhã)	34	8	5	21	39	55	29	R
18.	CF União (Funchal)	34	4	15	15	39	53	27	R
		612	219	174	219	828	828	831	

SC e Salgueiros (Porto) were relegated to the 3rd Division due to the club's financial situation. As a result of this, Portimonense SC (Portimão) retained their 2nd Division place.

Promoted: SC de Espinho (Espinho), Gondomar SC (Gondomar) and SC Olhanense (Olhão).

Taça de Portugal Final   (Estádio Nacional, Lisboa – 16th May 2004)

SPORT LISBOA E BENFICA (LISBOA)   2-1 (aet)   FC do Porto (Porto)

Takis Fyssas 58, Simão Sabrosa 104   *Derlei 45*

Benfica: José Moreira, Armando Sá (Fernando Aguiar 55), Miguel, Luisão, Ricardo Rocha, Takis Fyssas, Petit, Tiago (Zlatko Zahovic 79), Nuno Gomes, Tomo Sokota (Geovanni 55), Simão Sabrosa.

Porto: Nuno Espírito Santo, Paulo Ferreira, Jorge Costa, Ricardo Carvalho, Nuno Valente, Costinha (Carlos Alberto 99), Pedro Mendes (Pedro Emanuel 71), Deco, Maniche, Derlei, Benni McCarthy (Maciel 68).

Semi-finals

Sport Lisboa e Benfica (Lisboa)	3-1	CF Os Belenenses (Lisboa)
SC de Braga (Braga)	1-3	FC do Porto (Porto)

Quarter-finals

CF Os Belenenses (Lisboa)	2-2 (aet)	GD Estoril Praia (Estoril)

CF Os Belenenses (Lisboa) won 5-4 on penalties.

Sport Lisboa e Benfica (Lisboa)	2-1	CD Nacional (Funchal)
Associação Naval 10 de Maio (Figueira da Foz)	2-3	SC de Braga (Braga)
Rio Ave FC (Vila do Conde)	1-2	FC do Porto (Porto)

Round 6

CF Os Belenenses (Lisboa)	4-0	Santo António
GD Estoril Praia (Estoril)	1-0	Vitória FC (Setúbal)
UD de Leiria (Leiria)	1-2	CD Nacional (Funchal)
FC do Marco (Marco de Canaveses)	0-0 (aet)	Associação Naval 10 de Maio (Figueira da Foz)

Associação Naval 10 de Maio (Figueira da Foz) won 8-7 on penalties.

Moreirense FC (Moreira de Cónegos)	1-2	SC de Braga (Braga)
FC do Porto (Porto)	4-0	UD Vilafranquense (Vila Franca de Xira)
Rio Ave FC (Vila do Conde)	2-1	Portimonense SC (Portimão)

Sport Lisboa e Benfica (Lisboa) received a bye to the next round.

2004-2005

1st Division 2004-2005	Académica	Beira Mar	Belenenses	Benfica	Boavista	Braga	Estoril	Gil Vicente	Leiria	Marítimo	Moreirense	Nacional	Penafiel	Porto	SC Portugal	Rio Ave	Vitória FC	Vitória SC
Académica de Coimbra (Coimbra)	■	1-1	1-1	0-1	1-0	2-2	1-0	2-1	0-1	1-0	0-4	1-0	4-1	0-0	2-3	0-0	0-2	3-3
SC Beira Mar (Aveiro)	0-0	■	3-3	2-3	1-0	1-4	2-1	1-0	0-1	2-2	1-3	0-3	1-3	0-1	2-2	0-0	2-2	1-1
Belenenses (Lisboa)	0-0	2-0	■	4-1	1-2	1-2	3-0	0-1	2-1	3-0	3-0	1-0	4-1	0-1	1-0	2-1	1-0	0-0
Sport Lisboa e Benfica (Lisboa)	3-0	0-2	1-0	■	4-0	0-0	2-1	2-0	1-1	4-3	2-0	2-1	1-0	0-1	1-0	3-3	2-1	4-0
Boavista FC (Porto)	1-0	3-0	2-0	1-1	■	1-2	0-0	2-2	0-0	3-2	1-1	1-0	2-1	1-0	0-4	0-1	2-1	1-1
SC de Braga (Braga)	2-0	1-1	2-0	0-0	3-0	■	2-0	2-1	1-0	1-1	0-0	3-2	0-1	1-1	0-3	3-0	1-0	2-3
GD Estoril Praia	0-1	5-0	1-0	1-2	3-3	0-1	■	2-0	1-1	0-1	2-0	2-0	3-2	1-2	1-4	0-0	0-1	2-1
Gil Vicente (Barcelos)	0-1	2-0	1-0	1-1	0-1	0-1	2-0	■	1-1	1-0	3-1	3-2	0-1	0-2	0-3	3-1	1-3	2-1
UD de Leiria (Leiria)	1-2	5-1	1-0	1-0	0-3	0-0	4-2	1-1	■	0-0	0-0	1-0	1-2	0-1	0-0	0-3	0-1	0-2
CS Marítimo (Funchal)	1-1	0-0	0-0	1-1	2-1	2-0	2-1	1-1	2-0	■	1-0	2-1	3-0	1-1	3-0	1-1	1-2	3-1
Moreirense FC (Moreira de Cónegos)	1-0	0-0	0-1	1-2	1-1	2-1	1-2	1-0	0-0	1-0	■	3-2	2-2	1-1	1-3	0-0	0-0	2-2
CD Nacional (Funchal)	2-1	2-1	2-0	0-1	0-2	1-0	4-1	0-0	0-3	1-1	4-1	■	1-3	2-2	3-2	0-0	1-0	1-3
FC Penafiel (Penafiel)	3-1	2-1	0-0	1-0	1-1	1-0	2-1	1-3	3-0	0-1	1-0	0-1	■	1-2	0-3	1-1	1-3	1-4
FC do Porto (Porto)	1-1	0-1	3-0	1-1	0-1	1-3	2-2	1-0	1-1	1-0	1-0	0-4	2-0	■	3-0	1-1	0-0	2-1
Sporting Clube de Portugal (Lisboa)	0-0	1-0	2-0	2-1	6-1	0-0	4-0	3-2	2-2	0-1	4-1	2-4	0-2	2-0	■	5-0	1-0	1-1
Rio Ave FC (Vila do Conde)	3-1	1-1	3-3	1-0	2-2	1-1	2-1	0-1	2-0	0-0	1-0	4-1	1-0	0-2	0-0	■	1-1	1-0
Vitória SC (Guimarães)	2-1	1-0	1-0	1-2	2-0	1-1	1-0	2-1	1-1	1-1	0-0	1-1	2-1	0-1	2-4	0-0	■	3-1
Vitória FC (Setúbal)	1-0	1-2	1-2	0-2	0-0	1-4	2-2	0-0	0-0	2-0	2-2	1-0	4-0	0-1	2-0	2-0	1-0	■

1st Division	Pd	Wn	Dw	Ls	GF	GA	Pts	
1. SPORT LISBOA E BENFICA (LISBOA)	34	19	8	7	51	31	65	
2. FC do Porto (Porto)	34	17	11	6	39	26	62	
3. Sporting Clube de Portugal (Lisboa)	34	18	7	9	66	36	61	
4. SC de Braga (Braga)	34	16	10	8	45	28	58	
5. Vitória SC (Guimarães)	34	15	9	10	38	29	54	
6. Boavista FC (Porto)	34	13	11	10	39	43	50	
7. CS Marítimo (Funchal)	34	12	13	9	39	32	49	
8. Rio Ave FC (Vila do Conde)	34	10	17	7	35	35	47	
9. CF Os Belenenses (Lisboa)	34	13	7	14	38	34	46	
10. Vitória FC (Setúbal)	34	11	11	12	46	45	44	
11. FC Penafiel (Penafiel)	34	13	4	17	39	53	43	
12. CD Nacional (Funchal)	34	12	5	17	46	48	41	
13. Gil Vicente FC (Barcelos)	34	11	7	16	34	40	40	
14. Associação Académica de Coimbra OAF (Coimbra)	34	9	11	14	29	41	38	
15. UD de Leiria (Leiria)	34	8	14	12	29	36	38	
16. Moreirense FC (Moreira de Cónegos)	34	7	13	14	30	43	34	R
17. GD Estoril Praia (Estoril)	34	8	6	20	38	55	30	R
18. SC Beira Mar (Aveiro)	34	6	12	16	30	56	30	R
	612	218	176	218	711	711	830	

Top goalscorers

1)	Meyong	(CF Os Belenenses – Lisboa)	17
2)	Nuno Gomes	(SL e Benfica – Lisboa)	15
	Liedson da Silva Muniz	(SC de Portugal – Lisboa)	15
	João Tomás	(SC de Braga – Braga)	15
5)	André Pinto	(CD Nacional – Funchal)	14

2nd Division	Pd	Wn	Dw	Ls	GF	GA	Pts	
1. FC Paços de Ferreira (Paços de Ferreira)	34	20	9	5	60	43	69	P
2. Associação Naval 1º de Maio (Figueira da Foz)	34	17	11	6	52	30	62	P
3. CF Estrela da Amadora (Amadora)	34	17	9	8	47	30	60	P
4. FC Marco (Marco Canaveses)	34	13	12	9	51	43	51	
5. CD das Aves (Vila das Aves)	34	15	6	13	45	35	51	
6. Leixões SC (Matosinhos)	34	14	8	12	40	33	50	
7. CD Feirense (Santa Maria da Feira)	34	14	7	13	45	48	49	
8. FC Maia (Maia)	34	13	10	11	46	36	49	
9. SC Olhanense (Olhão)	34	11	11	12	32	31	44	
10. Varzim SC (Póvoa de Varzim)	34	11	10	13	37	42	43	
11. FC Felgueiras (Felgueiras)	34	11	9	14	37	44	42	
12. AD Ovarense (Ovar)	34	11	8	15	40	51	41	
13. FC de Alverca (Alverca)	34	11	6	17	26	38	39	
14. Portimonense SC (Portimão)	34	10	9	15	40	49	39	
15. CD Santa Clara (Ponta Delgada)	34	11	6	17	39	49	39	
16. Gondomar SC (Gondomar)	34	11	6	17	36	43	39	
17. GD de Chaves (Chaves)	34	9	10	15	24	38	37	
18. SC de Espinho (Espinho)	34	9	9	16	37	51	36	R
	612	228	156	228	734	734	840	

FC de Alverca (Alverca) resigned from the league and reverted to playing amateur/youth football only for the next season.

FC Felgueiras (Felgueiras) were relegated to the 3rd Division due to financial problems at the club.

As a result of the above resignation/relegation Gondomar SC and GD de Chaves retained their 2nd Division status.

Promoted: FC Barreirense (Barreiro), SC da Covilhã (Covilhã) and FC de Vizela (Vizela).

Taça de Portugal Final   (Estádio Nacional, Lisboa – 29th May 2005)

VITÓRIA FC (SETÚBAL)	2-1	Sport Lisboa e Benfica (Lisboa)
Rocha 26 o.g., Meyong 72		*Simão 5 pen.*

Vitória FC: Moretto, Éder, Auri, Hugo Alcântara, Nandinho, Manuel José (Binho 79), Sandro, Ricardo Chaves, Bruno Ribeiro, Jorginho, Meyong (Igor 89).

Benfica: Moreira, Miguel, Alcides, Ricardo Rocha, Fyssas (dos Santos 55), Manuel Fernandez, Petit, Nuno Assis (Mantorras 74), Geovanni, Simão, Nuno Gomes (Delibasic 85).

Semi-finals

CF Estrela da Amadora (Amadora)	0-3	Sport Lisboa e Benfica (Lisboa)
Vitória FC (Setúbal)	2-1 (aet)	Boavista FC (Porto)

Quarter-finals

Sport Lisboa e Benfica (Lisboa)	1-0	SC Beira Mar (Aveiro)
CF Estrela da Amadora (Amadora)	0-0 (aet)	CF Os Belenenses (Lisboa)
	CF Estrela da Amadora (Amadora) won 8-7 on penalties.	
CS Marítimo (Funchal)	0-2	Boavista FC (Porto)
Vitória FC (Setúbal)	3-2	SC de Braga (Braga)

Round 6

Associação Académica de Coimbra (Coimbra)	1-2	CS Marítimo (Funchal)
Sport Lisboa e Benfica (Lisboa)	3-3 (aet)	Sporting Clube de Portugal (Lisboa)
	Sport Lisboa e Benfica (Lisboa) won 7-6 on penalties.	
CF Estrela da Amadora (Amadora)	1-0	FC Penafiel (Penafiel)
CD Nacional (Funchal)	3-4 (aet)	Boavista FC (Porto)
FC de Oliveira do Hospital (Oliveira do Hospital)	0-1	SC de Braga (Braga)
CD Pinhalnovense (Pinhal Novo)	1-2	CF Os Belenenses (Lisboa)
Vitória FC (Setúbal)	3-1	Vitória SC (Guimarães)

SC Beira Mar (Aveiro) received a bye to the next round.

2005-2006

1st Division 2005-2006	Académica	Belenenses	Benfica	Boavista	Braga	Estrela	Gil Vicente	Leiria	Marítimo	Nacional	Naval	Paços de F.	Penafiel	Porto	SC Portugal	Rio Ave	Vitória FC	Vitória SC
Académica de Coimbra (Coimbra)	■	0-1	0-0	0-2	0-3	1-0	2-0	1-3	2-2	0-0	2-2	3-0	1-0	0-1	0-3	2-2	1-0	0-1
Belenenses (Lisboa)	0-0	■	1-2	1-1	2-0	0-2	0-2	3-1	0-1	1-0	2-3	2-0	5-0	0-2	0-1	1-2	3-1	3-1
Sport Lisboa e Benfica (Lisboa)	3-0	0-0	■	1-0	1-0	2-0	0-2	4-0	2-2	1-0	0-0	2-0	4-0	1-0	1-3	2-2	2-1	1-0
Boavista FC (Porto)	2-1	0-2	0-2	■	0-0	2-1	2-0	2-0	1-1	0-3	3-0	4-1	2-1	1-1	2-2	2-1	1-1	0-0
SC de Braga (Braga)	2-0	2-0	3-2	1-0	■	1-1	1-1	1-0	2-0	1-0	1-0	2-3	1-0	0-0	3-2	5-0	1-0	0-1
CF Estrela da Amadora (Amadora)	3-2	1-2	1-2	1-1	0-0	■	1-0	1-2	2-2	0-2	2-1	0-0	1-0	2-1	0-0	0-0	2-0	1-0
Gil Vicente (Barcelos)	4-3	1-0	1-3	0-1	2-1	1-1	■	1-2	1-0	0-2	2-0	2-0	2-2	0-1	2-2	1-0	1-1	5-0
UD de Leiria (Leiria)	0-2	2-2	3-1	0-0	0-1	1-1	3-0	■	0-0	0-0	2-1	3-0	1-1	1-3	0-1	5-2	1-0	0-2
CS Marítimo (Funchal)	2-2	1-0	0-1	1-1	1-0	1-0	1-1	3-0	■	2-0	2-1	1-1	2-2	2-2	1-2	0-0	0-1	1-0
CD Nacional (Funchal)	2-2	4-0	1-1	1-0	1-0	1-2	2-0	1-4	2-1	■	2-0	2-2	2-0	0-1	2-1	1-1	1-1	2-2
Associação Naval 1º de Maio (Figueira da Foz)	0-1	2-1	1-1	2-2	0-1	2-0	1-4	0-2	2-0	3-1	■	1-0	4-1	2-3	0-2	1-0	0-0	0-3
FC Paços de Ferreira	2-1	1-1	3-1	0-1	1-0	2-1	1-0	1-1	1-2	0-1	3-1	■	2-2	0-1	3-0	2-1	1-1	1-2
FC Penafiel (Penafiel)	1-0	0-3	1-3	0-0	0-0	1-1	1-1	1-1	3-2	1-2	0-1	2-2	■	0-1	0-1	0-2	0-1	0-1
FC do Porto (Porto)	5-1	2-0	0-2	1-0	1-1	1-0	3-0	1-0	1-0	3-0	1-0	3-0	3-1	■	1-1	3-0	3-1	0-0
Sporting Clube de Portugal (Lisboa)	0-1	2-1	2-1	1-0	1-0	0-1	2-0	2-1	1-1	1-0	0-0	3-0	2-0	0-1	■	3-0	2-0	1-0
Rio Ave FC (Vila do Conde)	1-4	2-1	0-1	1-1	1-2	2-1	1-0	1-2	2-2	0-2	0-1	2-2	2-0	0-0	1-3	■	3-1	1-0
Vitória SC (Guimarães)	1-1	2-2	2-0	1-1	0-2	0-1	2-0	0-3	1-0	0-0	0-2	0-2	3-1	0-2	0-1	1-1	■	4-0
Vitória FC (Setúbal)	0-1	1-0	0-1	0-2	1-0	1-0	1-0	2-0	0-1	1-1	4-1	0-1	2-0	0-2	1-2	1-0	0-1	■

	1st Division	Pd	Wn	Dw	Ls	GF	GA	Pts	
1.	FC DO PORTO (PORTO)	34	24	7	3	54	16	97	
2.	Sporting Clube de Portugal (Lisboa)	34	22	6	6	50	24	72	
3.	Sport Lisboa e Benfica (Lisboa)	34	20	7	7	51	29	67	
4.	SC de Braga (Braga)	34	17	7	10	38	22	58	
5.	CD Nacional (Funchal)	34	14	10	10	40	32	52	
6.	Boavista FC (Porto)	34	12	14	8	37	29	50	
7.	UD de Leiria (Leiria)	34	13	8	13	44	42	47	
8.	Vitória FC (Setúbal)	34	14	4	16	28	33	46	
9.	CF Estrela da Amadora (Amadora)	34	12	9	13	31	33	45	
10.	CS Marítimo (Funchal)	34	10	14	10	38	37	44	
11.	FC Paços de Ferreira (Paços de Ferreira)	34	11	9	14	38	49	42	
12.	Gil Vicente FC (Barcelos)	34	11	7	16	37	42	40	##
13.	Associação Naval 1º de Maio (Figueira da Foz)	34	11	6	17	35	48	39	
14.	Associação Académica de Coimbra OAF (Coimbra)	34	10	9	15	37	48	39	
15.	CF Os Belenenses (Lisboa)	34	11	6	17	40	42	39	##
16.	Rio Ave FC (Vila do Conde)	34	8	10	16	34	53	34	R
17.	Vitória SC (Guimarães)	34	8	10	16	28	41	34	R
18.	FC Penafiel (Penafiel)	34	2	9	23	21	61	15	R
		612	230	152	230	681	681	842	

Gil Vicente FC (Barcelos) were relegated to the 2nd Division following a protest from CF Os Belenenses. Gil Vicente had fielded Angolan player Mateus in several matches but, according to the rules, he was not allowed to sign a professional contract in Portugal. As a result of this decision CF Os Belenenses retained their 1st Division status.

Top goalscorers

1)	Liedson da Silva Muniz	(SC de Portugal – Lisboa)	15
2)	Eduardo Gomes "Dady"	(CF Os Belenenses – Lisboa)	12
3)	Adriano Louzada	(FC do Porto – Porto)	11
	Simão Sabrosa	(SL e Benfica – Lisboa)	11
	Hélder Postiga	(FC do Porto – Porto)	11

2nd Division	Pd	Wn	Dw	Ls	GF	GA	Pts	
1. SC Beira Mar (Aveiro)	34	18	14	2	45	18	68	P
2. CD das Aves (Vila das Aves)	34	18	10	6	47	30	64	P
3. Leixões SC (Matosinhos)	34	17	11	6	47	19	62	
4. Varzim SC (Póvoa de Varzim)	34	13	13	8	47	39	52	
5. SC Olhanense (Olhão)	34	13	13	8	41	28	52	
6. CD Santa Clara (Ponta Delgada)	34	13	12	9	45	32	51	
7. Gondomar FC (Gondomar)	34	14	9	11	56	41	51	
8. GD de Chaves (Chaves)	34	13	11	10	40	36	50	
9. GD Estoril Praia (Estoril)	34	11	12	11	44	43	45	
10. CD Feirense (Santa Maria da Feira)	34	12	8	14	44	44	44	
11. FC de Vizela (Vizela)	34	11	11	12	42	48	44	
12. Portimonense SC (Portimão)	34	10	13	11	36	36	43	
13. Moreirense FC (Moreira de Cónegos)	34	11	9	14	36	37	42	R
14. SC da Covilhã (Covilhã)	34	10	12	12	37	42	42	R
15. FC Barreirense (Barreiro)	34	8	11	15	31	41	35	R
16. FC Marco (Marco Canaveses)	34	7	8	19	32	63	29	R
17. AD Ovarense (Ovar)	34	6	7	21	36	72	25	R
18. FC Maia (Maia)	34	6	6	22	30	67	24	R
	612	211	190	211	736	736	823	

Promoted: CD Olivais e Moscavide (Lisboa) and CD Trofense (Trofa).

Taça de Portugal Final   (Estádio Nacional, Lisboa – 14th May 2006)

FC DO PORTO (PORTO)   1-0   Vitória FC (Setúbal)

Adriano 31

Porto: Helton, Bosingwa, Pepe, Pedro Emanuel, Lucho González, Paulo Assunção, Anderson (Cech 75), Ricardo Quaresma (Jorginho 67), Adriano, McCarthy (Ibson 85), Alan.

Vitória FC: Rubinho, Janício, Veríssimo, Auri, Adalto (Sougou 57), Binho (Fonseca 81), Sandro, Ricardo Chaves (Pedro Oliveira 67), Bruno Ribeiro, Silvestre Varela, Carlitos.

Semi-finals

FC do Porto (Porto)   1-1 (aet)   Sporting Clube de Portugal (Lisboa)
FC do Porto (Porto) won 5-4 on penalties.

Vitória FC (Setúbal)   1-1 (aet)   Vitória SC (Guimarães)
Vitória FC (Setúbal) won 3-2 on penalties.

Quarter-finals

Associação Académica de Coimbra (Coimbra)	0-2	Sporting Clube de Portugal (Lisboa)
Sport Lisboa e Benfica (Lisboa)	0-1	Vitória SC (Guimarães)
CS Marítimo (Funchal)	1-2	FC do Porto (Porto)
Vitória FC (Setúbal)	2-1 (aet)	Boavista FC (Porto)

Round 6

CD das Aves (Vila das Aves)	1-2	Associação Académica de Coimbra (Coimbra)
Sport Lisboa e Benfica (Lisboa)	0-0 (aet)	CD Nacional (Funchal)

Sport Lisboa e Benfica (Lisboa) won 5-3 on penalties.

CF Estrela da Amadora (Amadora)	0-1	Boavista FC (Porto)
FC da Lixa (Porto)	0-2	Vitória FC (Setúbal)
CS Marítimo (Funchal)	3-0	AC Vila Meã (Vila Meã)
Sporting Clube de Portugal (Lisboa)	2-1	USC Paredes (Paredes)
Vitória SC (Guimarães)	2-0	UD Oliveirense (Oliveira de Azeméis)

FC do Porto (Porto) received a bye to the next round.

2006-2007

1st Division 2006-2007	Académica	Aves	Beira Mar	Belenenses	Benfica	Boavista	Braga	Estrela	Leiria	Marítimo	Nacional	Naval	Paços de F.	Porto	SC Portugal	Vitória SC
Académica de Coimbra (Coimbra)		2-0	3-1	1-1	0-2	0-2	0-1	2-0	0-0	1-2	1-3	1-2	0-2	1-2	0-2	0-1
CD das Aves (Vila das Aves)	2-2		0-0	0-1	0-1	1-0	0-1	0-1	0-1	1-1	3-1	2-0	0-1	0-2	0-2	1-2
SC Beira Mar (Aveiro)	0-1	2-2		1-2	2-2	1-0	0-3	2-0	1-0	2-2	1-1	1-3	1-1	0-5	3-3	1-1
Belenenses (Lisboa)	1-2	1-0	2-0		1-2	0-2	2-0	3-0	0-1	2-0	2-0	0-0	2-0	0-1	0-0	2-0
Sport Lisboa e Benfica (Lisboa)	2-0	4-1	3-0	4-0		0-0	0-0	3-1	2-0	2-1	1-0	2-1	3-1	1-1	1-1	3-0
Boavista FC (Porto)	2-2	2-1	3-0	0-0	3-0		0-1	1-1	1-1	1-1	0-4	0-1	3-1	2-1	1-1	1-1
SC de Braga (Braga)	4-2	1-0	0-0	2-1	3-1	2-2		2-1	0-1	1-4	1-1	2-1	2-1	2-1	0-1	0-0
CF Estrela da Amadora (Amadora)	3-3	1-0	2-2	1-0	0-1	2-1	0-0		1-1	1-0	2-0	0-0	1-0	0-3	0-1	1-0
UD de Leiria (Leiria)	2-0	3-1	2-2	0-1	0-4	0-0	1-0	0-0		1-0	1-0	2-2	0-0	1-0	0-0	1-1
CS Marítimo (Funchal)	0-0	0-0	2-1	1-4	0-3	1-2	1-2	2-1	2-1		1-0	1-1	1-1	1-2	0-1	1-0
CD Nacional (Funchal)	4-0	3-4	3-0	2-1	0-2	2-0	0-0	1-0	2-1	3-2		1-1	5-1	1-2	0-1	1-0
Associação Naval 1º de Maio (Figueira da Foz)	0-1	0-1	2-1	2-3	0-0	1-1	1-1	2-0	2-1	0-1	0-0		1-1	0-2	0-1	1-2
FC Paços de Ferreira	1-1	2-0	1-0	0-2	1-1	2-0	3-2	1-1	0-0	2-1	2-1	1-1		1-1	1-1	1-0
FC do Porto (Porto)	2-1	4-1	3-0	3-1	3-2	2-0	1-0	0-1	2-1	3-0	2-0	4-0	4-0		0-1	5-1
Sporting Clube de Portugal (Lisboa)	1-0	0-0	2-0	4-0	0-2	3-2	3-0	3-1	2-0	4-0	5-1	4-0	0-1	1-1		3-1
Vitória FC (Setubal)	1-1	1-1	1-3	0-1	0-1	1-0	1-2	2-0	1-2	1-1	1-1	0-3	1-1	0-3	0-3	

1st Division

		Pd	Wn	Dw	Ls	GF	GA	Pts	
1.	FC DO PORTO (PORTO)	30	22	3	5	65	20	69	
2.	Sporting Clube de Portugal (Lisboa)	30	20	8	2	54	15	68	
3.	Sport Lisboa e Benfica (Lisboa)	30	20	7	3	55	20	67	
4.	SC de Braga (Braga)	30	14	8	8	35	30	50	
5.	CF Os Belenenses (Lisboa)	30	15	4	11	36	29	49	
6.	FC Paços de Ferreira (Paços de Ferreira)	30	10	12	8	31	36	42	
7.	UD de Leiria (Leiria)	30	10	11	9	25	27	41	
8.	CD Nacional (Funchal)	30	11	6	13	41	38	39	
9.	CF Estrela da Amadora (Amadora)	30	9	8	13	23	36	35	
10.	Boavista FC (Porto)	30	8	11	11	32	34	35	R
11.	CS Marítimo (Funchal)	30	8	8	14	30	44	32	
12.	Associação Naval 1º de Maio (Figueira da Foz)	30	7	11	12	28	37	32	
13.	Associação Académica de Coimbra OAF (Coimbra)	30	6	8	16	28	46	26	
14.	Vitória FC (Setúbal)	30	5	9	16	21	45	24	
15.	SC Beira Mar (Aveiro)	30	4	11	15	28	55	23	R
16.	CD das Aves (Vila das Aves)	30	5	7	18	22	42	22	R
		480	174	132	174	554	554	654	

At the end of the season, Boavista FC were relegated after being found guilty of the bribery of referees during the 2003-04 season.

Top goalscorers

1)	Lisandro López	(FC do Porto – Porto)	24
2)	Óscar René Cardozo	(SL e Benfica – Lisboa)	13
3)	Weldon Andrade	(CF O Belenenses – Lisboa)	12
4)	Liedson da Silva Muniz	(SC de Portugal – Lisboa)	11
	Roland Linz	(SC de Braga – Braga)	11
	Wesley Silva	(FC Paços de Ferreira)	11

2nd Division

		Pd	Wn	Dw	Ls	GF	GA	Pts	
1.	Leixões SC (Matosinhos)	30	18	6	6	45	21	60	P
2.	Vitória SC (Guimarães)	30	16	7	7	44	20	55	P
3.	Rio Ave FC (Vila do Conde)	30	15	8	7	44	37	53	
4.	CD Santa Clara (Ponta Delgada)	30	15	5	10	34	31	50	
5.	Gondomar FC (Gondomar)	30	13	6	11	33	30	45	
6.	CD Feirense (Santa Maria da Feira)	30	11	11	8	38	26	44	
7.	Varzim SC (Póvoa de Varzim)	30	12	8	10	34	37	44	
8.	SC Penafiel (Penafiel)	30	10	11	9	23	27	41	
9.	SC Olhanense (Olhão)	30	10	10	10	29	31	40	
10.	GD Estoril Praia (Estoril)	30	10	7	13	30	35	37	
11.	CD Trofense (Trofa)	30	9	9	12	27	26	36	
12.	Gil Vicente FC (Barcelos)	30	12	9	9	27	27	36	-9
13.	FC de Vizela (Vizela)	30	9	7	14	29	32	34	
14.	Portimonense SC (Portimão)	30	7	9	14	28	42	30	
15.	CD Olivais e Moscavide (Lisboa)	30	7	6	17	26	42	27	R
16.	GD de Chaves (Chaves)	30	3	7	20	16	43	16	R
		480	177	126	177	507	507	648	(-9)

Note: Gil Vicente FC (Barcelos) had 9 points deducted after failing to appear for 3 matches.

Promoted: CD Fátima (Fátima) and SC Freamunde (Freamunde).

Taça de Portugal Final (Estádio Nacional, Lisboa – 27th May 2007)

SPORTING CLUBE DE PORTUGAL (LISBOA)   1-0   CF Os Belenenses (Lisboa)
Liedson 87

Sporting: Ricardo, Abel, Marco Caneira, Anderson Polga, Tello (Tonel 67), Romagnoli (Custôdio 90),
João Moutinho), Miguel Veloso, Nani, Alecsandro (Yannick Djaló 71), Liedson.

Belenenses: Costinha, Amaral (Carlitos 89), Nivaldo, Rolando, Rodrigo Alvim, Ruben Amorim (Fernando 71),
Zé Pedro, Sandro Gaúcho, Cândido Costa, Silas (Garcês 76), Dady.

Semi-finals

CF Os Belenenses (Lisboa)	2-1	SC de Braga (Braga)
Sporting Clube de Portugal (Lisboa)	2-1 (aet)	SC Beira Mar (Aveiro)

Quarter-finals

SC Beira Mar (Aveiro)	2-0 (aet)	Boavista FC (Porto)
SC de Braga (Braga)	2-0	Varzim SC (Póvoa de Varzim)
GD de Bragança (Bragança)	1-2	CF Os Belenenses (Lisboa)
Sporting Clube de Portugal (Lisboa)	4-1	Associação Académica de Coimbra (Coimbra)

Round 6

Atlético Clube de Portugal (Lisboa)	0-1	Associação Académica de Coimbra (Coimbra)
Boavista FC (Porto)	2-0	CD Nacional (Funchal)
FC de Maia (Maia)	0-2	SC Beira Mar (Aveiro)
Associação Naval 1º de Maio (Figueira da Foz)	0-1	GD de Bragança (Bragança)
Odivelas FC (Odivelas)	0-1	CF Os Belenenses (Lisboa)
CD Pinhalnovense (Pinhal Novo)	0-6	Sporting Clube de Portugal (Lisboa)
Varzim SC (Póvoa de Varzim)	2-1	Sport Lisboa e Benfica (Lisboa)

SC de Braga (Braga) received a bye to the next round.

2007-2008

1st Division 2007-2008	Académica	Belenenses	Benfica	Boavista	Braga	Estrela	Leiria	Leixões	Marítimo	Nacional	Naval	Paços de F.	Porto	SC Portugal	Vitória FC	Vitória SC
Académica de Coimbra (Coimbra)	■	0-0	1-3	1-1	3-3	3-3	1-1	1-1	1-0	1-0	1-1	1-0	0-1	1-1	0-0	0-0
Belenenses (Lisboa)	0-0	■	1-0	2-3	0-2	0-0	2-1	1-1	1-3	1-1	-:+	1-0	1-2	1-0	1-1	5-0
Sport Lisboa e Benfica (Lisboa)	0-3	2-0	■	6-1	1-1	3-0	2-2	0-0	2-1	0-0	3-0	4-1	0-1	0-0	0-0	3-0
Boavista FC (Porto)	0-0	2-4	0-0	■	0-0	2-1	3-1	0-0	0-2	1-0	2-0	4-3	0-0	2-0	3-2	3-3
SC de Braga (Braga)	2-1	1-1	0-0	0-0	■	2-1	0-1	0-0	2-1	1-0	3-0	2-1	1-2	3-0	0-0	2-3
CF Estrela da Amadora (Amadora)	3-1	0-2	0-0	0-0	1-1	■	4-2	2-0	1-1	0-1	3-1	1-0	2-2	0-2	4-1	0-1
UD de Leiria (Leiria)	3-1	1-2	1-2	0-0	0-0	0-0	■	1-3	1-2	1-3	0-2	1-1	0-3	4-1	0-1	0-2
Leixões SC (Matosinhos)	2-2	1-2	1-1	2-2	3-0	0-0	2-1	■	0-1	1-1	0-1	1-0	1-2	1-1	2-2	1-1
CS Marítimo (Funchal)	2-0	2-0	1-1	2-0	4-1	1-1	2-0	2-1	■	1-0	0-1	3-1	0-3	1-2	0-1	0-0
CD Nacional (Funchal)	0-3	1-2	0-3	2-0	0-1	0-0	2-0	1-0	0-2	■	2-0	1-2	1-0	0-0	1-0	0-0
Associação Naval 1º de Maio (Figueira da Foz)	0-1	1-1	0-2	1-0	1-1	1-1	1-0	2-1	0-3	1-1	■	2-1	0-2	1-4	1-4	0-0
FC Paços de Ferreira	1-1	1-2	1-2	1-1	0-2	2-1	2-1	1-1	3-1	1-0	2-2	■	0-2	0-1	2-2	2-1
FC do Porto (Porto)	1-0	1-1	2-0	2-0	4-0	6-0	4-0	3-0	1-0	0-3	1-0	3-0	■	1-0	2-0	2-0
Sporting Clube de Portugal (Lisboa)	4-1	1-0	1-1	2-1	2-0	2-0	1-1	2-0	2-1	4-1	4-1	2-1	2-0	■	3-0	2-2
Vitória SC (Guimarães)	2-1	1-0	1-3	1-0	1-0	4-0	2-1	2-1	1-0	1-0	1-0	0-0	0-5	2-0	■	1-1
Vitória FC (Setúbal)	3-1	1-1	1-1	3-1	3-1	0-0	2-0	2-0	1-0	1-1	1-2	3-1	1-2	1-0	0-1	■

	1st Division	Pd	Wn	Dw	Ls	GF	GA	Pts	
1.	FC DO PORTO (PORTO)	30	24	3	3	60	13	69	-6
2.	Sporting Clube de Portugal (Lisboa)	30	16	7	7	46	28	55	
3.	Vitória SC (Guimarães)	30	15	8	7	35	31	53	
4.	Sport Lisboa e Benfica (Lisboa)	30	13	13	4	45	21	52	
5.	CS Marítimo (Funchal)	30	14	4	12	39	28	46	
6.	Vitória FC (Setúbal)	30	11	12	7	37	33	45	
7.	SC de Braga (Braga)	30	10	11	9	32	34	41	
8.	CF Os Belenenses (Lisboa)	30	11	10	9	35	33	40	-3
9.	Boavista FC (Porto)	30	8	12	10	32	41	36	
10.	CD Nacional (Funchal)	30	9	8	13	23	28	35	
11.	Associação Naval 1º de Maio (Figueira da Foz)	30	9	7	14	26	45	34	
12.	Associação Académica de Coimbra OAF (Coimbra)	30	6	14	10	31	38	32	
13.	CF Estrela da Amadora (Amadora)	30	6	13	11	29	41	31	
14.	Leixões SC (Matosinhos)	30	4	14	12	27	37	26	
15.	FC Paços de Ferreira (Paços de Ferreira)	30	6	7	17	31	49	25	##
16.	UD de Leiria (Leiria)	30	3	7	20	25	53	13	R-3
		480	165	150	165	553	553	633	(-12)

Belenenses 2-1 Naval played on 13th January 2008 was later awarded 3-0 to Naval after it was discovered that Belenenses had fielded the ineligible player Meyong Zè. Belenenses also had 3 points deducted.
FC do Porto had 3 points deducted for their part in a corruption affair during the 2003-04 season.
UD de Leiria had 3 points deducted for their part in a corruption affair during the 2003-04 season.
Boavista FC were relegated for their part in the 2003-04 corruption affair. As a result of this, FC Paços da Ferreira retained their 1st Division place.

Top goalscorers

1)	Ánderson Miguel da Silva "Nené"	(CD Nacional – Funchal)	20
2)	Liedson da Silva Muniz	(SC de Portugal – Lisboa)	17
	Óscar René Cardozo	(SL e Benfica – Lisboa)	17
4)	Ernest Faría	(FC do Porto – Porto)	10
	Papa Babacar "Baba" Diawara	(CS Marítimo – Funchal)	10
	Lisandro López	(FC do Porto – Porto)	10

	2nd Division	**Pd**	**Wn**	**Dw**	**Ls**	**GF**	**GA**	**Pts**	
1.	CD Trofense (Trofa)	30	13	13	4	35	22	52	P
2.	Rio Ave FC (Vila do Conde)	30	13	12	5	38	26	51	P
3.	FC de Vizela (Vizela)	30	13	11	6	40	22	50	
4.	Gil Vicente FC (Barcelos)	30	13	11	6	43	34	50	
5.	SC Olhanense (Olhão)	30	12	9	9	33	33	45	
6.	SC Beira Mar (Aveiro)	30	10	12	8	30	32	42	
7.	GD Estoril Praia (Estoril)	30	11	8	11	41	38	41	
8.	CD das Aves (Vila das Aves)	30	10	9	11	43	39	39	
9.	Varzim SC (Póvoa de Varzim)	30	9	11	10	29	27	38	
10.	CD Santa Clara (Ponta Delgada)	30	10	7	13	31	50	37	
11.	Portimonense SC (Portimão)	30	8	13	9	26	30	37	
12.	Gondomar SC (Gondomar)	30	8	11	11	37	37	35	
13.	SC Freamunde (Freamunde)	30	9	8	13	42	49	35	
14.	CD Feirense (Santa Maria da Feira)	30	8	9	13	25	27	33	
15.	SC Penafiel (Penafiel)	30	7	8	15	28	39	29	R
16.	CD Fátima (Fátima)	30	5	10	15	25	41	25	R
		480	159	162	159	546	546	639	

Promoted: SC da Covilhã (Covilhã) and UD Oliveirense (Oliveira Azeméis).

Taça de Portugal Final   (Estádio Nacional, Lisboa – 18th May 2008)

SPORTING CLUBE DE PORTUGAL (LISBOA)2-0 (aet)   FC do Porto (Porto)

Rodrigo Tiuí 110, 118

Sporting: Rui Patrício, Abel (Rodrigo Tiuí 91), Tonel, Anderson Polga, Grimi, M. Veloso, João Moutinho, Izmailov (B. Pereirinha 76), Romagnoli, Yannick Djaló, Derlei (Gladstone 116).

Porto: Nuno, João Paulo, Pedro Emanuel, Bruno Alves, Fucile, Paulo Assunção (Sektioui 111), Raul Meireles (Kazmierczak 104), L. González, M. González (Lino 78), R. Quaresma, Lisandro Lopez.

Semi-finals

Sporting Clube de Portugal (Lisboa)	5-3	Sport Lisboa e Benfica (Lisboa)
Vitória FC (Setúbal)	0-3	FC do Porto (Porto)

Quarter-finals

Sport Lisboa e Benfica (Lisboa)	2-0	Moreirense FC (Moreira de Cónegos)
Associação Naval 1º de Maio (Figueira da Foz)	1-2	Vitória FC (Setúbal)
FC do Porto (Porto)	1-0	Gil Vicente FC (Barcelos)
Sporting Clube de Portugal (Lisboa)	1-0	CF Estrela da Amadora (Amadora)

Round 6

Sport Lisboa e Benfica (Lisboa)	4-1	FC Paços da Ferreira (Paços da Ferreira)
Gil Vicente FC (Barcelos)	1-0 (aet)	Leixões SC (Matosinhos)
Associação Naval 1º de Maio (Figueira da Foz)	3-1 (aet)	Rio Ave FC (Vila do Conde)
Sporting Clube de Portugal (Lisboa)	2-1	CS Marítimo (Funchal)
Sertanense FC (Sertã)	0-4	FC do Porto (Porto)
CA de Valdevez (Arcos de Valdevez)	0-3	Moreirense FC (Moreira de Cónegos)
Vitória FC (Setúbal)	1-1 (aet)	Vitória SC (Guimarães)

Vitória FC (Setúbal) won 4-1 on penalties.
CF Estrela da Amadora (Amadora) received a bye to the next round.

2008-2009

1st Division 2008-2009	Académica	Belenenses	Benfica	Braga	Estrela	Leixões	Marítimo	Nacional	Naval	Paços de F.	Porto	SC Portugal	Rio Ave	Trofense	Vitória FC	Vitória SC
Académica de Coimbra (Coimbra)		1-0	0-2	1-1	2-2	0-0	3-1	1-1	3-1	2-1	0-3	0-0	1-0	1-0	2-1	1-0
Belenenses (Lisboa)	1-0		0-0	0-5	2-2	0-1	0-2	1-2	1-2	2-2	1-3	1-2	1-0	3-2	1-1	2-1
Sport Lisboa e Benfica (Lisboa)	0-1	3-1		1-0	1-0	2-1	3-2	0-0	2-1	3-2	1-1	2-0	1-0	2-2	0-1	2-2
SC de Braga (Braga)	1-1	2-0	1-3		5-0	0-1	1-1	1-0	1-1	2-0	0-2	0-1	1-0	1-0	1-0	1-0
CF Estrela da Amadora (Amadora)	1-0	1-1	1-2	2-2		2-1	0-0	1-0	1-0	0-2	2-4	1-3	2-0	1-0	1-0	0-0
Leixões SC (Matosinhos)	0-1	2-2	1-1	2-0	1-1		1-0	1-3	1-1	2-1	1-4	0-1	1-0	2-0	2-2	0-0
CS Marítimo (Funchal)	2-0	1-1	0-6	0-0	1-0	0-0		4-2	1-0	4-1	0-3	1-2	1-1	1-1	0-1	5-1
CD Nacional (Funchal)	3-1	4-2	3-1	1-1	1-2	0-0	1-1		2-1	1-0	2-4	1-1	0-0	1-0	3-0	1-0
Associação Naval 1º de Maio (Figueira da Foz)	2-1	1-1	1-2	1-2	0-0	1-0	1-0	0-4		0-0	1-0	0-1	0-1	3-1	0-0	2-2
FC Paços de Ferreira	1-1	1-1	3-4	0-2	1-0	4-0	2-1	2-3	2-1		0-2	0-0	2-0	1-0	1-1	2-0
FC do Porto (Porto)	2-1	2-0	1-1	1-1	3-0	2-3	0-0	1-0	2-0	2-0		0-0	3-1	0-0	2-0	2-0
Sporting Clube de Portugal (Lisboa)	0-0	2-0	3-2	2-3	2-1	0-1	2-0	3-1	3-1	2-0	1-2		2-0	3-1	2-0	2-1
Rio Ave FC (Vila do Conde)	1-0	0-1	1-1	0-0	2-1	1-2	1-1	0-3	2-0	3-2	0-0	0-1		2-1	2-4	1-0
CD Trofense (Trofa)	0-0	2-1	2-0	0-0	1-1	1-2	0-2	1-2	2-2	1-3	1-4	0-0	2-0		1-3	0-1
Vitória SC (Guimarães)	3-2	3-1	1-2	0-0	0-0	1-0	2-1	0-2	1-0	0-0	1-3	1-2	0-1	0-1		1-1
Vitória FC (Setúbal)	2-1	2-0	0-4	0-3	1-0	0-1	0-2	2-0	0-1	2-1	0-3	0-2	1-0	0-2	2-4	

1st Division

		Pd	Wn	Dw	Ls	GF	GA	Pts	
1.	FC DO PORTO (PORTO)	30	21	7	2	61	18	70	
2.	Sporting Clube de Portugal (Lisboa)	30	20	6	4	45	20	66	
3.	Sport Lisboa e Benfica (Lisboa)	30	17	8	5	54	32	59	
4.	CD Nacional (Funchal)	30	15	7	8	47	32	52	
5.	SC de Braga (Braga)	30	13	11	6	38	21	50	
6.	Leixões SC (Matosinhos)	30	12	9	9	30	31	45	
7.	Associação Académica de Coimbra OAF (Coimbra)	30	10	9	11	28	32	39	
8.	Vitória SC (Guimarães)	30	10	8	12	32	36	38	
9.	CS Marítimo (Funchal)	30	9	10	11	35	36	37	
10.	FC Paços de Ferreira (Paços de Ferreira)	30	9	7	14	37	42	34	
11.	CF Estrela da Amadora (Amadora)	30	8	10	12	26	38	34	R
12.	Rio Ave FC (Barcelos)	30	8	6	16	20	35	30	
13.	Associação Naval 1º de Maio (Figueira da Foz)	30	7	8	15	25	39	29	
14.	Vitória FC (Setúbal)	30	7	5	18	21	46	26	
15.	CF Os Belenenses (Lisboa)	30	5	9	16	28	52	24	
16.	CD Trofense (Trofa)	30	5	8	17	25	42	23	R
		480	176	128	176	552	552	656	

CF Estrela da Amadora were relegated to the 3rd Division due to the clubs financial status which led to CF Os Belenenses retaining their 1st Division place.

Top goalscorers

1)	Óscar René Cardozo	(SL e Benfica – Lisboa)	26
2)	Radamel Falcao Garcia Zárate	(FC do Porto – Porto)	25
3)	Liedson da Silva Muniz	(SC de Portugal – Lisboa)	13
4)	Cássio Vargas Barbosa	(UD de Leiria – Leiria)	12
	Djalmir Vieira da Andrade	(SC Olhanense – Olhão)	12
	Edgar Bruno da Silva	(CD Nacional – Funchal)	12
	Albert Meyong Zé	(SC de Braga – Braga)	12

2nd Division

		Pd	Wn	Dw	Ls	GF	GA	Pts	
1.	SC Olhanense (Olhão)	30	18	4	8	52	32	58	P
2.	UD de Leiria (Leiria)	30	15	9	6	46	29	54	P
3.	CD Santa Clara (Ponta Delgada)	30	15	7	8	45	32	52	
4.	GD Estoril Praia (Estoril)	30	12	8	10	41	37	44	
5.	CD Feirense (Santa Maria da Feira)	30	11	9	10	37	34	42	
6.	SC Freamunde (Freamunde)	30	11	8	11	32	35	41	
7.	SC da Covilhã (Covilhã)	30	10	10	10	42	42	40	
8.	Varzim SC (Póvoa de Varzim)	30	11	6	13	29	35	39	
9.	Gil Vicente FC (Barcelos)	30	8	14	8	36	37	38	
10.	FC de Vizela (Vizela)	30	7	16	7	28	33	37	R
11.	CD das Aves (Vila das Aves)	30	9	9	12	30	36	36	
12.	SC Beira Mar (Aveiro)	30	8	11	11	32	32	35	
13.	Portimonense SC (Portimão)	30	7	14	9	29	35	35	
14.	UD Oliveirense (Oliveira Azeméis)	30	7	11	12	25	33	32	
15.	FC Boavista (Porto)	30	9	5	16	28	44	32	R
16.	Gondomar SC (Gondomar)	30	7	9	14	29	35	30	R
		480	165	150	165	561	561	645	

FC de Vizela were later relegated on corruption charges dating back to the 2002-03 season.

Promoted: AD Carregado (Vila de Alenquer), GD de Chaves (Chaves), CD Fátima (Fátima) and SC Penafiel (Penafiel).

Taça de Portugal Final (Estádio Nacional, Lisboa – 31st May 2009)

FC DO PORTO (PORTO)	1-0	FC Paços da Ferreira (Paços da Ferreira)

L. López 07

Porto: Nuno, Fucile, Rolando, Bruno Alves, Cissokho, Fernando, Raul Meireles, Mariano González (Costa 68), Hulk (Farías 90), Lisandro López, Rodriguez (Guarín 88).

Paços: Cássio, Ricardo Silva, Danielson, Kelly, Jorge Galufo, Jorginho, Pedrinha (Chico Silva 80), Dedé (Ferreira 72), Rui Miguel, Filipe Anunciação, Cristiano, Prieto (Modibo 64).

Semi-finals

FC Paços da Ferreira (Paços da Ferreira)	2-2, 3-2	CD Nacional (Funchal)
FC do Porto (Porto)	2-0, 1-2	CF Estrela da Amadora (Amadora)

Quarter-finals

FC Paços da Ferreira (Paços da Ferreira)	5-3	Associação Naval 1º de Maio (Figueira da Foz)
FC do Porto (Porto)	1-0	Leixões SC (Matosinhos)
CA de Valdevez (Arcos de Valdevez)	1-1 (aet)	CD Nacional (Funchal)

CD Nacional won 3-1 on penalties.

Vitória SC (Guimarães)	0-1	CF Estrela da Amadora (Amadora)

Round 5

CD de Cinfães (Cinfães)	1-4	FC do Porto (Porto)
FC Estrela da Amadora (Amadora)	1-0	CD Olivais e Moscavide (Lisboa)
Leixões SC (Matosinhos)	0-0 (aet)	Sport Lisboa e Benfica (Lisboa)

Leixões SC won 5-4 on penalties.

Associação Naval 1º de Maio (Figueira da Foz)	3-0	Portimonense SC (Portimão)
FC Paços da Ferreira (Paços da Ferreira)	4-1	FC de Vizela (Vizela)
CD Trofense (Trofa)	2-4	CD Nacional (Funchal)
CA de Valdevez (Arcos de Valdevez)	3-1	CD Santa Clara (Ponta Delgada)
Vitória FC (Setúbal)	0-1	Vitória SC (Guimarães)

1st Division 2009-2010	Académica	Belenenses	Benfica	Braga	Leiria	Leixões	Marítimo	Nacional	Naval	Olhanense	Paços de F.	Porto	SC Portugal	Rio Ave	Vitória FC	Vitória SC
Académica de Coimbra (Coimbra)		1-1	2-3	0-2	0-0	2-0	2-4	3-3	2-0	1-1	1-1	1-2	0-2	0-1	2-0	3-0
Belenenses (Lisboa)	1-2		0-4	1-3	5-2	1-3	2-2	0-1	2-0	0-0	0-3	0-3	0-4	0-0	0-1	0-0
Sport Lisboa e Benfica (Lisboa)	4-0	1-0		1-0	3-0	5-0	1-1	6-1	1-0	5-0	3-1	1-0	2-0	2-1	3-1	8-1
SC de Braga (Braga)	1-0	3-1	2-0		2-0	3-1	2-1	2-0	0-0	3-1	1-0	1-0	1-0	1-0	3-2	2-0
UD de Leiria (Leiria)	1-1	1-0	1-2	1-2		2-1	0-0	1-2	2-0	2-0	2-1	1-4	1-1	1-1	0-1	3-3
Leixões SC (Matosinhos)	1-3	0-0	0-4	1-1	3-2		1-2	2-4	1-0	2-2	2-0	0-0	1-2	0-0	3-1	1-2
CS Marítimo (Funchal)	0-0	3-3	0-5	1-2	1-0	1-0		1-1	1-2	5-2	3-1	1-0	3-2	0-1	0-1	2-0
CD Nacional (Funchal)	4-3	1-0	0-1	1-1	2-0	1-0	2-1		1-1	1-1	1-1	0-4	1-1	1-1	2-0	2-1
Associação Naval 1º de Maio (Figueira da Foz)	0-1	1-0	2-4	0-4	1-0	1-0	2-1	0-0		0-0	1-0	1-3	0-1	3-2	0-0	0-1
SC Olhanense (Olhão)	2-1	1-3	2-2	0-1	0-0	1-0	1-2	1-0	1-0		1-1	0-3	0-0	0-1	0-2	2-2
FC Paços de Ferreira	2-1	0-0	1-3	0-1	0-1	1-1	1-0	2-1	1-3	2-2		1-1	0-0	1-1	0-0	5-3
FC do Porto (Porto)	3-2	1-1	3-1	5-1	3-2	4-1	4-1	3-0	3-0	2-2	1-1		1-0	2-1	3-0	2-0
Sporting Clube de Portugal (Lisboa)	1-2	0-0	0-0	1-2	0-1	1-0	1-0	3-2	0-1	3-2	1-0	3-0		5-0	3-1	2-1
Rio Ave FC (Vila do Conde)	0-0	0-0	0-1	1-1	0-2	2-0	0-0	2-0	0-0	1-5	1-2	0-1	2-2		0-0	1-0
Vitória SC (Guimarães)	1-0	2-0	0-1	1-0	2-2	2-0	1-2	2-0	3-0	1-1	1-2	1-4	1-1	1-0		2-2
Vitória FC (Setúbal)	1-1	1-2	1-1	0-0	0-4	1-0	3-2	2-1	0-1	0-0	0-1	2-5	0-2	2-2	0-0	

1st Division

	1st Division	Pd	Wn	Dw	Ls	GF	GA	Pts	
1.	SPORT LISBOA E BENFICA (LISBOA)	30	24	4	2	78	20	76	
2.	SC de Braga (Braga)	30	22	5	3	48	20	71	
3.	FC do Porto (Porto)	30	21	5	4	70	26	68	
4.	Sporting Clube de Portugal (Lisboa)	30	13	9	8	42	26	48	
5.	CS Marítimo (Funchal)	30	11	8	11	42	43	41	
6.	Vitória SC (Guimarães)	30	11	8	11	31	34	41	
7.	CD Nacional (Funchal)	30	10	9	11	36	46	39	
8.	Associação Naval 1º de Maio (Figueira da Foz)	30	10	6	14	20	35	36	
9.	UD de Leiria (Leiria)	30	9	8	13	35	41	35	
10.	FC Paços de Ferreira (Paços de Ferreira)	30	8	11	11	32	37	35	
11.	Associação Académica de Coimbra OAF (Coimbra)	30	8	9	13	37	42	33	
12.	Rio Ave FC (Barcelos)	30	6	13	11	22	33	31	
13.	SC Olhanense (Olhão)	30	5	14	11	31	46	29	
14.	Vitória FC (Setúbal)	30	5	10	15	29	57	25	
15.	CF Os Belenenses (Lisboa)	30	4	11	15	23	44	23	R
16.	Leixões SC (Matosinhos)	30	5	6	19	25	51	21	R
		480	172	136	172	601	601	652	

Top goalscorers

1)	Óscar Cardozo	(SL e Benfica – Lisboa)	26
2)	Radamel Falcao	(FC do Porto – Porto)	25
3)	Liédson	(Sporting Clube de Portugal – Lisboa)	13
4)	Edgar	(CD Nacional – Funchal)	12
	Cássio	(UD de Leiria – Leiria)	12
	Djalmir	(SC Olhanense – Olhão)	12
	Albert Meyong	(SC de Braga – Braga)	12

2nd Division	Pd	Wn	Dw	Ls	GF	GA	Pts	
1. SC Beira Mar (Aveiro)	30	16	6	8	44	30	54	P
2. Portimonense SC (Portimão)	30	16	6	8	43	34	54	P
3. CD Feirense (Santa Maria da Feira)	30	14	10	6	37	24	52	
4. CD Santa Clara (Ponta Delgada)	30	13	12	5	45	29	51	
5. UD Oliveirense (Oliveira Azeméis)	30	14	7	9	38	27	49	
6. CD Trofense (Trofa)	30	13	6	11	44	45	45	
7. SC Penafiel (Penafiel)	30	10	11	9	35	34	41	
8. CD Fátima (Fátima)	30	8	14	8	31	31	38	
9. CD das Aves (Vila das Aves)	30	9	11	10	33	33	38	
10. Gil Vicente FC (Barcelos)	30	9	11	10	36	32	38	
11. GD Estoril Praia (Estoril)	30	7	14	9	26	29	35	
12. SC Freamunde (Freamunde)	30	9	8	13	43	50	35	
13. Varzim SC (Póvoa de Varzim)	30	6	13	11	25	38	31	
14. SC da Covilhã (Covilhã)	30	7	9	14	35	49	30	
15. GD de Chaves (Chaves)	30	6	10	14	28	37	28	R
16. AD Carregado (Vila de Alenquer)	30	6	6	18	26	47	24	R
	480	163	154	163	569	569	643	

Promoted: FC Arouca (Arouca) and Moreirense FC (Moreira de Cónegos).

Taça de Portugal Final   (Estádio Nacional, Lisboa – 16th May 2010)

FC DO PORTO (PORTO)   2-1   GD de Chaves (Chaves)

Guarín 13, Falcao 23   *Clemente 85*

Porto: Hélton, Miguel Lopes (Rodríguez 62), Rolando, Bruno Alves, Álvaro Pereira, Fernando, Belluschi, Raúl Meireles (Tomás Costa 46), Guarín (Valeri 72), Hulk, Falcao.

Chaves: Rui Rego, Danílo, Lameirão, Ricardo Rocha, Eduardo, Bamba, Edu, Bruno Magalhães, Castanheira (Flávio Igor 61), Samson (Diego 61), Diop (Clemente 78).

Semi-finals

GD de Chaves (Chaves)	1-0, 2-1	Associação Naval 1º de Maio (Figueira da Foz)
Rio Ave FC (Vila do Conde)	1-3, 0-4	FC do Porto (Porto)

Quarter-finals

SC de Braga (Braga)	0-0 (aet)	Rio Ave FC (Vila do Conde)

Rio Ave FC (Vila do Conde) won 6-5 on penalties.

FC Paços da Ferreira (Paços da Ferreira)	1-2	GD de Chaves (Chaves)
CD Pinhalnovense (Pinhal Novo)	1-3	Associação Naval 1º de Maio (Figueira da Foz)
FC do Porto (Porto)	5-2	Sporting Clube de Portugal (Lisboa)

Round 5

Aliados FC de Lordelo (São Salvador de L.)	0-1	Associação Naval 1º de Maio (Figueira da Foz)
CF Os Belenenses (Lisboa)	2-2 (aet)	FC do Porto (Porto)

FC do Porto (Porto) won 12-11 on penalties.

AD da Camacha (Camacha)	0-1	CD Pinhalnovense (Pinhal Novo)
GD de Chaves (Chaves)	1-0	SC Beira Mar (Aveiro)
SC Freamunde (Freamunde)	1-3	SC de Braga (Braga)
CD Nacional (Funchal)	1-2	FC Paços da Ferreira (Paços da Ferreira)
Rio Ave FC (Vila do Conde)	2-2 (aet)	Vitória SC (Guimarães)

Rio Ave FC (Vila do Conde) won 4-2 on penalties.

Sporting Clube de Portugal (Lisboa)	4-3	CD de Mafra (Mafra)

2010-2011

1st Division 2010-2011	Académica	Beira Mar	Benfica	Braga	Marítimo	Nacional	Naval	Olhanense	Paços de Ferreira	Portimonense	Porto	Rio Ave	SC de Portugal	UD de Leiria	Vitória SC	Vitória FC
Associação Académica de Coimbra OAF	■	3-3	0-1	0-0	1-5	2-1	3-0	1-1	0-0	1-0	0-1	0-1	1-2	0-0	3-1	1-1
SC Beira Mar (Aveiro)	2-1	■	1-3	1-2	1-1	0-2	3-1	1-0	3-1	0-1	0-1	1-1	1-1	0-0	3-2	0-0
Sport Lisboa e Benfica (Lisboa)	1-2	2-1	■	1-0	2-1	4-2	4-0	2-0	2-0	1-1	1-2	5-2	2-0	3-3	3-0	3-0
SC de Braga (Braga)	5-0	2-3	2-1	■	1-0	2-0	3-1	3-1	1-2	3-1	0-2	1-0	0-1	0-0	3-1	2-2
CS Marítimo (Funchal)	1-0	1-0	0-1	1-2	■	1-1	1-0	4-0	1-1	1-1	0-2	0-1	0-3	1-1	2-0	0-1
CD Nacional (Funchal)	1-1	0-0	2-1	1-1	0-0	■	2-1	0-1	1-0	3-1	0-2	1-0	1-0	0-1	1-3	1-0
Associação Naval 1º de Maio	3-1	2-2	2-1	0-0	0-3	1-2	■	1-1	1-2	1-1	0-1	0-1	1-3	0-3	0-3	0-0
SC Olhanense (Olhão)	2-1	1-1	1-1	0-2	1-1	0-0	1-3	■	0-0	2-0	0-3	2-2	2-2	1-0	0-0	3-1
Paços de Ferreira	5-1	1-1	1-5	2-2	1-0	0-1	0-0	1-0	■	2-2	0-3	1-6	1-0	1-1	2-1	2-0
Portimonense SC (Portimão)	2-2	1-0	0-1	0-3	1-0	1-1	0-1	1-1	0-1	■	2-3	3-1	1-3	1-2	2-1	3-4
FC do Porto (Porto)	3-1	3-0	5-0	3-2	4-1	3-0	3-1	2-0	3-3	2-0	■	1-0	3-2	5-1	2-0	1-0
Rio Ave (Barcelos)	2-2	1-1	1-2	2-0	0-0	0-1	1-0	0-1	3-1	2-0	0-2	■	0-0	1-0	2-3	2-3
Sporting Clube de Portugal (Lisboa)	2-0	1-0	0-2	2-1	1-1	1-1	3-3	0-0	2-3	2-1	1-1	1-0	■	0-0	2-3	0-1
UD de Leiria (Leiria)	2-1	0-3	0-3	3-1	1-3	2-1	1-0	0-2	0-0	0-1	0-2	1-0	1-2	■	0-1	1-0
Vitória SC (Guimarães)	0-2	1-0	2-1	2-1	2-0	0-0	1-2	1-0	1-1	2-0	1-1	0-0	1-1	1-0	■	1-1
Vitória FC (Setúbal)	0-1	0-0	0-2	0-0	2-4	2-1	1-1	0-0	1-0	3-1	0-4	3-3	0-3	4-1	2-1	■

1st Division

	1st Division	Pd	Wn	Dw	Ls	GF	GA	Pts	
1.	FC do Porto (Porto)	30	27	3	0	73	16	84	
2.	Sport Lisboa e Benfica (Lisboa)	30	20	3	7	61	31	63	
3.	Sporting Clube de Portugal (Lisboa)	30	13	9	8	41	31	48	
4.	SC de Braga (Braga)	30	13	7	10	45	33	46	
5.	Vitória SC (Guimarães)	30	12	7	11	36	37	43	
6.	CD Nacional (Funchal)	30	11	9	10	28	31	42	
7.	FC Paços de Ferreira (Paços de Ferreira)	30	10	11	9	35	42	41	
8.	Rio Ave FC (Barcelos)	30	10	8	12	35	33	38	
9.	CS Marítimo (Funchal)	30	9	8	13	33	32	35	
10.	UD de Leiria (Leiria)	30	9	8	13	25	38	35	
11.	SC Olhanense (Olhão)	30	7	13	10	24	34	34	
12.	Vitória FC (Setúbal)	30	8	10	12	29	42	34	
13.	SC Beira Mar (Aveiro)	30	7	12	11	32	36	33	
14.	Associação Académica de Coimbra OAF (Coimbra)	30	7	9	14	32	48	30	
15.	Portimonense SC (Portimão)	30	6	7	17	29	49	25	R
16.	Associação Naval 1º de Maio (Figueira da Foz)	30	5	8	17	26	51	23	R
		480	174	132	174	584	584	654	

Top goalscorers

1.	Hulk	(FC do Porto – Porto)	23
2.	Radamel Falcao	(FC do Porto – Porto)	16
	João Tomás	(Rio Ave FC – Barcelos)	16
4.	Óscar Cardozo	(SL e Benfica – Lisboa)	12
5.	Baba Diawara	(CS Marítimo – Funchal)	11

2nd Division

		Pd	Wn	Dw	Ls	GF	GA	Pts	
1.	Gil Vicente FC (Barcelos)	30	15	10	5	55	38	55	P
2.	CD Feirense (Santa Maria da Feira)	30	17	4	9	41	31	55	P
3.	CD Trofense (Trofa)	30	15	9	6	41	27	54	
4.	UD Oliveirense (Oliveira Azeméis)	30	12	9	9	36	35	45	
5.	FC Arouca (Arouca)	30	11	10	9	47	41	43	
6.	Leixões SC (Matosinhos)	30	10	12	8	35	27	42	
7.	Moreirense FC (Moreira de Cónegos)	30	10	10	10	36	41	40	
8.	CD das Aves (Vila das Aves)	30	10	10	10	35	31	40	
9.	CD Santa Clara (Ponta Delgada)	30	10	8	12	26	29	38	
10.	GD Estoril Praia (Estoril)	30	9	11	10	36	31	38	
11.	SC Freamunde (Freamunde)	30	8	13	9	37	39	37	
12.	SC Penafiel (Penafiel)	30	9	9	12	37	44	36	
13.	CF Os Belenenses (Lisboa)	30	8	11	11	33	36	35	
14.	SC da Covilhã (Covilhã)	30	9	5	16	32	48	32	
15.	Varzim SC (Póvoa de Varzim)	30	6	13	11	38	48	31	R
16.	CD Fátima (Fátima)	30	5	8	17	29	49	23	R
		480	164	152	164	594	595	644	

Promoted: CF União (Funchal) and Atlético Clube de Portugal (Lisboa).

Taça de Portugal Final   (Estádio Nacional do Jamor – 22nd May 2011 – 35,000)

Vitória SC (Guimarães)   2-6   FC do Porto (Porto)

Álvaro Pereira 20 pen, Edgar Silva 23   *James Rodríguez 3, 45+2, 73, Silvestre Varela 21, Rolando*
35, Hulk 42

Vitória: Nilson, Alex, Leandro Freire, João Paulo, Anderson Santana, Faouzi Abdelghani, Renan Teixeira
(João Alves 46), Cléber Monteiro (Jorge Ribeiro 56), Rui Miguel, Tiago Targino (Marcelo Toscano 56), Edgar Silva.
Porto: Beto, Cristian S‹punaru, Maicon, Rolando, Álvaro Pereira, Fernando (Fredy Guarín 46), Fernando Belluschi
(Souza 62), James Rodríguez, João Moutinho, Hulk, Silvestre Varela (Mariano González 76).

Semi-finals

FC do Porto (Porto)   0-2, 3-1   Sport Lisboa e Benfica (Lisboa)
Aggregate 3-3. FC do Porto won on the Away Goals rule.
Vitória SC (Guimarães)   1-0, 0-0   Associação Académica de Coimbra OAF (Coimbra)

Quarter-finals

FC do Porto (Porto)   2-0   CD Pinhalnovense (Pinhal Novo)
Rio Ave FC (Barcelos)   0-2   Sport Lisboa e Benfica (Lisboa)
Merelinense FC (Braga)   0-2   Vitória SC (Guimarães)
Associação Académica de Coimbra OAF (Coimbra)   3-2   Vitória FC (Setúbal)

5th Round

FC do Porto (Porto)   4-0   Juventude SC (Évora)
Vitória FC (Setúbal)   2-1   Sporting Clube de Portugal (Lisboa)
Rio Ave FC (Barcelos)   4-1   Atlético Clube de Portugal (Lisboa)
Leixões SC (Matosinhos)   1-1 (aet)   CD Pinhalnovense (Pinhal Novo)
CD Pinhalnovense won 5-4 on penalties.
Vitória SC (Guimarães)   2-0   SC União Torreense (Torres Vedras)
Associação Académica de Coimbra OAF (Coimbra)   3-1   CF União (Funchal)
Sport Lisboa e Benfica (Lisboa)   5-0   SC Olhanense (Olhão)
Varzim SC (Póvoa de Varzim)   1-2   Merelinense FC (Braga)

187

1st Division 2011-2012	Académica	Beira Mar	Benfica	Braga	Feirense	Gil Vicente	Marítimo	Nacional	Olhanense	Paços de Ferreira	Porto	Rio Ave	SC de Portugal	UD de Leiria	Vitória SC	Vitória FC
Associação Académica de Coimbra OAF		0-1	0-0	0-0	4-0	0-2	0-1	4-0	0-1	0-1	0-3	1-0	1-1	0-0	0-2	1-0
SC Beira Mar (Aveiro)	2-1		0-1	1-2	2-1	1-0	1-2	0-3	1-2	2-0	1-2	0-0	0-0	0-1	0-1	2-3
Sport Lisboa e Benfica (Lisboa)	4-1	3-1		2-1	3-1	3-1	4-1	4-1	2-1	4-1	2-3	5-1	1-0	1-0	2-1	4-1
SC de Braga (Braga)	2-1	1-0	1-1		3-0	3-1	2-0	2-0	1-2	5-2	0-1	2-1	2-1	2-1	4-0	3-0
CD Feirense (Santa Maria da Feira)	1-1	1-3	1-2	1-4		0-0	2-2	0-0	1-1	0-0	0-0	2-0	0-2	2-1	1-3	1-0
Gil Vicente FC (Barcelos)	2-0	0-0	2-2	0-3	3-1		0-0	0-3	1-1	1-2	3-1	0-0	2-0	2-1	3-1	0-1
CS Marítimo (Funchal)	3-2	0-0	0-1	1-2	2-1	3-2		2-4	2-1	1-1	0-2	2-1	2-0	1-0	2-1	1-0
CD Nacional (Funchal)	4-1	2-1	0-2	1-3	2-0	3-1	2-2		1-0	1-0	0-2	2-1	2-3	2-2	1-4	1-1
SC Olhanense (Olhão)	0-2	2-1	0-0	3-4	1-2	0-0	0-0	4-4		1-2	0-0	0-2	0-0	2-1	1-0	2-2
FC Paços de Ferreira (Paços de Ferreira)	2-0	0-3	1-2	1-1	3-1	1-2	1-1	0-2	1-1		1-1	2-2	2-3	2-1	1-5	2-1
FC do Porto (Porto)	1-1	3-0	2-2	3-2	2-0	3-1	2-0	5-0	2-0	3-0		2-0	2-0	4-0	3-1	3-0
Rio Ave FC (Barcelos)	0-0	4-0	2-2	0-0	2-2	0-1	1-3	2-1	0-1	1-0	2-5		2-3	2-0	0-1	3-0
Sporting Clube de Portugal (Lisboa)	2-1	2-0	1-0	3-2	1-0	6-1	2-3	1-0	1-1	1-0	0-0	1-0		3-1	5-0	3-0
UD de Leiria (Leiria)	1-2	0-0	0-4	1-0	0-4	0-0	1-3	2-3	1-3	2-4	2-5	1-0	0-1		1-0	2-0
Vitória SC (Guimarães)	1-2	0-3	1-0	1-1	1-0	1-1	1-0	1-0	2-2	3-1	0-1	2-1	0-1	3-2		3-0
Vitória FC (Setúbal)	1-1	1-0	1-3	0-1	1-1	0-0	1-1	0-3	2-3	2-1	1-3	2-1	1-0	1-0	1-0	

1st Division

		Pd	Wn	Dw	Ls	GF	GA	Pts	
1.	FC do Porto (Porto)	30	23	6	1	69	19	75	
2.	Sport Lisboa e Benfica (Lisboa)	30	21	6	3	66	27	69	
3.	SC de Braga (Braga)	30	19	5	6	59	29	62	
4.	Sporting Clube de Portugal (Lisboa)	30	18	5	7	47	26	59	
5.	CS Marítimo (Funchal)	30	14	8	8	41	38	50	
6.	Vitória SC (Guimarães)	30	14	3	13	40	40	45	
7.	CD Nacional (Funchal)	30	13	5	12	48	50	44	
8.	SC Olhanense (Olhão)	30	9	12	9	36	38	39	
9.	Gil Vicente FC (Barcelos)	30	8	10	12	31	42	34	
10.	FC Paços de Ferreira (Paços de Ferreira)	30	8	7	15	35	53	31	
11.	Vitória FC (Setúbal)	30	8	6	16	24	49	30	
12.	SC Beira Mar (Aveiro)	30	8	5	17	26	38	29	
13.	Associação Académica de Coimbra OAF (Coimbra)	30	7	8	15	27	38	29	
14.	Rio Ave FC (Barcelos)	30	7	7	16	33	42	28	
15.	CD Feirense (Santa Maria da Feira)	30	5	9	16	27	49	24	R
16.	UD de Leiria (Leiria)	30	5	4	21	25	56	19	R
		480	187	106	187	634	634	667	

Top goalscorers

1.	Óscar Cardozo	(SL e Benfica – Lisboa)	20
	Lima	(SC de Braga – Braga)	20
3.	Hulk	(FC do Porto – Porto)	16
4.	Ricky van Wolfswinkel	(Sporting Clube de Portugal – Lisboa)	14
5.	James Rodríguez	(FC do Porto – Porto)	13

2nd Division	Pd	Wn	Dw	Ls	GF	GA	Pts	
1. GD Estoril Praia (Estoril)	30	16	9	5	40	20	57	P
2. Moreirense FC (Moreira de Cónegos)	30	15	7	8	47	32	52	P
3. CD das Aves (Vila das Aves)	30	12	14	4	38	23	50	
4. Associação Naval 1º de Maio (Figueira da Foz)	30	12	10	8	40	33	46	
5. CF Os Belenenses (Lisboa)	30	10	11	9	34	32	41	
6. UD Oliveirense (Oliveira Azeméis)	30	10	9	11	39	38	39	
7. CD Trofense (Trofa)	30	11	6	13	36	45	39	
8. SC Penafiel (Penafiel)	30	10	8	12	33	36	38	
9. Atlético Clube de Portugal (Lisboa)	30	9	10	11	27	37	37	
10. CF União (Funchal)	30	9	10	11	35	40	37	
11. Leixões SC (Matosinhos)	30	11	7	12	32	34	37	
12. CD Santa Clara (Ponta Delgada)	30	8	10	12	29	38	34	
13. FC Arouca (Arouca)	30	7	13	10	32	36	34	
14. SC Freamunde (Freamunde)	30	7	13	10	35	40	34	
15. SC da Covilhã (Covilhã)	30	7	11	12	22	29	32	
16. Portimonense SC (Portimão)	30	8	8	14	35	42	32	R
	480	162	156	162	554	555	607	

Leixões SC (Matosinhos) had 3 points deducted due to their inability to pay salaries on time.

SC da Covilhã were reprieved from relegation after Varzim FC (Póvoa de Varzim), who had won promotion from the 3rd Division, did not take their place in the 2nd Division the next season as they did not pay the required 600,000 Euro bond.

Promoted: CD de Tondela (Tondela)

Taça de Portugal Final   (Estádio Nacional do Jamor – 20th May 2012 – 37,522)

Sporting Clube de Portugal (Lisboa)   0-1   ASSOC. ACADÉMICA DE COIMBRA OAF
Marinho 4

Sporting: Rui Patrício, João Pereira, Anderson Polga, Oguchi Onyewu, Emiliano Insúa (André Martins 70), Stijn Schaars, Matías Fernández (Jeffrén Suárez 77), Elias (Marat Izmailov 46), André Carrillo, Ricky van Wolfswinkel, Diego Capel.

Académica: Ricardo Nunez, Cédric Soares, João Real, Abdoulaye Ba, Hélder Cabral, Adrien Silva, Diogo Melo (Danilo Cintra 80), David Simão (Flávio Ferreira 69), Marinho (Rui Miguel 90+1), Edinho, Diogo Valente.

Semi-finals

Sporting Clube de Portugal (Lisboa)	2-2, 3-1	CD Nacional (Funchal)
Associação Académica de Coimbra OAF (Coimbra)	1-0, 2-2	UD Oliveirense (Oliveira Azeméis)

Quarter-finals

Associação Académica de Coimbra OAF (Coimbra)	3-2	CD das Aves (Vila das Aves)
UD Oliveirense (Oliveira Azeméis)	2-1	SC Olhanense (Olhão)
Sporting Clube de Portugal (Lisboa)	3-0	CS Marítimo (Funchal)
Moreirense FC (Moreira de Cónegos)	2-2 (aet)	CD Nacional (Funchal)

CD Nacional won 6-5 on penalties.

5th Round

Moreirense FC (Moreira de Cónegos)	2-1	SC União Torreense (Torres Vedras)
CS Marítimo (Funchal)	2-1	Sport Lisboa e Benfica (Lisboa)
GD Estoril Praia (Estoril)	2-2 (aet)	SC Olhanense (Olhão)

SC Olhanense won 4-2 on penalties.

SC Mirandela (Mirandela)	1-1 (aet)	UD Oliveirense (Oliveira Azeméis)

UD Oliveirense won 4-3 on penalties.

FC Tirsense (Santo Tirso)	0-0 (aet)	CD Nacional (Funchal)

CD Nacional won 4-3 on penalties.

CD das Aves (Vila das Aves)	2-1 (aet)	CD Ribeira Brava (Ribeira Brava)
Leixões SC (Matosinhos)	2-5 (aet)	Ass. Académica de Coimbra OAF (Coimbra)
Sporting Clube de Portugal (Lisboa)	2-0	CF Os Belenenses (Lisboa)

2012-2013

1st Division 2012-2013	Académica	Beira Mar	Benfica	Braga	Estoril Praia	Gil Vicente	Marítimo	Moreirense	Nacional	Olhanense	Paços de Ferreira	Porto	Rio Ave	SC de Portugal	Vitória SC	Vitória FC
Associação Académica de Coimbra OAF		3-1	2-2	1-4	0-2	2-2	2-3	1-0	2-1	1-1	1-1	0-3	1-2	1-1	1-2	4-2
SC Beira Mar (Aveiro)	3-3		0-1	3-3	0-1	1-0	4-2	1-1	2-2	0-1	0-2	0-2	3-1	1-4	2-2	1-1
Sport Lisboa e Benfica (Lisboa)	1-0	2-1		2-2	1-1	5-0	4-1	3-1	3-0	2-0	3-0	2-2	6-1	2-0	3-0	3-0
SC de Braga (Braga)	1-0	3-1	1-2		3-0	3-1	2-0	1-0	1-3	4-4	2-3	0-2	4-1	2-3	3-2	4-1
GD Estoril Praia (Estoril)	2-0	2-1	1-3	2-1		1-2	3-1	2-0	4-0	3-3	1-1	1-2	1-3	3-1	2-0	3-0
Gil Vicente FC (Barcelos)	2-1	1-2	0-3	1-3	1-3		4-2	4-3	1-2	2-0	0-1	0-0	0-1	2-3	0-0	0-0
CS Marítimo (Funchal)	0-2	1-1	1-2	0-2	2-1	0-0		1-1	2-0	1-0	1-1	1-1	1-1	1-1	1-0	1-1
Moreirense FC (Moreira de Cónegos)	2-2	3-0	0-2	2-3	1-1	0-0	0-1		3-1	1-1	0-5	0-3	0-1	2-2	0-1	2-1
CD Nacional (Funchal)	2-1	2-4	2-2	3-2	1-0	0-1	1-1	1-2		3-1	3-3	1-3	1-1	1-1	2-1	2-2
SC Olhanense (Olhão)	0-0	1-0	0-2	0-1	2-1	2-2	0-0	2-2	1-2		1-2	2-3	1-0	0-2	1-2	0-1
FC Paços de Ferreira (Paços de Ferreira)	1-0	1-1	1-2	2-0	1-0	3-2	2-2	1-1	1-1	0-0		0-2	2-1	1-0	2-1	2-0
FC do Porto (Porto)	2-1	4-0	2-1	3-1	2-0	5-0	5-0	1-0	1-0	1-1	2-0		2-1	2-0	4-0	2-0
Rio Ave FC (Barcelos)	0-0	2-1	0-1	1-1	0-2	2-1	0-1	0-1	2-1	0-1	0-0	2-2		2-1	1-3	2-1
Sporting Clube de Portugal (Lisboa)	0-0	1-0	1-3	1-0	2-2	2-1	0-1	3-2	2-1	1-0	0-1	0-0	0-1		1-1	2-1
Vitória SC (Guimarães)	2-0	2-1	0-4	0-2	2-2	3-1	1-1	1-0	1-3	2-0	2-2	0-4	0-1	0-0		2-1
Vitória FC (Setúbal)	0-1	1-0	0-5	0-1	1-0	1-0	2-4	5-0	0-2	1-0	0-0	0-3	3-5	2-1	2-3	

1st Division	Pd	Wn	Dw	Ls	GF	GA	Pts	
1. FC do Porto (Porto)	30	24	6	0	70	14	78	
2. Sport Lisboa e Benfica (Lisboa)	30	24	5	1	77	20	77	
3. FC Paços de Ferreira (Paços de Ferreira)	30	14	12	4	42	29	54	
4. SC de Braga (Braga)	30	16	4	10	60	44	52	
5. GD Estoril Praia (Estoril)	30	13	6	11	47	37	45	
6. Rio Ave FC (Barcelos)	30	12	6	12	35	42	42	
7. Sporting Clube de Portugal (Lisboa)	30	11	9	10	36	36	42	
8. CD Nacional (Funchal)	30	11	7	12	45	51	40	
9. Vitória SC (Guimarães)	30	11	7	12	36	47	40	
10. CS Marítimo (Funchal)	30	9	11	10	34	45	38	
11. Associação Académica de Coimbra OAF (Coimbra)	30	6	10	14	33	45	28	
12. Vitória FC (Setúbal)	30	7	5	18	30	55	26	
13. Gil Vicente FC (Barcelos)	30	6	7	17	31	54	25	
14. SC Olhanense (Olhão)	30	5	10	15	26	42	25	
15. Moreirense FC (Moreira de Cónegos)	30	5	9	16	30	51	24	R
16. SC Beira Mar (Aveiro)	30	5	8	17	35	55	23	R
	480	179	122	179	667	667	659	

Top goalscorers

1.	Jackson Martínez	(FC do Porto – Porto)	26
2.	Lima	(SL e Benfica – Lisboa)	20
3.	Óscar Cardozo	(SL e Benfica – Lisboa)	17
4.	Ricky van Wolfswinkel	(Sporting Clube de Portugal – Lisboa)	14

2nd Division	Pd	Wn	Dw	Ls	GF	GA	Pts	
1 CF Os Belenenses (Lisboa)	42	29	7	6	75	41	94	P
2 FC Arouca (Arouca)	42	21	10	11	65	48	73	P
3 Leixões SC (Matosinhos)	42	18	14	10	49	36	68	
4 Sporting Clube de Portugal (Lisboa) "B"	42	17	15	10	62	46	66	
5 CD das Aves (Vila das Aves)	42	16	17	9	47	42	65	
6 Portimonense SC (Portimão)	42	17	13	12	61	50	64	
7 Sport Lisboa e Benfica (Lisboa) "B"	42	15	17	10	71	54	62	
8 UD Oliveirense (Oliveira Azeméis)	42	16	12	14	52	49	60	
9 SC Penafiel (Penafiel)	42	16	12	14	48	44	60	
10 CD de Tondela (Tondela)	42	16	11	15	55	60	59	
11 CD Santa Clara (Ponta Delgada)	42	15	14	13	55	48	59	
12 CF União (Funchal)	42	13	17	12	47	46	56	
13 CD Feirense (Santa Maria da Feira)	42	15	11	16	60	59	56	
14 FC do Porto (Porto) "B"	42	13	15	14	49	49	54	
15 SC de Braga (Braga) "B"	42	12	13	17	39	51	47	
16 CS Marítimo (Funchal) "B"	42	14	7	21	40	46	46	
17 Sporting Clube de Portugal (Lisboa)	42	12	8	22	45	63	44	
18 Associação Naval 1º de Maio (Figueira da Foz)	42	13	18	11	51	50	40	R
19 CD Trofense (Trofa)	42	9	13	20	41	60	40	
20 SC da Covilhã (Covilhã)	42	7	17	18	37	52	38	
21 Vitória SC (Guimarães) "B"	42	7	15	20	30	56	36	R
22 SC Freamunde (Freamunde)	42	7	12	23	46	75	33	R
	924	318	288	318	1125	1125	1220	

SC de Braga "B" had 2 points deducted and CS Marítimo "B" had 3 points deducted.
Associação Naval 1º de Maio had 17 points deducted due to unpaid debts to two other clubs. They declined to play in the Segunda Liga during the 2013-14 season.

Promoted: GD de Chaves (Chaves) and SC Farense (Faro).

Taça de Portugal Final (Estádio Nacional do Jamor – 26th May 2013 – 36,850)

Sport Lisboa e Benfica (Lisboa)	1-2	VITÓRIA SC (GUIMARÃES)
Nico Gaitán 30		*El Arbi Soudani 79, Ricardo Pereira 81*

Benfica: Artur Moraes, Maxi Pereira, André Almeida, Luisão, Ezequiel Garay, Nemanja Matic, Enzo Pérez (Pablo Aimar 87), Toto Salvio, Óscar Cardozo (Jonathan Urreta 80), Lima, Nico Gaitán (Rodrigo Moreno 84).

Vitória SC: Douglas, Ricardo Pereira, Issam El Adoua, Paulo Oliveira, Kanú (Marco Matias 64), David Addy, Leonel Olímpio (Rafael Crivellaro 77), André André, Tiago Rodrigues, Hillal Soudani, Amido Baldé (Mahamadou N'Diaye 90+2).

Semi-finals

FC Paços de Ferreira (Paços de Ferreira)	0-2, 1-1	Sport Lisboa e Benfica (Lisboa)
CF Os Belenenses (Lisboa)	0-2, 0-1	Vitória SC (Guimarães)

Quarter-finals

FC Paços de Ferreira (Paços de Ferreira)	2-1	Gil Vicente FC (Barcelos)
Vitória SC (Guimarães)	2-1 (aet)	SC de Braga (Braga)
FC Arouca (Arouca)	1-4	CF Os Belenenses (Lisboa)
Associação Académica de Coimbra OAF (Coimbra)	0-4	Sport Lisboa e Benfica (Lisboa)

5th Round

SC de Braga (Braga)	2-1	FC do Porto (Porto)
Associação Académica de Coimbra OAF (Coimbra)	3-0	GD Tourizense (Touriz)
FC Arouca (Arouca)	2-1	SC Beira Mar (Aveiro)
SC Lourinhanense (Lourinhã)	0-6	FC Paços de Ferreira (Paços de Ferreira)
Gil Vicente FC (Barcelos)	1-0	UD Oliveirense (Oliveira Azeméis)
CF Os Belenenses (Lisboa)	4-0	GD Fabril do Barreiro (Barreiro)
CS Marítimo (Funchal)	1-1 (aet)	Vitória SC (Guimarães)
	Vitória SC won 5-4 on penalties.	
Sport Lisboa e Benfica (Lisboa)	6-0	CD das Aves (Vila das Aves)

1st Division 2013-2014	Académica	Arouca	Belenenses	Benfica	Estoril Praia	Gil Vicente	Marítimo	Nacional	Olhanense	Paços de Ferreira	Porto	Rio Ave	SC de Portugal	Braga	Vitória SC	Vitória FC
Associação Académica de Coimbra OAF	■	0-0	2-1	0-3	0-1	1-0	1-1	0-0	2-1	4-2	1-0	0-1	0-4	1-1	0-0	1-1
FC Arouca (Arouca)	0-3	■	2-0	0-2	1-2	1-0	1-2	1-1	2-0	0-0	1-3	1-0	1-2	0-1	0-2	1-0
CF Os Belenenses (Lisboa)	0-0	1-0	■	0-1	0-0	0-0	1-0	2-3	2-0	1-1	1-1	0-3	0-1	2-1	3-1	1-3
Sport Lisboa e Benfica (Lisboa)	3-0	2-2	1-1	■	2-0	2-1	2-0	2-0	2-0	3-1	2-0	4-0	2-0	1-0	1-0	1-1
GD Estoril Praia (Estoril)	1-1	1-1	1-1	1-2	■	2-0	1-0	3-1	4-0	1-0	2-2	0-1	0-0	2-1	0-2	0-2
Gil Vicente FC (Barcelos)	2-0	0-3	0-1	1-1	0-0	■	1-1	1-0	1-1	2-1	1-2	1-2	0-2	1-0	1-0	1-0
CS Marítimo (Funchal)	3-1	1-0	2-0	2-1	1-3	3-2	■	2-2	1-1	3-4	1-0	1-0	1-3	2-2	2-1	1-0
CD Nacional (Funchal)	1-0	0-1	2-0	2-4	2-2	2-0	2-0	■	0-0	2-1	2-1	1-1	1-1	3-0	1-1	2-2
SC Olhanense (Olhão)	0-1	1-0	0-0	2-3	1-2	2-1	1-1	1-1	■	1-0	2-1	0-1	0-2	0-2	0-1	2-1
FC Paços de Ferreira (Paços de Ferreira)	2-4	3-1	1-0	0-2	0-3	0-2	3-1	0-5	3-1	■	0-1	0-0	1-3	0-2	1-3	1-1
FC do Porto (Porto)	3-1	4-1	1-0	2-1	0-1	2-0	3-0	1-1	4-0	3-0	■	3-0	3-1	2-0	1-0	3-0
Rio Ave FC (Barcelos)	0-0	1-1	1-0	1-3	0-2	0-1	1-1	0-3	1-2	0-0	1-3	■	1-2	1-1	0-1	2-0
Sporting Clube de Portugal (Lisboa)	0-0	5-1	3-0	1-1	0-1	2-0	3-2	0-0	1-0	4-0	1-0	1-1	■	2-1	1-0	4-0
SC de Braga (Braga)	0-1	2-2	2-1	0-1	3-2	4-1	1-1	2-1	4-1	1-1	1-3	0-1	1-2	■	3-0	2-0
Vitória SC (Guimarães)	3-0	2-3	0-0	0-1	1-3	0-0	1-0	1-2	2-0	1-2	2-2	1-0	0-1	1-0	■	1-4
Vitória FC (Setúbal)	1-0	1-0	0-0	0-2	1-1	2-2	2-4	3-0	3-1	4-0	1-3	2-0	2-2	1-1	3-2	■

1st Division

	1st Division	Pd	Wn	Dw	Ls	GF	GA	Pts	
1.	Sport Lisboa e Benfica (Lisboa)	30	23	5	2	58	18	74	
2.	Sporting Clube de Portugal (Lisboa)	30	20	7	3	54	20	67	
3.	FC do Porto (Porto)	30	19	4	7	57	25	61	
4.	GD Estoril Praia (Estoril)	30	15	9	6	42	26	54	
5.	CD Nacional (Funchal)	30	11	12	7	43	33	45	
6.	CS Marítimo (Funchal)	30	11	8	11	40	44	41	
7.	Vitória FC (Setúbal)	30	10	9	11	41	41	39	
8.	Associação Académica de Coimbra OAF (Coimbra)	30	9	10	11	25	35	37	
9.	SC de Braga (Braga)	30	10	7	13	39	37	37	
10.	Vitória SC (Guimarães)	30	10	5	15	30	35	35	
11.	Rio Ave FC (Barcelos)	30	8	8	14	21	35	32	
12.	FC Arouca (Arouca)	30	8	7	15	28	42	31	
13.	Gil Vicente FC (Barcelos)	30	8	7	15	23	37	31	
14.	CF Os Belenenses (Lisboa)	30	6	10	14	19	33	28	
15.	FC Paços de Ferreira (Paços de Ferreira)	30	6	6	18	28	59	24	PO
16.	SC Olhanense (Olhão)	30	6	6	18	21	49	24	R
		480	180	120	180	569	569	660	

FC Boavista (Porto) were promoted into the 1st Division from the Campeonato Nacional de Seniores (3rd Division)

Relegation play-offs

CD das Aves (Vila das Aves)	0-0, 1-3	FC Paços de Ferreira (Paços de Ferreira)

Top goalscorers

1.	Jackson Martínez	(FC do Porto – Porto)	20
2.	Derley	(CS Marítimo – Funchal)	16
3.	Rafael Martins	(Vitória FC – Setúbal)	15
4.	Lima	(SL e Benfica – Lisboa)	14
5.	Fredy Montero	(Sporting Clube de Portugal – Lisboa)	13

2nd Division	**Pd**	**Wn**	**Dw**	**Ls**	**GF**	**GA**	**Pts**	
1. Moreirense FC (Moreira de Cónegos)	42	21	16	5	65	25	79	P
2. FC do Porto (Porto) "B"	42	23	8	11	59	42	77	
3. SC Penafiel (Penafiel)	42	18	19	5	47	24	73	P
4. CD das Aves (Vila das Aves)	42	20	11	11	46	35	71	PO
5. Sport Lisboa e Benfica (Lisboa) "B"	42	20	10	12	77	56	70	
6. Sporting Clube de Portugal (Lisboa) "B"	42	20	10	12	61	50	70	
7. Portimonense SC (Portimão)	42	19	10	13	58	48	67	
8. GD de Chaves (Chaves)	42	19	10	13	58	56	67	
9. CD de Tondela (Tondela)	42	16	11	15	41	38	59	
10. SC Farense (Faro)	42	15	12	15	45	44	57	
11. Académico de Viseu FC (Viseu)	42	16	6	20	43	43	54	
12. SC Beira Mar (Aveiro)	42	14	12	16	45	48	54	
13. CF União (Funchal)	42	14	10	18	50	46	52	
14. CD Feirense (Santa Maria da Feira)	42	10	20	12	41	46	50	
15. CD Santa Clara (Ponta Delgada)	42	13	9	20	38	46	48	
16. SC da Covilhã (Covilhã)	42	13	9	20	34	50	48	
17. Leixões SC (Matosinhos)	42	13	8	21	42	57	47	
18. UD Oliveirense (Oliveira Azeméis)	42	13	8	21	56	76	47	
19. CD Trofense (Trofa)	42	11	14	17	36	61	47	
20. SC de Braga (Braga) "B"	42	12	8	22	47	60	44	
21. CS Marítimo (Funchal) "B"	42	11	10	21	39	57	43	
22. Sporting Clube de Portugal (Lisboa)	42	9	13	20	34	54	40	
	924	340	244	340	1062	1062	1264	

FC do Porto (Porto) "B" were ineligible for promotion.

Promoted: SC Freamunde (Freamunde), Clube Oriental de Lisboa (Lisboa), Vitória SC (Guimarães) "B" and FC Boavista (Porto)

Taça de Portugal Final   (Estádio Nacional do Jamor – 18th May 2014 – 37,150)

SPORT LISBOA E BENFICA (LISBOA)	1-0	Rio Ave FC (Barcelos)

Nico Gaitán 20

Benfica: Jan Oblak, Maxi Pereira, André Almeida, Luisão, Ezequiel Garay, Eduardo Salvio, Rúben Amorim (André Gomes 55), Enzo Pérez, Nico Gaitán (Óscar Cardozo 87), Lima, Rodrigo (Lazar Markovic 66).

Rio Ave: Ederson, Lionn, Alberto Rodríguez, Marcelo, Edimar, Filipe Augusto, Bruno Braga (André Vilas Boas 89), Rúben Ribeiro (Diego Lopes 78), Tarantini, Ukra, Pedro Santos (Ahmed Hassan 80).

Semi-finals

SC de Braga (Braga)	0-0, 0-2	Rio Ave FC (Barcelos)
FC do Porto (Porto)	1-0, 1-3	Sport Lisboa e Benfica (Lisboa)

Quarter-finals

SC Penafiel (Penafiel)	0-1	Sport Lisboa e Benfica (Lisboa)
FC do Porto (Porto)	2-1	GD Estoril Praia (Estoril)
Rio Ave FC (Barcelos)	1-0	Associação Académica de Coimbra OAF (Coimbra)
SC de Braga (Braga)	3-1 (aet)	CD das Aves (Vila das Aves)

5th Round

Leixões SC (Matosinhos)	1-5	GD Estoril Praia (Estoril)
Rio Ave FC (Barcelos)	1-0	Vitória FC (Setúbal)
FC do Porto (Porto)	6-0	Sporting Clube de Portugal (Lisboa)
Sport Lisboa e Benfica (Lisboa)	5-0	Gil Vicente FC (Barcelos)
SC Beira Mar (Aveiro)	0-1	Associação Académica de Coimbra OAF (Coimbra)
FC Paços de Ferreira (Paços de Ferreira)	1-2	CD das Aves (Vila das Aves)
CS Marítimo (Funchal)	2-3	SC Penafiel (Penafiel)
SC de Braga (Braga)	2-0	FC Arouca (Arouca)

2014-2015

1st Division 2014-2015	Académica	Arouca	Belenenses	Benfica	Boavista	Braga	Estoril Praia	Gil Vicente	Marítimo	Moreirense	Nacional	Paços de Ferreira	PEN	Porto	Rio Ave	SC de Portugal	Vitória SC	Vitória FC
Associação Académica de Coimbra OAF	■	1-1	1-1	0-2	0-0	1-1	2-2	1-2	1-1	0-0	2-1	2-2	1-1	0-3	0-0	1-1	2-4	1-1
FC Arouca (Arouca)	0-1	■	0-1	1-3	0-0	1-0	1-1	3-1	1-0	1-2	3-3	1-3	0-1	0-5	1-0	1-3	1-2	1-0
CF Os Belenenses (Lisboa)	0-0	0-0	■	0-2	3-1	0-1	2-2	2-0	1-0	2-0	3-1	0-1	0-0	1-1	1-3	1-1	0-3	1-1
Sport Lisboa e Benfica (Lisboa)	5-1	4-0	3-0	■	3-0	2-0	6-0	1-0	4-1	3-1	3-1	2-0	4-0	0-0	1-0	1-1	3-0	3-0
FC Boavista (Porto)	1-0	3-1	1-0	0-1	■	1-0	1-2	3-2	0-2	3-1	0-1	1-2	1-0	0-2	1-1	1-3	3-1	0-0
SC de Braga (Braga)	0-0	2-0	1-1	2-1	3-0	■	2-1	2-0	1-3	1-0	3-1	3-0	4-0	0-1	3-0	0-1	0-0	5-0
GD Estoril Praia (Estoril)	1-2	1-0	1-2	2-3	2-0	0-2	■	1-1	1-1	1-1	2-1	1-0	3-3	2-2	1-5	1-1	1-0	1-0
Gil Vicente FC (Barcelos)	1-1	1-1	0-2	0-5	1-1	0-2	1-1	■	1-2	0-1	0-0	1-0	2-1	1-5	0-0	0-4	1-3	1-1
CS Marítimo (Funchal)	2-1	1-1	1-2	0-4	4-0	2-1	0-0	1-2	■	1-2	1-1	2-1	2-0	1-0	4-0	1-0	4-0	1-1
Moreirense FC (Moreira de Cónegos)	0-2	1-0	0-1	1-3	1-0	0-0	1-1	2-0	1-1	■	2-3	2-0	0-0	0-2	1-1	1-4	2-1	3-1
CD Nacional (Funchal)	1-0	2-0	2-1	1-2	2-1	1-1	1-0	3-2	3-0	0-1	■	3-0	2-0	1-1	0-0	0-1	2-2	3-0
FC Paços de Ferreira (Paços de Ferreira)	3-2	2-1	2-0	1-0	1-0	2-2	1-1	1-1	3-2	0-0	2-3	■	2-1	0-1	1-2	1-1	2-2	4-1
SC Penafiel (Penafiel)	0-0	0-2	1-3	0-3	2-2	1-6	1-2	2-1	3-4	1-2	2-1	0-1	■	1-3	0-2	0-4	1-1	2-0
FC do Porto (Porto)	1-0	1-0	3-0	0-2	0-0	2-1	5-0	2-0	2-0	3-0	2-0	5-0	2-0	■	5-0	3-0	1-0	4-0
Rio Ave FC (Barcelos)	3-0	1-2	0-0	2-1	4-0	0-2	2-1	0-0	0-0	1-1	1-1	0-0	3-2	1-3	■	0-1	1-1	2-0
Sporting Clube de Portugal (Lisboa)	1-0	1-0	1-1	1-1	2-1	4-1	3-0	2-0	4-2	1-1	2-0	1-1	3-2	1-1	4-2	■	4-1	3-0
Vitória SC (Guimarães)	4-0	1-0	0-1	0-0	3-0	1-0	2-0	2-2	1-0	2-1	4-0	1-1	3-0	1-1	0-0	3-0	■	0-1
Vitória FC (Setúbal)	0-0	2-1	1-1	0-5	0-1	1-3	1-2	2-0	1-0	2-1	2-0	0-0	0-1	0-2	4-1	1-2	0-1	■

	1st Division	Pd	Wn	Dw	Ls	GF	GA	Pts	
1.	Sport Lisboa e Benfica (Lisboa)	34	27	4	3	86	16	85	
2.	FC do Porto (Porto)	34	25	7	2	74	13	82	
3.	Sporting Clube de Portugal (Lisboa)	34	22	10	2	67	29	76	
4.	SC de Braga (Braga)	34	17	7	10	55	28	58	
5.	Vitória SC (Guimarães)	34	15	10	9	50	35	55	
6.	CF Os Belenenses (Lisboa)	34	12	12	10	34	35	48	
7.	CD Nacional (Funchal)	34	13	8	13	45	46	47	
8.	FC Paços de Ferreira (Paços de Ferreira)	34	12	11	11	40	45	47	
9.	CS Marítimo (Funchal)	34	12	8	14	46	45	44	
10.	Rio Ave FC (Barcelos)	34	10	13	11	38	42	43	
11.	Moreirense FC (Moreira de Cónegos)	34	11	10	13	33	42	43	
12.	GD Estoril Praia (Estoril)	34	9	13	12	38	56	40	
13.	FC Boavista (Porto)	34	9	7	18	27	50	34	
14.	Vitória FC (Setúbal)	34	7	8	19	24	56	29	
15.	Associação Académica de Coimbra OAF (Coimbra)	34	4	17	13	26	46	29	
16.	FC Arouca (Arouca)	34	7	7	20	26	50	28	
17.	Gil Vicente FC (Barcelos)	34	4	11	19	25	60	23	R
18.	SC Penafiel (Penafiel)	34	5	7	22	29	69	22	R
		612	221	170	221	763	763	833	

Top goalscorers

1.	Jackson Martínez	(FC do Porto – Porto)	21
2.	Jonas	(SL e Benfica – Lisboa)	20
3.	Lima	(SL e Benfica – Lisboa)	19
4.	Marco Matias	(CD Nacional – Funchal)	17

	2nd Division	Pd	Wn	Dw	Ls	GF	GA	Pts	
1.	CD de Tondela (Tondela)	46	21	18	7	67	51	81	P
2.	CF União (Funchal)	46	22	14	10	69	39	80	P
3.	GD de Chaves (Chaves)	46	20	20	6	68	45	80	
4.	SC da Covilhã (Covilhã)	46	23	11	12	78	46	80	
5.	Sporting Clube de Portugal (Lisboa) "B"	46	22	12	12	66	57	78	
6.	Sport Lisboa e Benfica (Lisboa) "B"	46	22	11	13	81	60	77	
7.	CD Feirense (Santa Maria da Feira)	46	21	12	13	61	51	75	
8.	SC Freamunde (Freamunde)	46	18	17	11	48	32	71	
9.	Vitória SC (Guimarães) "B"	46	19	8	19	71	57	65	
10.	SC Beira Mar (Aveiro)	46	16	15	15	52	48	63	R
11.	SC Farense (Faro)	46	16	14	16	51	54	62	
12.	Académico de Viseu FC (Viseu)	46	17	11	18	55	56	62	
13.	FC do Porto (Porto) "B"	46	17	10	19	66	64	61	
14.	Portimonense SC (Portimão)	46	15	15	16	56	62	60	
15.	Clube Oriental de Lisboa (Lisboa)	46	15	13	18	47	59	58	
16.	SC Olhanense (Olhão)	46	13	16	17	51	56	55	
17.	UD Oliveirense (Oliveira Azeméis)	46	14	13	19	50	67	55	
18.	CD das Aves (Vila das Aves)	46	12	17	17	52	58	53	
19.	CD Santa Clara (Ponta Delgada)	46	10	21	15	33	42	51	
20.	Leixões SC (Matosinhos)	46	13	11	22	53	67	50	
21.	SC de Braga (Braga) "B"	46	12	15	19	48	62	49	-5
22.	Sporting Clube de Portugal (Lisboa)	46	11	14	21	56	70	47	
23.	CS Marítimo (Funchal) "B"	46	10	11	25	37	67	41	R
24.	CD Trofense (Trofa)	46	9	9	28	35	81	36	R
		1104	388	328	388	1351	1351	1490	(-5)

SC Beira-Mar were relegated due to unpaid debts so Sporting Clube de Portugal remained in the 2nd Division.

SC de Braga "B" had a total of 5 points deducted after it was discovered that they had fielded four ineligible players.

Promoted: CD de Mafra (Mafra), FC Famalicão (Vila Nova da Famalicão) and Varzim SC (Póvoa de Varzim).

Taça de Portugal   (Estádio Nacional do Jamor – 31st May 2015 – 35,890)

SPORTING CLUBE DE PORTUGAL (LISBOA)2-2 (aet)   SC de Braga (Braga)

Islam Slimani 84, Fredy Montero 90+3   Sporting won 3-1 on penalties   Éder 16 pen, Rafa Silva 25

Sporting: Rui Patrício, Cédric Soares, Ewerton, Paulo Oliveira, Jefferson, William Carvalho, Adrien Silva, João Mário (Miguel Lopes 21), André Carrillo (Carlos Mané 54), Islam Slimani, Nani.

Braga: Stanislav Kritciuk, Baiano, André Pinto, Aderllan Santos, Djavan (Vincent Sasso 82), Luiz Carlos, Mauro, Rúben Micael (Alan 61), Felipe Pardo (Salvador Agra 75), Éder (C) Rafa Silva.

Semi-finals

CD Nacional (Funchal)	2-2, 0-1	Sporting Clube de Portugal (Lisboa)
SC de Braga (Braga)	3-0, 1-1	Rio Ave FC (Barcelos)

Quarter-finals

Rio Ave FC (Barcelos)	5-2	Gil Vicente FC (Barcelos)
SC de Braga (Braga)	7-1	CF Os Belenenses (Lisboa)
Sporting Clube de Portugal (Lisboa)	4-0	FC Famalicão (Vila Nova da Famalicão)
CS Marítimo (Funchal)	1-1 (aet)	CD Nacional (Funchal)

CD Nacional won 6-5 on penalties.

5th Round

CF Os Belenenses (Lisboa)	2-0	SC Freamunde (Freamunde)
Gil Vicente FC (Barcelos)	2-1	SC Penafiel (Penafiel)
CD Nacional (Funchal)	2-1	Santa Maria FC (Barcelos)
Rio Ave FC (Barcelos)	2-0	GD de Chaves (Chaves)
CS Marítimo (Funchal)	1-1 (aet)	Clube Oriental de Lisboa (Lisboa)

CS Marítimo won 9-8 on penalties.

FC Paços de Ferreira (Paços de Ferreira)	1-2	FC Famalicão (Vila Nova da Famalicão)
FC de Vizela (Caldas de Vizela)	2-3	Sporting Clube de Portugal (Lisboa)
Sport Lisboa e Benfica (Lisboa)	1-2	SC de Braga (Braga)

1st Division 2015-2016	Académica	Arouca	Belenenses	Benfica	Boavista	Braga	Estoril Praia	Marítimo	Moreirense	Nacional	Paços de Ferreira	Porto	Rio Ave	SC de Portugal	Tondela	União	Vitória SC	Vitória FC
Associação Académica de Coimbra OAF		1-1	4-3	1-2	0-2	0-0	0-3	1-0	1-1	2-2	1-1	1-2	0-2	1-3	2-1	3-1	2-0	0-4
FC Arouca (Arouca)	3-2		2-2	1-0	3-2	0-0	1-0	4-1	1-2	3-0	2-2	1-3	0-0	0-1	1-1	3-0	2-2	1-0
CF Os Belenenses (Lisboa)	1-1	0-2		0-5	1-0	3-0	2-1	1-1	2-0	2-2	0-2	1-2	3-3	2-5	2-1	1-0	3-3	0-3
Sport Lisboa e Benfica (Lisboa)	3-0	3-1	6-0		2-0	5-1	4-0	6-0	3-2	4-1	3-0	1-2	3-1	0-3	4-1	2-0	1-0	2-1
FC Boavista (Porto)	0-0	0-0	1-0	0-1		0-0	1-1	0-1	0-3	0-1	0-1	0-5	1-2	0-0	1-0	1-0	1-2	4-0
SC de Braga (Braga)	3-0	0-0	4-0	0-2	4-0		2-0	5-1	1-1	2-1	1-1	3-1	5-1	0-4	3-0	2-0	3-3	3-2
GD Estoril Praia (Estoril)	1-1	1-1	2-0	1-2	1-0	1-0		2-1	2-0	1-1	1-0	1-3	2-2	1-2	2-1	2-1	0-1	3-0
CS Marítimo (Funchal)	1-0	1-2	1-2	0-2	0-3	1-3	1-1		5-1	2-0	0-2	1-1	3-2	1-0	1-0	0-1	3-0	5-2
Moreirense FC (Moreira de Cónegos)	2-2	0-2	2-3	1-4	1-1	0-0	1-3	2-1		2-0	2-0	2-2	0-1	0-1	1-2	0-0	3-4	0-2
CD Nacional (Funchal)	2-0	2-2	2-2	1-4	0-0	2-3	4-1	3-1	0-1		3-0	1-2	1-0	0-4	3-1	1-0	3-2	1-1
FC Paços de Ferreira (Paços de Ferreira)	1-0	1-1	2-2	1-3	0-1	1-0	2-0	2-2	0-0	3-1		1-0	0-3	1-3	1-4	6-0	0-1	2-1
FC do Porto (Porto)	3-1	1-2	4-0	1-0	4-0	0-0	2-0	1-0	3-2	4-0	2-1		1-1	1-3	0-1	3-2	3-0	2-0
Rio Ave FC (Barcelos)	1-0	3-1	1-2	0-1	1-0	1-0	1-3	1-0	0-1	1-1	1-1	1-3		1-2	2-3	1-0	2-0	2-1
Sporting Clube de Portugal (Lisboa)	3-2	5-1	1-0	0-1	2-0	3-2	1-0	3-1	3-1	1-0	1-1	2-0	0-0		2-2	2-0	5-1	5-0
CD de Tondela (Tondela)	2-0	0-1	2-2	0-4	1-2	0-1	0-1	3-4	1-1	1-0	0-2	0-1	1-1	1-2		1-0	1-1	1-3
CF União (Funchal)	3-1	0-0	0-0	0-0	1-0	0-1	1-1	2-1	0-1	3-0	3-4	0-4	1-2	1-0	2-0		0-0	2-2
Vitória SC (Guimarães)	1-1	2-2	1-1	0-1	1-1	0-1	1-1	3-4	4-1	0-1	0-1	1-0	3-1	0-0	1-0	3-1		2-2
Vitória FC (Setúbal)	2-1	0-0	0-1	2-4	2-2	1-1	1-0	1-1	0-1	1-1	0-0	0-1	2-2	0-6	0-1	2-2	2-2	

	1st Division	Pd	Wn	Dw	Ls	GF	GA	Pts	
1.	Sport Lisboa e Benfica (Lisboa)	34	29	1	4	88	22	88	
2.	Sporting Clube de Portugal (Lisboa)	34	27	5	2	79	21	86	
3.	FC do Porto (Porto)	34	23	4	7	67	30	73	
4.	SC de Braga (Braga)	34	16	10	8	54	35	58	
5.	FC Arouca (Arouca)	34	13	15	6	47	38	54	
6.	Rio Ave FC (Barcelos)	34	14	8	12	44	44	50	
7.	FC Paços de Ferreira (Paços de Ferreira)	34	13	10	11	43	42	49	
8.	GD Estoril Praia (Estoril)	34	13	8	13	40	41	47	
9.	CF Os Belenenses (Lisboa)	34	10	11	13	44	66	41	
10.	Vitória SC (Guimarães)	34	9	13	12	45	53	40	
11.	CD Nacional (Funchal)	34	10	8	16	40	56	38	
12.	Moreirense FC (Moreira de Cónegos)	34	9	9	16	38	54	36	
13.	CS Marítimo (Funchal)	34	10	5	19	45	63	35	
14.	FC Boavista (Porto)	34	8	9	17	24	41	33	
15.	Vitória FC (Setúbal)	34	6	12	16	40	61	30	
16.	CD de Tondela (Tondela)	34	8	6	20	34	54	30	
17.	CF União (Funchal)	34	7	8	19	27	50	29	R
18.	Associação Académica de Coimbra OAF (Coimbra)	34	5	10	19	32	60	25	R
		612	230	152	230	831	831	842	

Top goalscorers

1.	Jonas	(SL e Benfica – Lisboa)	32
2.	Islam Slimani	(Sporting Clube de Portugal – Lisboa)	27
3.	Kostas Mitroglou	(SL e Benfica – Lisboa)	20
4.	Léo Bonatini	(GD Estoril Praia – Estoril)	17
5.	Rafael Martins	(Moreirense FC – Moreira de Cónegos)	16

2nd Division

		Pd	Wn	Dw	Ls	GF	GA	Pts	
1.	FC do Porto (Porto) "B"	46	26	8	12	84	52	86	
2.	GD de Chaves (Chaves)	46	21	18	7	60	39	81	P
3.	CD Feirense (Santa Maria da Feira)	46	21	15	10	55	38	78	P
4.	Portimonense SC (Portimão)	46	20	18	8	57	45	78	
5.	SC Freamunde (Freamunde)	46	20	14	12	52	36	74	
6.	FC Famalicão (Vila Nova da Famalicão)	46	18	18	10	64	51	72	
7.	SC Olhanense (Olhão)	46	19	12	15	42	39	69	
8.	CD das Aves (Vila das Aves)	46	19	10	17	58	48	67	
9.	Varzim SC (Póvoa de Varzim)	46	17	14	15	51	48	65	
10.	Sporting Clube de Portugal (Lisboa) "B"	46	18	11	17	61	59	65	
11.	Gil Vicente FC (Barcelos)	46	16	14	16	58	56	62	
12.	SC Penafiel (Penafiel)	46	13	22	11	49	46	61	
13.	Vitória SC (Guimarães) "B"	46	16	12	18	60	67	60	
14.	SC da Covilhã (Covilhã)	46	13	19	14	45	48	58	
15.	SC de Braga (Braga) "B"	46	15	12	19	47	54	57	
16.	CD Santa Clara (Ponta Delgada)	46	15	12	19	49	52	57	
17.	Académico de Viseu FC (Viseu)	46	13	17	16	46	60	56	
18.	Leixões SC (Matosinhos)	46	14	13	19	45	56	55	
19.	Sport Lisboa e Benfica (Lisboa) "B"	46	15	10	21	59	64	55	
20.	SC Farense (Faro)	46	15	11	20	49	56	54	R-2
21.	CD de Mafra (Mafra)	46	12	18	16	37	40	54	R
22.	Sporting Clube de Portugal (Lisboa)	46	12	15	19	49	56	51	R
23.	Clube Oriental de Lisboa (Lisboa)	46	9	14	23	47	67	41	R
24.	UD Oliveirense (Oliveira Azeméis)	46	6	11	29	42	89	29	R
		1104	383	338	383	1266	1266	1485	(-2)

SC Farense had 2 points deducted after it was discovered they had fielded an ineligible player.

The 2nd Division was reduced to 22 clubs for the next season.

Promoted: CD Cova da Piedade (Almada), FC de Vizela (Caldas de Vizela) and AD de Fafe (Fafe).

Taça de Portugal Final (Estádio Nacional do Jamor – 22nd May 2016 – 35,390)

SC DE BRAGA (BRAGA)	2-2 (aet)	FC do Porto (Porto)
Rui Fonte 12, Josué 58	*SC de Braga won 4-2 on penalties.*	*André Silva 61, 90*

Braga: Marafona, Baiano, Marcelo Goiano, André Pinto, Ricardo Ferreira (Willy Boly 77), Mauro, Josué (Pedro Santos 84), Luiz Carlos, Rui Fonte (Nikola Stojilkovic 60), Ahmed Hassan, Rafa Silva

Porto: Helton, Maxi Pereira, Miguel Layún, Iván Marcano, Chidozie Awaziem (Rúben Neves 46), Sérgio Oliveira (André André 74), Danilo Pereira, Héctor Herrera, André Silva, Silvestre Varela (Vincent Aboubakar 79), Yacine Brahimi.

Semi-finals

Gil Vicente FC (Barcelos)	0-3, 0-2	FC do Porto (Porto)
SC de Braga (Braga)	1-0, 0-0	Rio Ave FC (Barcelos)

Quarter-finals

Gil Vicente FC (Barcelos)	1-0	CD Nacional (Funchal)
Rio Ave FC (Barcelos)	3-0	GD Estoril Praia (Estoril)
SC de Braga (Braga)	2-0	FC Arouca (Arouca)
FC Boavista (Porto)	0-1	FC do Porto (Porto)

5th Round

Vitória FC (Setúbal) — 1-1 (aet) — Rio Ave FC (Barcelos)
Rio Ave FC won 3-1 on penalties.
CD das Aves (Vila das Aves) — 2-2 (aet) — CD Nacional (Funchal)
CD Nacional won 4-2 on penalties.
Amarante FC (Amarante) — 1-2 — FC Arouca (Arouca)
GD Estoril Praia (Estoril) — 1-0 — SC Penafiel (Penafiel)
Gil Vicente FC (Barcelos) — 1-1 (aet) — Portimonense SC (Portimão)
Gil Vicente FC won 4-3 on penalties.
CD Feirense (Santa Maria da Feira) — 0-1 — FC do Porto (Porto)
SC de Braga (Braga) — 4-3 (aet) — Sporting Clube de Portugal (Lisboa)
FC Boavista (Porto) — 1-0 — Associação Académica de Coimbra OAF (Coimbra)

2016-2017

1st Division 2016-2017	Arouca	Belenenses	Benfica	Boavista	Braga	Chaves	Estoril Praia	Feirense	Marítimo	Moreirense	Nacional	Paços de Ferreira	Porto	Rio Ave	SC de Portugal	Tondela	Vitória SC	Vitória FC
FC Arouca (Arouca)		1-2	1-2	1-2	1-1	0-1	2-1	2-0	1-0	2-2	2-0	1-0	0-4	0-2	1-2	1-2	0-1	2-1
CF Os Belenenses (Lisboa)	1-1		0-2	0-0	1-2	2-1	1-3	1-2	1-0	1-1	2-1	1-2	0-0	1-0	0-1	0-0	1-1	1-2
Sport Lisboa e Benfica (Lisboa)	3-0	4-0		3-3	3-1	3-1	2-1	4-0	3-0	3-0	3-0	3-0	1-1	2-0	2-1	4-0	5-0	1-1
FC Boavista (Porto)	2-0	0-1	2-2		1-1	2-2	0-0	1-2	3-0	2-0	2-2	0-0	0-1	0-1	0-1	1-0	1-2	1-0
SC de Braga (Braga)	3-1	2-1	0-1	3-0		1-0	1-1	6-2	3-3	2-1	4-0	3-0	1-1	1-1	2-3	2-0	1-2	2-1
GD de Chaves (Chaves)	2-0	3-1	0-2	0-0	0-0		1-0	1-1	0-0	2-1	2-0	1-0	0-2	2-2	2-2	1-1	2-3	0-0
GD Estoril Praia (Estoril)	4-2	1-1	0-1	0-0	1-3	2-1		0-2	0-1	2-0	0-1	2-1	1-2	0-2	0-2	2-0	0-3	3-0
CD Feirense (Santa Maria da Feira)	0-2	0-1	0-1	0-1	0-1	3-2	1-0		2-1	0-3	0-3	2-0	0-4	2-1	2-1	2-1	0-0	1-1
CS Marítimo (Funchal)	3-1	3-0	2-1	1-1	1-0	2-1	1-1	2-0		1-0	0-0	3-1	1-1	0-1	2-2	2-0	0-2	1-0
Moreirense FC (Moreira de Cónegos)	1-4	1-0	0-1	0-0	2-1	0-0	1-1	1-1	0-1		3-1	1-1	3-1	1-1	2-3	1-1	0-1	1-2
CD Nacional (Funchal)	1-1	1-1	1-3	0-2	0-0	0-1	0-1	0-0	2-0	0-1		1-1	0-4	0-2	0-0	3-2	1-2	1-2
FC Paços de Ferreira (Paços de Ferreira)	1-1	1-0	0-0	2-1	3-1	1-1	0-0	0-1	0-0	0-2	1-1		0-0	2-1	0-1	0-0	2-0	2-1
FC do Porto (Porto)	3-0	3-0	1-1	3-1	1-0	2-1	1-0	0-0	2-1	3-0	7-0	4-1		4-2	2-1	4-0	3-0	1-1
Rio Ave FC (Barcelos)	3-0	2-0	0-1	1-2	1-0	2-2	1-2	1-0	0-0	3-2	2-1	0-0	1-3		3-1	3-1	0-3	0-0
Sporting Clube de Portugal (Lisboa)	3-0	1-3	1-1	4-0	0-1	4-1	4-2	2-1	2-0	3-0	2-0	4-2	2-1	1-0		1-1	1-1	2-0
CD de Tondela (Tondela)	1-2	0-1	0-2	1-1	2-0	2-0	0-2	0-1	1-1	1-2	2-0	2-1	0-0	2-1	1-4		2-1	2-1
Vitória SC (Guimarães)	1-0	1-1	0-2	2-0	0-1	1-1	3-3	0-1	0-0	1-0	2-1	5-3	0-2	3-0	3-3	2-1		3-1
Vitória FC (Setúbal)	2-0	2-0	1-0	0-1	1-1	0-0	2-0	1-2	0-1	2-0	1-0	1-4	0-0	0-1	0-3	3-0	0-2	

1st Division	Pd	Wn	Dw	Ls	GF	GA	Pts	
1. Sport Lisboa e Benfica (Lisboa)	34	25	7	2	72	18	82	
2. FC do Porto (Porto)	34	22	10	2	71	19	76	
3. Sporting Clube de Portugal (Lisboa)	34	21	7	6	68	36	70	
4. Vitória SC (Guimarães)	34	18	8	8	50	39	62	
5. SC de Braga (Braga)	34	15	9	10	51	36	54	
6. CS Marítimo (Funchal)	34	13	11	10	34	32	50	
7. Rio Ave FC (Barcelos)	34	14	7	13	41	39	49	
8. CD Feirense (Santa Maria da Feira)	34	14	6	14	31	45	48	
9. FC Boavista (Porto)	34	10	13	11	33	36	43	
10. GD Estoril Praia (Estoril)	34	10	8	16	36	42	38	
11. GD de Chaves (Chaves)	34	8	14	12	35	42	38	
12. Vitória FC (Setúbal)	34	10	8	16	30	39	38	
13. FC Paços de Ferreira (Paços de Ferreira)	34	8	12	14	32	45	36	
14. CF Os Belenenses (Lisboa)	34	9	9	16	27	45	36	
15. Moreirense FC (Moreira de Cónegos)	34	8	9	17	33	48	33	
16. CD de Tondela (Tondela)	34	8	8	18	29	52	32	
17. FC Arouca (Arouca)	34	9	5	20	33	57	32	R
18. CD Nacional (Funchal)	34	4	9	21	22	58	21	R
	612	226	160	226	728	728	838	

Top goalscorers

1.	Bas Dost	(Sporting Clube de Portugal – Lisboa)	34
2.	Soares	(FC do Porto – Porto)	19
3.	Kostas Mitroglou	(SL e Benfica – Lisboa)	16
	André Silva	(FC do Porto – Porto)	16
5.	Jonas	(SL e Benfica – Lisboa)	13
	Moussa Marega	(Vitória SC – Guimarães)	13

2nd Division	Pd	Wn	Dw	Ls	GF	GA	Pts	
1. Portimonense SC (Portimão)	42	25	8	9	70	39	83	P
2. CD das Aves (Vila das Aves)	42	23	12	7	63	38	81	P
3. CF União (Funchal)	42	17	13	12	52	43	64	
4. Sport Lisboa e Benfica (Lisboa) "B"	42	18	9	15	56	58	63	
5. SC Penafiel (Penafiel)	42	18	9	15	56	55	63	
6. Associação Académica de Coimbra OAF (Coimbra)	42	17	11	14	42	35	62	
7. SC de Braga (Braga) "B"	42	16	14	12	64	50	62	
8. SC da Covilhã (Covilhã)	42	15	17	10	51	41	62	
9. Varzim SC (Póvoa de Varzim)	42	17	10	15	45	48	61	
10. CD Santa Clara (Ponta Delgada)	42	16	12	14	44	42	60	
11. Vitória SC (Guimarães) "B"	42	18	6	18	54	50	60	
12. FC do Porto (Porto) "B"	42	16	12	14	52	49	60	
13. Gil Vicente FC (Barcelos)	42	13	17	12	47	49	56	
14. Sporting Clube de Portugal (Lisboa) "B"	42	15	10	17	64	62	55	
15. FC Famalicão (Vila Nova da Famalicão)	42	14	11	17	47	50	53	
16. CD Cova da Piedade (Almada)	42	14	11	17	45	60	53	
17. Académico de Viseu FC (Viseu)	42	13	13	16	49	54	52	PO
18. Leixões SC (Matosinhos)	42	10	16	16	44	48	46	PO
19. FC de Vizela (Caldas de Vizela)	42	9	19	14	39	49	46	R
20. AD de Fafe (Fafe)	42	11	12	19	52	65	45	R
21. SC Freamunde (Freamunde)	42	9	13	20	39	52	40	R
22. SC Olhanense (Olhão)	42	7	7	28	45	83	28	R
	924	331	262	331	1120	1120	1255	

Relegation play-offs

Académico de Viseu FC (Viseu)	2-0, 1-0	Merelinense FC (Braga)
SC Praiense (Praia da Vitória)	0-1, 1-1	Leixões SC (Matosinhos)

Leixões SC won 2-1 on aggregate.

Promoted: UD Oliveirense (Oliveira Azeméis) and Real FC (Queluz).

Taça de Portugal Final (Estádio Nacional do Jamor – 28th May 2017 – 35,390)

SPORT LISBOA E BENFICA (LISBOA)	2-1	Vitória SC (Guimarães)
Raúl Jiménez 48, Eduardo Salvio 53		*Bongani Zungu 78*

Benfica: Ederson Moraes, Nélson Semedo, Luisão, Victor Lindelof, Álex Grimaldo, Ljubomir Fejsa (Andreas Samaris 24), Pizzi, Eduardo Salvio, Raúl Jiménez, Franco Cervi (Rafa Silva 82), Jonas (Filipe Augusto 90).

Vitória SC: Miguel Silva, Bruno Gaspar, Pedro Henrique, Josué Sá, Ghislain Konan (David Texeira 57) Rafael Miranda, Paolo Hurtado (Guillermo Celis 45+3), Bongani Zungu, Hernâni Fortes (Fábio Sturgeon 63), Raphinha, Moussa Marega.

Semi-finals

GD Estoril Praia (Estoril)	1-2, 3-3	Sport Lisboa e Benfica (Lisboa)
Vitória SC (Guimarães)	2-0, 1-3	GD de Chaves (Chaves)

Quarter-finals

GD Estoril Praia (Estoril)	2-1	Associação Académica de Coimbra OAF (Coimbra)
GD de Chaves (Chaves)	1-0	Sporting Clube de Portugal (Lisboa)
SC da Covilhã (Covilhã)	0-1	Vitória SC (Guimarães)
Sport Lisboa e Benfica (Lisboa)	6-2	Leixões SC (Matosinhos)

5th Round

Leixões SC (Matosinhos)	2-1	CD de Tondela (Tondela)
SC União Torreense (Torres Vedras)	2-3	GD de Chaves (Chaves)
GD Estoril Praia (Estoril)	4-2 (aet)	AD Sanjoanense (São João da Madeira)
Associação Académica de Coimbra OAF (Coimbra)	1-0	SC Penafiel (Penafiel)
Real SC (Queluz)	0-3	Sport Lisboa e Benfica (Lisboa)
SC de Braga (Braga)	1-2	SC da Covilhã (Covilhã)
Vitória FC (Setúbal)	0-1	Sporting Clube de Portugal (Lisboa)
Vitória SC (Guimarães)	1-0	UD Vilafranquense (Vila Franca de Xira)

2017-2018

1st Division 2017-2018	Belenenses	Benfica	Boavista	Braga	Chaves	CD de Chaves	Estoril Praia	Feirense	Marítimo	Moreirense	Paços de Ferreira	Portimonense	Porto	Rio Ave	SC de Portugal	Tondela	Vitória SC	Vitória FC
CF Os Belenenses (Lisboa)	■	1-1	1-1	0-1	0-1	2-5	2-1	1-0	1-0	3-0	1-1	3-2	2-0	1-2	3-4	0-0	1-0	1-1
Sport Lisboa e Benfica (Lisboa)	5-0	■	4-0	3-1	3-0	2-0	3-1	1-0	5-0	1-0	2-0	2-1	0-1	5-1	1-1	2-3	2-0	6-0
FC Boavista (Porto)	1-0	2-1	■	1-3	3-3	1-0	1-0	1-0	2-1	1-0	1-0	2-0	0-3	1-2	1-3	1-1	1-0	4-0
SC de Braga (Braga)	4-0	1-3	1-1	■	1-0	2-0	6-0	3-1	2-0	3-0	3-0	2-1	0-1	2-1	1-0	1-0	2-1	3-1
GD de Chaves (Chaves)	1-1	0-1	0-0	1-4	■	1-1	2-0	0-2	4-1	3-0	4-2	2-1	0-4	1-1	1-2	1-1	4-3	2-2
CD das Aves (Vila das Aves)	2-1	1-3	3-0	0-2	2-3	■	1-0	1-0	0-0	1-2	0-2	3-0	1-1	0-0	0-2	0-1	1-3	1-4
GD Estoril Praia (Estoril)	0-2	1-2	0-3	0-6	0-2	3-2	■	0-2	1-1	0-2	1-1	0-0	1-3	0-2	2-0	3-0	3-0	2-1
CD Feirense (Santa Maria da Feira)	1-4	0-2	3-0	2-2	1-2	0-1	0-0	■	0-1	1-0	2-1	1-3	1-2	1-0	2-3	1-1	2-1	1-0
CS Marítimo (Funchal)	0-0	1-1	1-0	1-0	1-2	2-1	0-0	4-1	■	1-1	1-0	0-3	0-1	1-0	2-1	2-0	3-2	4-2
Moreirense FC (Moreira de Cónegos)	2-1	0-2	1-0	0-1	0-1	0-3	1-2	0-0	1-1	■	2-0	1-1	0-0	2-1	1-1	0-3	2-1	2-2
FC Paços de Ferreira (Paços de Ferreira)	1-1	1-3	1-2	1-5	2-0	2-2	1-0	2-1	0-0	3-2	■	1-1	1-0	0-0	1-2	0-2	0-0	1-0
Portimonense SC (Portimão)	0-0	1-3	2-1	1-2	0-1	2-2	0-1	2-1	1-2	4-3	3-1	■	1-5	4-1	1-2	2-0	2-1	5-2
FC do Porto (Porto)	2-0	0-0	2-0	3-1	3-0	2-0	4-0	2-1	3-1	3-0	6-1	5-2	■	5-0	2-1	1-0	4-2	5-1
Rio Ave FC (Barcelos)	1-0	1-1	2-0	1-0	2-1	0-0	2-0	2-1	3-0	2-1	4-2	2-0	1-2	■	0-1	1-1	0-1	2-1
Sporting Clube de Portugal (Lisboa)	1-0	0-0	1-0	2-2	5-1	3-0	2-1	2-0	5-0	1-0	2-0	2-0	0-0	2-0	■	2-0	1-0	1-0
CD de Tondela (Tondela)	2-0	1-5	3-2	1-2	2-0	3-0	2-3	3-1	1-2	1-2	2-2	2-2	0-1	1-3	1-2	■	1-4	1-1
Vitória SC (Guimarães)	0-0	1-3	1-0	0-5	3-2	2-1	3-1	1-0	2-1	1-0	3-2	3-3	0-1	3-0	0-5	0-1	■	1-1
Vitória FC (Setúbal)	3-0	1-2	1-1	2-0	1-1	0-1	2-2	0-2	3-1	1-1	1-0	1-1	0-5	1-0	1-1	1-0	1-2	■

1st Division

		Pd	Wn	Dw	Ls	GF	GA	Pts	
1.	FC do Porto (Porto)	34	28	4	2	82	18	88	
2.	Sport Lisboa e Benfica (Lisboa)	34	25	6	3	80	22	81	
3.	Sporting Clube de Portugal (Lisboa)	34	24	6	4	63	24	78	
4.	SC de Braga (Braga)	34	24	3	7	74	29	75	
5.	Rio Ave FC (Barcelos)	34	15	6	13	40	42	51	
6.	GD de Chaves (Chaves)	34	13	8	13	47	55	47	
7.	CS Marítimo (Funchal)	34	13	8	13	36	49	47	
8.	FC Boavista (Porto)	34	13	6	15	35	44	45	
9.	Vitória SC (Guimarães)	34	13	4	17	45	56	43	
10.	Portimonense SC (Portimão)	34	10	8	16	52	60	38	
11.	CD de Tondela (Tondela)	34	10	8	16	41	50	38	
12.	CF Os Belenenses (Lisboa)	34	9	10	15	33	46	37	
13.	CD das Aves (Vila das Aves)	34	9	7	18	36	51	34	
14.	Vitória FC (Setúbal)	34	7	11	16	39	62	32	
15.	Moreirense FC (Moreira de Cónegos)	34	8	8	18	29	50	32	
16.	CD Feirense (Santa Maria da Feira)	34	9	4	21	32	48	31	
17.	FC Paços de Ferreira (Paços de Ferreira)	34	7	9	18	33	59	30	R
18.	GD Estoril Praia (Estoril)	34	8	6	20	29	61	30	R
		612	245	122	245	826	826	857	

At the end of the season, Belenenses SAD, the professional arm of the CF Os Belenenses sports club, broke away following an acrimonious split retaining the Primeira Liga place. In response, CF Os Belenenses registered an amateur team in the 1ª Divisão Distrital de Lisboa (the equivalent to the 6th Division in Portuguese football), with the support of the majority of the fans and club members.

Belenenses SAD did not own the stadium so subsequently played at the national stadium, Estádio Nacional in Oeiras, renting it from the Portuguese state.

Top goalscorers

1.	Jonas	(SL e Benfica – Lisboa)	34
2.	Bas Dost	(Sporting Clube de Portugal – Lisboa)	27
3.	Moussa Marega	(FC do Porto – Porto)	22
4.	Vincent Aboubakar	(FC do Porto – Porto)	15
	Fabrício	(Portimonense SC – Portimão)	15
	Raphinha	(Vitória SC – Guimarães)	15

2nd Division	**Pd**	**Wn**	**Dw**	**Ls**	**GF**	**GA**	**Pts**	
1. CD Nacional (Funchal)	38	19	14	5	72	45	71	P
2. CD Santa Clara (Ponta Delgada)	38	19	9	10	55	40	66	P
3. Académico de Viseu FC (Viseu)	38	17	13	8	50	40	64	
4. Associação Académica de Coimbra OAF (Coimbra)	38	19	6	13	59	40	63	
5. SC Penafiel (Penafiel)	38	17	11	10	55	43	62	
6. FC Arouca (Arouca)	38	16	11	11	42	37	59	
7. FC do Porto (Porto) "B"	38	18	4	16	50	55	58	
8. Leixões SC (Matosinhos)	38	14	14	10	50	43	56	
9. CD Cova da Piedade (Almada)	38	14	9	15	42	45	51	
10. Varzim SC (Póvoa de Varzim)	38	13	11	14	41	41	50	
11. Vitória SC (Guimarães) "B"	38	14	8	16	44	49	50	
12. UD Oliveirense (Oliveira Azeméis)	38	13	10	15	45	47	49	
13. Sport Lisboa e Benfica (Lisboa) "B"	38	14	7	17	54	60	49	
14. FC Famalicão (Vila Nova da Famalicão)	38	13	9	16	46	49	48	
15. SC da Covilhã (Covilhã)	38	12	11	15	32	41	47	
16. SC de Braga (Braga) "B"	38	10	14	14	44	48	44	
17. CF União (Funchal)	38	12	8	18	44	53	44	R
18. Sporting Clube de Portugal (Lisboa) "B"	38	11	9	18	46	65	42	R
19. Gil Vicente FC (Barcelos)	38	8	12	18	29	45	36	R
20. Real FC (Queluz)	38	8	8	22	47	61	32	R
	760	281	198	281	947	947	1041	

Promoted: CD de Mafra (Mafra) and SC Farense (Faro).

Taça de Portugal Final   (Estádio Nacional do Jamor – 20th May 2018 – 37,191)

CD DAS AVES (VILA DAS AVES) 2-1 Sporting Clube de Portugal (Lisboa)

Alexandre Guedes 16, 72 *Fredy Montero 85*

Aves: Quim, Rodrigo Soares, Carlos Ponck, Diego Galo, Nélson Lenho, Fernando Tissone, Vítor Gomes, Amilton Silva, Braga (Cláudio Falcão 71), Nildo Petrolina (Jorge Fellipe 90), Alexandre Guedes.

Sporting: Rui Patrício, Stefan Ristovski, Sebastián Coates, Jérémy Mathieu, Fábio Coentrão (Josip Misic 63), William Carvalho (Fredy Montero 46), Rodrigo Battaglia, Gelson Martins, Bruno Fernandes, Marcos Acuña, Bas Dost.

Semi-finals

FC do Porto (Porto)	1-0, 0-1 (aet)	Sporting Clube de Portugal (Lisboa)

Sporting Clube de Portugal won 5-4 on penalties.

CD das Aves (Vila das Aves)	1-0, 2-1 (aet)	Caldas SC (Caldas da Rainha)

Quarter-finals

Caldas SC (Caldas da Rainha)	3-2 (aet)	SC Farense (Faro)
Rio Ave FC (Barcelos)	4-4 (aet)	CD das Aves (Vila das Aves)

CD das Aves won 5-4 on penalties.

CD Cova da Piedade (Almada)	1-2	Sporting Clube de Portugal (Lisboa)
Moreirense FC (Moreira de Cónegos)	1-2	FC do Porto (Porto)

5th Round

CS Marítimo (Funchal)	0-0 (aet)	CD Cova da Piedade (Almada)

CD Cova Piedade won 4-2 on penalties.

CF União (Funchal)	1-5	CD das Aves (Vila das Aves)
Moreirense FC (Moreira de Cónegos)	2-2 (aet)	CD Santa Clara (Ponta Delgada)

Moreirense FC won 6-5 on penalties.

SC Praiense (Praia da Vitória)	0-1	SC Farense (Faro)
Sporting Clube de Portugal (Lisboa)	4-0	Vilaverdense FC (Vila Verde)
Rio Ave FC (Barcelos)	3-2 (aet)	Sport Lisboa e Benfica (Lisboa)
FC do Porto (Porto)	4-0	Vitória SC (Guimarães)
Caldas SC (Caldas da Rainha)	1-1 (aet)	Ass. Académica de Coimbra OAF (Coimbra)

Caldas SC won 4-2 on penalties.

2018-2019

1st Division 2018-2019	Belenenses	Benfica	Boavista	Braga	Chaves	CD das Aves	Feirense	Marítimo	Moreirense	Nacional	Portimonense	Porto	Rio Ave	Santa Clara	SC de Portugal	Tondela	Vitória SC	Vitória FC
Belenenses SAD		2-0	0-0	0-3	1-0	5-2	4-0	0-1	0-1	3-0	2-2	2-3	1-3	1-1	1-8	2-2	1-0	0-0
Sport Lisboa e Benfica (Lisboa)	2-2		5-1	6-2	4-0	2-0	4-0	6-0	1-3	10-0	5-1	1-0	4-2	4-1	1-1	1-0	3-2	4-2
FC Boavista (Porto)	2-0	0-2		4-2	1-2	1-0	2-0	0-1	3-1	1-0	0-2	0-1	1-0	1-0	1-2	2-0	0-0	1-0
SC de Braga (Braga)	0-2	1-4	1-0		2-1	3-1	4-0	2-0	2-0	4-2	2-0	2-3	1-1	1-0	1-0	3-0	1-0	2-1
GD de Chaves (Chaves)	2-2	2-2	1-1	0-1		1-2	0-0	1-0	1-2	4-1	2-0	1-4	1-1	0-0	1-3	2-1	0-1	1-2
CD das Aves (Vila das Aves)	3-0	0-3	2-0	0-2	0-1		1-1	0-1	0-1	2-3	3-0	0-1	2-1	1-2	1-3	2-2	1-1	2-1
CD Feirense (Santa Maria da Feira)	0-0	1-4	1-1	0-2	4-4	2-1		1-1	1-3	0-0	0-1	1-2	2-0	2-2	1-3	2-4	1-2	0-1
CS Marítimo (Funchal)	0-0	0-1	0-1	1-0	2-1	0-1	2-0		3-2	3-2	2-1	0-2	0-1	1-0	0-0	2-0	1-3	0-1
Moreirense FC (Moreira de Cónegos)	1-1	0-4	2-1	1-0	0-1	1-0	1-0	1-0		2-1	2-0	1-1	1-2	0-1	1-3	2-0	1-3	1-1
CD Nacional (Funchal)	0-1	0-4	0-0	0-3	2-0	0-0	4-0	1-0	1-2		0-1	0-4	0-1	0-3	0-1	3-2	1-0	0-0
Portimonense SC (Portimão)	1-1	2-0	0-2	1-1	0-1	1-1	1-0	3-2	0-2	5-1		0-3	0-1	2-2	4-2	3-2	3-2	3-1
FC do Porto (Porto)	3-0	1-2	2-0	1-0	5-0	4-0	2-0	3-0	3-0	3-1	4-1		2-1	1-0	2-1	1-0	2-3	2-0
Rio Ave FC (Barcelos)	2-2	2-3	2-1	1-2	1-0	0-2	0-0	3-1	1-2	3-3	2-1	2-2		1-2	1-3	2-2	2-1	1-1
CD Santa Clara (Ponta Delgada)	2-3	0-2	4-2	3-3	1-0	0-0	4-4	0-1	1-1	2-0	2-1	1-2	1-3		1-2	1-2	1-0	0-0
Sporting Clube de Portugal (Lisboa)	2-1	2-4	3-0	3-0	2-1	4-1	1-0	2-0	2-1	5-2	3-1	0-0	3-0	1-0		1-1	2-0	2-1
CD de Tondela (Tondela)	0-1	1-3	1-0	0-1	5-2	0-2	1-1	2-1	2-0	1-1	3-2	0-3	1-1	1-3	2-1		1-0	1-2
Vitória SC (Guimarães)	5-1	0-1	3-1	1-1	4-0	0-2	0-1	1-0	1-0	2-2	2-0	0-0	3-2	2-0	1-0	1-0		1-1
Vitória FC (Setúbal)	0-0	0-1	0-3	0-1	0-0	2-0	2-1	1-0	3-0	1-2	1-1	0-2	1-3	0-2	1-1	0-0	1-1	

	1st Division	Pd	Wn	Dw	Ls	GF	GA	Pts	
1.	Sport Lisboa e Benfica (Lisboa)	34	28	3	3	103	31	87	
2.	FC do Porto (Porto)	34	27	4	3	74	20	85	
3.	Sporting Clube de Portugal (Lisboa)	34	23	5	6	72	33	74	
4.	SC de Braga (Braga)	34	21	4	9	56	37	67	
5.	Vitória SC (Guimarães)	34	15	7	12	46	34	52	
6.	Moreirense FC (Moreira de Cónegos)	34	16	4	14	39	44	52	
7.	Rio Ave FC (Barcelos)	34	12	9	13	50	52	45	
8.	FC Boavista (Porto)	34	13	5	16	34	40	44	
9.	Belenenses SAD	34	10	13	11	42	51	43	
10.	CD Santa Clara (Ponta Delgada)	34	11	9	14	43	45	42	
11.	CS Marítimo (Funchal)	34	12	3	19	26	44	39	
12.	Portimonense SC (Portimão)	34	11	6	17	44	59	39	
13.	Vitória FC (Setúbal)	34	8	12	14	28	39	36	
14.	CD das Aves (Vila das Aves)	34	10	6	18	35	49	36	
15.	CD de Tondela (Tondela)	34	9	8	17	40	54	35	
16.	GD de Chaves (Chaves)	34	8	8	18	34	57	32	R
17.	CD Nacional (Funchal)	34	7	7	20	33	73	28	R
18.	CD Feirense (Santa Maria da Feira)	34	3	11	20	27	64	20	R
		612	244	124	244	826	826	856	

Top goalscorers

1.	Haris Seferovic	(SL e Benfica – Lisboa)	23
2.	Bruno Fernandes	(Sporting Clube de Portugal – Lisboa)	20
3.	Rafa Silva	(SL e Benfica – Lisboa)	17
4.	Bas Dost	(Sporting Clube de Portugal – Lisboa)	15
	João Félix	(SL e Benfica – Lisboa)	15
	Tiquinho Soares	(FC do Porto – Porto)	15
	Dyego Sousa	(SC de Braga – Braga)	15

	2nd Division	Pd	Wn	Dw	Ls	GF	GA	Pts	
1.	FC Paços de Ferreira (Paços de Ferreira)	34	23	5	6	50	21	74	P
2.	FC Famalicão (Vila Nova da Famalicão)	34	21	6	7	57	34	69	P
3.	GD Estoril Praia (Estoril)	34	16	6	12	49	42	54	
4.	Sport Lisboa e Benfica (Lisboa) "B"	34	15	7	12	47	42	52	
5.	Associação Académica de Coimbra OAF (Coimbra)	34	15	6	13	36	37	51	
6.	SC da Covilhã (Covilhã)	34	13	10	11	42	37	49	
7.	Leixões SC (Matosinhos)	34	12	9	13	35	36	45	
8.	SC Penafiel (Penafiel)	34	13	6	15	49	48	45	
9.	FC do Porto (Porto) "B"	34	11	11	12	41	42	44	
10.	SC Farense (Faro)	34	11	10	13	39	35	43	
11.	Académico de Viseu FC (Viseu)	34	12	7	15	49	54	43	
12.	UD Oliveirense (Oliveira Azeméis)	34	11	10	13	44	49	43	
13.	CD Cova da Piedade (Almada)	34	11	9	14	25	42	42	
14.	CD de Mafra (Mafra)	34	10	11	13	40	44	41	
15.	Varzim SC (Póvoa de Varzim)	34	11	8	15	25	37	41	
16.	FC Arouca (Arouca)	34	10	10	14	40	45	40	R
17.	SC de Braga (Braga) "B"	34	11	4	19	38	45	37	R
18.	Vitória SC (Guimarães) "B"	34	6	13	15	41	57	31	R
		612	232	148	232	747	747	844	

Promoted: Casa Pia AC (Lisboa) and UD Vilafranquense (Vila Franca de Xira).

Taça de Portugal Final   (Estádio Nacional do Jamor – 25th May 2019 – 38,000)

SPORTING CLUBE DE PORTUGAL (LISBOA) 2-2 (aet)   FC do Porto (Porto)

Danilo Pereira 45 pen, Bas Dost 101   *Sporting won 5-4 on penalties.*   *Tiquinho Soares 41, Felipe 120+1*

Sporting: Renan Ribeiro, Bruno Gaspar (Tiago Ilori 66), Sebastián Coates, Jérémy Mathieu, Marcos Acuña, Nemanja Gudelj (Idrissa Doumbia 90+3), Raphinha, Bruno Fernandes, Wendel (Jefferson 106), Abdoulay Diaby (Bas Dost 74), Luiz Phellype.

Porto: Vaná Alves, Éder Militão (Hernâni Fortes 102), Felipe, Pepe, Alex Telles (Fernando Andrade 106), Héctor Herrera, Danilo Pereira, Otávio (Wilson Manafá 77), Moussa Marega (Adrián López 99), Tiquinho Soares, Yacine Brahimi.

Semi-finals

Sport Lisboa e Benfica (Lisboa)	2-1, 0-1	Sporting Clube de Portugal (Lisboa)
FC do Porto (Porto)	3-0, 1-1	SC de Braga (Braga)

Quarter-finals

CD das Aves (Vila das Aves)	1-2	SC de Braga (Braga)
Leixões SC (Matosinhos)	1-2 (aet)	FC do Porto (Porto)
Vitória SC (Guimarães)	0-1	Sport Lisboa e Benfica (Lisboa)
CD Feirense (Santa Maria da Feira)	0-2	Sporting Clube de Portugal (Lisboa)

5th Round

Vitória FC (Setúbal)	0-1, (aet)	SC de Braga (Braga)
Leixões SC (Matosinhos)	2-2, (aet)	CD de Tondela (Tondela)
	Leixões SC won 4-2 on penalties.	
FC do Porto (Porto)	4-3	Moreirense FC (Moreira de Cónegos)
CD Feirense (Santa Maria da Feira)	1-1, (aet)	FC Paços de Ferreira (Paços de Ferreira)
	CD Feirense won 4-2 on penalties.	
CD das Aves (Vila das Aves)	2-0	GD de Chaves (Chaves)
FC Boavista (Porto)	0-1	Vitória SC (Guimarães)
Sporting Clube de Portugal (Lisboa)	5-2	Rio Ave FC (Barcelos)
CDC Montalegre (Montalegre)	0-1	Sport Lisboa e Benfica (Lisboa)

2019-2020

1st Division 2019-2020	Belenenses	Benfica	Boavista	Braga	CD de Chaves	Famalicão	Gil Vicente	Marítimo	Moreirense	Paços de Ferreira	Portimonense	Porto	Rio Ave	Santa Clara	SC de Portugal	Tondela	Vitória SC	Vitória FC
Belenenses SAD	■	0-2	0-1	1-7	3-2	0-0	1-0	1-0	0-1	1-0	2-1	1-1	0-2	0-2	1-3	1-1	1-1	0-1
Sport Lisboa e Benfica (Lisboa)	3-2	■	3-1	0-1	2-1	4-0	2-0	4-0	1-1	5-0	4-0	0-2	2-0	3-4	2-1	0-0	2-0	1-0
FC Boavista (Porto)	1-2	1-4	■	2-0	2-1	0-1	0-1	0-1	1-1	1-1	0-1	0-2	1-0	1-1	0-0	2-0		3-1
SC de Braga (Braga)	1-1	0-4	0-1	■	4-0	2-2	2-2	2-2	3-1	0-1	3-1	2-1	2-0	2-0	1-0	2-1	3-2	3-1
CD das Aves (Vila das Aves)	0-2	0-4	0-1	1-0	■	2-3	1-2	3-1	0-1	1-3	3-0	0-0	0-4	0-1	0-1	0-1	0-2	1-0
FC Famalicão (Vila Nova da Famalicão)	3-1	1-1	2-2	0-0	1-1	■	2-1	1-1	3-3	4-2	0-1	1-0	0-1	3-1	2-3	0-7		3-0
Gil Vicente FC (Barcelos)	2-0	0-1	0-0	1-1	3-0	1-3	■	2-0	1-5	3-3	1-1	2-1	1-1	3-1	3-2	2-2		0-0
CS Marítimo (Funchal)	1-3	2-0	1-0	1-2	1-2	3-3	2-1	■	2-1	3-0	1-1	1-1	0-0	2-2	1-1	1-3	0-0	1-1
Moreirense FC (Moreira de Cónegos)	2-1	1-2	1-1	1-2	3-2	1-1	3-0	2-0	■	1-1	1-0	2-4	2-1	0-0	1-2	1-1	1-1	
FC Paços de Ferreira (Paços de Ferreira)	2-1	0-2	0-1	1-5	2-1	2-1	0-0	0-1	1-0	■	2-1	0-1	0-1	1-2	1-0	1-2		2-3
Portimonense SC (Portimão)	0-0	2-2	2-1	0-1	2-0	2-1	1-0	3-2	1-1	0-0	■	2-3	1-1	1-1	1-3	0-1	0-1	0-0
FC do Porto (Porto)	5-0	3-2	4-0	1-2	1-0	3-0	2-1	1-0	6-1	2-0	1-0	■	1-1	2-0	2-0	3-0	3-0	4-0
Rio Ave FC (Barcelos)	0-0	1-2	2-0	4-3	5-1	2-2	1-1	1-1	2-3	2-1	0-1	0-1	■	2-1	1-1	2-4	1-1	1-0
CD Santa Clara (Ponta Delgada)	0-0	1-2	1-2	3-2	3-0	0-2	1-0	0-1	2-0	2-1	1-1	0-2	0-1	■	0-4	1-0	2-2	1-1
Sporting Clube de Portugal (Lisboa)	2-0	0-2	2-0	2-1	2-0	1-2	2-1	1-0	1-0	1-0	2-1	1-2	2-3	1-0	■	2-0	3-1	0-0
CD de Tondela (Tondela)	0-1	0-1	1-1	1-0	2-0	0-1	1-1	6-0	1-1	1-3	1-2	1-3	1-2	0-0	1-0	■	1-3	0-3
Vitória SC (Guimarães)	5-0	0-1	1-1	0-2	5-1	1-1	1-2	1-0	1-1	2-0	1-2	1-2	1-0	2-2	2-0		■	2-0
Vitória FC (Setúbal)	2-0	1-1	1-0	1-0	1-0	1-2	1-2	0-0	0-0	2-3	0-0	0-4	1-2	2-2	1-3	0-0	1-1	■

1st Division

		Pd	Wn	Dw	Ls	GF	GA	Pts	
1.	FC do Porto (Porto)	34	26	4	4	74	22	82	
2.	Sport Lisboa e Benfica (Lisboa)	34	24	5	5	71	26	77	
3.	SC de Braga (Braga)	34	18	6	10	61	40	60	
4.	Sporting Clube de Portugal (Lisboa)	34	18	6	10	49	34	60	
5.	Rio Ave FC (Barcelos)	34	15	10	9	48	36	55	
6.	FC Famalicão (Vila Nova da Famalicão)	34	14	12	8	53	51	54	
7.	Vitória SC (Guimarães)	34	13	11	10	53	38	50	
8.	Moreirense FC (Moreira de Cónegos)	34	10	13	11	42	44	43	
9.	CD Santa Clara (Ponta Delgada)	34	11	10	13	36	41	43	
10.	Gil Vicente FC (Barcelos)	34	11	10	13	39	43	43	
11.	CS Marítimo (Funchal)	34	9	12	13	34	42	39	
12.	FC Boavista (Porto)	34	10	9	15	28	39	39	
13.	FC Paços de Ferreira (Paços de Ferreira)	34	11	6	17	35	51	39	
14.	CD de Tondela (Tondela)	34	9	9	16	30	44	36	
15.	Belenenses SAD	34	9	8	17	27	54	35	
16.	Vitória FC (Setúbal)	34	7	13	14	27	43	34	R
17.	Portimonense SC (Portimão)	34	7	12	15	30	45	33	
18.	CD das Aves (Vila das Aves)	34	5	2	27	24	68	17	R
		612	227	158	227	761	761	839	

CD das Aves (Vila das Aves) left the league system in May 2023

On 12th March 2020, the Liga Portuguesa de Futebol Profissional (LPFP) suspended the Primeira Liga (1st Division) due to the COVID-19 pandemic in Portugal. Following the government's approval, the league recommenced play on 3rd June, with matches of the remaining ten matchdays taking place behind closed doors.

At the end of the season, on 26th July, CD das Aves and Portimonense SC were relegated to the 2020-21 LigaPro. However, two days later, CD das Aves and Vitória FC were relegated to the 2020-21 Campeonato de Portugal (3rd Division) by the Liga Portuguesa de Futebol Profissional ("LPFP") after both clubs failed to meet the requirements to to participate in professional domestic competitions.

Top goalscorers

1.	Mehdi Taremi	(Rio Ave FC – Barcelos)	18
	Carlos Vinícius	(SL e Benfica – Lisboa)	18
	Pizzi	(SL e Benfica – Lisboa)	18
4.	Paulinho	(SC de Braga – Braga)	17
5.	Fábio Abreu	(Moreirense FC – Moreira de Cónegos)	13

2nd Division	**Pd**	**Wn**	**Dw**	**Ls**	**GF**	**GA**	**Pts**	
1. CD Nacional (Funchal)	24	14	8	2	36	16	50	P
2. SC Farense (Faro)	24	15	3	6	35	22	48	P
3. CD Feirense (Santa Maria da Feira)	24	11	9	4	27	18	42	
4. CD de Mafra (Mafra)	24	10	9	5	33	24	39	
5. GD Estoril Praia (Estoril)	24	12	3	9	35	26	39	
6. Varzim SC (Póvoa de Varzim)	24	10	7	7	32	31	37	
7. Associação Académica de Coimbra OAF (Coimbra)	24	10	5	9	34	26	35	
8. Académico de Viseu FC (Viseu)	24	9	7	8	21	24	34	
9. Leixões SC (Matosinhos)	24	8	9	7	23	22	33	
10. SC da Covilhã (Covilhã)	24	9	5	10	29	27	32	
11. UD Oliveirense (Oliveira Azeméis)	24	9	5	10	36	31	32	
12. GD de Chaves (Chaves)	24	9	5	10	26	26	32	
13. FC do Porto (Porto) "B"	24	7	8	9	35	36	29	
14. Sport Lisboa e Benfica (Lisboa) "B"	24	7	7	10	31	35	28	
15. SC Penafiel (Penafiel)	24	6	10	8	23	24	28	
16. UD Vilafranquense (Vila Franca de Xira)	24	6	6	12	27	45	24	
17. CD Cova da Piedade (Almada)	24	4	5	15	20	42	17	
18. Casa Pia AC (Lisboa)	24	2	5	17	19	47	11	
	432	158	116	158	522	522	590	

On 12th March 2020, the LPFP suspended the league until further notice due to the COVID-19 pandemic in Portugal. On 5th May, play in the league was abandoned, with SC Farense and CD Nacional promoted to the Primeira Liga. Casa Pia AC and CD Cova da Piedade were due to be relegated to the 3rd Division but were reprieved following the relegation of Vitória FC and CD das Aves to the 3rd Division.

Promoted: FC Arouca (Arouca) and FC de Vizela (Caldas de Vizela).

Taça de Portugal Final (Estádio Cidade de Coimbra – 1st August 2020 – Behind closed doors)

Sport Lisboa e Benfica (Lisboa)	1-2	FC DO PORTO (PORTO)
Carlos Vinícius 84 pen		*Chancel Mbemba 47, 58*

Benfica: Odysseas Vlachodimos, André Almeida, Rúben Dias, Jardel, Nuno Tavares, Pizzi (Jota 76), Julian Weigl, Gabriel, Franco Cervi (Rafa Silva 46), Chiquinho (Adel Taarabt 60), Haris Seferovic (Dyego Sousa 76).

Porto: Diogo Costa, Wilson Manafá, Pepe, Chancel Mbemba, Alex Telles, Otávio (Diogo Leite 73), Danilo Pereira, Matheus Uribe (Mamadou Loum 88), Jesús Corona (Sérgio Oliveira 80), Moussa Marega, Luis Díaz.

Semi-finals

Sport Lisboa e Benfica (Lisboa)	3-2, 1-1	FC Famalicão (Vila Nova da Famalicão)
Académico de Viseu FC (Viseu)	1-1, 0-3	FC do Porto (Porto)

Quarter-finals

FC do Porto (Porto)	2-1	Varzim SC (Póvoa de Varzim)
Sport Lisboa e Benfica (Lisboa)	3-2	Rio Ave FC (Barcelos)
FC Paços de Ferreira (Paços de Ferreira)	0-1	FC Famalicão (Vila Nova da Famalicão)
Académico de Viseu FC (Viseu)	1-0	CF Canelas 2010 (Vila Nova da Gaia)

5th Round

Académico de Viseu FC (Viseu)	1-0	GD de Chaves (Chaves)
Varzim SC (Póvoa de Varzim)	2-1 (aet)	Anadia FC (Anadia)
AC Marinhense (Marinha Grande)	0-2	Rio Ave FC (Barcelos)
Sertanense FC (Sertã)	0-1	CF Canelas 2010 (Vila Nova da Gaia)
FC Paços de Ferreira (Paços de Ferreira)	3-0	SC de Espinho (Espinho)
Sport Lisboa e Benfica (Lisboa)	2-1	SC de Braga (Braga)
FC do Porto (Porto)	1-0	CD Santa Clara (Ponta Delgada)
FC Famalicão (Vila Nova da Famalicão)	3-0	CD de Mafra (Mafra)

2020-2021

1st Division 2020-2021	Belenenses	Benfica	Boavista	Braga	Famalicão	Farense	Gil Vicente	Marítimo	Moreirense	Nacional	Paços de Ferreira	Portimonense	Porto	Rio Ave	Santa Clara	Sporting	Tondela	Vitória SC
Belenenses SAD		0-3	0-2	2-1	1-2	1-1	2-1	2-0	0-0	2-1	0-2	1-0	0-0	0-0	0-2	1-2	2-0	1-1
Sport Lisboa e Benfica (Lisboa)	2-0		2-0	2-3	2-0	3-2	1-2	1-0	2-0	1-1	2-1	2-1	1-1	2-0	2-1	4-3	2-0	0-0
FC Boavista (Porto)	0-0	3-0		1-4	3-0	0-1	1-2	0-1	1-0	0-1	2-0	1-0	0-5	3-3	1-1	0-2	1-1	0-1
SC de Braga (Braga)	1-1	0-2	2-1		1-0	1-0	1-0	2-1	2-1	2-1	1-1	2-1	2-2	3-0	0-1	0-1	4-2	3-0
FC Famalicão (Vila Nova da Famalicão)	0-0	1-5	2-2	2-2		0-0	0-1	2-1	0-2	3-0	2-0	0-1	1-4	1-1	1-0	2-2	2-2	0-1
SC Farense (Faro)	0-1	0-0	3-1	1-2	3-3		3-1	2-1	1-2	0-1	1-1	1-1	0-1	0-1	1-1	0-1	1-0	2-2
Gil Vicente FC (Barcelos)	0-0	0-2	1-2	1-1	0-3	0-0		0-1	1-2	2-0	1-2	1-0	0-2	2-0	1-0	1-2	1-1	1-2
CS Marítimo (Funchal)	1-0	1-2	0-0	1-0	0-4	1-0	0-1		0-2	0-0	0-3	1-2	1-2	1-0	1-2	0-2	2-1	0-0
Moreirense FC (Moreira de Cónegos)	2-2	1-1	1-1	0-4	3-0	2-0	1-1	2-1		2-2	0-1	2-2	1-1	1-1	1-0	1-1	2-3	2-2
CD Nacional (Funchal)	0-0	1-3	3-3	1-2	2-1	2-3	2-1	1-2	0-1		1-1	1-5	0-1	1-2	1-3	0-2	2-0	1-0
FC Paços de Ferreira (Paços de Ferreira)	1-0	0-5	1-1	2-0	2-0	0-2	0-2	1-1	3-0	2-1		0-0	3-2	2-0	2-1	0-2	2-1	2-1
Portimonense SC (Portimão)	1-0	1-5	1-2	0-0	0-0	2-0	4-1	0-0	1-2	1-0	1-1		1-2	0-0	1-2	0-2	3-0	3-0
FC do Porto (Porto)	4-0	1-1	2-2	3-1	3-2	5-1	1-0	2-3	3-0	2-0	2-0	3-1		2-0	2-1	0-0	4-3	1-0
Rio Ave FC (Barcelos)	0-0	0-3	0-0	0-0	0-1	2-0	0-2	1-3	2-0	0-0	1-1	3-0	0-3		1-2	0-2	2-1	0-0
CD Santa Clara (Ponta Delgada)	2-0	1-1	3-3	0-1	1-2	4-0	0-0	2-0	0-0	5-1	3-0	2-0	0-1	1-0		1-2	1-1	0-4
Sporting Clube de Portugal (Lisboa)	2-2	1-0	1-0	2-0	1-1	1-0	3-1	5-1	2-1	2-0	2-0	2-0	2-2	1-1	2-1		4-0	1-0
CD de Tondela (Tondela)	1-3	0-2	3-1	0-4	1-0	2-0	1-0	2-1	0-0	2-1	2-3	1-0	0-2	1-1	2-0	0-1		0-2
Vitória SC (Guimarães)	0-1	1-3	2-1	0-1	1-2	2-2	2-4	1-0	2-0	3-1	1-0	1-0	2-3	1-3	1-0	0-4	1-2	

	1st Division	Pd	Wn	Dw	Ls	GF	GA	Pts	
1.	Sporting Clube de Portugal (Lisboa)	34	26	7	1	65	20	85	
2.	FC do Porto (Porto)	34	24	8	2	74	29	80	
3.	Sport Lisboa e Benfica (Lisboa)	34	23	7	4	69	27	76	
4.	SC de Braga (Braga)	34	19	7	8	53	33	64	
5.	FC Paços de Ferreira (Paços de Ferreira)	34	15	8	11	40	41	53	
6.	CD Santa Clara (Ponta Delgada)	34	13	7	14	44	36	46	
7.	Vitória SC (Guimarães)	34	12	7	15	37	44	43	
8.	Moreirense FC (Moreira de Cónegos)	34	10	13	11	37	43	43	
9.	FC Famalicão (Vila Nova da Famalicão)	34	10	10	14	40	48	40	
10.	Belenenses SAD	34	9	13	12	25	35	40	
11.	Gil Vicente FC (Barcelos)	34	11	6	17	33	42	39	
12.	CD de Tondela (Tondela)	34	10	6	18	36	57	36	
13.	FC Boavista (Porto)	34	8	12	14	39	49	36	
14.	Portimonense SC (Portimão)	34	9	8	17	34	41	35	
15.	CS Marítimo (Funchal)	34	10	5	19	27	47	35	
16.	Rio Ave FC (Barcelos)	34	7	13	14	25	40	34	POR
17.	SC Farense (Faro)	34	7	10	17	31	48	31	R
18.	CD Nacional (Funchal)	34	6	7	21	30	59	25	R
		612	229	154	229	739	739	841	

At the end of the season, Belenenses SAD were rebranded and began to play under the name B-SAD.

Relegation play-offs

Rio Ave FC (Barcelos) 0-3, 0-2 FC Arouca (Arouca)

Top goalscorers

1.	Pedro Gonçalves	(Sporting Clube de Portugal – Lisboa)	23
2.	Haris Seferovic	(SL e Benfica – Lisboa)	22
3.	Mehdi Taremi	(FC do Porto – Porto)	16
4.	Mario González	(CD de Tondela – Tondela)	15
5.	Carlos	(CD Santa Clara – Ponta Delgada)	14

	2nd Division	Pd	Wn	Dw	Ls	GF	GA	Pts	
1.	GD Estoril Praia (Estoril)	34	20	10	4	55	26	70	P
2.	FC de Vizela (Caldas de Vizela)	34	18	12	4	59	35	66	P
3.	FC Arouca (Arouca)	34	19	8	7	45	25	65	POP
4.	Associação Académica de Coimbra OAF (Coimbra)	34	17	11	6	46	30	62	
5.	CD Feirense (Santa Maria da Feira)	34	17	7	10	48	33	58	
6.	GD de Chaves (Chaves)	34	16	9	9	46	36	57	
7.	SC Penafiel (Penafiel)	34	12	10	12	42	42	46	
8.	Sport Lisboa e Benfica (Lisboa) "B"	34	12	8	14	52	43	44	
9.	Casa Pia AC (Lisboa)	34	10	13	11	41	46	43	
10.	Leixões SC (Matosinhos)	34	10	10	14	35	43	40	
11.	CD Cova da Piedade (Almada)	34	8	13	13	39	48	37	R
12.	CD de Mafra (Mafra)	34	9	10	15	35	48	37	
13.	SC da Covilhã (Covilhã)	34	8	13	13	36	42	37	
14.	Académico de Viseu FC (Viseu)	34	9	9	16	32	45	36	
15.	Varzim SC (Póvoa de Varzim)	34	9	6	19	26	44	33	
16.	FC do Porto (Porto) "B"	34	7	11	16	45	52	32	
17.	UD Vilafranquense (Vila Franca de Xira)	34	5	16	13	34	54	31	
18.	UD Oliveirense (Oliveira Azeméis)	34	7	10	17	25	49	31	R
		612	213	186	213	741	741	825	

CD Cova da Piedade were relegated to the 3rd Division after failing to obtain the necessary license so UD Vilafranquense were reprieved from relegation.

Promoted: CD Trofense (Trofa) and CF Estrela da Amadora (Amadora).

Taça de Portugal Final (Estádio Cidade de Coimbra – 23rd May 2021 – Behind closed doors)

| SC DE BRAGA (BRAGA) | 2-0 | Sport Lisboa e Benfica (Lisboa) |

Lucas Piazón 45+3, Ricardo Horta 85

Braga: Matheus Magalhães, Ricardo Esgaio, Vítor Tormena, Raul Silva, Nuno Sequeira, Ricardo Horta, Al Musrati (André Horta 75), André Castro (João Novais 70), Wenderson Galeno, Abel Ruiz (Andraz Šporar 87) Lucas Piazón.

Benfica: Helton Leite, Jan Vertonghen, Nicolás Otamendi, Morato (Chiquinho 81), Diogo Gonçalves (Nuno Tavares 57), Julian Weigl, Adel Taarabt, Álex Grimaldo, Pizzi (Odysseas Vlachodimos 21), Haris Seferovic (Darwin Núñez 57), Everton (Rafa Silva 57).

Semi-finals

| SC de Braga (Braga) | 1-1, 3-2 | FC do Porto (Porto) |
| GD Estoril Praia (Estoril) | 1-3, 0-2 | Sport Lisboa e Benfica (Lisboa) |

Quarter-finals

CS Marítimo (Funchal)	1-3 (aet)	GD Estoril Praia (Estoril)
Sport Lisboa e Benfica (Lisboa)	3-0	Belenenses SAD
SC de Braga (Braga)	2-1	CD Santa Clara (Ponta Delgada)
Gil Vicente FC (Barcelos)	0-2	FC do Porto (Porto)

5th Round

CS Marítimo (Funchal)	2-0	Sporting Clube de Portugal (Lisboa)
Rio Ave FC (Barcelos)	1-2	GD Estoril Praia (Estoril)
Moreirense FC (Moreira de Cónegos)	1-2	CD Santa Clara (Ponta Delgada)
CD Nacional (Funchal)	2-4 (aet)	FC do Porto (Porto)
CF Estrela da Amadora (Amadora)	0-4	Sport Lisboa e Benfica (Lisboa)
SC de Braga (Braga)	5-0	SC União Torreense (Torres Vedras)
AD de Fafe (Fafe)	2-3 (aet)	Belenenses SAD
Gil Vicente FC (Barcelos)	3-2 (aet)	Académico de Viseu FC (Viseu)

2021-2022

1st Division 2021-2022	Arouca	B-SAD	Benfica	Boavista	Braga	Estoril Praia	Famalicão	Gil Vicente	Marítimo	Moreirense	Paços de Ferreira	Portimonense	Porto	Santa Clara	Sporting	Tondela	Vitória SC	Vizela
FC Arouca (Arouca)	■	0-0	0-2	2-1	0-6	0-2	2-1	2-1	0-3	1-1	0-1	1-0	0-2	1-1	1-2	2-0	2-2	1-4
B-SAD	2-1	■	0-7	0-0	0-1	0-1	2-3	1-1	1-2	1-1	0-2	2-0	1-4	2-1	1-4	0-2	1-0	1-0
Sport Lisboa e Benfica (Lisboa)	2-0	3-1	■	3-1	6-1	2-1	0-0	1-2	7-1	1-1	2-0	0-1	0-1	2-1	1-3	2-1	3-0	1-1
FC Boavista (Porto)	1-0	0-0	2-2	■	1-1	1-1	2-5	1-1	1-1	1-0	3-0	1-1	0-1	2-0	0-3	1-1	1-1	2-2
SC de Braga (Braga)	1-0	1-0	3-2	2-2	■	2-0	2-2	0-1	0-1	2-0	2-1	3-0	1-0	0-0	1-2	3-1	0-0	4-1
GD Estoril Praia (Estoril)	1-2	2-2	1-1	2-3	0-0	■	2-2	2-2	2-1	1-0	0-0	2-0	2-3	2-2	0-1	1-0	0-1	1-2
FC Famalicão (Vila Nova da Famalicão)	0-0	1-0	1-4	1-2	3-2	3-1	■	2-2	0-0	5-0	0-0	0-3	1-2	0-0	1-1	2-1	1-2	1-1
Gil Vicente FC (Barcelos)	1-1	2-0	0-2	3-0	0-1	0-0	4-0	■	1-1	1-2	1-1	1-0	1-2	2-2	0-3	3-0	3-2	2-2
CS Marítimo (Funchal)	2-2	1-1	0-1	4-0	0-2	0-1	0-1	1-2	■	0-0	2-0	0-1	1-1	4-1	1-1	1-3	0-1	2-0
Moreirense FC (Moreira de Cónegos)	2-1	4-1	1-2	1-2	2-3	1-0	2-2	2-2	0-1	■	1-1	0-1	0-1	0-2	0-2	2-0	0-1	4-1
FC Paços de Ferreira (Paços de Ferreira)	0-0	2-2	0-2	1-1	0-0	1-3	2-0	0-1	2-0	2-1	■	1-1	2-4	2-1	0-2	1-1	1-2	2-1
Portimonense SC (Portimão)	1-1	2-0	1-2	1-1	1-2	0-2	1-0	0-1	1-2	1-0	0-1	■	0-3	2-1	2-3	1-2	1-1	0-0
FC do Porto (Porto)	3-0	2-0	3-1	2-1	1-0	2-0	3-1	1-1	2-1	5-0	2-1	7-0	■	3-0	2-2	4-0	2-1	4-2
CD Santa Clara (Ponta Delgada)	2-1	0-0	0-5	2-1	1-1	2-0	0-2	1-0	2-2	2-2	2-0	1-1	0-3	■	3-2	2-2	1-0	3-1
Sporting Clube de Portugal (Lisboa)	2-0	2-0	0-2	2-0	1-2	3-0	2-0	4-1	1-0	1-0	2-0	3-2	1-1	4-0	■	2-0	1-0	3-0
CD de Tondela (Tondela)	2-2	1-1	1-3	2-2	0-1	1-2	3-2	0-3	4-2	2-1	0-1	0-3	1-3	3-0	1-3	■	1-1	2-3
Vitória SC (Guimarães)	1-3	0-0	1-3	1-1	2-1	3-1	2-1	5-0	2-1	2-1	4-0	0-1	0-1	1-1	1-3	5-2	■	4-0
FC de Vizela (Caldas de Vizela)	2-1	2-0	0-1	1-1	0-1	1-1	1-1	0-1	1-1	0-1	1-1	1-1	0-4	1-1	0-2	2-1	3-2	■

	1st Division	Pd	Wn	Dw	Ls	GF	GA	Pts	
1.	FC do Porto (Porto)	34	29	4	1	86	22	91	
2.	Sporting Clube de Portugal (Lisboa)	34	27	4	3	73	23	85	
3.	Sport Lisboa e Benfica (Lisboa)	34	23	5	6	78	30	74	
4.	SC de Braga (Braga)	34	19	8	7	52	31	65	
5.	Gil Vicente FC (Barcelos)	34	13	12	9	47	42	51	
6.	Vitória SC (Guimarães)	34	13	9	12	50	41	48	
7.	CD Santa Clara (Ponta Delgada)	34	9	13	12	38	54	40	
8.	FC Famalicão (Vila Nova da Famalicão)	34	9	12	13	45	51	39	
9.	GD Estoril Praia (Estoril)	34	9	12	13	36	43	39	
10.	CS Marítimo (Funchal)	34	9	11	14	39	44	38	
11.	FC Paços de Ferreira (Paços de Ferreira)	34	9	11	14	29	44	38	
12.	FC Boavista (Porto)	34	7	17	10	39	52	38	
13.	Portimonense SC (Portimão)	34	10	8	16	31	45	38	
14.	FC de Vizela (Caldas de Vizela)	34	7	12	15	37	58	33	
15.	FC Arouca (Arouca)	34	7	10	17	30	54	31	
16.	Moreirense FC (Moreira de Cónegos)	34	7	8	19	33	51	29	POR
17.	CD de Tondela (Tondela)	34	7	7	20	41	67	28	R
18.	B-SAD	34	5	11	18	23	55	26	R
		612	219	174	219	807	807	831	

Promotion/Relegation play-off

GD de Chaves (Chaves)	2-0, 0-1	Moreirense FC (Moreira de Cónegos)

Top goalscorers

1.	Darwin Núñez	(SL e Benfica – Lisboa)	26
2.	Mehdi Taremi	(FC do Porto – Porto)	20
3.	Ricardo Horta	(SC de Braga – Braga)	19
4.	Fran Navarro	(Gil Vicente FC – Barcelos)	16
5.	Pablo Sarabia	(Sporting Clube de Portugal – Lisboa)	15
	Óscar Estupiñán	(Vitória SC – Guimarães)	15

	2nd Division	**Pd**	**Wn**	**Dw**	**Ls**	**GF**	**GA**	**Pts**	
1.	Rio Ave FC (Barcelos)	34	21	7	6	52	31	70	P
2.	Casa Pia AC (Lisboa)	34	21	5	8	50	22	68	P
3.	GD de Chaves (Chaves)	34	18	10	6	54	35	64	POR
4.	CD Feirense (Santa Maria da Feira)	34	17	7	10	50	37	58	
5.	Sport Lisboa e Benfica (Lisboa) "B"	34	17	6	11	61	44	57	
6.	CD Nacional (Funchal)	34	14	9	11	52	44	51	
7.	SC Penafiel (Penafiel)	34	14	9	11	38	38	51	
8.	Leixões SC (Matosinhos)	34	13	9	12	42	40	48	
9.	CD de Mafra (Mafra)	34	11	10	13	37	42	43	
10.	FC do Porto (Porto) "B"	34	10	12	12	45	49	42	
11.	SC Farense (Faro)	34	10	11	13	40	42	41	
12.	UD Vilafranquense (Vila Franca de Xira)	34	10	11	13	41	47	41	
13.	CD Trofense (Trofa)	34	10	10	14	35	41	40	
14.	CF Estrela da Amadora (Amadora)	34	9	10	15	42	55	37	
15.	Académico de Viseu FC (Viseu)	34	10	7	17	30	48	37	
16.	SC da Covilhã (Covilhã)	34	8	12	14	30	43	36	PO
17.	Varzim SC (Póvoa de Varzim)	34	8	11	15	25	39	35	R
18.	Associação Académica de Coimbra OAF (Coimbra)	34	3	8	23	35	62	17	R
		612	224	164	224	759	759	836	

Relegation play-offs

SC da Covilhã (Covilhã)	0-0, 2-0	FC Alverca (Alverca do Ribatejo)

Promoted: SC União Torreense (Torres Vedras) and UD Oliveirense (Oliveira Azeméis)

Taça de Portugal Final (Estádio Nacional do Jamor – 22nd May 2022)

FC DO PORTO (PORTO)	3-1	CD de Tondela (Tondela)

Mehdi Taremi 22 pen, 74, Vitinha 52   *Neto Borges 73*

Porto: Agustín Marchesín, João Mário, Pepe, Chancel Mbemba, Zaidu Sanusi, Pepê (Francisco Conceição 76), Marko Grujic (Matheus Uribe 83), Vitinha, Otávio, Evanilson (Wenderson Galeno 72), Mehdi Taremi (Toni Martínez 84).

Tondela: Babacar Niasse, Eduardo Quaresma, Marcelo Alves, Modibo Sagnan, Tiago Almeida (Bebeto 69), Pedro Augusto (Renat Dadashov 56), Iker Undabarrena (Tiago Dantas 69), Neto Borges, Salvador Agra (Juan Manuel Boselli 82), Daniel dos Anjos (João Pedro 56), Rafael Barbosa.

Semi-finals

Sporting Clube de Portugal (Lisboa)	1-2, 0-1	FC do Porto (Porto)
CD de Tondela (Tondela)	3-0, 1-1	CD de Mafra (Mafra)

Quarter-finals

Leça FC (Leça da Palmeira)	0-4	Sporting Clube de Portugal (Lisboa)
Rio Ave FC (Barcelos)	0-1 (aet)	CD de Tondela (Tondela)
FC de Vizela (Caldas de Vizela)	1-3	FC do Porto (Porto)
Portimonense SC (Portimão)	2-4	CD de Mafra (Mafra)

5th Round

CD de Tondela (Tondela)	3-1	GD Estoril Praia (Estoril)
FC Famalicão (Vila Nova da Famalicão)	1-1 (aet)	Portimonense SC (Portimão)

Portimonense SC won 4-2 on penalties.

Leça FC (Leça da Palmeira)	1-1 (aet)	USC Paredes (Paredes)

Leça FC won 6-5 on penalties.

Casa Pia AC (Lisboa)	1-2	Sporting Clube de Portugal (Lisboa)
CD de Mafra (Mafra)	3-1	Moreirense FC (Moreira de Cónegos)
Rio Ave FC (Barcelos)	1-1 (aet)	B-SAD

Rio Ave FC won 6-5 on penalties.

FC de Vizela (Caldas de Vizela)	1-0	SC de Braga (Braga)
FC do Porto (Porto)	3-0	Sport Lisboa e Benfica (Lisboa)

2022-2023

1st Division 2022-2023	Arouca	Benfica	Boavista	Braga	Casa Pia	Chaves	Estoril Praia	Famalicão	Gil Vicente	Marítimo	Paços de Ferreira	Portimonense	Porto	Rio Ave	Santa Clara	Sporting	Vitória SC	Vizela
FC Arouca (Arouca)	■	0-3	1-2	0-6	2-0	1-0	2-0	4-1	1-0	1-0	1-1	4-0	0-1	0-1	1-0	1-0	2-2	1-0
Sport Lisboa e Benfica (Lisboa)	4-0	■	3-1	1-0	3-0	5-0	1-0	2-0	3-1	5-0	3-2	1-0	1-2	4-2	3-0	2-2	5-1	2-1
FC Boavista (Porto)	0-0	0-3	■	1-1	0-0	1-1	1-0	1-2	1-0	1-1	1-0	4-2	1-4	3-2	2-1	2-1	2-1	2-2
SC de Braga (Braga)	2-0	3-0	1-0	■	0-1	0-1	4-1	4-1	1-0	5-0	3-0	4-1	0-0	2-0	5-3	3-3	1-0	2-0
Casa Pia AC (Lisboa)	0-0	0-1	2-0	0-1	■	1-2	2-2	1-0	1-3	2-0	2-1	1-1	0-0	1-0	2-1	3-4	0-0	0-1
GD de Chaves (Chaves)	1-1	1-0	1-4	1-2	1-0	■	1-1	0-2	3-1	2-1	2-0	2-0	1-3	1-1	0-0	2-3	0-1	1-1
GD Estoril Praia (Estoril)	2-0	1-5	2-1	0-2	2-0	0-2	■	2-0	1-0	3-1	1-3	0-1	1-1	2-2	3-0	0-2	0-1	0-3
FC Famalicão (Vila Nova da Famalicão)	0-1	0-1	4-0	0-3	1-0	1-2	1-0	■	0-1	3-2	2-1	1-0	2-4	0-0	1-0	1-2	2-1	2-1
Gil Vicente FC (Barcelos)	1-1	0-2	3-1	0-1	1-0	0-0	0-1	0-0	■	2-0	1-0	1-2	0-2	2-2	1-0	0-0	2-1	1-1
CS Marítimo (Funchal)	1-1	0-3	4-2	1-2	1-2	1-2	1-0	0-0	1-2	■	3-1	0-1	0-2	2-2	3-1	1-0	1-2	1-0
FC Paços de Ferreira (Paços de Ferreira)	1-1	0-2	1-3	1-2	2-3	1-1	0-3	1-3	2-1	0-1	■	0-3	0-2	3-1	1-0	0-4	0-1	0-2
Portimonense SC (Portimão)	0-2	1-5	0-1	1-2	1-2	1-0	1-1	1-0	1-0	2-1	1-0	■	0-2	2-2	0-0	0-1	2-1	0-1
FC do Porto (Porto)	5-1	0-1	1-0	4-1	2-1	3-0	3-2	4-1	1-2	5-1	4-0	1-0	■	1-0	2-1	3-0	3-0	2-0
Rio Ave FC (Barcelos)	1-0	0-1	1-0	2-3	1-1	1-0	2-0	2-2	2-1	1-1	0-1	1-0	3-1	■	1-0	0-1	0-1	0-1
CD Santa Clara (Ponta Delgada)	1-2	0-3	2-2	0-4	0-0	1-1	2-1	1-3	3-2	2-1	1-1	1-0	1-1	0-2	■	1-2	1-3	0-1
Sporting Clube de Portugal (Lisboa)	1-1	2-2	3-0	5-0	3-1	0-2	2-0	2-1	3-1	2-1	3-0	4-0	1-2	3-0	3-0	■	3-0	2-1
Vitória SC (Guimarães)	0-2	0-0	3-2	2-1	0-1	2-1	1-0	3-2	1-0	1-0	0-0	1-0	0-1	0-0	1-0	0-2	■	3-0
FC de Vizela (Caldas de Vizela)	0-1	0-2	1-1	0-4	3-1	0-0	0-1	0-0	2-2	3-0	1-2	1-0	0-1	3-1	0-1	1-2	3-0	■

1st Division		Pd	Wn	Dw	Ls	GF	GA	Pts	
1.	Sport Lisboa e Benfica (Lisboa)	34	28	3	3	82	20	87	
2.	FC do Porto (Porto)	34	27	4	3	73	22	85	
3.	SC de Braga (Braga)	34	25	3	6	75	30	78	
4.	Sporting Clube de Portugal (Lisboa)	34	23	5	6	71	32	74	
5.	FC Arouca (Arouca)	34	15	9	10	36	37	54	
6.	Vitória SC (Guimarães)	34	16	5	13	34	39	53	
7.	GD de Chaves (Chaves)	34	12	10	12	35	40	46	
8.	FC Famalicão (Vila Nova da Famalicão)	34	13	5	16	39	47	44	
9.	FC Boavista (Porto)	34	12	8	14	43	54	44	
10.	Casa Pia AC (Lisboa)	34	11	8	15	31	40	41	
11.	FC de Vizela (Caldas de Vizela)	34	11	7	16	34	38	40	
12.	Rio Ave FC (Barcelos)	34	10	10	14	36	43	40	
13.	Gil Vicente FC (Barcelos)	34	10	7	17	32	41	37	
14.	GD Estoril Praia (Estoril)	34	10	5	19	33	49	35	
15.	Portimonense SC (Portimão)	34	10	4	20	25	48	34	
16.	CS Marítimo (Funchal)	34	7	5	22	32	63	26	POR
17.	FC Paços de Ferreira (Paços de Ferreira)	34	6	5	23	26	62	23	R
18.	CD Santa Clara (Ponta Delgada)	34	5	7	22	26	58	22	R
		612	251	110	251	763	763	863	

Top goalscorers

1.	Mehdi Taremi	(FC do Porto – Porto)	22
2.	Gonçalo Ramos	(SL e Benfica – Lisboa)	19
3.	João Mário	(SL e Benfica – Lisboa)	17
	Fran Navarro	(Gil Vicente FC – Barcelos)	17
5.	Pedro Gonçalves	(Sporting Clube de Portugal – Lisboa)	15

Promotion/Relegation play-offs

CF Estrela da Amadora (Amadora)   2-1, 1-2 (aet)   CS Marítimo (Funchal)

Aggregate 3-3. CF Estrela da Amadora won 3-2 on penalties.

2nd Division		Pd	Wn	Dw	Ls	GF	GA	Pts	
1.	Moreirense FC (Moreira de Cónegos)	34	24	7	3	77	38	79	P
2.	SC Farense (Faro)	34	21	6	7	57	34	69	P
3.	CF Estrela da Amadora (Amadora)	34	16	15	3	55	35	63	POR
4.	Académico de Viseu FC (Viseu)	34	14	11	9	51	45	53	
5.	FC do Porto (Porto) "B"	34	14	9	11	48	40	51	
6.	CD de Mafra (Mafra)	34	12	11	11	46	49	47	
7.	UD Vilafranquense (Vila Franca de Xira)	34	12	10	12	42	36	46	
8.	CD Feirense (Santa Maria da Feira)	34	11	13	10	43	37	46	
9.	SC União Torreense (Torres Vedras)	34	13	5	16	38	41	44	
10.	UD Oliveirense (Oliveira Azeméis)	34	11	10	13	51	50	43	
11.	CD de Tondela (Tondela)	34	8	16	10	35	35	40	
12.	SC Penafiel (Penafiel)	34	9	12	13	36	47	39	
13.	CD Nacional (Funchal)	34	10	9	15	35	46	39	
14.	Sport Lisboa e Benfica (Lisboa) "B"	34	10	8	16	52	58	38	
15.	Leixões SC (Matosinhos)	34	10	9	15	38	49	38	
16.	B-SAD	34	9	8	17	41	59	35	POR
17.	CD Trofense (Trofa)	34	8	8	18	31	51	32	R
18.	SC da Covilhã (Covilhã)	34	7	7	20	31	57	28	R
		612	219	174	219	807	807	830	

At the end of the season, UD Vilafranquense split and Vilafranquense SAD (football company) relocated to Vila das Aves, renaming themselves AVS Futebol SAD and continuing to play in the 2nd division.

UD Vilafranquense started afresh, playing in the 3rd division of Lisbon Football Association, equivalent to the 7th Portuguese division.

Promotion/Relegation play-offs

Länk FC Vilaverdense (Vila Verde)	1-1, 0-1	B-SAD

On 7th March 2023, the boards of B-SAD and CD Cova da Piedade approved a merger. However, the Portuguese FA refused to admit the merged club into Liga 3 and the merger was overturned. B-SAD subsequently enrolled in a Setúbal FA district division.

Fittingly, CF Os Belenenses returned to the 2nd division after winning 5 consecutive promotions up the leagues.

Promoted: CF Os Belenenses (Lisboa) and .

Taça de Portugal Final   (Estádio Nacional do Jamor – 4th June 2023 – 35,000)

SC de Braga (Braga)	0-2	FC DO PORTO (PORTO)

André Horta 53 pen, Otávio 81

Braga: Matheus Magalhães, Víctor Gómez (Simon Banza 70), Vítor Tormena (Pizzi 74), Sikou Niakaté, Cristián Borja (Joe Mendes 58), Al Musrati, André Horta (Uros Racic 58), Iuri Medeiros (Álvaro Djaló 58), Ricardo Horta, Bruma, Abel Ruiz.

Porto: Cláudio Ramos, Pepê, Pepe, Iván Marcano, Wendell, Otávio (Marko Grujic 90+3), Matheus Uribe, Stephen Eustáquio (Gabriel Veron 90+3), Wenderson Galeno (André Franco 90+3), Mehdi Taremi, Evanilson (Toni Martínez 44).

Semi-finals

CD Nacional (Funchal)	0-5, 2-2	SC de Braga (Braga)
FC Famalicão (Vila Nova da Famalicão)	1-2, 2-3 (aet)	FC do Porto (Porto)

Quarter-finals

FC Famalicão (Vila Nova da Famalicão)	4-1	B-SAD
Académico de Viseu FC (Viseu)	0-1	FC do Porto (Porto)
Casa Pia AC (Lisboa)	2-5 (aet)	CD Nacional (Funchal)
SC de Braga (Braga)	1-1 (aet)	Sport Lisboa e Benfica (Lisboa)

SC de Braga won 5-4 on penalties.

5th Round

Leixões SC (Matosinhos)	1-2 (aet)	FC Famalicão (Vila Nova da Famalicão)
Varzim SC (Póvoa de Varzim)	0-2	Sport Lisboa e Benfica (Lisboa)
Länk FC Vilaverdense (Vila Verde)	1-4	B-SAD
CD Nacional (Funchal)	1-0	CD Rabo de Peixe (Ribeira Grande)
SC de Braga (Braga)	3-2	Vitória SC (Guimarães)
Académico de Viseu FC (Viseu)	2-0	SC Beira Mar (Aveiro)
FC do Porto (Porto)	4-0	FC Arouca (Arouca)
Vitória FC (Setúbal)	0-1	Casa Pia AC (Lisboa)

1st Division 2023-2024	Arouca	Benfica	Boavista	Braga	Casa Pia	Chaves	Estoril Praia	Amadora	Famalicão	Farense	Gil Vicente	Moreirense	Portimonense	Porto	Rio Ave	Sporting	Vitória SC	Vizela
FC Arouca (Arouca)	■	0-3	2-1	0-1	0-1	0-2	4-3	0-0	3-2	2-1	3-0	0-1	1-1	3-2	2-2	0-3	1-3	5-0
Sport Lisboa e Benfica (Lisboa)	5-0	■	2-0	3-1	1-1	1-0	3-1	2-0	3-0	1-1	3-0	3-0	4-0	1-0	4-1	2-1	4-0	6-1
FC Boavista (Porto)	0-4	3-2	■	0-4	1-1	4-1	2-1	1-1	2-2	1-3	1-1	1-0	1-4	1-1	0-0	0-2	1-1	2-2
SC de Braga (Braga)	0-3	0-1	4-1	■	4-3	1-1	3-1	3-0	1-2	2-1	2-1	1-0	6-1	0-1	2-1	1-1	1-1	2-1
Casa Pia AC (Lisboa)	1-0	0-1	0-0	1-3	■	3-1	0-0	0-1	0-2	1-3	0-0	0-1	1-0	1-2	1-1	1-2	0-0	0-1
GD de Chaves (Chaves)	1-5	0-2	2-1	2-4	1-3	■	2-2	2-2	0-1	1-1	4-2	1-2	2-3	0-3	0-0	0-3	1-2	2-1
GD Estoril Praia (Estoril)	1-2	0-1	1-2	0-1	4-0	4-0	■	1-0	1-0	4-0	1-3	1-3	1-0	1-0	2-0	1-1	1-3	2-2
Estrela da Amadora	1-4	1-4	3-1	2-4	3-1	1-1	2-1	■	1-0	0-3	1-0	0-1	0-1	0-1	2-2	1-2	1-1	1-1
FC Famalicão (Vila Nova da Famalicão)	1-0	2-0	1-1	1-2	1-2	2-2	1-1	0-0	■	1-0	3-1	0-0	2-2	0-3	2-1	0-1	1-3	3-2
SC Farense (Faro)	2-0	1-3	2-0	3-1	0-3	5-0	3-2	0-0	1-1	■	1-0	0-1	1-3	1-3	1-1	2-3	1-2	0-0
Gil Vicente FC (Barcelos)	2-2	2-3	1-0	3-3	2-0	0-0	5-3	1-1	1-2	2-0	■	1-1	5-0	1-1	0-4	1-1	0-1	0-1
Moreirense FC (Moreira de Cónegos)	1-0	0-0	1-1	2-3	1-4	1-0	2-1	2-2	1-0	1-0	0-1	■	5-2	1-2	0-0	0-2	1-1	1-0
Portimonense SC (Portimão)	1-2	1-3	1-4	3-5	2-2	2-1	1-0	1-1	1-1	1-0	0-2	0-2	■	0-3	2-2	1-2	1-1	0-0
FC do Porto (Porto)	1-1	5-0	2-1	2-0	3-1	1-0	0-1	2-0	2-2	2-1	2-1	5-0	1-0	■	0-0	2-2	1-2	4-1
Rio Ave FC (Barcelos)	1-1	1-1	2-0	0-1	1-1	1-1	1-1	3-4	3-0	0-4	2-0	1-2	1-1	0-3	■	3-3	2-1	1-1
Sporting Clube de Portugal (Lisboa)	2-1	2-1	6-1	5-0	8-0	3-0	5-1	3-2	3-2	3-2	3-1	3-0	3-0	2-0	2-0	■	3-0	3-2
Vitória SC (Guimarães)	2-1	2-2	1-0	2-3	0-2	5-0	3-2	3-0	1-1	2-1	1-0	1-2	1-2	1-2	1-0	3-2	■	2-0
FC de Vizela (Caldas de Vizela)	2-2	1-2	1-4	1-3	0-4	0-1	3-3	4-0	0-0	2-1	1-0	0-0	2-3	0-2	1-1	2-5	0-1	■

1st Division

	1st Division	Pd	Wn	Dw	Ls	GF	GA	Pts	
1.	Sporting Clube de Portugal (Lisboa)	34	29	3	2	96	29	90	
2.	Sport Lisboa e Benfica (Lisboa)	34	25	5	4	77	28	80	
3.	FC do Porto (Porto)	34	22	6	6	63	27	72	
4.	SC de Braga (Braga)	34	21	5	8	71	50	68	
5.	Vitória SC (Guimarães)	34	19	6	9	52	38	63	
6.	Moreirense FC (Moreira de Cónegos)	34	16	7	11	36	35	55	
7.	FC Arouca (Arouca)	34	13	7	14	54	50	46	
8.	FC Famalicão (Vila Nova da Famalicão)	34	10	12	12	37	41	42	
9.	Casa Pia AC (Lisboa)	34	10	8	16	38	50	38	
10.	SC Farense (Faro)	34	10	7	17	46	51	37	
11.	Rio Ave FC (Barcelos)	34	6	19	9	38	43	37	
12.	Gil Vicente FC (Barcelos)	34	9	9	16	42	52	36	
13.	GD Estoril Praia (Estoril)	34	9	6	19	49	58	33	
14.	CF Estrela da Amadora (Amadora)	34	7	12	15	33	53	33	
15.	FC Boavista (Porto)	34	7	11	16	39	62	32	
16.	Portimonense SC (Portimão)	34	8	8	18	39	72	32	POR
17.	FC de Vizela (Caldas de Vizela)	34	5	11	18	36	66	26	R
18.	GD de Chaves (Chaves)	34	5	8	21	31	72	23	R
		612	231	150	231	877	877	843	

Promotion/Relegation play-offs

AVS Futebol SAD (Vila das Aves)	2-1, 2-1	Portimonense SC (Portimão)

Top goalscorers

1.	Viktor Gyökeres	(Sporting Clube de Portugal – Lisboa)	29
2.	Simon Banza	(SC de Braga – Braga)	21
3.	Rafa Mújica	(FC Arouca – Arouca)	20
4.	Jhonder Cádiz	(FC Famalicão – Vila Nova da Famalicão)	15
	Paulinho	(Sporting Clube de Portugal – Lisboa)	15
	Samuel Essende	(FC de Vizela – Caldas de Vizela)	15
	Cristo González	(FC Arouca – Arouca)	15

	2nd Division	**Pd**	**Wn**	**Dw**	**Ls**	**GF**	**GA**	**Pts**	
1.	CD Santa Clara (Ponta Delgada)	34	21	10	3	48	19	73	P
2.	CD Nacional (Funchal)	34	21	8	5	66	35	71	P
3.	AVS Futebol SAD (Vila das Aves)	34	20	4	10	47	31	64	POP
4.	CS Marítimo (Funchal)	34	18	10	6	52	29	64	
5.	FC Paços de Ferreira (Paços de Ferreira)	34	14	10	10	42	35	52	
6.	CD de Tondela (Tondela)	34	12	13	9	46	43	49	
7.	SC União Torreense (Torres Vedras)	34	13	9	12	40	37	48	
8.	Sport Lisboa e Benfica (Lisboa) "B"	34	12	9	13	48	48	45	
9.	CD de Mafra (Mafra)	34	11	11	12	37	39	44	
10.	FC do Porto (Porto) "B"	34	12	8	14	51	51	44	
11.	Académico de Viseu FC (Viseu)	34	9	16	9	36	38	43	
12.	UD de Leiria (Leiria)	34	11	9	14	44	40	42	
13.	SC Penafiel (Penafiel)	34	11	6	17	31	39	39	
14.	Leixões SC (Matosinhos)	34	7	16	11	29	38	37	
15.	UD Oliveirense (Oliveira Azeméis)	34	8	10	16	37	54	34	
16.	CD Feirense (Santa Maria da Feira)	34	8	7	19	31	49	31	PO
17.	Länk FC Vilaverdense (Vila Verde)	34	8	4	22	30	59	27	R-1
18.	CF Os Belenenses (Lisboa)	34	6	8	20	28	59	26	R
		612	222	168	222	743	743	833	(-1)

Länk FC Vilaverdense had 1 point deducted due to financial irregularities.

Promotion/Relegation play-off

CD Feirense (Santa Maria da Feira)	0-1, 3-0	Lusitânia Lourosa

Promoted: FC Alverca (Alverca do Ribatejo) and FC Felgueiras (Feilgueras).

Taça de Portugal Final (Estádio Nacional do Jamor – 26th May 2024 – 37,593)

FC DO PORTO (PORTO)   2-1 (aet)   Sporting Clube de Portugal (Lisboa)

Evanilson 25, Mehdi Taremi 100 pen   *Jeremiah St. Juste 20*

Porto: Diogo Costa, João Mário (Mehdi Taremi 46), Otávio Ataíde, Zé Pedro, Wendell, Nico González
(Marko Grujic 85), Alan Varela (Stephen Eustaquio 85), Francisco Conceição (Gonçalo Borges 119), Pepê
(Martim Fernandes 113), Wenderson Galeno, Evanilson (Romário Baró 104).

Sporting: Gonçalo Inácio, Sebastián Coates (Paulinho 103), Jeremiah St. Juste, Geny Catamo (Daniel Bragança 71),
Hidemasa Morita (Eduardo Quaresma 35), Morten Hjulmand, Nuno Santos (Ricardo Esgaio 83), Francisco Trincão
(Ousmane Diomande 71), Viktor Gyökeres, Pedro Gonçalves (Koba Koindredi 91).

Semi-finals

Sporting Clube de Portugal (Lisboa)	2-1, 2-2	Sport Lisboa e Benfica (Lisboa)
Vitória SC (Guimarães)	0-1, 1-3	FC do Porto (Porto)

Quarter-finals

UD Leiria (Leiria)	0-3	Sporting Clube de Portugal (Lisboa)
Vitória SC (Guimarães)	3-1	Gil Vicente FC (Barcelos)
FC de Vizela (Caldas de Vizela)	1-2	Sport Lisboa e Benfica (Lisboa)
CD Santa Clara (Ponta Delgada)	1-2	FC do Porto (Porto)

5th Round

Sporting Clube de Portugal (Lisboa)	4-0	CD de Tondela (Tondela)
GD Estoril Praia (Estoril)	0-4	FC do Porto (Porto)
CS Marítimo (Funchal)	0-3	UD Leiria (Leiria)
Gil Vicente FC (Barcelos)	3-1	Amarante FC (Amarante)
FC de Vizela (Caldas de Vizela)	1-0	FC Arouca (Arouca)
Sport Lisboa e Benfica (Lisboa)	3-2	SC de Braga (Braga)
CD Santa Clara (Ponta Delgada)	1-1 (aet)	CD Nacional (Funchal)

CD Santa Clara won 4-2 on penalties.

Vitória SC (Guimarães)	1-0	SC Penafiel (Penafiel)